PLATONIS PROTAGORAS

PLATONIS PROTAGORAS

WITH INTRODUCTION NOTES AND APPENDICES

BY

J. ADAM AND A. M. ADAM

CAMBRIDGE
AT THE UNIVERSITY PRESS
1962

CAMBRIDGE UNIVERSITY PRESS
Cambridge, New York, Melbourne, Madrid, Cape Town,
Singapore, São Paulo, Delhi, Mexico City

Cambridge University Press
The Edinburgh Building, Cambridge CB2 8RU, UK

Published in the United States of America by Cambridge University Press, New York

www.cambridge.org
Information on this title: www.cambridge.org/9781107680326

© Cambridge University Press 1962

First edition 1893
Reprinted 1905, 1921, 1928, 1940, 1953, 1957, 1962
First published 1962
First paperback edition 2013

A catalogue record for this publication is available from the British Library

ISBN 978-1-107-68032-6 Paperback

TABLE OF CONTENTS.

PREFACE.

THE present edition of the Protagoras is on the same lines as the Pitt Press editions of the Apology, Crito, and Euthyphro.

The Editors venture to hope that the study of this delightful dialogue, for which much has already been done in English by Mr Wayte and more recently by Mr Turner, may be still further encouraged by the publication of this edition.

Mr Neil, of Pembroke College, has kindly read through the proofs, and contributed various criticisms and suggestions.

CAMBRIDGE,
July 26, 1893.

PREFACE TO THE SECOND EDITION.

IN this edition a few errors and misprints have been corrected, but we have not thought it necessary or desirable to introduce any further changes.

EMMANUEL COLLEGE,
September 28, 1905.

INTRODUCTION.

THE Protagoras of Plato is one of the few dialogues whose authenticity has never been called in question by any eminent scholar. None of the dialogues attributed to Plato is so full of fallacious reasoning; perhaps none contains an ethical theory so difficult to reconcile with ordinary Platonic teaching; but the extraordinary vivacity and power of the dramatic representation, as well as the charm of style, have furnished proofs of authenticity which even the most sceptical critics have been unable to resist.

§ 1. *Analysis.*

A brief analysis of the Protagoras will form a fitting introduction to the discussion of its scope and purpose.

Socrates narrates the dialogue to a friend (309 A—310 A).

Hippocrates had visited Socrates in great excitement at an early hour, in order to obtain from him a personal introduction to Protagoras, who had just arrived in Athens. In the interval before they set out, Socrates subjected his young friend to an interrogatory, which forced him to admit that he was

about to entrust his soul to a sophist, without knowing
what a sophist really is. Such a course of action
Socrates declared to be perilous in the extreme
(310 A—314 C). Socrates and Protagoras presently
proceeded to the house of Callias, where Protagoras
was staying, and having with some difficulty obtained
admittance, found themselves spectators of an animated
scene, in which Protagoras, Hippias, and Prodicus
are the leading figures (314 C—316 A).

At this point the true business of the dialogue
begins. After Hippocrates has been introduced to
Protagoras, the latter delivers a speech claiming for
his profession a high antiquity. Poets, religious
teachers, musicians and others who were in reality
'Sophists', have vainly tried to disguise themselves
by other names : Protagoras has found it both more
prudent and more honest to profess himself openly
that which he is, a Sophist and Educator of men.
Prodicus and Hippias with their respective adherents
assemble to hear Protagoras publicly explain the
advantages of his teaching (316 A—317 E).

Aided by a little Socratic questioning, Protagoras
explains that his art consists in making men good
citizens. Socrates professes to have thought that
civic virtue could not be communicated by teaching,
and that on two grounds : first, because the Athenians
do not think it can, since they allow any man to
advise them in matters connected with the state with-
out requiring from him evidence that he has been
taught, whereas they will only listen to an expert
when they are deliberating on matters connected with
the arts : and second, because as a matter of fact,
great statesmen have not succeeded in transmitting

their civic virtue to their sons and wards (317 E
—320 C).

The reply of Protagoras is in the form of a ῥῆσις
and falls into three sections.

In the first he endeavours to justify the Athenians
for permitting any one to give counsel on politics, by
relating a myth of pre-historic man, according to
which no one is destitute of the foundations of civic
virtue, Justice and Shame (320 C—323 A). That every
man has part by nature in this virtue is, moreover,
a universal belief, for he who publicly declares him
self to be wicked is universally looked upon as mad
(323 A—323 C).

Protagoras next endeavours to prove that the
Athenians regard virtue as capable of being taught.
In the first place, we hold men responsible for lacking
that only which it was in their power to acquire, and
we hold them responsible for their wrong-doing
(323 C—324 A). Punishment, in the second place, is
intended both by the Athenians and by all other men
to be a means of teaching virtue (324 A—324 D).

Finally, Protagoras addresses himself to the
question—why do not the sons of great statesmen
possess the same virtue as their fathers? It is not
from lack of teaching: for it would be absurd to
suppose that statesmen teach their sons everything
except the one thing needful for life as a citizen, and
in point of fact, virtue is taught at every stage of
human life—by parents, nurses, tutors, professional
teachers for soul and body, and finally by the state
herself, through the medium of the laws and the
punishment which their violation entails. But child-
ren are often inferior to their parents in the capacity

for learning, and it is for this reason that they seem to fall short in civic virtue, although, compared with untutored savages, even the worst products of civilization might seem models of morality. Protagoras concludes by declaring himself a teacher of virtue and explaining his method of taking fees (324 D—328 D).

After thanking Hippocrates for bringing him to hear so fine a display, Socrates requests the Sophist to explain a matter which he had left obscure—Are the single virtues each of them parts of virtue, or only different names for one thing? They are parts of virtue, says Protagoras, in answer to the cross-examination of his rival, distinct from each other and the whole, as the parts of the face are different from the whole face and from one another. In number they are five—justice, temperance, holiness, courage, and wisdom, and wisdom is the greatest of them. We may possess one without possessing all the five. Each has its own peculiar efficacy and no one of them is like another (328 D—330 B).

Socrates endeavours in the first instance to make Protagoras admit that justice and holiness are identical, or nearly so. It is admitted that justice is just and holiness holy: but if justice and holiness do not resemble each other, justice will not be holy, but unholy, and holiness will not be just, but unjust—a conclusion which the Sophist rejects. Protagoras graciously concedes that there may be a considerable resemblance between justice and holiness, without however allowing that the two virtues are alike (330 B—332 A).

The next step in the argument seeks to establish the identity of temperance and wisdom. ἀφροσύνη,

Protagoras admits, is the opposite of σοφία, and nothing can have more than one thing which is opposed to it. ἀφροσύνη is however opposed to σωφροσύνη, as well as to σοφία; from which it follows that σοφία and σωφροσύνη are nothing but two names for one and the same thing (332 A—333 B).

If Socrates had also proved the identity of temperance and justice, four out of the five virtues would have been equated, but as he embarks upon his argument, Protagoras seizes the opportunity to plunge into a ῥῆσις on the relativity of the notion 'good' or 'beneficial' (333 B—334 C).

Here ensues an interlude, in which Socrates protests against his rival's lengthy speeches, and threatens to depart. At last, in deference to the entreaties of Callias, backed up by some remarks from Alcibiades, Critias, Prodicus, and Hippias, Socrates consents to stay, on condition that Protagoras shall first question him and afterwards submit to be questioned in his turn (334 C—338 E).

Protagoras proposes for criticism a poem of Simonides, remarking that the subject of the discussion will still be ἀρετή, though it is transferred from human conduct to the sphere of poetry. A good poem, Socrates admits, will not contradict itself: but Simonides, after asserting that it is hard to become good, proceeds in this poem to censure Prodicus for saying 'It is hard to be good'. That Simonides contradicts himself, Socrates denies, on the ground that 'to be good' is not the same as 'to become good': perhaps Simonides agreed with Hesiod in the view that it is hard to become, but easy to remain, good. Your cure is worse than the disease,

replies Protagoras: it would be the height of folly
to call being good an easy thing. Socrates thereupon,
with Prodicus' approval, at first suggests that 'hard'
may mean not 'difficult', but 'evil', since the word
'hard'—so says Prodicus the Cean—means some-
thing evil in Ceos; but soon abandoning these
sophistries he volunteers to give a continuous exposi-
tion of the poem (338 E—342 A).

Sparta and Crete are in reality the chief seats of
philosophy in Greece, though they try to conceal the
fact. The wise men of old knew this and in imitation
of the Spartans compressed their wisdom into short
and pithy sentences, one of which was the saying of
Pittacus 'It is hard to be good'. Simonides wrote
his poem to overthrow this maxim (342 A—343 C).

Socrates proceeds to support his theory of the
poem by an exposition conceived (as will be afterwards
shewn[1]) in the most sophistical spirit, but he correctly
apprehends the central idea, viz. that in a world where
it is not hard, but impossible to be good, we should
not expect too much in the way of moral excellence
(343 C—347 A).

The exposition of the poem being finished
Socrates expresses himself disparagingly on the value
of poetical criticism as a means of arriving at the
truth, and the original question is resumed with
Socrates for interrogator, as before. Conceding all
that Socrates has hitherto been trying to prove, viz.
that justice, holiness, wisdom and temperance are of
the same kind, Protagoras takes his stand upon the
sole remaining virtue and denies that courage bears
any resemblance to the other four. By way of reply,

[1] p. xxvii.

Socrates draws a distinction between θάρρος with knowledge, and θάρρος without knowledge, and endeavours to identify the former with courage. The proof which he offers is far from conclusive[1], as Protagoras points out: it is therefore dropped and a subtler train of reasoning now begins (347 A—351 B).

To the proposal of Socrates, that pleasure should be identified with good, and pain with evil, Protagoras is unwilling to assent. He allows however that knowledge and wisdom, whenever they are present in a man, control his impulses and determine his conduct. But how is this to be reconciled with the common belief that a man having knowledge of that which is better, does the worse, because he is over-come by pleasure? In what sense are pleasures thus called evil? It is shewn that pleasures are called evil when they are followed by pain, and pains good when they are followed by pleasure, but pleasure in itself is good and pain in itself is evil. To be overcome by pleasure is therefore to be overcome by good: but as the phrase implies a censure, it is evident that the good which overcomes is unworthy to overcome the evil. Unworthy the good can only be because there is less of it: from which we infer that 'to be overcome by pleasure' is to choose less in place of greater good. Such a choice can only be the result of ignorance, so that it is incorrect to say that we ever knowingly choose the worse, and pleasure may still be identified with good, pain with evil (351 B—357 E).

Socrates now makes use of this identification to prove that knowledge and courage are the same. If pleasure is good, so likewise is every action which

---

[1] See note on 349 E.

aims at pleasure: and as no one knowingly chooses evil rather than good, no one ever does that which he knows to be evil. Now fear is the expectation of evil, so that no one, neither the hero nor the coward, encounters that which he believes to be fearful. It follows that the coward who refuses to fight when he ought to fight, refuses by reason of his ignorance. In other words cowardice is ignorance, and therefore courage, its opposite, is knowledge (358 A—360 E).

It is pointed out in conclusion that whereas Protagoras had started by maintaining that virtue could be communicated by teaching, and Socrates by doubting whether it could, they have now changed places: since if virtue is knowledge, it can be taught, but otherwise not. Socrates expresses a desire to resume the subject after he has discovered what virtue is in itself (360 E—362 A).

It appears from the preceding analysis that the Protagoras falls naturally into these sections:

I.   Introduction to the narration of the dialogue (309 A—310 A).

II.   Introduction to the dialogue itself (310 A—317 E).

III.   Protagoras' description of his profession, followed by the objections of Socrates (317 E—320 C).

IV.   A ῥῆσις from Protagoras, containing both μῦθος and λόγος (320 C—328 D).

V.   Cross-examination of Protagoras by Socrates, ending abruptly with a short ῥῆσις by Protagoras (328 D—334 C).

VI.   Interlude (334 C—338 E).

VII. Cross-examination of Socrates by Protagoras, ending with a ῥῆσις by Socrates (338 E—347 A).

VIII. Conclusion of the cross-examination of Socrates by Protagoras, and final defeat of the Sophist (347 A—360 E).

IX. Epilogue (360 E—362 A).

§ 2. *The General Scope and Purpose of the Protagoras.*

In seeking to understand the scope and purpose of the Protagoras, we shall find it convenient, in the first instance, to view the form of the dialogue as far as possible apart from the matter.

Considered as to its form, the dialogue is an indictment primarily of Protagoras as an educator of young men. It is not however as an individual that Protagoras is attacked, but as the most distinguished representative of the Sophists[1]: ὁμολογῶ τε σοφιστής εἶναι, he says in 317 B, καὶ παιδεύειν ἀνθρώπους; and before Protagoras appears on the scene, Plato is careful to instruct us as to the nature of that which was called 'Sophist'. Prodicus and Hippias, as well as Protagoras, receive their share of ridicule[2], and may be supposed to suffer with him in so far as the aim and method of their teaching agreed with his, although they are not directly associated with him in his fall[3], which, as rivals[4] in the profession, they doubtless viewed with something more than equa-

---

[1] 312 C ff., 316 D ff.

[2] 315 C ff., 337 A ff., 337 C ff., 347 A.

[3] Socrates himself expressly separates them off in 359 A.

[4] 318 E, 340 B ff., 341 A ff.

nimity¹. It is part of the irony of the situation when
Prodicus and Hippias fail to see that whereas in the
actual discussion it is only Protagoras who is worsted,
the attack is in reality directed against the professional
Sophist in general—the ἔμπορός τις ἢ κάπηλος τῶν
ἀγωγίμων ἀφ᾿ ὧν ψυχὴ τρέφεται².

Pitted against Protagoras, as the representative of
the Sophists, we find, as usual, Socrates. Whether in
this case we are to regard Socrates as speaking for
Plato or for himself, we shall presently inquire : in the
meantime, it is well to notice one particular aspect in
which the contrast presents itself. Protagoras re-
presents the principle of μακρολογία, Socrates that of
βραχυλογία: the former excels in continuous discourse,
the latter in the method of investigation by question
and answer. In the only section of the dialogue
where Socrates deserts his usual method, in order to
deliver a harangue upon the poem of Simonides, he
expressly asserts that the method of Protagoras is
futile³, and it must be admitted that he is himself,
whether intentionally or not, altogether unsuccessful
in applying it.

In its formal aspect, therefore, the Protagoras may
be regarded as an attempt to shew the superiority of

¹ In 341 A ff. Prodicus furnishes Socrates with weapons
against his rival : and in 358 A—359 A they lend their assent to
the train of reasoning by which Protagoras is finally overthrown.
Bonitz (Platonische Studien p. 260) is surely wrong in regarding
their assent to Socrates' counter-reasoning as a proof that they
too are refuted : what is refuted is the statement that courage is
different from the other virtues—a statement to which they
never assented.

² 313 C.

³ 347 E. Compare Bonitz l.c. pp. 260—262.

Socrates to Protagoras—of dialectic to continuous discourse. But the dialogue is not merely a "philosophical prize-fight": the subject-matter of the dispute between the rival interlocutors is one of great importance for the theory of education. It is first expressly raised in 319 A: Can virtue be communicated by teaching? If not, education, as it was understood by Socrates no less than by Protagoras, is impossible. The doubts expressed by Socrates upon the subject nowhere throughout the dialogue amount to a denial of what every self-respecting teacher must hold to be true: that the Athenians do not think virtue teachable proves nothing, as they may be mistaken : that Athenian statesmen do not teach it to their sons may prove only that it cannot be taught by Athenian statesmen[1]. But the reasons adduced by Socrates against the view that virtue can be taught are judiciously chosen in order to drive Protagoras into a defence of his position. Protagoras was not only professionally a teacher of virtue, and therefore bound to hold that virtue could be taught, but as the representative of the Sophists, he was bound to maintain that the beliefs and practice of the Arch-Sophist of them all, the Athenian Demus[2], were in harmony with his own. Accordingly he meets Socrates with a flat denial—the Athenians do hold virtue to be teachable and teach it in a multitude of ways. It is possible to hold this view and still believe that the elements of virtue are present by nature in every man, as Protagoras also asserts : and such was no doubt in reality the belief of the Athenians, as it is perhaps of the ordinary practical man in all ages.

[1] 319 A—320 B.
[2] See Rep. VI 492 A ff.

Plato's own view of education as the development of the faculties innate in soul may itself be regarded as the psychological counterpart of this ethical creed. But there still remains the question, what must we suppose virtue to be, in order that it may be taught? It is here that Socrates differs from the Athenians and Protagoras. Virtue, according to Socrates, can only be communicated by the teacher if it is identical with knowledge, and to prove this identity the whole of the dialogue from 329 C, with the partial exception of the section on the poem and of the interlude in 333 B— 338 E, is devoted. The conclusion to be drawn is that Virtue can indeed be taught, but not by the Sophists, any more than by the educational system, public opinion, and laws of the Athenians, because in them there is no knowledge.

In connexion with this conclusion, we naturally ask: If virtue is not taught by the Sophists, how is it to be taught? To this question the dialogue itself furnishes an implicit answer. Inasmuch as virtue is knowledge, it must be taught by dialectic, the only means by which knowledge can be communicated. The method of Socrates, which it is the object of the formal side of the dialogue to represent as triumphant over the Sophistic μακρολογία, is to be understood as the method which will succeed where Sophistic has been shewn to fail. It is thus that form and matter are reunited and the dialogue attains its unity as a work of art.

§ 3. *On the myth of Protagoras.*

So much it was needful to say about the central theme of the dialogue, but there remain three episodes which call for special discussion, partly from their connexion with the subject of the whole, and partly on account of their substantive philosophic value.

The first of these is the myth of Protagoras. The place of this episode in the argument is to shew that the Athenians do right in permitting all and sundry to advise them on political questions. It is not unlikely that the introduction of the mythical form as a vehicle of exposition was due to Protagoras[1]. There can at all events be no doubt that it was rapidly coming into favour in the literary circles of the day, and that it was sometimes employed not only by the so-called Sophists[2], but by the other Socratic schools[3] as well as the Academy. It is therefore not unreasonable to suppose that the myth with which we are concerned was written by Protagoras himself. The style shows many marked peculiarities of the kind which we should suppose that Protagoras affected[4], and although this might be set down to Plato's skill as an imitator, it is difficult to see why Plato should have taken such pains to imitate where he manifestly did

---

[1] Dümmler's Akademika p. 236.
[2] See note on ch. XI. ad init.
[3] As for example the Cynics : see Dümmler l.c. p. 1 foll.
[4] See on 320 E.

not intend to caricature[1]. Zeller[2] has recently lent
the weight of his authority to the view which we are
advocating, and an Italian scholar[3] has made it seem
probable that the work from which this fable is taken
had among other motives the polemical one of main-
taining against the theories of Hippias and his fol-
lowers the superiority of νόμος to φύσις. In the
catalogue of Protagoras' works preserved by Diogenes
Laertius[4], two books are mentioned, in either of which
the fable may have occurred, περὶ πολιτείας and περὶ
τῆς ἐν ἀρχῇ καταστάσεως: most probably it formed
part of the latter.

We have commented in detail in the notes upon
the subject-matter of the myth: but its general
bearings and literary connexions require to be noticed
here.

We may say broadly that two views of early society
were current in antiquity. On the one hand the
laudator temporis acti loved to represent the past as a
golden age, from whose glories we have fallen away:

---

[1] Grote (II p. 47) perhaps states the case too strongly when
he says that the fable is "fully equal, in point of perspicuity as
well as charm—in my judgment it is even superior—to any other
fable in Plato": but hardly any one will now deny that the
episode is one of the most valuable and interesting parts of the
dialogue. It should be borne in mind that the fable differs in
style from what Protagoras says in the rest of the dialogue
(except at 334 A, where see note) as much as it differs from the
myths of Plato. If Plato could insert in one of his works a
speech by Lysias (Phaedrus 230 E foll.) I see no reason to suppose
that he might not have made Protagoras deliver a speech of his
own making.

[2] In the Archiv für Geschichte der Philosophie V 2 p. 175 ff.

[3] Chiapelli ibid. III p. 15 and p. 256 foll.

[4] IX 55.

while others again saw in the far-distant past little but
savagery and woe, out of which humanity has by slow
degrees climbed upward[1]. Not a few—and this is
perhaps the original view, whereof the others are
fragments—maintained that the reigns of good and
evil succeed each other in ever-recurrent cycles, as we
find in the myth of the Politicus[2]. The fable of Pro-
tagoras represents mankind as having risen. It is in
effect a novel version of the story of Prometheus
superinduced upon a cosmological theory. So far as
concerns the creation of man out of the four elements,
and the assumption of a period of time during which
there were no men upon the earth, we can find

---

[1] See Dümmler's Akademika p. 216 ff. (Die Anfänge des
Menschengeschlechts). There is an excellent and learned col-
lection of passages bearing on the Golden Age by Graf in
Leipziger Studien VIII pp. 1—80, and another by Eichhoff in
Fleckeisen's Jahrbücher Vol. 120 (1879) pp. 581—601.

[2] 269 c foll. When Eichhoff (l.c. p. 596) asserts that there
is no hint of a golden age awaiting mankind in the future in
Greek profane writings, he ignores the evidence of Hesiod.
In the Works and Days 174—175 we read: μηκέτ' ἔπειτ'
ὤφειλον ἐγὼ πέμπτοισι μετεῖναι ἀνδράσιν, ἀλλ' ἢ πρόσθε θανεῖν ἢ
ἔπειτα γενέσθαι, and ibid. 180—181 Ζεὺς δ' ὀλέσει καὶ τοῦτο
γένος μερόπων ἀνθρώπων, εὖτ' ἂν γεινόμενοι πολιοκρόταφοι
τελέθωσιν. It has been pointed out elsewhere (The Nuptial
Number of Plato, p. 60) that the sign of the recommencement of
the golden age is when children are born with grey hairs (cf.
Polit. 273 E): an interesting parallel is afforded by the Testament
cited by Mr James in his account of the Revelation of Peter
p. 57, where it is stated that one of the signs of the end shall be
"children whose appearance shall be as of those advanced in
years: for they that are born shall be white-haired". There
are traces of a similar tradition in Greek mythology : the three
Graeae, for example, had grey hairs from their birth.

parallel views in Plato, and to a certain extent in Empedocles[1]; but there seems to be nothing in contemporary or previous literature to account for the peculiarities of the Prometheus legend as it meets us here. According to Hesiod[2], mankind originally possessed fire, but lost it through the impious cunning of Prometheus. When Prometheus steals it back again for the use of man, both he and humanity are severely punished, he by the eagle preying on his vitals, humanity by the creation of woman. In Aeschylus, Prometheus appears in like manner as the befriender of man against the gods, but we hear nothing of Pandora, nor does it appear that man had ever possessed the use of fire till Prometheus came and stole it. On the other hand, Aeschylus greatly amplifies the services of Prometheus to mankind, assigning to him the invention of astronomy, number, writing, medicine, and divination, as well as the elements of material happiness and comfort[3]. Although it is not expressly stated by Aeschylus that we owe the political or social art to Prometheus, the poet can hardly have intended expressly to exclude it from the list of his benefactions[4], since the arts which are attributed to Prometheus presuppose that man has already become in some measure a πολιτικὸν ζῷον. It was reserved for Protagoras to represent πολιτική as a later gift, not from Prometheus, but from Zeus himself, in direct and perhaps conscious antagonism to Hesiod, according to whom the age in which we are now living knows

---

[1] See the notes on 320 D foll.
[2] Theogony 521—616: Works and Days 47 ff.
[3] Prom. 445—506.
[4] Prom. 506 πᾶσαι τέχναι βροτοῖσιν ἐκ Προμηθέως.

neither Justice nor Shame[1]. But the great and fruitful innovation introduced into the legend by Protagoras, whether on his own responsibility, or in accordance with his authorities, consists in making Prometheus and Epimetheus assist the gods in the making of mortal things. The work of the gods ended when they had moulded man and the lower animals : it was Prometheus and his brother who were charged to furnish them with such accidentals as size, strength, hoofs, hair and hide, not to speak of food and pro-creative power. Protagoras' version of the legend, in which Prometheus already takes part in the creation of man, proved the germ of the later representation of the hero as the artificer of mankind out of clay. In this form the story was transmitted by the poets of the New Comedy to Rome[2], and appears in quaint and interesting reliefs upon Roman Sarcophagi[3].

§ 4. *On Socrates' criticism of Simonides' poem.*

The second episode which it is needful to discuss is the criticism given by Socrates of the poem of Simonides[4].

As we have endeavoured to shew, the aim of the Protagoras is to prove that virtue cannot be commu-nicated by teaching, unless knowledge and virtue are

---

[1] Works and Days 192 δίκη δ' ἐν χερσὶ καὶ αἰδὼς οὐκ ἔσται.

[2] Philemon ap. Stob. Florileg. 11 27 Προμηθεύς, ὃν λέγουσ ἡμᾶς πλάσαι καὶ τἆλλα πάντα ξῷα. Compare Menander in Lucian Am. 43 and Hor. Od. 1 16. 13—16.

[3] See Baumeister's Denkmäler des klassischen Alterthums p. 1413.

[4] On the restoration of the poem see Appendix.

identical. Now Poetry, in the days of Plato, was
regarded as perhaps the most powerful means of
teaching virtue, and Protagoras had already main-
tained its educative value in his speech. It was
therefore necessary to inquire whether the claims of
the Muses were well founded. It became all the
more necessary when the Sophists—or some of them
—in this as in many other respects went with the
stream, and developed the practice of poetical criticism
into an art[1]. Socrates' exposition of the poem is
intended to shew by a practical demonstration that
poetry does not teach virtue because in poetry there
is no knowledge. There cannot be knowledge in the
written words of poets οὓς οὔτε ἀνερέσθαι οἷόν τ᾽ ἐστὶν
περὶ ὧν λέγουσιν, ἐπαγόμενοί τε αὐτοὺς οἱ πολλοὶ ἐν τοῖς
λόγοις οἱ μὲν ταῦτά φασιν τὸν ποιητὴν νοεῖν, οἱ δ᾽ ἕτερα,
περὶ πράγματος διαλεγόμενοι ὃ ἀδυνατοῦσιν ἐξελέγξαι
(347 E): for knowledge implies the power to ask and
answer questions—its method is, in short, dialectic.
Browning and other societies would have received
short shrift from Socrates, unless the members com-
municated with the poet to find out what he meant:
and even then the poet would himself require to be
cross-examined—an ordeal from which he would not
be likely to emerge successfully, being in fact but a
Sophist himself[2]. Plato's objection to poetry in the
Protagoras is not yet based upon ethical and meta-
physical grounds as it was when he wrote the Republic,
but rather reminds us of his condemnation in the
Phaedrus[3] of written books in general as a means of

[1] See note on 338 E.
[2] See 316 D and note in loc.
[3] 275 D.

education. The poet is a θεῖος ἀνήρ, who says what he does not know: even when alive he cannot explain his meaning: how much less shall another when he is dead! Socrates might have been content to prove his point without doing so much violence to Simonides' meaning. His exposition of the poem is admittedly sophistical. To begin with, there is nothing in the poem itself to indicate that Simonides' primary intention was to overthrow the maxim of Pittacus, as Socrates avers[1]: Pittacus is censured for saying not what is untrue, but what is less than the whole truth. The real subject of the poem is the impossibility of continued perfection among mankind: the mention of Pittacus is but an episode, which might have been omitted without injuring the argument as a whole. But it is in the explanation of details that Socrates runs riot most. His comments upon μέν[2], upon ἀληθῶς[3], upon κακὸς δ' εἰ κακῶς[4], are obviously and intentionally absurd, while in dealing with εὖ πράξας[5] and ἑκών[6] he contrives by the most perverse sophistry to wrest the plain meaning of Simonides into his own favourite theories of the identity between knowledge and virtue and the impossibility of voluntary sin. But the exaggerated perversity of his exposition is doubtless intended as a satire on the epideictic displays in vogue among some of the Sophists: Plato would fain make it plain that he can beat a Sophist on his own ground.

---

[1] 342 A—343 C: 344 B et al. Schleiermacher's reference to the fragment of Simonides (in Schneidewin's Delectus fr. 2 of Simonides = Bergk[4] fr. 57) proves nothing for this particular poem.

[2] 343 D.   [3] 343 D.   [4] 345 A.

[5] 345 A.   [6] 345 D.

At the outset, he borrows some features from the speech of Protagoras in 316 C: and the remark of Hippias, when the episode is ended, εὖ μέν μοι δοκεῖς— περὶ τοῦ ᾄσματος διεληλυθέναι may be taking as indicating that Hippias at least accepted the picture as a fair representation of his method[1]. We have not sufficient data to say for certain whether the picture is a caricature or not: probably it is just as much and as little of a caricature as the representation of the Sophists in the Euthydemus. At all events, if the sketch is even approximately true to nature, no one will deny that the Sophists had better have "put the poets on their shelves[2]" if they desired to reach the truth of things.

If the view which we have taken is correct, it will be vain to look for reasoned ethical teaching in the episode. The opinion of Dümmler[3], that Plato is here attacking Antisthenes for regarding virtue as ἀναπόβλητος[4], receives no support from the dialogue, even if we allowed that the truly virtuous man could ever have seemed to Plato or even to Socrates capable of losing his virtue.

---

[1] From this point of view, the whole episode should be compared with the speech of Socrates in the Phaedrus 237 B—241 D.

[2] 348 A, where Socrates virtually confesses that his exposition is naught.

[3] Akademika p. 50.

[4] Diog. Laert. VI 105.

§ 5. *On the identification of the Pleasant and the Good.*

The last episode which requires to be discussed in connexion with the argument of the dialogue is the identification by Socrates of the good and the pleasant. This identity is the hypothesis from which the final refutation of Protagoras is deduced : it is not a substantive result of the dialogue, but only a means to an end.

We remark at the outset, that Protagoras is at first unwilling to accept the identification: still more noteworthy is it that Socrates in reality offers no proof, beyond the εὖ ζῆν fallacy[1], which begs the question by equating εὖ with ἡδέως. The long discussion on the meaning of the common phrase 'to be overcome by pleasure' does indeed remove one obstacle in the way of the identification, but beyond this it does not go. Even here there are fallacies, as when Socrates infers that knowledge always determines the conduct of its possessor because it is her nature to rule[2], and in the subtle reasoning of 355 D[3], which, in point of fact, presupposes the theory that might is right. The only convincing proof, from the Socratic point of view, of the identity of the good and the pleasant, would be to demonstrate their essential unity by an analysis of the connotation of the two names: but of this there is no hint in the Protagoras. The meaning of 'Good' and of 'Pleasant' is supposed to be already known.

[1] 351 B.
[2] 352 B. The fallacy lies in a confusion of the ideal and the real: knowledge may be ἰσχυρόν,, ἡγεμονικόν and ἀρχικόν, and yet not ἰσχύειν, ἡγεμονεύειν, or ἄρχειν in each individual case.
[3] See note in loc.

The teaching of the Protagoras on the relation between Pleasure and Good, as is well known, differs *toto caelo* from that of nearly every other dialogue of Plato. Not to mention the Philebus[1], and the Republic[2], where the point is rather that Pleasure is not *the* i.e. the *Chief* Good, in the Gorgias[3] and the Phaedo[4] we have the most explicit assertion of the distinction between the two notions. Contrast the following passages :

οὐκ ἄρα τὸ χαίρειν ἐστὶν εὖ πράττειν οὐδὲ τὸ ἀνιᾶσθαι κακῶς, ὥστε ἕτερον γίγνεται τὸ ἡδὺ τοῦ ἀγαθοῦ (Gorg. 497 A).

οὐ ταὐτὰ γίγνεται, ὦ φίλε, τἀγαθὰ τοῖς ἡδέσιν οὐδὲ τὰ κακὰ τοῖς ἀνιαροῖς (Gorg. 497 D).

λέγεις δέ τινας, ἔφην, ὦ Πρωταγόρα, τῶν ἀνθρώπων εὖ ζῆν, τοὺς δὲ κακῶς; Ἔφη. Ἆρ' οὖν δοκεῖ σοι ἄνθρωπος ἂν εὖ ζῆν, εἰ ἀνιώμενός τε καὶ ὀδυνώμενος ζῴη; Οὐκ ἔφη. Τί δ', εἰ ἡδέως βιοὺς τὸν βίον τελευτήσειεν, οὐκ εὖ ἄν σοι δοκεῖ οὕτως βεβιωκέναι; Ἔμοιγ', ἔφη. Τὸ μὲν ἄρα ἡδέως ζῆν ἀγαθόν, τὸ δ' ἀηδῶς κακόν (Prot. 351 B).

ὦ μακάριε Σιμμία, μὴ γὰρ οὐχ αὕτη ᾖ ἡ ὀρθὴ πρὸς ἀρετὴν ἀλλαγή, ἡδονὰς πρὸς ἡδονὰς καὶ λύπας πρὸς λύπας καὶ φόβον πρὸς φόβον καταλλάττεσθαι καὶ μείζω πρὸς ἐλάττω ὥσπερ νομίσματα κτλ. (Phaedo 69 A).

ἐὰν μὲν γὰρ ἡδέα πρὸς ἡδέα ἱστῇς, τὰ μείζω ἀεὶ καὶ πλείω ληπτέα· ἐὰν δὲ λυπηρὰ πρὸς λυπηρά, τὰ ἐλάττω καὶ σμικρότερα· ἐὰν δὲ ἡδέα πρὸς λυπηρά, ἐὰν μὲν τὰ ἀνιαρὰ ὑπερβάλληται ὑπὸ τῶν ἡδέων, ἐάν τε τὰ ἐγγὺς ὑπὸ τῶν πόρρω ἐάν τε τὰ πόρρω ὑπὸ τῶν ἐγγύς, ταύτην τὴν πρᾶξιν πρακτέον ἐν ᾗ ἂν ταῦτ' ἐνῇ· ἐὰν δὲ τὰ ἡδέα ὑπὸ τῶν ἀνιαρῶν, οὐ πρακτέα (Prot. 356 B).

---

[1] 53 C foll.
[2] VI 509 A οὐ γὰρ δήπου σύ γε ἡδονὴν αὐτὸ (i.e. τὸ ἀγαθὸν) λέγεις. Εὐφήμει· ἦν δ' ἐγώ.
[3] 495 A foll.   [4] 64 D, 68 E foll.

Such passages, which might be multiplied at will, shew that, if there is any meaning in words, the antithesis is a real one. Nor does the contrast lurk merely in isolated passages, for the whole tone and argument of the Gorgias and the Phaedo are opposed to any communion between pleasure and good.

Various explanations of the difficulty have been offered.

Those who (like Grote) hold that the dialogues of Plato "are distinct compositions, written each with its own circumstances and purpose[1]," find of course no difficulty to explain: the Protagoras is perhaps the strongest bulwark in their argument. The most thorough-going adherents of the opposite school deny that Plato is serious[2], Plato's object being merely to prove that whatever we take to be the Chief Good, virtue can only be identified with the knowledge thereof. Between these two extreme views comes the theory that the identification of Pleasure and Good is seriously meant, either as the view of Plato himself when he wrote the Protagoras, or as a faithful historical picture of the teaching of his master upon this subject. It seems clear to us that Plato is serious, but we do not find sufficient evidence to justify us in holding that the view which he advocates—whether he believed it formerly or not—was at this time held by the philosopher himself. To the opposite theory, it seems a fatal objection that in none of the minor dialogues which are universally admitted to be earlier

[1] Plato and the companions of Socrates II p. 89.
[2] Schleiermacher's Introduction to the Dialogues of Plato p. 95: Bonitz Platonische Studien p. 264: compare Grote II p. 87.

than the Protagoras does there seem to be any hint of hedonism. On the contrary, the analogues to the Measuring or Calculating art which meet us in the Charmides[1] and Laches[2] are concerned not with the weighing of *pleasure*, but with the determination of what is *good*[3].

The most probable view is that which regards the episode in question as intended to represent the views of the historical Socrates. It is true that even in the Memorabilia Socrates never in so many words declares that Pleasure is Good[4], but he frequently inculcates the practice of the virtues on account of the pleasures which they bring[5]. Moreover, if Socrates actually did sometimes call pleasure good, it is easier to understand how the Cyrenaics could have fathered their Hedonism upon him. It is of course quite possible that the formulating of the doctrine is due to Plato, and that the historical truth of the picture suffered by the introduction of greater brevity and precision : we may even suppose that Plato, for dramatic or other reasons, was not careful to represent his Master in all respects as he was. But to stigmatise the doctrine as " utterly un-Socratic," as Schleiermacher

---

[1] 174 A foll.   [2] 199 C.

[3] The nearest approach to a unification of pleasure and good elsewhere in Plato seems to be in Laws 11 663 A ff. οὐκοῦν ὁ μὲν μὴ χωρίζων λόγος ἡδύ τε καὶ δίκαιον καὶ ἀγαθόν τε καὶ καλὸν πιθανός γ', εἰ μηδὲν ἕτερον, πρὸς τό τινα ἐθέλειν ζῆν τὸν ὅσιον καὶ δίκαιον βίον κτλ. : where, however, Plato is merely insisting on the practical importance of the identification for the welfare of a state.

[4] He identifies ὠφέλιμον with good in Mem. IV 6. 8 ff.

[5] e.g. 11 1. 19: IV 5. 9: see Zeller Philosophie der Griechen[3] II 1 p. 126.

does[1], seems to involve a misconception of its moral worth. There is nothing degrading in the theory as it is worked out by Socrates, since it is not the balance of pleasure in each individual species of pleasure which we are recommended to choose, but the balance of pleasure generally and in the long run: it would be quite open to Socrates to maintain that the lower pleasures are never to be chosen, because they are always followed by more pain, or even that they are not even pleasant[2].

If we accept this explanation, the identification of pleasure and good will be in harmony with the general realistic tone of the dialogue, and we shall be justified in holding that in the Protagoras we see the ethical no less than the educational theories of Socrates and Protagoras brought face to face[3].

§ 6. *Date of Composition.*

Of external evidence as to the date when the Protagoras was written, there is none.

The internal evidence, so far as it goes, is in favour of an early date. It rests upon indications furnished by (1) the language and style, (2) the doctrine, (3) references and allusions in the dialogue itself.

---

[1] Introduction to the Dialogues of Plato p. 95.

[2] Cf. Arist. Eth. Nic. X 2. 1173 b 20 πρὸς δὲ τοὺς προφέροντας τὰς ἐπονειδίστους τῶν ἡδονῶν λέγοι τις ἂν ὅτι οὐκ ἔστι ταῦθ' ἡδέα. The historical Socrates would have stopped short of this assertion, if we may judge from such evidence as Xen. Mem. I 4. 12.

[3] See Dr Jackson's article on the Sophists in the Encyclopaedia Britannica.

On linguistic grounds, Ritter[1] holds that the dialogue was composed before 399 B.C. But the evidence upon which he relies is chiefly derived from the relative frequency of certain particles and formulæ throughout the dialogue, and (as usual with evidence of this kind) it is by no means clear that Plato's choice of particles and the like is not a result of the character of the composition rather than an index to its date. It is also unlikely on many grounds that any of Plato's dialogues are anterior to the death of Socrates. The proofs derived from the exuberant vivacity, the boisterous juvenility and dramatic fire of the dialogue are surer, if more intangible, and all point to a comparatively early date[2].

In two points of doctrine the Protagoras shews its affinity with the earlier and purely Socratic dialogues. Holiness, as in the Laches, is reckoned as a virtue and placed by the side of δικαιοσύνη, whereas in the Republic and Phaedo ὁσιότης is excluded, and it is only the four cardinal virtues that are recognised as such[3]. Too much stress ought not to be laid upon this argument, but at least, if we may trust Xenophon[4], the recognition of ὁσιότης as a distinct virtue had the sanction of Socrates. The second point is of more importance. Although the subject of the dialogue might seem to have expressly invited mention of that

---

[1] Untersuchungen über Plato, p. 127.

[2] This subject is well handled by Ast, Platon's Leben und Schriften, p. 70 foll.

[3] Prot. 329 C et al., Lach. 199 D, Rep. IV. 428 A, Phaedo 69 C. The doctrine of the Meno and Gorgias resembles that of the Protagoras in this point: Meno 78 D, Gorg. 507 B.

[4] Mem. IV 6. 4.

'demotic virtue¹' of which Plato made so much, no allusion to it is made². It is perhaps a natural conclusion that Plato had not yet elaborated the distinction—unknown to Socrates—between scientific and unscientific virtue: but it should at the same time be remembered that Plato may have deliberately refrained from adverting to this subject in order to make his picture of Socrates more true to nature. However this may be, the distinction in question is only an ethical deduction from the metaphysical distinction between knowledge and true opinion: its absence from the Protagoras is therefore in harmony with the purely Socratic tone of the dialogue, where we look in vain for the metaphysical speculations or presuppositions of Plato's mature age.

¹ It is in the Meno that the difference between demotic and philosophic virtue is first clearly laid down. See on the whole subject Archer-Hind's Phaedo, Appendix I.

² The nearest approach to a recognition of two virtues, one scientific and the other unscientific, is in the speech of Protagoras 320 C foll. The elements of πολιτικὴ ἀρετή implanted in mankind at the beginning and transmitted by father to son are in their essence distinct from scientific virtue, and so far resemble the δημοτικὴ ἀρετή of Platonic teaching: but this part of Protagoras's speech is not taken up by Socrates, who will not even allow that the (so-called) virtue which the sophists and public opinion try to teach is virtue in *any* sense of the word, since it is not knowledge. Schöne (Über Platon's Protagoras, p. 51) thinks that the Platonic Socrates *does* recognise the distinction between true and demotic virtue when he expresses (319 A) a doubt whether virtue can be taught, since he afterwards proves himself that it can. No doubt Socrates' change of position in the course of the dialogue finds its justification in this distinction between true and spurious virtue (as it is found in the Meno), but so far as we can see, there is nothing in the Protagoras which shews that Plato had as yet made the distinction explicit to himself.

From the allusion in the dialogue to the art of the Peltasts[1], Teichmüller[2] has endeavoured to fix the date of composition more precisely. It is known that there were Peltasts in Thrace before the time of Iphicrates[3], but there is no proof that they formed a regular corps of the Athenian army till the military reforms of 391, which are associated with his name. Teichmüller points out that Plato speaks of Peltasts in such a way as to imply that they are no longer unfamiliar or foreign to his readers[4], and assigns the dialogue to 393 or 392 B.C., when Iphicrates probably began to organise the new arm.

On all these grounds we cannot go far astray in assigning the dialogue to the second half of the first decade of the fourth century B.C.

§ 7. *Date of the Action.*

The majority of critics are agreed in supposing the dialogue to be conceived as taking place before the war, in 433 or 432 B.C.

It is in harmony with this that Pericles and his sons are represented as still alive[5], that Socrates is still young[6], and that Alcibiades[7] is but a youth and

---

[1] 350 A τίνες δὲ πέλτας ἔχοντες; οἱ πελταστικοὶ ἢ οἱ μή; Οἱ πελταστικοί: cf. Theaet. 165 D πελταστικὸς ἀνήρ.

[2] Literarische Fehden, p. 20.

[3] Thucydides IV 111. 1: cf. (with Teichmüller) id. II 29. 4: Eurip. Alcest. 498 Θρηκίας πέλτης ἄναξ et al.

[4] Contrast Xenophon Mem. III 9. 2, where peltasts are similarly cited in illustration, but called Θρᾷκες ἐν πέλταις.

[5] 315 A et al. They died in 429.

[6] 314 B et al. In 432 he would be 36.

[7] 309 B. He was born in 451.

Agathon a lad[1]. Other indications of minor importance point in the same direction. But in patent contradiction to this date come the facts—authenticated by Athenaeus[2]—that the 'Wild Men' of Pherecrates, which Plato alludes to as represented last year (πέρυσι)[3], was produced in 420 B.C., and that Hipponicus, the father of Callias, is apparently supposed to be dead, whereas he was alive till nearly 421 B.C. Athenaeus is not always an unprejudiced witness when Plato is concerned, but we have no reason to reject his evidence here. Plato frequently introduces anachronisms in matters not essential to the action of his dialogues[4].

[1] 315 D. He was born about 448.

[2] Athen. v 218 B and XI 505 F.

[3] 327 D.

[4] Compare Zeller, Über die Anachronismen in den Platonischen Gesprächen in den Abhandlungen d. Berl. Akad. for 1873, Hist. Phil. Kl. p. 81 ff. The difficulties connected with the date of action of the Protagoras are well summarized by Sauppe.

ΠΡΩΤΑΓΟΡΑΣ

[ἢ cοφιcταί· ἐνΔεικτικόc]

ΤΑ ΤΟΥ ΔΙΑΛΟΓΟΥ ΠΡΟΣΩΠΑ

ΕΤΑΙΡΟΣ, ΣΩΚΡΑΤΗΣ, ΙΠΠΟΚΡΑΤΗΣ,
ΠΡΩΤΑΓΟΡΑΣ, ΑΛΚΙΒΙΑΔΗΣ, ΚΑΛΛΙΑΣ,
ΚΡΙΤΙΑΣ, ΠΡΟΔΙΚΟΣ, ΙΠΠΙΑΣ.

I. Πόθεν, ὦ Σώκρατες, φαίνει; ἢ δῆλα δὴ ὅτι
ἀπὸ κυνηγεσίου τοῦ περὶ τὴν Ἀλκιβιά- <small>Socrates is ask-</small>
δου ὥραν; καὶ μήν μοι καὶ πρῴην ἰδόντι <small>ed by a friend to describe his in-</small>
καλὸς μὲν ἐφαίνετο ἀνὴρ ἔτι, ἀνὴρ μέν- <small>terview with the newly-arrived</small>
τοι, ὦ Σώκρατες, ὥς γ᾽ ἐν αὐτοῖς ἡμῖν <small>Protagoras.</small>   5
εἰρῆσθαι, καὶ πώγωνος ἤδη ὑποπιμπλάμενος.

ΣΩ. Εἶτα τί τοῦτο; οὐ σὺ μέντοι Ὁμήρου
B ἐπαινέτης εἶ, ὃς ἔφη χαριεστάτην ἥβην εἶναι τοῦ
ὑπηνήτου, ἢν νῦν Ἀλκιβιάδης ἔχει;

ΕΤ. Τί οὖν τὰ νῦν; ἢ παρ᾽ ἐκείνου φαίνει; καὶ 10
πῶς πρὸς σὲ ὁ νεανίας διάκειται;

ΣΩ. Εὖ ἔμοιγε ἔδοξεν, οὐχ ἥκιστα δὲ καὶ τῇ
νῦν ἡμέρᾳ· καὶ γὰρ πολλὰ ὑπὲρ ἐμοῦ εἶπε, βοηθῶν

ἐμοί. καὶ οὖν καὶ ἄρτι ἀπ᾽ ἐκείνου ἔρχομαι. ἄτοπον
15 μέντοι τί σοι ἐθέλω εἰπεῖν· παρόντος γὰρ ἐκείνου,
οὔτε προσεῖχον τὸν νοῦν, ἐπελανθανόμην τε αὐτοῦ
θαμά.

ΕΤ. Καὶ τί ἂν γεγονὸς εἴη περὶ σὲ κἀκεῖνον C
τοσοῦτον πρᾶγμα; οὐ γὰρ δήπου τινὶ καλλίονι
20 ἐνέτυχες ἄλλῳ ἔν γε τῇδε τῇ πόλει.

ΣΩ. Καὶ πολύ γε.

ΕΤ. Τί φῄς; ἀστῷ ἢ ξένῳ;

ΣΩ. Ξένῳ.

ΕΤ. Ποδαπῷ;

25 ΣΩ. Ἀβδηρίτῃ.

ΕΤ. Καὶ οὕτω καλός τις ὁ ξένος ἔδοξέν σοι εἶναι,
ὥστε τοῦ Κλεινίου υἱέος καλλίων σοι φανῆναι;

ΣΩ. Πῶς δ᾽ οὐ μέλλει, ὦ μακάριε, τὸ σοφώτατον
κάλλιον φαίνεσθαι;

30 ΕΤ. Ἀλλ᾽ ἦ σοφῷ τινι ἡμῖν, ὦ Σώκρατες,
ἐντυχὼν πάρει;

ΣΩ. Σοφωτάτῳ μὲν οὖν δήπου τῶν γε νῦν, εἴ D
σοι δοκεῖ σοφώτατος εἶναι Πρωταγόρας.

ΕΤ. Ὦ τί λέγεις; Πρωταγόρας ἐπιδεδήμηκεν;

35 ΣΩ. Τρίτην γε ἤδη ἡμέραν.

ΕΤ. Καὶ ἄρτι ἄρα ἐκείνῳ συγγεγονὼς ἥκεις;

ΣΩ. Πάνυ γε | πολλὰ καὶ εἰπὼν καὶ ἀκούσας.   310

ΕΤ. Τί οὖν οὐ διηγήσω ἡμῖν τὴν ξυνουσίαν, εἰ
μή σέ τι κωλύει, καθιζόμενος ἐνταυθί, ἐξαναστήσας
40 τὸν παῖδα τουτονί;

ΣΩ. Πάνυ μὲν οὖν· καὶ χάριν γε εἴσομαι, ἐὰν
ἀκούητε.

ΕΤ. Καὶ μὴν καὶ ἡμεῖς σοί, ἐὰν λέγῃς.

ΣΩ. Διπλῆ ἂν εἴη ἡ χάρις. ἀλλ᾽ οὖν ἀκούετε.

II. Τῆς παρελθούσης νυκτὸς ταυτησί, ἔτι βαθέος
ὄρθρου, Ἱπποκράτης ὁ Ἀπολλοδώρου
υἱός, Φάσωνος δὲ ἀδελφός, τὴν θύραν
B τῇ βακτηρίᾳ πάνυ σφόδρα ἔκρουε, καὶ
ἐπειδὴ αὐτῷ ἀνέῳξέ τις, εὐθὺς εἴσω ᾔει
ἐπειγόμενος, καὶ τῇ φωνῇ μέγα λέγων
Ὦ Σώκρατες, ἔφη, ἐγρήγορας ἢ καθεύ-
δεις; καὶ ἐγὼ τὴν φωνὴν γνοὺς αὐτοῦ,

Socrates relates
how Hippocrates
announced   to
him the arrival of
Protagoras, and
how Hippocrates
and he determin- 5
ed to visit Prota-
goras   at   the
house of Callias,
to see if he would
teach Hippocra-
tes wisdom.

Ἱπποκράτης, ἔφην, οὗτος. μή τι νεώτερον ἀγγέλλεις;
Οὐδέν γ᾽, ἦ δ᾽ ὅς, εἰ μὴ ἀγαθά γε. Εὖ ἂν λέγοις, 10
ἦν δ᾽ ἐγώ· ἔστι δὲ τί, καὶ τοῦ ἕνεκα τηνικάδε ἀφίκου;
Πρωταγόρας, ἔφη, ἥκει, στὰς παρ᾽ ἐμοί. Πρῴην,
ἔφην ἐγώ· σὺ δὲ ἄρτι πέπυσαι; Νὴ τοὺς θεούς,
C ἔφη, ἑσπέρας γε. καὶ ἅμα ἐπιψηλαφήσας τοῦ
σκίμποδος ἐκαθέζετο παρὰ τοὺς πόδας μου, καὶ 15
εἶπεν· Ἑσπέρας δῆτα, μάλα γε ὀψὲ ἀφικόμενος ἐξ
Οἰνόης. ὁ γάρ τοι παῖς με ὁ Σάτυρος ἀπέδρα· καὶ
δῆτα μέλλων σοι φράζειν, ὅτι διωξοίμην αὐτόν, ὑπό
τινος ἄλλου ἐπελαθόμην· ἐπειδὴ δὲ ἦλθον καὶ δε-
δειπνηκότες ἦμεν καὶ ἐμέλλομεν ἀναπαύεσθαι, τότε 20
μοι ἀδελφὸς λέγει, ὅτι ἥκει Πρωταγόρας. καὶ ἔτι
μὲν ἐνεχείρησα εὐθὺς παρὰ σὲ ἰέναι, ἔπειτά μοι λίαν
D πόρρω ἔδοξε τῶν νυκτῶν εἶναι· ἐπειδὴ δὲ τάχιστά
με ἐκ τοῦ κόπου ὁ ὕπνος ἀνῆκεν, εὐθὺς ἀναστὰς οὕτω
δεῦρο ἐπορευόμην. καὶ ἐγὼ γιγνώσκων αὐτοῦ τὴν 25
ἀνδρείαν καὶ τὴν πτοίησιν, Τί οὖν σοί, ἦν δ᾽ ἐγώ,
τοῦτο; μῶν τί σε ἀδικεῖ Πρωταγόρας; καὶ ὃς
γελάσας, Νὴ τοὺς θεούς, ἔφη, ὦ Σώκρατες, ὅτι γε
μόνος ἐστὶ σοφός, ἐμὲ δὲ οὐ ποιεῖ. Ἀλλὰ ναὶ μὰ
Δία, ἔφην ἐγώ, ἂν αὐτῷ διδῷς ἀργύριον καὶ πείθῃς 30
ἐκεῖνον, ποιήσει καὶ σὲ σοφόν Εἰ γάρ, ἦ δ᾽ ὅς, ὦ

Ζεῦ καὶ θεοί, ἐν τούτῳ εἴη· ὡς οὔτ' ἂν τῶν ἐμῶν E
ἐπιλίποιμι οὐδὲν οὔτε τῶν φίλων· ἀλλ' αὐτὰ ταῦτα
καὶ νῦν ἥκω παρὰ σέ, ἵνα ὑπὲρ ἐμοῦ διαλεχθῇς αὐτῷ.
35 ἐγὼ γὰρ ἅμα μὲν καὶ νεώτερός εἰμι, ἅμα δὲ οὐδὲ
ἑώρακα Πρωταγόραν πώποτε οὐδ' ἀκήκοα οὐδέν· ἔτι
γὰρ παῖς ἦ, ὅτε τὸ πρότερον ἐπεδήμησεν. ἀλλὰ γάρ,
ὦ Σώκρατες, πάντες τὸν ἄνδρα ἐπαινοῦσι καί φασι
σοφώτατον εἶναι λέγειν· ἀλλὰ τί οὐ βαδίζομεν παρ'
40 αὐτόν, ἵνα ἔνδον | καταλάβωμεν; καταλύει δ', ὡς ἐγὼ 311
ἤκουσα, παρὰ Καλλίᾳ τῷ Ἱππονίκου· ἀλλ' ἴωμεν.
καὶ ἐγὼ εἶπον· Μήπω, ὦγαθέ, ἐκεῖσε ἴωμεν, πρῲ
γάρ ἐστιν, ἀλλὰ δεῦρο ἐξαναστῶμεν εἰς τὴν αὐλήν,
καὶ περιιόντες αὐτοῦ διατρίψωμεν, ἕως ἂν φῶς γένη-
45 ται· εἶτα ἴωμεν. καὶ γὰρ τὰ πολλὰ Πρωταγόρας
ἔνδον διατρίβει, ὥστε, θάρρει, καταληψόμεθα αὐτόν,
ὡς τὸ εἰκός, ἔνδον.

III. Μετὰ ταῦτα ἀναστάντες εἰς τὴν αὐλὴν
περιῇμεν· καὶ ἐγὼ ἀποπειρώμενος τοῦ B

Before setting
out Socrates eli-
cits by question-
ing that Hippo-
crates wishes to
obtain for money
5 from Protagoras
not a professional
but a liberal edu-
cation.

Ἱπποκράτους τῆς ῥώμης διεσκόπουν
αὐτὸν καὶ ἠρώτων, Εἰπέ μοι, ἔφην ἐγώ,
ὦ Ἱππόκρατες, παρὰ Πρωταγόραν νῦν
ἐπιχειρεῖς ἰέναι, ἀργύριον τελῶν ἐκείνῳ
μισθὸν ὑπὲρ σεαυτοῦ, ὡς παρὰ τίνα
ἀφιξόμενος καὶ τίς γενησόμενος; ὥσπερ ἂν εἰ ἐπε-
νόεις παρὰ τὸν σαυτοῦ ὁμώνυμον ἐλθὼν Ἱπποκράτη
10 τὸν Κῷον, τὸν τῶν Ἀσκληπιαδῶν, ἀργύριον τελεῖν
ὑπὲρ σαυτοῦ μισθὸν ἐκείνῳ, εἴ τίς σε ἤρετο, Εἰπέ
μοι, μέλλεις τελεῖν, ὦ Ἱππόκρατες, Ἱπποκράτει
μισθὸν ὡς τίνι ὄντι; τί ἂν ἀπεκρίνω; Εἶπον ἄν, C
ἔφη, ὅτι ὡς ἰατρῷ. Ὡς τίς γενησόμενος; Ὡς ἰατρός,
15 ἔφη. Εἰ δὲ παρὰ Πολύκλειτον τὸν Ἀργεῖον ἢ

Φειδίαν τὸν Ἀθηναῖον ἐπενόεις ἀφικόμενος μισθὸν
ὑπὲρ σαυτοῦ τελεῖν ἐκείνοις, εἴ τίς σε ἤρετο· τελεῖν
τοῦτο τὸ ἀργύριον ὡς τίνι ὄντι ἐν νῷ ἔχεις Πολυ-
κλείτῳ τε καὶ Φειδίᾳ; τί ἂν ἀπεκρίνω; Εἶπον ἂν
ὡς ἀγαλματοποιοῖς· Ὡς τίς δὲ γενησόμενος αὐτός; 20
Δῆλον ὅτι ἀγαλματοποιός. Εἶεν, ἦν δ' ἐγώ· παρὰ
D δὲ δὴ Πρωταγόραν νῦν ἀφικόμενοι ἐγώ τε καὶ σὺ
ἀργύριον ἐκείνῳ μισθὸν ἕτοιμοι ἐσόμεθα τελεῖν ὑπὲρ
σοῦ, ἂν μὲν ἐξικνῆται τὰ ἡμέτερα χρήματα καὶ
τούτοις πείθωμεν αὐτόν, εἰ δὲ μή, καὶ τὰ τῶν φίλων 25
προσαναλίσκοντες· εἰ οὖν τις ἡμᾶς περὶ ταῦτα οὕτω
σφόδρα σπουδάζοντας ἔροιτο· εἰπέ μοι, ὦ Σώκρατές
τε καὶ Ἱππόκρατες, ὡς τίνι ὄντι τῷ Πρωταγόρᾳ ἐν
νῷ ἔχετε χρήματα τελεῖν; τί ἂν αὐτῷ ἀποκριναί-
E μεθα; τί ὄνομα ἄλλο γε λεγόμενον περὶ Πρωταγόρου 30
ἀκούομεν; ὥσπερ περὶ Φειδίου ἀγαλματοποιὸν καὶ
περὶ Ὁμήρου ποιητήν, τί τοιοῦτον περὶ Πρωταγόρου
ἀκούομεν; Σοφιστὴν δή τοι ὀνομάζουσί γε, ὦ Σώ-
κρατες, τὸν ἄνδρα εἶναι, ἔφη. Ὡς σοφιστῇ ἄρα
ἐρχόμεθα τελοῦντες τὰ χρήματα; Μάλιστα. Εἰ 35
οὖν καὶ τοῦτό τίς σε προσέροιτο· αὐτὸς δὲ δὴ ὡς
312 τίς γενησόμενος ἔρχει παρὰ | τὸν Πρωταγόραν; καὶ
ὃς εἶπεν ἐρυθριάσας—ἤδη γὰρ ὑπέφαινέν τι ἡμέρας,
ὥστε καταφανῆ αὐτὸν γενέσθαι—Εἰ μέν τι τοῖς
ἔμπροσθεν ἔοικεν, δῆλον ὅτι σοφιστὴς γενησόμενος. 40
Σὺ δέ, ἦν δ' ἐγώ, πρὸς θεῶν, οὐκ ἂν αἰσχύνοιο εἰς
τοὺς Ἕλληνας σαυτὸν σοφιστὴν παρέχων; Νὴ τὸν
Δία, ὦ Σώκρατες, εἴπερ γε ἃ διανοοῦμαι χρὴ λέγειν.
Ἀλλ' ἄρα, ὦ Ἱππόκρατες, μὴ οὐ τοιαύτην ὑπολαμ-
βάνεις σου τὴν παρὰ Πρωταγόρου μάθησιν ἔσεσθαι, 45
B ἀλλ' οἵαπερ ἡ παρὰ τοῦ γραμματιστοῦ ἐγένετο καὶ

κιθαριστοῦ καὶ παιδοτρίβου; τούτων γὰρ σὺ ἑκάστην
οὐκ ἐπὶ τέχνῃ ἔμαθες, ὡς δημιουργὸς ἐσόμενος, ἀλλ'
ἐπὶ παιδείᾳ, ὡς τὸν ἰδιώτην καὶ τὸν ἐλεύθερον πρέπει.
50 Πάνυ μὲν οὖν μοι δοκεῖ, ἔφη, τοιαύτη μᾶλλον εἶναι ἡ
παρὰ Πρωταγόρου μάθησις.

IV. Οἶσθα οὖν ὃ μέλλεις νῦν πράττειν, ἤ σε
λανθάνει; ἦν δ' ἐγώ. Τοῦ πέρι; "Ὅτι

Socrates shews
that Hippocrates,
who calls Prota-
goras a sophist,
does not know
5 what is meant by
the word "so-
phist."

μέλλεις τὴν ψυχὴν τὴν σαυτοῦ παρα- C
σχεῖν θεραπεῦσαι ἀνδρί, ὡς φῄς, σοφισ-
τῇ· ὅ τι δέ ποτε ὁ σοφιστής ἐστιν, θαυ-
μάζοιμ' ἂν εἰ οἶσθα. καίτοι εἰ τοῦτ'

ἀγνοεῖς, οὐδὲ ὅτῳ παραδίδως τὴν ψυχὴν οἶσθα, οὔτ' εἰ
ἀγαθῷ οὔτ' εἰ κακῷ πράγματι. Οἶμαί γ', ἔφη, εἰδέναι.
Λέγε δή, τί ἡγεῖ εἶναι τὸν σοφιστήν; Ἐγὼ μέν, ᾗ δ'
10 ὅς, ὥσπερ τοὔνομα λέγει, τοῦτον εἶναι τὸν τῶν σοφῶν
ἐπιστήμονα. Οὐκοῦν, ἦν δ' ἐγώ, τοῦτο μὲν ἔξεστι
λέγειν καὶ περὶ ζωγράφων καὶ περὶ τεκτόνων, ὅτι
οὗτοί εἰσιν οἱ τῶν σοφῶν ἐπιστήμονες· ἀλλ' εἴ τις D
ἔροιτο ἡμᾶς, τῶν τί σοφῶν εἰσιν οἱ ζωγράφοι ἐπιστή-
15 μονες, εἴποιμεν ἄν που αὐτῷ, ὅτι τῶν πρὸς τὴν
ἀπεργασίαν τὴν τῶν εἰκόνων, καὶ τἆλλα οὕτως.
εἰ δέ τις ἐκεῖνο ἔροιτο, ὁ δὲ σοφιστὴς τῶν τί σοφῶν
ἐστιν, τί ἂν ἀποκρινοίμεθα αὐτῷ; ποίας ἐργασίας
ἐπιστάτης; Τί ἂν εἴποιμεν αὐτὸν εἶναι, ὦ Σώκρατες;
20 ἐπιστάτην τοῦ ποιῆσαι δεινὸν λέγειν; Ἴσως ἄν,
ἦν δ' ἐγώ, ἀληθῆ λέγοιμεν, οὐ μέντοι ἱκανῶς γε·
ἐρωτήσεως γὰρ ἔτι ἡ ἀπόκρισις ἡμῖν δεῖται, περὶ
ὅτου ὁ σοφιστὴς δεινὸν ποιεῖ λέγειν. ὥσπερ ὁ κιθα-
ριστὴς δεινὸν δήπου ποιεῖ λέγειν περὶ οὗπερ καὶ E
25 ἐπιστήμονα, περὶ κιθαρίσεως—ἦ γάρ; Ναί. Εἶεν·
ὁ δὲ δὴ σοφιστὴς περὶ τίνος δεινὸν ποιεῖ λέγειν;

Δῆλον ὅτι περὶ οὗπερ καὶ ἐπίστασθαι. Εἰκός γε.
τί δή ἐστιν τοῦτο, περὶ οὗ αὐτός τε ἐπιστήμων ἐστὶν
ὁ σοφιστὴς καὶ τὸν μαθητὴν ποιεῖ; Μὰ Δί᾽, ἔφη,
οὐκέτι ἔχω σοι λέγειν.   30

313   V.   Καὶ ἐγὼ εἶπον | μετὰ τοῦτο· Τί οὖν; οἶσθα
εἰς οἷόν τινα κίνδυνον ἔρχει ὑποθήσων
τὴν ψυχήν; ἢ εἰ μὲν τὸ σῶμα ἐπιτρέπειν   *Hippocrates therefore will*
σε ἔδει τῳ, διακινδυνεύοντα ἢ χρηστὸν   *greatly endanger the welfare of his*
αὐτὸ γενέσθαι ἢ πονηρόν, πολλὰ ἂν   *soul, by feeding it with unknown* 5
περιεσκέψω, εἴτ᾽ ἐπιτρεπτέον εἴτε οὔ,   *food bought of an unknown species*
καὶ εἰς συμβουλὴν τούς τε φίλους ἂν   *of mankind.*
παρεκάλεις καὶ τοὺς οἰκείους, σκοπούμενος ἡμέρας
συχνάς· ὃ δὲ περὶ πλείονος τοῦ σώματος ἡγεῖ, τὴν
ψυχήν, καὶ ἐν ᾧ πάντ᾽ ἐστὶ τὰ σὰ ἢ εὖ ἢ κακῶς 10
πράττειν, χρηστοῦ ἢ πονηροῦ αὐτοῦ γενομένου, περὶ
B   δὲ τούτου οὔτε τῷ πατρὶ οὔτε τῷ ἀδελφῷ ἐπεκοινώσω
οὔτε ἡμῶν τῶν ἑταίρων οὐδενί, εἴτ᾽ ἐπιτρεπτέον εἴτε
καὶ οὐ τῷ ἀφικομένῳ τούτῳ ξένῳ τὴν σὴν ψυχήν,
ἀλλ᾽ ἑσπέρας ἀκούσας, ὡς φής, ὄρθριος ἥκων περὶ 15
μὲν τούτου οὐδένα λόγον οὐδὲ συμβουλὴν ποιεῖ, εἴτε
χρὴ ἐπιτρέπειν σαυτὸν αὐτῷ εἴτε μή, ἕτοιμος δ᾽ εἶ
ἀναλίσκειν τά τε σαυτοῦ καὶ τὰ τῶν φίλων χρήματα,
ὡς ἤδη διεγνωκώς, ὅτι πάντως συνεστέον Πρωταγόρᾳ,
ὃν οὔτε γιγνώσκεις, ὡς φής, οὔτε διείλεξαι οὐδεπώ- 20
C   ποτε, σοφιστὴν δ᾽ ὀνομάζεις, τὸν δὲ σοφιστήν, ὅ τί
ποτ᾽ ἔστιν, φαίνει ἀγνοῶν, ᾧ μέλλεις σαυτὸν ἐπιτρέ-
πειν; καὶ ὃς ἀκούσας, Ἔοικεν, ἔφη, ὦ Σώκρατες,
ἐξ ὧν σὺ λέγεις. Ἆρ᾽ οὖν, ὦ Ἱππόκρατες, ὁ σοφιστὴς
τυγχάνει ὢν ἔμπορός τις ἢ κάπηλος τῶν ἀγωγίμων, ἀφ᾽ 25
ὧν ψυχὴ τρέφεται; φαίνεται γὰρ ἔμοιγε τοιοῦτός τις.
Τρέφεται δέ, ὦ Σώκρατες, ψυχὴ τίνι; Μαθήμασιν

δήπου, ἦν δ' ἐγώ. καὶ ὅπως γε μή, ὦ ἑταῖρε, ὁ
σοφιστὴς ἐπαινῶν ἃ πωλεῖ ἐξαπατήσει ἡμᾶς, ὥσπερ
30 οἱ περὶ τὴν τοῦ σώματος τροφήν, ὁ ἔμπορός τε καὶ D
κάπηλος. καὶ γὰρ οὗτοί που ὧν ἄγουσιν ἀγωγίμων
οὔτε αὐτοὶ ἴσασιν ὅ τι χρηστὸν ἢ πονηρὸν περὶ τὸ
σῶμα, ἐπαινοῦσιν δὲ πάντα πωλοῦντες, οὔτε οἱ ὠνού-
μενοι παρ' αὐτῶν, ἐὰν μή τις τύχῃ γυμναστικὸς ἢ
35 ἰατρὸς ὤν. οὕτω δὲ καὶ οἱ τὰ μαθήματα περιάγοντες
κατὰ τὰς πόλεις καὶ πωλοῦντες καὶ καπηλεύοντες τῷ
ἀεὶ ἐπιθυμοῦντι ἐπαινοῦσιν μὲν πάντα ἃ πωλοῦσιν,
τάχα δ' ἄν τινες, ὦ ἄριστε, καὶ τούτων ἀγνοοῖεν
ὧν πωλοῦσιν ὅ τι χρηστὸν ἢ πονηρὸν πρὸς τὴν
40 ψυχήν· ὡς δ' αὕτως καὶ οἱ ὠνούμενοι παρ' αὐτῶν, Ε
ἐὰν μή τις τύχῃ περὶ τὴν ψυχὴν αὖ ἰατρικὸς ὤν.
εἰ μὲν οὖν σὺ τυγχάνεις ἐπιστήμων τούτων τί χρη-
στὸν καὶ πονηρόν, ἀσφαλές σοι ὠνεῖσθαι μαθήματα
καὶ παρὰ Πρωταγόρου καὶ παρ' ἄλλου ὁτουοῦν· εἰ
45 δὲ μή, ὅρα, ὦ μακάριε, μὴ περὶ τοῖς φιλτάτοις
| κυβεύῃς τε καὶ κινδυνεύῃς. καὶ γὰρ δὴ καὶ πολὺ 314
μείζων κίνδυνος ἐν τῇ τῶν μαθημάτων ὠνῇ ἢ ἐν τῇ
τῶν σιτίων. σιτία μὲν γὰρ καὶ ποτὰ πριάμενον
παρὰ τοῦ καπήλου καὶ ἐμπόρου ἔξεστιν ἐν ἄλλοις
50 ἀγγείοις ἀποφέρειν, καὶ πρὶν δέξασθαι αὐτὰ εἰς τὸ
σῶμα πιόντα ἢ φαγόντα, καταθέμενον οἴκαδε ἔξεστιν
συμβουλεύσασθαι, παρακαλέσαντα τὸν ἐπαΐοντα, ὅ
τι τε ἐδεστέον ἢ ποτέον καὶ ὅ τι μή, καὶ ὁπόσον καὶ
ὁπότε· ὥστε ἐν τῇ ὠνῇ οὐ μέγας ὁ κίνδυνος· μαθή-
55 ματα δὲ οὐκ ἔστιν ἐν ἄλλῳ ἀγγείῳ ἀπενεγκεῖν, ἀλλ' Β
ἀνάγκη, καταθέντα τὴν τιμήν, τὸ μάθημα ἐν αὐτῇ τῇ
ψυχῇ λαβόντα καὶ μαθόντα ἀπιέναι ἢ βεβλαμμένον
ἢ ὠφελημένον. ταῦτα οὖν σκοπώμεθα καὶ μετὰ τῶν

πρεσβυτέρων ἡμῶν· ἡμεῖς γὰρ ἔτι νέοι ὥστε τοσοῦτον
πρᾶγμα διελέσθαι. νῦν μέντοι, ὥσπερ ὡρμήσαμεν, 60
ἴωμεν καὶ ἀκούσωμεν τοῦ ἀνδρός, ἔπειτα ἀκούσαντες
καὶ ἄλλοις ἀνακοινωσώμεθα· καὶ γὰρ οὐ μόνος
Πρωταγόρας αὐτόθι ἐστίν, ἀλλὰ καὶ Ἱππίας ὁ
C Ἠλεῖος· οἶμαι δὲ καὶ Πρόδικον τὸν Κεῖον· καὶ
ἄλλοι πολλοὶ καὶ σοφοί.   65

VI. Δόξαν ἡμῖν ταῦτα ἐπορευόμεθα· ἐπειδὴ δὲ ἐν
τῷ προθύρῳ ἐγενόμεθα, ἐπιστάντες περί   Socrates and
τινος λόγου διελεγόμεθα, ὃς ἡμῖν κατὰ τὴν   Hippocrates pro-
                                             ceed to the house
ὁδὸν ἐνέπεσεν· ἵν᾽ οὖν μὴ ἀτελὴς γένοι-   of Callias. The
                                             scene in the court
το, ἀλλὰ διαπερανάμενοι οὕτως ἐσίοιμεν,   is described.   5
στάντες ἐν τῷ προθύρῳ διελεγόμεθα, ἕως συνωμολο-
γήσαμεν ἀλλήλοις. δοκεῖ οὖν μοι, ὁ θυρωρός, εὐνοῦχός
D τις, κατήκουεν ἡμῶν. κινδυνεύει δὲ διὰ τὸ πλῆθος
τῶν σοφιστῶν ἄχθεσθαι τοῖς φοιτῶσιν εἰς τὴν οἰκίαν·
ἐπειδὴ γοῦν ἐκρούσαμεν τὴν θύραν, ἀνοίξας καὶ ἰδὼν 10
ἡμᾶς, Ἔα, ἔφη, σοφισταί τινες· οὐ σχολὴ αὐτῷ· καὶ
ἅμα ἀμφοῖν τοῖν χεροῖν τὴν θύραν πάνυ προθύμως
ὡς οἷός τ᾽ ἦν ἐπήραξε. καὶ ἡμεῖς πάλιν ἐκρούομεν,
καὶ ὃς ἐγκεκλημένης τῆς θύρας ἀποκρινόμενος εἶπεν,
Ὦ ἄνθρωποι, ἔφη, οὐκ ἀκηκόατε, ὅτι οὐ σχολὴ αὐτῷ; 15
Ἀλλ᾽ ὠγαθέ, ἔφην ἐγώ, οὔτε παρὰ Καλλίαν ἥκομεν
E οὔτε σοφισταί ἐσμεν· ἀλλὰ θάρρει· Πρωταγόραν γάρ
τοι δεόμενοι ἰδεῖν ἤλθομεν· εἰσάγγειλον οὖν. μόγις
οὖν ποτὲ ἡμῖν ἄνθρωπος ἀνέῳξε τὴν θύραν· ἐπειδὴ
δὲ εἰσήλθομεν, κατελάβομεν Πρωταγόραν ἐν τῷ 20
προστῴῳ περιπατοῦντα, ἑξῆς δ᾽ αὐτῷ συμπεριεπά-
τουν ἐκ μὲν τοῦ ἐπὶ θάτερα Καλλίας ὁ Ἱππονίκου
315 καὶ ὁ ἀδελφὸς αὐτοῦ ὁ ὁμομήτριος, Πάραλος | ὁ
Περικλέους, καὶ Χαρμίδης ὁ Γλαύκωνος, ἐκ δὲ τοῦ

25 ἐπὶ θάτερα ὁ ἕτερος τῶν Περικλέους Ξάνθιππος καὶ
Φιλιππίδης ὁ Φιλομήλου καὶ Ἀντίμοιρος ὁ Μενδαῖος,
ὅσπερ εὐδοκιμεῖ μάλιστα τῶν Πρωταγόρου μαθητῶν
καὶ ἐπὶ τέχνῃ μανθάνει, ὡς σοφιστὴς ἐσόμενος.
τούτων δὲ οἳ ὄπισθεν ἠκολούθουν ἐπακούοντες τῶν
30 λεγομένων, τὸ μὲν πολὺ ξένοι ἐφαίνοντο, οὓς ἄγει
ἐξ ἑκάστων τῶν πόλεων ὁ Πρωταγόρας, δι' ὧν
διεξέρχεται, κηλῶν τῇ φωνῇ ὥσπερ Ὀρφεύς, οἱ δὲ
κατὰ τὴν φωνὴν ἕπονται κεκηλημένοι· ἦσαν δέ B
τινες καὶ τῶν ἐπιχωρίων ἐν τῷ χορῷ. τοῦτον τὸν
35 χορὸν μάλιστα ἔγωγε ἰδὼν ἥσθην, ὡς καλῶς ηὐλα-
βοῦντο μηδέποτε ἐμποδὼν ἐν τῷ πρόσθεν εἶναι
Πρωταγόρου, ἀλλ' ἐπειδὴ αὐτὸς ἀναστρέφοι καὶ οἱ
μετ' ἐκείνου, εὖ πως καὶ ἐν κόσμῳ περιεσχίζοντο
οὗτοι οἱ ἐπήκοοι ἔνθεν καὶ ἔνθεν, καὶ ἐν κύκλῳ
40 περιιόντες ἀεὶ εἰς τὸ ὄπισθεν καθίσταντο κάλλιστα.

VII. Τὸν δὲ μετ' εἰσενόησα, ἔφη "Ομηρος, Ἱπ-
πίαν τὸν Ἠλεῖον, καθήμενον ἐν τῷ κατ' C
ἀντικρὺ προστῴῳ ἐν θρόνῳ· περὶ αὐτὸν
δ' ἐκάθηντο ἐπὶ βάθρων Ἐρυξίμαχός τε ὁ Ἀκου-
5 μενοῦ καὶ Φαῖδρος ὁ Μυρρινούσιος καὶ Ἄνδρων ὁ
Ἀνδροτίωνος καὶ τῶν ξένων πολῖταί τε αὐτοῦ καὶ
ἄλλοι τινές. ἐφαίνοντο δὲ περὶ φύσεώς τε καὶ τῶν
μετεώρων ἀστρονομικὰ ἄττα διερωτᾶν τὸν Ἱππίαν,
ὁ δ' ἐν θρόνῳ καθήμενος ἑκάστοις αὐτῶν διέκρινεν καὶ
10 διεξῄει τὰ ἐρωτώμενα. καὶ μὲν δὴ καὶ Τάνταλόν γε
εἰσεῖδον· ἐπιδημεῖ γὰρ ἄρα καὶ Πρόδικος ὁ Κεῖος. D
ἦν δὲ ἐν οἰκήματί τινι, ᾧ πρὸ τοῦ μὲν ὡς ταμιείῳ
ἐχρῆτο Ἱππόνικος, νῦν δὲ ὑπὸ τοῦ πλήθους τῶν κατα-
λυόντων ὁ Καλλίας καὶ τοῦτο ἐκκενώσας ξένοις κατά-
15 λυσιν πεποίηκεν. ὁ μὲν οὖν Πρόδικος ἔτι κατέκειτο,

ἐγκεκαλυμμένος ἐν κῳδίοις τισὶν καὶ στρώμασιν καὶ
μάλα πολλοῖς, ὡς ἐφαίνετο· παρεκάθηντο δὲ αὐτῷ
ἐπὶ ταῖς πλησίον κλίναις Παυσανίας τε ὁ ἐκ Κερα-
μέων καὶ μετὰ Παυσανίου νέον τι ἔτι μειράκιον, ὡς
E μὲν ἐγῷμαι καλόν τε κἀγαθὸν τὴν φύσιν, τὴν δ' οὖν 20
ἰδέαν πάνυ καλός. ἔδοξα ἀκοῦσαι ὄνομα αὐτῷ εἶναι
᾿Αγάθωνα, καὶ οὐκ ἂν θαυμάζοιμι, εἰ παιδικὰ Παυ-
σανίου τυγχάνει ὤν. τοῦτ' ἦν τὸ μειράκιον, καὶ τὼ
᾿Αδειμάντω ἀμφοτέρω, ὅ τε Κήπιδος καὶ ὁ Λευκολο-
φίδου, καὶ ἄλλοι τινὲς ἐφαίνοντο· περὶ δὲ ὧν διελέ- 25
γοντο οὐκ ἐδυνάμην ἔγωγε μαθεῖν ἔξωθεν, καίπερ
λιπαρῶς ἔχων ἀκούειν τοῦ Προδίκου· πάσσοφος γάρ
316 μοι δοκεῖ ἀνὴρ εἶναι καὶ θεῖος· | ἀλλὰ διὰ τὴν βαρύ-
τητα τῆς φωνῆς βόμβος τις ἐν τῷ οἰκήματι γιγνό-
μενος ἀσαφῆ ἐποίει τὰ λεγόμενα. 30

VIII. Καὶ ἡμεῖς μὲν ἄρτι εἰσεληλύθειμεν, κα-
τόπιν δὲ ἡμῶν ἐπεισῆλθον ᾿Αλκιβιάδης
τε ὁ καλός, ὡς φὴς σὺ καὶ ἐγὼ πείθομαι,
καὶ Κριτίας ὁ Καλλαίσχρου. ἡμεῖς οὖν
ὡς εἰσήλθομεν, ἔτι σμίκρ' ἄττα διατρί-
ψαντες καὶ ταῦτα διαθεασάμενοι, προσῇ-
B μεν πρὸς τὸν Πρωταγόραν, καὶ ἐγὼ εἶπον·

*Socrates intro-
duces Hippocra-
tes to Protagoras.
The latter justi-
fies his profes-
sion, and the rival 5
sophists assemble
to hear him dis-
course.*

᾿Ω Πρωταγόρα, πρὸς σέ τοι ἤλθομεν ἐγώ τε καὶ
῾Ιπποκράτης οὗτος. Πότερον, ἔφη, μόνῳ βουλόμενοι
διαλεχθῆναι ἢ καὶ μετὰ τῶν ἄλλων; ῾Ημῖν μέν, ἦν 10
δ' ἐγώ, οὐδὲν διαφέρει· ἀκούσας δὲ οὗ ἕνεκα ἤλθο-
μεν αὐτὸς σκέψαι. Τί οὖν δή ἐστιν, ἔφη, οὗ ἕνεκα
ἥκετε; ῾Ιπποκράτης ὅδε ἐστὶν μὲν τῶν ἐπιχωρίων,
᾿Απολλοδώρου υἱός, οἰκίας μεγάλης τε καὶ εὐδαίμονος,
C αὐτὸς δὲ τὴν φύσιν δοκεῖ ἐνάμιλλος εἶναι τοῖς ἡλι- 15
κιώταις. ἐπιθυμεῖν δέ μοι δοκεῖ ἐλλόγιμος γενέσθαι

ἐν τῇ πόλει, τοῦτο δὲ οἴεταί οἱ μάλιστ' ἂν γενέσθαι, εἰ
σοὶ συγγένοιτο· ταῦτ' οὖν ἤδη σὺ σκόπει, πότερον
περὶ αὐτῶν μόνος οἴει δεῖν διαλέγεσθαι πρὸς μόνους,
20 ἢ μετ' ἄλλων. Ὀρθῶς, ἔφη, προμηθεῖ, ὦ Σώκρατες,
ὑπὲρ ἐμοῦ. ξένον γὰρ ἄνδρα καὶ ἰόντα εἰς πόλεις
μεγάλας, καὶ ἐν ταύταις πείθοντα τῶν νέων τοὺς
βελτίστους ἀπολείποντας τὰς τῶν ἄλλων συνουσίας,
καὶ οἰκείων καὶ ὀθνείων, καὶ πρεσβυτέρων καὶ νεω-
25 τέρων, ἑαυτῷ συνεῖναι ὡς βελτίους ἐσομένους διὰ
τὴν ἑαυτοῦ συνουσίαν, χρὴ εὐλαβεῖσθαι τὸν ταῦτα D
πράττοντα· οὐ γὰρ σμικροὶ περὶ αὐτὰ φθόνοι τε
γίγνονται καὶ ἄλλαι δυσμένειαί τε καὶ ἐπιβουλαί.
ἐγὼ δὲ τὴν σοφιστικὴν τέχνην φημὶ μὲν εἶναι πα-
30 λαιάν, τοὺς δὲ μεταχειριζομένους αὐτὴν τῶν παλαιῶν
ἀνδρῶν, φοβουμένους τὸ ἐπαχθὲς αὐτῆς, πρόσχημα
ποιεῖσθαι καὶ προκαλύπτεσθαι τοὺς μὲν ποίησιν,
οἷον Ὅμηρόν τε καὶ Ἡσίοδον καὶ Σιμωνίδην, τοὺς
δὲ αὖ τελετάς τε καὶ χρησμῳδίας, τοὺς ἀμφί τε
35 Ὀρφέα καὶ Μουσαῖον· ἐνίους δέ τινας ᾔσθημαι καὶ
γυμναστικήν, οἷον Ἴκκος τε ὁ Ταραντῖνος καὶ ὁ νῦν
ἔτι ὤν, οὐδενὸς ἥττων σοφιστής, Ἡρόδικος ὁ Σηλυμ- E
βριανός, τὸ δὲ ἀρχαῖον Μεγαρεύς· μουσικὴν δὲ
Ἀγαθοκλῆς τε ὁ ὑμέτερος πρόσχημα ἐποιήσατο,
40 μέγας ὢν σοφιστής, καὶ Πυθοκλείδης ὁ Κεῖος καὶ
ἄλλοι πολλοί. οὗτοι πάντες, ὥσπερ λέγω, φοβη-
θέντες τὸν φθόνον ταῖς τέχναις ταύταις παραπετάς-
μασιν ἐχρήσαντο· | ἐγὼ δὲ τούτοις ἅπασιν κατὰ τοῦτο 317
εἶναι οὐ ξυμφέρομαι· ἡγοῦμαι γὰρ αὐτοὺς οὔ τι
45 διαπράξασθαι ὃ ἐβουλήθησαν· οὐ γὰρ λαθεῖν τῶν
ἀνθρώπων τοὺς δυναμένους ἐν ταῖς πόλεσι πράττειν,
ὧνπερ ἕνεκα ταῦτ' ἐστὶν τὰ προσχήματα· ἐπεὶ οἵ γε

πολλοὶ ὡς ἔπος εἰπεῖν οὐδὲν αἰσθάνονται, ἀλλ᾿ ἅττ᾿
ἂν οὗτοι διαγγέλλωσι, ταῦτα ὑμνοῦσιν. τὸ οὖν ἀπο-
διδράσκοντα μὴ δύνασθαι ἀποδρᾶναι, ἀλλὰ κατα- 50
B φανῆ εἶναι, πολλὴ μωρία καὶ τοῦ ἐπιχειρήματος,
καὶ πολὺ δυσμενεστέρους παρέχεσθαι ἀνάγκη τοὺς
ἀνθρώπους· ἡγοῦνται γὰρ τὸν τοιοῦτον πρὸς τοῖς
ἄλλοις καὶ πανοῦργον εἶναι. ἐγὼ οὖν τούτων τὴν
ἐναντίαν ἅπασαν ὁδὸν ἐλήλυθα, καὶ ὁμολογῶ τε 55
σοφιστὴς εἶναι καὶ παιδεύειν ἀνθρώπους, καὶ εὐ-
λάβειαν ταύτην οἶμαι βελτίω ἐκείνης εἶναι, τὸ ὁμο-
λογεῖν μᾶλλον ἢ ἔξαρνον εἶναι· καὶ ἄλλας πρὸς
ταύτῃ ἔσκεμμαι, ὥστε, σὺν θεῷ εἰπεῖν, μηδὲν δεινὸν
C πάσχειν διὰ τὸ ὁμολογεῖν σοφιστὴς εἶναι. καίτοι 60
πολλά γε ἔτη ἤδη εἰμὶ ἐν τῇ τέχνῃ· καὶ γὰρ καὶ τὰ
ξύμπαντα πολλά μοί ἐστιν· οὐδενὸς ὅτου οὐ πάντων
ἂν ὑμῶν καθ᾿ ἡλικίαν πατὴρ εἴην· ὥστε πολύ μοι
ἥδιστόν ἐστιν, εἴ τι βούλεσθε περὶ τούτων, ἁπάντων
ἐναντίον τῶν ἔνδον ὄντων τὸν λόγον ποιεῖσθαι. καὶ 65
ἐγώ—ὑπώπτευσα γὰρ βούλεσθαι αὐτὸν τῷ τε Προ-
δίκῳ καὶ τῷ Ἱππίᾳ ἐνδείξασθαι καὶ καλλωπίσασθαι
ὅτι ἐρασταὶ αὐτοῦ ἀφιγμένοι εἶμεν—Τί οὖν, ἔφην
D ἐγώ, οὐ καὶ Πρόδικον καὶ Ἱππίαν ἐκαλέσαμεν καὶ
τοὺς μετ᾿ αὐτῶν, ἵνα ἐπακούσωσιν ἡμῶν; Πάνυ μὲν 70
οὖν, ἔφη ὁ Πρωταγόρας. Βούλεσθε οὖν, ὁ Καλλίας
ἔφη, συνέδριον κατασκευάσωμεν, ἵνα καθεζόμενοι δια-
λέγησθε; Ἐδόκει χρῆναι· ἄσμενοι δὲ πάντες ἡμεῖς,
ὡς ἀκουσόμενοι ἀνδρῶν σοφῶν, καὶ αὐτοὶ ἀντιλα-
βόμενοι τῶν βάθρων καὶ τῶν κλινῶν κατεσκευά- 75
ζομεν παρὰ τῷ Ἱππίᾳ· ἐκεῖ γὰρ προϋπῆρχε τὰ
E βάθρα· ἐν δὲ τούτῳ Καλλίας τε καὶ Ἀλκιβιάδης
ἡκέτην ἄγοντε τὸν Πρόδικον, ἀναστήσαντες ἐκ τῆς
κλίνης, καὶ τοὺς μετὰ τοῦ Προδίκου.

IX. Ἐπεὶ δὲ πάντες συνεκαθεζόμεθα, ὁ Πρωτα-

γόρας, Νῦν δὴ ἄν, ἔφη, λέγοις, ὦ Σώκρα-
τες, ἐπειδὴ καὶ οἵδε πάρεισιν, περὶ ὧν
ὀλίγον πρότερον μνείαν ἐποιοῦ πρὸς ἐμὲ
5 ὑπὲρ τοῦ νεανίσκου. καὶ ἐγὼ εἶπον ὅτι
Ἡ αὐτή μοι ἀρχή | ἐστιν, ὦ Πρωταγόρα, 318
ἥπερ ἄρτι, περὶ ὧν ἀφικόμην. Ἱππο-
κράτης γὰρ ὅδε τυγχάνει ἐν ἐπιθυμίᾳ ὢν
τῆς σῆς συνουσίας· ὅ τι οὖν αὐτῷ ἀποβήσεται, ἐάν
10 σοι συνῇ, ἡδέως ἄν φησι πυθέσθαι. τοσοῦτος ὅ γε
ἡμέτερος λόγος. ὑπολαβὼν οὖν ὁ Πρωταγόρας εἶπεν·
Ὦ νεανίσκε, ἔσται τοίνυν σοι, ἐὰν ἐμοὶ συνῇς, ᾗ ἂν
ἡμέρᾳ ἐμοὶ συγγένῃ, ἀπιέναι οἴκαδε βελτίονι γεγο-
νότι, καὶ ἐν τῇ ὑστεραίᾳ ταὐτὰ ταῦτα· καὶ ἑκάστης
15 ἡμέρας ἀεὶ ἐπὶ τὸ βέλτιον ἐπιδιδόναι. καὶ ἐγὼ B
ἀκούσας εἶπον· Ὦ Πρωταγόρα, τοῦτο μὲν οὐδὲν
θαυμαστὸν λέγεις, ἀλλὰ εἰκός, ἐπεὶ κἂν σύ, καίπερ
τηλικοῦτος ὢν καὶ οὕτω σοφός, εἴ τίς σε διδάξειεν
ὃ μὴ τυγχάνεις ἐπιστάμενος, βελτίων ἂν γένοιο·
20 ἀλλὰ μὴ οὕτως, ἀλλ' ὥσπερ ἂν εἰ αὐτίκα μάλα
μεταβαλὼν τὴν ἐπιθυμίαν Ἱπποκράτης ὅδε ἐπιθυ-
μήσειεν τῆς συνουσίας τούτου τοῦ νεανίσκου τοῦ νῦν
νεωστὶ ἐπιδημοῦντος, Ζευξίππου τοῦ Ἡρακλεώτου,
καὶ ἀφικόμενος παρ' αὐτόν, ὥσπερ παρὰ σὲ νῦν,
25 ἀκούσειεν αὐτοῦ ταὐτὰ ταῦτα, ἅπερ σοῦ, ὅτι ἑκάστης C
ἡμέρας ξυνὼν αὐτῷ βελτίων ἔσται καὶ ἐπιδώσει·
εἰ αὐτὸν ἐπανέροιτο· τί δὴ φῂς βελτίω ἔσεσθαι καὶ
εἰς τί ἐπιδώσειν; εἴποι ἂν αὐτῷ ὁ Ζεύξιππος, ὅτι
πρὸς γραφικήν· κἂν εἰ Ὀρθαγόρᾳ τῷ Θηβαίῳ συγ-
30 γενόμενος, ἀκούσας ἐκείνου ταὐτὰ ταῦτα, ἅπερ σοῦ,
ἐπανέροιτο αὐτὸν εἰς ὅ τι βελτίων καθ' ἡμέραν ἔσται
συγγιγνόμενος ἐκείνῳ, εἴποι ἄν, ὅτι εἰς αὔλησιν·

οὕτω δὴ καὶ σὺ εἰπὲ τῷ νεανίσκῳ καὶ ἐμοὶ ὑπὲρ
D τούτου ἐρωτῶντι, Ἱπποκράτης ὅδε Πρωταγόρᾳ συγ-
γενόμενος, ᾗ ἂν αὐτῷ ἡμέρᾳ συγγένηται, βελτίων 35
ἄπεισι γενόμενος καὶ τῶν ἄλλων ἡμερῶν ἑκά-
στης οὕτως ἐπιδώσει εἰς τί, ὦ Πρωταγόρα, καὶ
περὶ τοῦ; καὶ ὁ Πρωταγόρας ἐμοῦ ταῦτα ἀκούσας,
Σύ τε καλῶς ἐρωτᾷς, ἔφη, ὦ Σώκρατες, καὶ ἐγὼ
τοῖς καλῶς ἐρωτῶσι χαίρω ἀποκρινόμενος. Ἱππο- 40
κράτης γὰρ παρ' ἐμὲ ἀφικόμενος οὐ πείσεται, ἅπερ
ἂν ἔπαθεν ἄλλῳ τῳ συγγενόμενος τῶν σοφιστῶν·
E οἱ μὲν γὰρ ἄλλοι λωβῶνται τοὺς νέους· τὰς γὰρ
τέχνας αὐτοὺς πεφευγότας ἄκοντας πάλιν αὖ ἄγοντες
ἐμβάλλουσιν εἰς τέχνας, λογισμούς τε καὶ ἀστρο- 45
νομίαν καὶ γεωμετρίαν καὶ μουσικὴν διδάσκοντες—
καὶ ἅμα εἰς τὸν Ἱππίαν ἀπέβλεψεν—παρὰ δ' ἐμὲ
ἀφικόμενος μαθήσεται οὐ περὶ ἄλλου του ἢ περὶ
οὗ ἥκει. τὸ δὲ μάθημά ἐστιν εὐβουλία περὶ τῶν
οἰκείων, ὅπως ἂν ἄριστα τὴν αὐτοῦ οἰκίαν διοικοῖ, 50
319 καὶ περὶ τῶν τῆς | πόλεως, ὅπως τὰ τῆς πόλεως δυνα-
τώτατος ἂν εἴη καὶ πράττειν καὶ λέγειν. Ἆρα, ἔφην
ἐγώ, ἕπομαί σου τῷ λόγῳ; δοκεῖς γάρ μοι λέγειν τὴν
πολιτικὴν τέχνην καὶ ὑπισχνεῖσθαι ποιεῖν ἄνδρας
ἀγαθοὺς πολίτας. Αὐτὸ μὲν οὖν τοῦτό ἐστιν, ἔφη, 55
ὦ Σώκρατες, τὸ ἐπάγγελμα, ὃ ἐπαγγέλλομαι.

X. Ἦ καλόν, ἦν δ' ἐγώ, τέχνημα ἄρα κέκτη-
σαι, εἴπερ κέκτησαι· οὐ γάρ τι ἄλλο   Socrates gives
πρός γε σὲ εἰρήσεται ἢ ἅπερ νοῶ. ἐγὼ   reasons for his
  belief that the art
γὰρ τοῦτο, ὦ Πρωταγόρα, οὐκ ᾤμην   of politics cannot
  be taught.
B διδακτὸν εἶναι, σοὶ δὲ λέγοντι οὐκ ἔχω ὅπως 5
ἀπιστῶ. ὅθεν δὲ αὐτὸ ἡγοῦμαι οὐ διδακτὸν εἶναι
μηδ' ὑπ' ἀνθρώπων παρασκευαστὸν ἀνθρώποις, δι-

καιός εἰμι εἰπεῖν. ἐγὼ γὰρ Ἀθηναίους, ὥσπερ **καὶ
οἱ ἄλλοι** Ἕλληνες, φημὶ σοφοὺς εἶναι. ὁρῶ οὖν,
10 ὅταν συλλεγῶμεν εἰς τὴν ἐκκλησίαν, ἐπειδὰν μὲν
περὶ οἰκοδομίας τι δέῃ πρᾶξαι τὴν πόλιν, τοὺς οἰ-
κοδόμους μεταπεμπομένους συμβούλους περὶ τῶν
οἰκοδομημάτων, ὅταν δὲ περὶ ναυπηγίας, τοὺς ναυπη-
γούς, καὶ τἆλλα πάντα οὕτως, ὅσα ἡγοῦνται μαθητά C
15 τε καὶ διδακτὰ εἶναι· ἐὰν δέ τις ἄλλος ἐπιχειρῇ
αὐτοῖς συμβουλεύειν, ὃν ἐκεῖνοι μὴ οἴονται δημιουρ-
γὸν εἶναι, κἂν πάνυ καλὸς ᾖ καὶ πλούσιος καὶ τῶν
γενναίων, οὐδέν τι μᾶλλον ἀποδέχονται, ἀλλὰ κατα-
γελῶσι καὶ θορυβοῦσιν, ἕως ἂν ἢ αὐτὸς ἀποστῇ ὁ
20 ἐπιχειρῶν λέγειν καταθορυβηθείς, ἢ οἱ τοξόται αὐτὸν
ἀφελκύσωσιν, ἢ ἐξαίρωνται κελευόντων τῶν πρυ-
τάνεων. περὶ μὲν οὖν ὧν οἴονται ἐν τέχνῃ εἶναι, οὕτω
διαπράττονται· ἐπειδὰν δέ τι περὶ τῶν τῆς πόλεως D
διοικήσεως δέῃ βουλεύσασθαι, συμβουλεύει αὐτοῖς
25 ἀνιστάμενος περὶ τούτων ὁμοίως μὲν τέκτων, ὁμοίως
δὲ χαλκεύς, σκυτοτόμος, ἔμπορος, ναύκληρος, πλού-
σιος, πένης, γενναῖος, ἀγεννής, καὶ τούτοις οὐδεὶς
τοῦτο ἐπιπλήττει ὥσπερ τοῖς πρότερον, ὅτι οὐδα-
μόθεν μαθὼν οὐδὲ ὄντος διδασκάλου οὐδενὸς αὐτῷ
30 ἔπειτα συμβουλεύειν ἐπιχειρεῖ· δῆλον γὰρ ὅτι οὐχ
ἡγοῦνται διδακτὸν εἶναι. μὴ τοίνυν ὅτι τὸ κοινὸν
τῆς πόλεως οὕτως ἔχει, ἀλλὰ ἰδίᾳ ἡμῖν οἱ σοφώτατοι E
καὶ ἄριστοι τῶν πολιτῶν ταύτην τὴν ἀρετὴν ἣν
ἔχουσιν οὐχ οἷοί τε ἄλλοις παραδιδόναι· ἐπεὶ Περι-
35 κλῆς, ὁ τουτωνὶ τῶν νεανίσκων πατήρ, τούτους ἃ μὲν
διδασκάλων εἴχετο καλῶς καὶ εὖ ἐπαίδευσεν, ἃ δὲ
αὐτὸς σοφός ἐστιν, οὔτε αὐτὸς | παιδεύει οὔτε τῳ 320
ἄλλῳ παραδίδωσιν, ἀλλ᾽ αὐτοὶ περιιόντες νέμονται

ὥσπερ ἄφετοι ἐάν που αὐτόματοι περιτύχωσιν τῇ
ἀρετῇ. εἰ δὲ βούλει, Κλεινίαν, τὸν Ἀλκιβιάδου 40
τουτουὶ νεώτερον ἀδελφόν, ἐπιτροπεύων ὁ αὐτὸς οὗ-
τος ἀνὴρ Περικλῆς, δεδιὼς περὶ αὐτοῦ μὴ διαφθαρῇ
δὴ ὑπὸ Ἀλκιβιάδου, ἀποσπάσας ἀπὸ τούτου, κατα-
θέμενος ἐν Ἀρίφρονος ἐπαίδευε· καὶ πρὶν ἓξ μῆνας
B γεγονέναι, ἀπέδωκε τούτῳ οὐκ ἔχων ὅ τι χρήσαιτο 45
αὐτῷ· καὶ ἄλλους σοι παμπόλλους ἔχω λέγειν, οἳ
αὐτοὶ ἀγαθοὶ ὄντες οὐδένα πώποτε βελτίω ἐποίησαν
οὔτε τῶν οἰκείων οὔτε τῶν ἀλλοτρίων. ἐγὼ οὖν, ὦ
Πρωταγόρα, εἰς ταῦτα ἀποβλέπων οὐχ ἡγοῦμαι
διδακτὸν εἶναι ἀρετήν· ἐπειδὴ δέ σου ἀκούω ταῦτα 50
λέγοντος, κάμπτομαι καὶ οἶμαί τί σε λέγειν διὰ τὸ
ἡγεῖσθαί σε πολλῶν μὲν ἔμπειρον γεγονέναι, πολλὰ
δὲ μεμαθηκέναι, τὰ δὲ αὐτὸν ἐξηυρηκέναι. εἰ οὖν
C ἔχεις ἐναργέστερον ἡμῖν ἐπιδεῖξαι, ὡς διδακτόν ἐστιν
ἡ ἀρετή, μὴ φθονήσῃς, ἀλλ' ἐπίδειξον. Ἀλλ', ὦ 55
Σώκρατες, ἔφη, οὐ φθονήσω· ἀλλὰ πότερον ὑμῖν, ὡς
πρεσβύτερος νεωτέροις, μῦθον λέγων ἐπιδείξω ἢ λόγῳ
διεξελθών; πολλοὶ οὖν αὐτῷ ὑπέλαβον τῶν παρακαθ-
ημένων, ὁποτέρως βούλοιτο, οὕτως διεξιέναι. Δοκεῖ
τοίνυν μοι, ἔφη, χαριέστερον εἶναι μῦθον ὑμῖν λέγειν. 60
XI. Ἦν γάρ ποτε χρόνος, ὅτε θεοὶ μὲν ἦσαν,
D θνητὰ δὲ γένη οὐκ ἦν. ἐπειδὴ δὲ καὶ   In reply to So-
τούτοις χρόνος ἦλθεν εἱμαρμένος γενέ-   crates Protago-
                                          ras relates a fable
σεως, τυποῦσιν αὐτὰ θεοὶ γῆς ἔνδον, ἐκ   of the creation of
                                          mankind,
γῆς καὶ πυρὸς μίξαντες καὶ τῶν ὅσα πυρὶ καὶ γῇ 5
κεράννυται. ἐπειδὴ δ' ἄγειν αὐτὰ πρὸς φῶς ἔμελλον,
προσέταξαν Προμηθεῖ καὶ Ἐπιμηθεῖ κοσμῆσαί τε
καὶ νεῖμαι δυνάμεις ἑκάστοις ὡς πρέπει. Προμηθέα
δὲ παραιτεῖται Ἐπιμηθεὺς αὐτὸς νεῖμαι, νείμαντος δέ

10 μου, ἔφη, ἐπίσκεψαι· καὶ οὕτως πείσας νέμει. νέμων
δὲ τοῖς μὲν ἰσχὺν ἄνευ τάχους προσῆπτεν, τὰ δ᾽ Ε
ἀσθενέστερα τάχει ἐκόσμει· τὰ δὲ ὥπλιζε, τοῖς δ᾽
ἄοπλον διδοὺς φύσιν ἄλλην τιν᾽ αὐτοῖς ἐμηχανᾶτο
δύναμιν εἰς σωτηρίαν. ἃ μὲν γὰρ αὐτῶν σμικρότητι
15 ἤμπισχεν, πτηνὸν φυγὴν ἢ κατάγειον οἴκησιν ἔνεμεν·
ἃ δὲ ηὖξε μεγέθει, τῷδε | αὐτῷ αὐτὰ ἔσῳζεν· καὶ τἄλλα 321
οὕτως ἐπανισῶν ἔνεμεν. ταῦτα δὲ ἐμηχανᾶτο εὐλά-
βειαν ἔχων μή τι γένος ἀϊστωθείη· ἐπειδὴ δὲ αὐτοῖς
ἀλληλοφθοριῶν διαφυγὰς ἐπήρκεσε, πρὸς τὰς ἐκ
20 Διὸς ὥρας εὐμαρίαν ἐμηχανᾶτο ἀμφιεννὺς αὐτὰ
πυκναῖς τε θριξὶν καὶ στερεοῖς δέρμασιν, ἱκανοῖς μὲν
ἀμῦναι χειμῶνα, δυνατοῖς δὲ καὶ καύματα, καὶ ἐς
εὐνὰς ἰοῦσιν ὅπως ὑπάρχοι τὰ αὐτὰ ταῦτα στρωμνὴ
οἰκεία τε καὶ αὐτοφυὴς ἑκάστῳ· καὶ ὑποδῶν τὰ
25 μὲν ὁπλαῖς, τὰ δὲ δέρμασιν στερεοῖς καὶ ἀναίμοις. Β
τοὐντεῦθεν τροφὰς ἄλλοις ἄλλας ἐξεπόριζεν, τοῖς
μὲν ἐκ γῆς βοτάνην, ἄλλοις δὲ δένδρων καρπούς,
τοῖς δὲ ῥίζας· ἔστι δ᾽ οἷς ἔδωκεν εἶναι τροφὴν ζῴων
ἄλλων βοράν· καὶ τοῖς μὲν ὀλιγογονίαν προσῆψε,
30 τοῖς δ᾽ ἀναλισκομένοις ὑπὸ τούτων πολυγονίαν,
σωτηρίαν τῷ γένει πορίζων. ἅτε δὴ οὖν οὐ πάνυ τι
σοφὸς ὢν ὁ Ἐπιμηθεὺς ἔλαθεν αὑτὸν καταναλώσας C
τὰς δυνάμεις· λοιπὸν δὴ ἀκόσμητον ἔτι αὐτῷ ἦν τὸ
ἀνθρώπων γένος, καὶ ἠπόρει ὅ τι χρήσαιτο. ἀπο-
35 ροῦντι δὲ αὐτῷ ἔρχεται Προμηθεὺς ἐπισκεψόμενος
τὴν νομήν, καὶ ὁρᾷ τὰ μὲν ἄλλα ζῷα ἐμμελῶς πάντων
ἔχοντα, τὸν δὲ ἄνθρωπον γυμνόν τε καὶ ἀνυπόδητον καὶ
ἄστρωτον καὶ ἄοπλον· ἤδη δὲ καὶ ἡ εἱμαρμένη ἡμέρα
παρῆν, ἐν ᾗ ἔδει καὶ ἄνθρωπον ἐξιέναι ἐκ γῆς εἰς
40 φῶς. ἀπορίᾳ οὖν ἐχόμενος ὁ Προμηθεύς, ἥντινα

σωτηρίαν τῷ ἀνθρώπῳ εὕροι, κλέπτει Ἡφαίστοι
D καὶ Ἀθηνᾶς τὴν ἔντεχνον σοφίαν σὺν πυρί—ἀμή-
χανον γὰρ ἦν ἄνευ πυρὸς αὐτὴν κτητήν τῳ ἢ
χρησίμην γενέσθαι—καὶ οὕτω δὴ δωρεῖται ἀνθρώπῳ.
τὴν μὲν οὖν περὶ τὸν βίον σοφίαν ἄνθρωπος ταύτῃ 45
ἔσχεν, τὴν δὲ πολιτικὴν οὐκ εἶχεν· ἦν γὰρ παρὰ τῷ
Διί· τῷ δὲ Προμηθεῖ εἰς μὲν τὴν ἀκρόπολιν τὴν τοῦ
Διὸς οἴκησιν οὐκέτι ἐνεχώρει εἰσελθεῖν· πρὸς δὲ καὶ
E αἱ Διὸς φυλακαὶ φοβεραὶ ἦσαν· εἰς δὲ τὸ τῆς Ἀθηνᾶς
καὶ Ἡφαίστου οἴκημα τὸ κοινόν, ἐν ᾧ ἐφιλοτεχνείτην, 50
λαθὼν εἰσέρχεται, καὶ κλέψας τήν τε ἔμπυρον τέχνην
τὴν τοῦ Ἡφαίστου καὶ τὴν ἄλλην τὴν τῆς Ἀθηνᾶς
δίδωσιν ἀνθρώπῳ, καὶ ἐκ τούτου εὐπορία μὲν ἀν-
322 θρώπῳ τοῦ βίου γίγνεται, Προμηθέα δὲ | δι’ Ἐπιμηθέα
ὕστερον, ᾗπερ λέγεται, κλοπῆς δίκη μετῆλθεν. 55

XII. Ἐπειδὴ δὲ ὁ ἄνθρωπος θείας μετέσχε μοίρας,
πρῶτον μὲν† ζῴων μόνον θεοὺς ἐνόμισεν,　according to
which Shame and
καὶ ἐπεχείρει βωμούς τε ἱδρύεσθαι καὶ　Justice, which are
　　　　　　　　　　　　　　　　　　　the foundation of
ἀγάλματα θεῶν· ἔπειτα φωνὴν καὶ ὀνό-　the art of poli-
　　　　　　　　　　　　　　　　　　　tics, were given
ματα ταχὺ διηρθρώσατο τῇ τέχνῃ, καὶ　in the beginning 5
　　　　　　　　　　　　　　　　　　　to every human
οἰκήσεις καὶ ἐσθῆτας καὶ ὑποδέσεις καὶ　creature. The
　　　　　　　　　　　　　　　　　　　man who openly
στρωμνὰς καὶ τὰς ἐκ γῆς τροφὰς ηὕρετο.　calls himself un-
　　　　　　　　　　　　　　　　　　　just is accounted
οὕτω δὴ παρεσκευασμένοι κατ’ ἀρχὰς ἄν-　mad.
B θρωποι ᾤκουν σποράδην, πόλεις δὲ οὐκ ἦσαν· ἀπώλ-
λυντο οὖν ὑπὸ τῶν θηρίων διὰ τὸ πανταχῇ αὐτῶν 10
ἀσθενέστεροι εἶναι, καὶ ἡ δημιουργικὴ τέχνη αὐτοῖς
πρὸς μὲν τροφὴν ἱκανὴ βοηθὸς ἦν, πρὸς δὲ τὸν τῶν
θηρίων πόλεμον ἐνδεής· πολιτικὴν γὰρ τέχνην οὔπω
εἶχον, ἧς μέρος πολεμική. ἐζήτουν δὴ ἀθροίζεσθαι
καὶ σῴζεσθαι κτίζοντες πόλεις· ὅτ’ οὖν ἀθροισθεῖεν, 15

† Post πρῶτον μὲν addunt codices διὰ τὴν τοῦ θεοῦ συγγένειαν.

ἠδίκουν ἀλλήλους ἅτε οὐκ ἔχοντες τὴν πολιτικὴν
τέχνην, ὥστε πάλιν σκεδαννύμενοι διεφθείροντο. Ζεὺς
οὖν δείσας περὶ τῷ γένει ἡμῶν, μὴ ἀπόλοιτο πᾶν, C
Ἑρμῆν πέμπει ἄγοντα εἰς ἀνθρώπους αἰδῶ τε καὶ
20 δίκην, ἵν' εἶεν πόλεων κόσμοι τε καὶ δεσμοὶ φιλίας
συναγωγοί. ἐρωτᾷ οὖν Ἑρμῆς Δία τίνα οὖν τρόπον
δοίη δίκην καὶ αἰδῶ ἀνθρώποις· πότερον ὡς αἱ τέχναι
νενέμηνται, οὕτω καὶ ταύτας νείμω; νενέμηνται δὲ
ὧδε· εἷς ἔχων ἰατρικὴν πολλοῖς ἱκανὸς ἰδιώταις, καὶ
25 οἱ ἄλλοι δημιουργοί· καὶ δίκην δὴ καὶ αἰδῶ οὕτω θῶ
ἐν τοῖς ἀνθρώποις, ἢ ἐπὶ πάντας νείμω; ἐπὶ πάντας, D
ἔφη ὁ Ζεύς, καὶ πάντες μετεχόντων· οὐ γὰρ ἂν γένοιντο
πόλεις, εἰ ὀλίγοι αὐτῶν μετέχοιεν ὥσπερ ἄλλων
τεχνῶν· καὶ νόμον γε θὲς παρ' ἐμοῦ, τὸν μὴ δυνάμενον
30 αἰδοῦς καὶ δίκης μετέχειν κτείνειν ὡς νόσον πόλεως.

οὕτω δή, ὦ Σώκρατες, καὶ διὰ ταῦτα οἵ τε ἄλλοι
καὶ Ἀθηναῖοι, ὅταν μὲν περὶ ἀρετῆς τεκτονικῆς ᾖ
λόγος ἢ ἄλλης τινὸς δημιουργικῆς, ὀλίγοις οἴονται
μετεῖναι συμβουλῆς, καὶ ἐάν τις ἐκτὸς ὢν τῶν ὀλίγων
35 συμβουλεύῃ, οὐκ ἀνέχονται, ὡς σὺ φῄς· εἰκότως, E
ὡς ἐγώ φημι· ὅταν δὲ εἰς συμβουλὴν πολιτικῆς
ἀρετῆς | ἴωσιν, ἣν δεῖ διὰ δικαιοσύνης πᾶσαν ἰέναι 323
καὶ σωφροσύνης, εἰκότως ἅπαντος ἀνδρὸς ἀνέχονται,
ὡς παντὶ προσῆκον ταύτης γε μετέχειν τῆς ἀρετῆς,
40 ἢ μὴ εἶναι πόλεις. αὕτη, ὦ Σώκρατες, τούτου αἰτία.

ἵνα δὲ μὴ οἴῃ ἀπατᾶσθαι, ὡς τῷ ὄντι ἡγοῦνται
πάντες ἄνθρωποι πάντα ἄνδρα μετέχειν δικαιοσύ-
νης τε καὶ τῆς ἄλλης πολιτικῆς ἀρετῆς τόδε αὖ
λαβὲ τεκμήριον. ἐν γὰρ ταῖς ἄλλαις ἀρεταῖς, ὥσπερ
45 σὺ λέγεις, ἐάν τις φῇ ἀγαθὸς αὐλητὴς εἶναι, ἢ ἄλλην
ἡντινοῦν τέχνην, ἣν μή ἐστιν, ἢ καταγελῶσιν ἢ B

χαλεπαίνουσι, καὶ οἱ οἰκεῖοι προσιόντες νουθετοῦσιν
ὡς μαινόμενον· ἐν δὲ δικαιοσύνῃ καὶ ἐν τῇ ἄλλῃ
πολιτικῇ ἀρετῇ, ἐάν τινα καὶ εἰδῶσιν ὅτι ἄδικός
ἐστιν, ἐὰν οὗτος αὐτὸς καθ' αὑτοῦ τἀληθῆ λέγῃ 50
ἐναντίον πολλῶν, ὃ ἐκεῖ σωφροσύνην ἡγοῦντο εἶναι,
τἀληθῆ λέγειν, ἐνταῦθα μανίαν, καί φασιν πάντας
δεῖν φάναι εἶναι δικαίους, ἐάν τε ὦσιν ἐάν τε μή, ἢ
μαίνεσθαι τὸν μὴ προσποιούμενον δικαιοσύνην, ὡς
C ἀναγκαῖον οὐδένα ὄντιν' οὐχὶ ἁμῶς γέ πως μετέχειν 55
αὐτῆς, ἢ μὴ εἶναι ἐν ἀνθρώποις.

XIII. Ὅτι μὲν οὖν πάντ' ἄνδρα εἰκότως ἀποδέ-
χονται περὶ ταύτης τῆς ἀρετῆς σύμ- Moreover, the
βουλον διὰ τὸ ἡγεῖσθαι παντὶ μετεῖναι art of politics is
αὐτῆς, ταῦτα λέγω· ὅτι δὲ αὐτὴν οὐ taught, otherwise
φύσει ἡγοῦνται εἶναι οὐδ' ἀπὸ τοῦ αὐτο- inflict punish-
μάτου, ἀλλὰ διδακτόν τε καὶ ἐξ ἐπιμε- who violate it,
λείας παραγίγνεσθαι ᾧ ἂν παραγίγνηται, τοῦτό σοι
μετὰ τοῦτο πειράσομαι ἀποδεῖξαι. ὅσα γὰρ ἡγοῦνται
D ἀλλήλους κακὰ ἔχειν ἄνθρωποι φύσει ἢ τύχῃ, οὐδεὶς
θυμοῦται οὐδὲ νουθετεῖ οὐδὲ διδάσκει οὐδὲ κολάζει 10
τοὺς ταῦτα ἔχοντας, ἵνα μὴ τοιοῦτοι ὦσιν, ἀλλ'
ἐλεοῦσιν· οἷον τοὺς αἰσχροὺς ἢ σμικροὺς ἢ ἀσθενεῖς
τίς οὕτως ἀνόητος ὥστε τι τούτων ἐπιχειρεῖν ποιεῖν;
ταῦτα μὲν γάρ, οἶμαι, ἴσασιν ὅτι φύσει τε καὶ τύχῃ
τοῖς ἀνθρώποις γίγνεται, τὰ καλὰ καὶ τἀναντία 15
τούτοις· ὅσα δὲ ἐξ ἐπιμελείας καὶ ἀσκήσεως καὶ
διδαχῆς οἴονται γίγνεσθαι ἀγαθὰ ἀνθρώποις, ἐάν τις
E ταῦτα μὴ ἔχῃ, ἀλλὰ τἀναντία τούτων κακά, ἐπὶ
τούτοις που οἵ τε θυμοὶ γίγνονται καὶ αἱ κολάσεις
καὶ αἱ νουθετήσεις. ὧν ἐστιν ἓν καὶ ἡ ἀδικία καὶ ἡ 20
324 ἀσέβεια καὶ συλλήβδην πᾶν τὸ | ἐναντίον τῆς πολι-

τικῆς ἀρετῆς· ἔνθα δὴ πᾶς παντὶ θυμοῦται καὶ
νουθετεῖ, δῆλον ὅτι ὡς ἐξ ἐπιμελείας καὶ μαθήσεως
κτητῆς οὔσης. εἰ γὰρ ἐθέλεις ἐννοῆσαι τὸ κολάζειν,
25 ὦ Σώκρατες, τοὺς ἀδικοῦντας τί ποτε δύναται, αὐτό
σε διδάξει, ὅτι οἵ γε ἄνθρωποι ἡγοῦνται παρασκευ-
αστὸν εἶναι ἀρετήν. οὐδεὶς γὰρ κολάζει τοὺς ἀδι-
κοῦντας πρὸς τούτῳ τὸν νοῦν ἔχων καὶ τούτου ἕνεκα, Β
ὅτι ἠδίκησεν, ὅστις μὴ ὥσπερ θηρίον ἀλογίστως
30 τιμωρεῖται· ὁ δὲ μετὰ λόγου ἐπιχειρῶν κολάζειν
οὐ τοῦ παρεληλυθότος ἕνεκα ἀδικήματος τιμωρεῖται
—οὐ γὰρ ἂν τό γε πραχθὲν ἀγένητον θείη—ἀλλὰ τοῦ
μέλλοντος χάριν, ἵνα μὴ αὖθις ἀδικήσῃ μήτε αὐτὸς
οὗτος μήτε ἄλλος ὁ τοῦτον ἰδὼν κολασθέντα· καὶ
35 τοιαύτην διάνοιαν ἔχων διανοεῖται παιδευτὴν εἶναι
ἀρετήν· ἀποτροπῆς γοῦν ἕνεκα κολάζει. ταύτην οὖν
τὴν δόξαν πάντες ἔχουσιν, ὅσοιπερ τιμωροῦνται καὶ C
ἰδίᾳ καὶ δημοσίᾳ· τιμωροῦνται δὲ καὶ κολάζονται οἵ
τε ἄλλοι ἄνθρωποι οὓς ἂν οἴωνται ἀδικεῖν, καὶ οὐχ
40 ἥκιστα Ἀθηναῖοι, οἱ σοὶ πολῖται· ὥστε κατὰ τοῦτον
τὸν λόγον καὶ Ἀθηναῖοί εἰσι τῶν ἡγουμένων παρα-
σκευαστὸν εἶναι καὶ διδακτὸν ἀρετήν. ὡς μὲν οὖν
εἰκότως ἀποδέχονται οἱ σοὶ πολῖται καὶ χαλκέως καὶ
σκυτοτόμου συμβουλεύοντος τὰ πολιτικά, καὶ ὅτι
45 διδακτὸν καὶ παρασκευαστὸν ἡγοῦνται ἀρετήν, ἀποδέ-
δεικταί σοι, ὦ Σώκρατες, ἱκανῶς, ὥς γ᾽ ἐμοὶ φαίνεται. D

XIV. Ἔτι δὴ λοιπὴ ἀπορία ἐστίν, ἣν ἀπορεῖς
περὶ τῶν ἀνδρῶν τῶν ἀγαθῶν, τί δήποτε
οἱ ἄνδρες οἱ ἀγαθοὶ τὰ μὲν ἄλλα τοὺς
αὑτῶν υἱεῖς διδάσκουσιν, ἃ διδασκάλων
ἔχεται, καὶ σοφοὺς ποιοῦσιν, ἣν δὲ αὐτοὶ
5 ἀρετὴν ἀγαθοί, οὐδενὸς βελτίους ποιοῦσιν. τούτου δὴ

and, in point
of fact, virtue,
which is the pro-
duct of the poli-
tical art, is taught
to all,

πέρι, ὦ Σώκρατες, οὐκέτι μῦθόν σοι ἐρῶ, ἀλλὰ λόγον
ὧδε γὰρ ἐννόησον· πότερον ἔστιν τι ἕν, ἢ οὐκ ἔστιν,
Ε οὐ ἀναγκαῖον πάντας τοὺς πολίτας μετέχειν, εἴπερ
μέλλει πόλις εἶναι; ἐν τούτῳ γὰρ αὕτη λύεται ἡ 10
ἀπορία, ἣν σὺ ἀπορεῖς, ἢ ἄλλοθι οὐδαμοῦ. εἰ μὲν
γὰρ ἔστιν, καὶ τοῦτό ἐστι τὸ ἓν οὐ τεκτονικὴ οὐδὲ
325 χαλκεία οὐδὲ κεραμεία, ἀλλὰ δικαιοσύνη | καὶ σωφρο-
σύνη καὶ τὸ ὅσιον εἶναι, καὶ συλλήβδην ἓν αὐτὸ
προσαγορεύω εἶναι ἀνδρὸς ἀρετήν· εἰ τοῦτ᾽ ἐστίν, οὗ 15
δεῖ πάντας μετέχειν καὶ μετὰ τούτου πάντ᾽ ἄνδρα,
ἐάν τι καὶ ἄλλο βούληται μανθάνειν ἢ πράττειν,
οὕτω πράττειν, ἄνευ δὲ τούτου μή, ἢ τὸν μὴ μετέχοντα
καὶ διδάσκειν καὶ κολάζειν, καὶ παῖδα καὶ ἄνδρα καὶ
γυναῖκα, ἕωσπερ ἂν κολαζόμενος βελτίων γένηται, 20
ὃς δ᾽ ἂν μὴ ὑπακούῃ κολαζόμενος καὶ διδασκόμενος,
Β ὡς ἀνίατον ὄντα τοῦτον ἐκβάλλειν ἐκ τῶν πόλεων ἢ
ἀποκτείνειν· εἰ οὕτω μὲν ἔχει, οὕτω δ᾽ αὐτοῦ πεφυ-
κότος οἱ ἀγαθοὶ ἄνδρες εἰ τὰ μὲν ἄλλα διδάσκονται
τοὺς υἱεῖς, τοῦτο δὲ μή, σκέψαι ὡς θαυμάσιοι 25
γίγνονται οἱ ἀγαθοί. ὅτι μὲν γὰρ διδακτὸν αὐτὸ
ἡγοῦνται καὶ ἰδίᾳ καὶ δημοσίᾳ, ἀπεδείξαμεν· διδακτοῦ
δὲ ὄντος καὶ θεραπευτοῦ τὰ μὲν ἄλλα ἄρα τοὺς υἱεῖς
διδάσκονται, ἐφ᾽ οἷς οὐκ ἔστι θάνατος ἡ ζημία ἐὰν μὴ
ἐπίστωνται, ἐφ᾽ ᾧ δὲ ἥ τε ζημία θάνατος αὐτῶν τοῖς 30
C παισὶ καὶ φυγαὶ μὴ μαθοῦσι μηδὲ θεραπευθεῖσιν εἰς
ἀρετήν, καὶ πρὸς τῷ θανάτῳ χρημάτων τε δημεύσεις
καὶ ὡς ἔπος εἰπεῖν ξυλλήβδην τῶν οἴκων ἀνατροπαί,
ταῦτα δ᾽ ἄρα οὐ διδάσκονται οὐδ᾽ ἐπιμελοῦνται
πᾶσαν ἐπιμέλειαν; οἴεσθαί γε χρή, ὦ Σώκρατες. 35
    XV. Ἐκ παίδων σμικρῶν ἀρξάμενοι, μέχρι
οὗπερ ἂν ζῶσι, καὶ διδάσκουσι καὶ νουθετοῦσιν.

ἐπειδὰν θᾶττον συνιῇ τις τὰ λεγόμενα, καὶ τροφὸς
by parents and καὶ μήτηρ καὶ παιδαγωγὸς καὶ αὐτὸς ὁ
nurses, by tutors, aye and by the State herself. πατὴρ περὶ τούτου διαμάχονται, ὅπως D
βέλτιστος ἔσται ὁ παῖς, παρ' ἕκαστον
καὶ ἔργον καὶ λόγον διδάσκοντες καὶ ἐνδεικνύμενοι,
ὅτι τὸ μὲν δίκαιον, τὸ δὲ ἄδικον, καὶ τόδε μὲν καλόν,
τόδε δὲ αἰσχρόν, καὶ τόδε μὲν ὅσιον, τόδε δὲ ἀνόσιον,
10 καὶ τὰ μὲν ποίει, τὰ δὲ μὴ ποίει· καὶ ἐὰν μὲν ἑκὼν
πείθηται· εἰ δὲ μή, ὥσπερ ξύλον διαστρεφόμενον καὶ
καμπτόμενον εὐθύνουσιν ἀπειλαῖς καὶ πληγαῖς. μετὰ
δὲ ταῦτα εἰς διδασκάλων πέμποντες πολὺ μᾶλλον
ἐντέλλονται ἐπιμελεῖσθαι εὐκοσμίας τῶν παίδων ἢ
15 γραμμάτων τε καὶ κιθαρίσεως· οἱ δὲ διδάσκαλοι E
τούτων τε ἐπιμελοῦνται, καὶ ἐπειδὰν αὖ γράμματα
μάθωσιν καὶ μέλλωσιν συνήσειν τὰ γεγραμμένα ὥσ-
περ τότε τὴν φωνήν, παρατιθέασιν αὐτοῖς ἐπὶ τῶν
βάθρων ἀναγιγνώσκειν ποιητῶν ἀγαθῶν ποιήματα
20 καὶ ἐκμανθάνειν ἀναγκάζουσιν, ἐν οἷς πολλαὶ μὲν νου-
θετήσεις | ἔνεισιν, πολλαὶ δὲ διέξοδοι καὶ ἔπαινοι καὶ 326
ἐγκώμια παλαιῶν ἀνδρῶν ἀγαθῶν, ἵνα ὁ παῖς ζηλῶν
μιμῆται καὶ ὀρέγηται τοιοῦτος γενέσθαι. οἵ τ' αὖ
κιθαρισταὶ ἕτερα τοιαῦτα σωφροσύνης τε ἐπιμελοῦν-
25 ται καὶ ὅπως ἂν οἱ νέοι μηδὲν κακουργῶσιν· πρὸς δὲ
τούτοις, ἐπειδὰν κιθαρίζειν μάθωσιν, ἄλλων αὖ ποι-
ητῶν ἀγαθῶν ποιήματα διδάσκουσι μελοποιῶν, εἰς B
τὰ κιθαρίσματα ἐντείνοντες, καὶ τοὺς ῥυθμούς τε καὶ
τὰς ἁρμονίας ἀναγκάζουσιν οἰκειοῦσθαι ταῖς ψυχαῖς
30 τῶν παίδων, ἵνα ἡμερώτεροί τε ὦσιν, καὶ εὐρυθμότεροι
καὶ εὐαρμοστότεροι γιγνόμενοι χρήσιμοι ὦσιν εἰς τὸ
λέγειν τε καὶ πράττειν· πᾶς γὰρ ὁ βίος τοῦ ἀνθρώ-
που εὐρυθμίας τε καὶ εὐαρμοστίας δεῖται. ἔτι τοίνυν

πρὸς τούτοις εἰς παιδοτρίβου πέμπουσιν, ἵνα τὰ
σώματα βελτίω ἔχοντες ὑπηρετῶσι τῇ διανοίᾳ 35
C χρηστῇ οὔσῃ, καὶ μὴ ἀναγκάζωνται ἀποδειλιᾶν διὰ
τὴν πονηρίαν τῶν σωμάτων καὶ ἐν τοῖς πολέμοις
καὶ ἐν ταῖς ἄλλαις πράξεσιν· καὶ ταῦτα ποιοῦσιν
μάλιστα οἱ μάλιστα δυνάμενοι· μάλιστα δὲ δύνανται
οἱ πλουσιώτατοι· καὶ οἱ τούτων υἱεῖς, πρωιαίτατα εἰς 40
διδασκάλων τῆς ἡλικίας ἀρξάμενοι φοιτᾶν, ὀψιαίτατα
ἀπαλλάττονται. ἐπειδὰν δε ἐκ διδασκάλων ἀπαλλα-
γῶσιν, ἡ πόλις αὖ τούς τε νόμους ἀναγκάζει μανθάνειν
D καὶ κατὰ τούτους ζῆν,† ἵνα μὴ αὐτοὶ ἐφ᾽ αὑτῶν εἰκῇ
πράττωσιν, ἀλλ᾽ ἀτεχνῶς ὥσπερ οἱ γραμματισταὶ 45
τοῖς μήπω δεινοῖς γράφειν τῶν παίδων ὑπογράψαντες
γραμμὰς τῇ γραφίδι οὕτω τὸ γραμματεῖον διδόασιν καὶ
ἀναγκάζουσι γράφειν κατὰ τὴν ὑφήγησιν τῶν γραμ-
μῶν, ὣς δὲ καὶ ἡ πόλις νόμους ὑπογράψασα, ἀγαθῶν
καὶ παλαιῶν νομοθετῶν εὑρήματα, κατὰ τούτους 50
ἀναγκάζει καὶ ἄρχειν καὶ ἄρχεσθαι· ὃς δ᾽ ἂν ἐκτὸς
βαίνῃ τούτων, κολάζει, καὶ ὄνομα τῇ κολάσει ταύτῃ
E καὶ παρ᾽ ὑμῖν καὶ ἄλλοθι πολλαχοῦ, ὡς εὐθυνούσης
τῆς δίκης, εὐθῦναι. τοσαύτης οὖν τῆς ἐπιμελείας
οὔσης περὶ ἀρετῆς ἰδίᾳ καὶ δημοσίᾳ, θαυμάζεις, ὦ 55
Σώκρατες, καὶ ἀπορεῖς, εἰ διδακτόν ἐστιν ἀρετή; ἀλλ᾽
οὐ χρὴ θαυμάζειν, ἀλλὰ πολὺ μᾶλλον, εἰ μὴ διδακτόν.

XVI. Διὰ τί οὖν τῶν ἀγαθῶν πατέρων πολλοὶ
υἱεῖς φαῦλοι γίγνονται; τοῦτο αὖ μάθε·   If the children
οὐδὲν γὰρ θαυμαστόν, εἴπερ ἀληθῆ ἐγὼ   of good men are
                          sometimes evil,
ἐν τοῖς ἔμπροσθεν ἔλεγον, ὅτι τούτου   this only shews
                          that all have not
τοῦ πράγματος, τῆς ἀρετῆς, εἰ μέλλει   the same natural
                          aptitude for vir- 5
327 πόλις εἶναι, | οὐδένα δεῖ ἰδιωτεύειν. εἰ   tue. Conclusion
                          of Protagoras'
γὰρ δὴ ὃ λέγω οὕτως ἔχει—ἔχει δὲ   speech.

† Post ζῆν add. codd. κατὰ παράδειγμα.

3   A P

μάλιστα πάντων οὕτως—ἐνθυμήθητι ἄλλο τῶν ἐπι-
τηδευμάτων ὁτιοῦν καὶ μαθημάτων προελόμενος. εἰ
10 μὴ οἷόν τ' ἦν πόλιν εἶναι, εἰ μὴ πάντες αὐληταὶ
ἦμεν, ὁποῖός τις ἐδύνατο ἕκαστος, καὶ τοῦτο καὶ ἰδίᾳ
καὶ δημοσίᾳ πᾶς πάντα καὶ ἐδίδασκε καὶ ἐπέπληττε
τὸν μὴ καλῶς αὐλοῦντα, καὶ μὴ ἐφθόνει τούτου,
ὥσπερ νῦν τῶν δικαίων καὶ τῶν νομίμων οὐδεὶς
15 φθονεῖ οὐδ' ἀποκρύπτεται ὥσπερ τῶν ἄλλων τεχνη- B
μάτων· λυσιτελεῖ γάρ, οἶμαι, ἡμῖν ἡ ἀλλήλων
δικαιοσύνη καὶ ἀρετή· διὰ ταῦτα πᾶς παντὶ προ-
θύμως λέγει καὶ διδάσκει καὶ τὰ δίκαια καὶ τὰ
νόμιμα· εἰ οὖν οὕτω καὶ ἐν αὐλήσει πᾶσαν προθυ-
20 μίαν καὶ ἀφθονίαν εἴχομεν ἀλλήλους διδάσκειν, οἴει
ἄν τι, ἔφη, μᾶλλον, ὦ Σώκρατες, τῶν ἀγαθῶν αὐλητῶν
ἀγαθοὺς αὐλητὰς τοὺς υἱεῖς γίγνεσθαι ἢ τῶν φαύλων;
οἶμαι μὲν οὔ, ἀλλὰ ὅτου ἔτυχεν ὁ υἱὸς εὐφυέστατος C
γενόμενος εἰς αὔλησιν, οὗτος ἂν ἐλλόγιμος ηὐξήθη,
25 ὅτου δὲ ἀφυής, ἀκλεής· καὶ πολλάκις μὲν ἀγαθοῦ
αὐλητοῦ φαῦλος ἂν ἀπέβη, πολλάκις δ' ἂν φαύλου
ἀγαθός· ἀλλ' οὖν αὐληταί γ' ἂν πάντες ἦσαν ἱκανοὶ
ὡς πρὸς τοὺς ἰδιώτας καὶ μηδὲν αὐλήσεως ἐπαΐοντας.
οὕτως οἴου καὶ νῦν, ὅστις σοι ἀδικώτατος φαίνεται
30 ἄνθρωπος τῶν ἐν νόμοις καὶ ἀνθρώποις τεθραμμένων,
δίκαιον αὐτὸν εἶναι καὶ δημιουργὸν τούτου τοῦ
πράγματος, εἰ δέοι αὐτὸν κρίνεσθαι πρὸς ἀνθρώπους, D
οἷς μήτε παιδεία ἐστὶν μήτε δικαστήρια μήτε νόμοι
μηδὲ ἀνάγκη μηδεμία διὰ παντὸς ἀναγκάζουσα ἀρετῆς
35 ἐπιμελεῖσθαι, ἀλλ' εἶεν ἄγριοί τινες, οἷοί περ οὓς
πέρυσιν Φερεκράτης ὁ ποιητὴς ἐδίδαξεν ἐπὶ Ληναίῳ.
ἦ σφόδρα ἐν τοῖς τοιούτοις ἀνθρώποις γενόμενος,
ὥσπερ οἱ ἐν ἐκείνῳ τῷ χορῷ μισάνθρωποι, ἀγαπήσαις
ἄν, εἰ ἐντύχοις Εὐρυβάτῳ καὶ Φρυνώνδᾳ, καὶ ἀνολο-

Ε φύραι' ἂν ποθῶν τὴν τῶν ἐνθάδε ἀνθρώπων πονηρίαν· 40
νῦν δὲ τρυφᾷς, ὦ Σώκρατες, διότι πάντες διδάσκαλοί
εἰσιν ἀρετῆς, καθ' ὅσον δύνανται ἕκαστος, καὶ οὐδείς
σοι φαίνεται εἶναι· ὥσπερ ἂν εἰ ζητοῖς τίς διδάσκαλος
328 τοῦ ἑλληνίζειν, οὐδ' | ἂν εἷς φανείη, οὐδέ γ' ἄν, οἶμαι,
εἰ ζητοῖς τίς ἂν ἡμῖν διδάξειεν τοὺς τῶν χειροτεχνῶν 45
υἱεῖς αὐτὴν ταύτην τὴν τέχνην, ἣν δὴ παρὰ τοῦ
πατρὸς μεμαθήκασιν, καθ' ὅσον οἷός τ' ἦν ὁ πατὴρ
καὶ οἱ τοῦ πατρὸς φίλοι ὄντες ὁμότεχνοι, τούτους ἔτι
τίς ἂν διδάξειεν,—οὐ ῥᾴδιον οἶμαι εἶναι, ὦ Σώκρατες,
τούτων διδάσκαλον φανῆναι, τῶν δὲ ἀπείρων παντά- 50
πασι ῥᾴδιον, οὕτω δὲ ἀρετῆς καὶ τῶν ἄλλων πάντων·
ἀλλὰ κἂν εἰ ὀλίγον ἔστιν τις ὅστις διαφέρει ἡμῶν
Β προβιβάσαι εἰς ἀρετήν, ἀγαπητόν. ὧν δὴ ἐγὼ οἶμαι
εἷς εἶναι, καὶ διαφερόντως ἂν τῶν ἄλλων ἀνθρώπων
ὀνῆσαί τινα πρὸς τὸ καλὸν κἀγαθὸν γενέσθαι, καὶ 55
ἀξίως τοῦ μισθοῦ ὃν πράττομαι, καὶ ἔτι πλείονος,
ὥστε καὶ αὐτῷ δοκεῖν τῷ μαθόντι. διὰ ταῦτα καὶ
τὸν τρόπον τῆς πράξεως τοῦ μισθοῦ τοιοῦτον πε-
ποίημαι· ἐπειδὰν γάρ τις παρ' ἐμοῦ μάθῃ, ἐὰν μὲν
βούληται, ἀποδέδωκεν ὃ ἐγὼ πράττομαι ἀργύριον· 60
C ἐὰν δὲ μή, ἐλθὼν εἰς ἱερόν, ὀμόσας ὅσου ἂν φῇ ἄξια
εἶναι τὰ μαθήματα, τοσοῦτον κατέθηκεν.

τοιοῦτόν σοι, ἔφη, ὦ Σώκρατες, ἐγὼ καὶ μῦθον καὶ
λόγον εἴρηκα, ὡς διδακτὸν ἀρετὴ καὶ Ἀθηναῖοι οὕτως
ἡγοῦνται, καὶ ὅτι οὐδὲν θαυμαστὸν τῶν ἀγαθῶν 65
πατέρων φαύλους υἱεῖς γίγνεσθαι καὶ τῶν φαύλων
ἀγαθούς, ἐπεὶ καὶ οἱ Πολυκλείτου υἱεῖς, Παράλου
καὶ Ξανθίππου τοῦδε ἡλικιῶται, οὐδὲν πρὸς τὸν
πατέρα εἰσίν, καὶ ἄλλοι ἄλλων δημιουργῶν. τῶνδε
D δὲ οὔπω ἄξιον τοῦτο κατηγορεῖν· ἔτι γὰρ ἐν αὐτοῖς 70
εἰσὶν ἐλπίδες· νέοι γάρ.

XVII.

Socrates cross-examines the sophist. "Are the single virtues parts of virtue, or only differ-5 ent synonyms for it?"

Πρωταγόρας μὲν τοσαῦτα καὶ τοιαῦτα ἐπιδειξάμενος ἀπεπαύσατο τοῦ λόγου. καὶ ἐγὼ ἐπὶ μὲν πολὺν χρόνον κεκηλη-μένος ἔτι πρὸς αὐτὸν ἔβλεπον ὡς ἐροῦντά τι, ἐπιθυμῶν ἀκούειν· ἐπεὶ δὲ δὴ ἠσθό-μην ὅτι τῷ ὄντι πεπαυμένος εἴη, μόγις πως ἐμαυτὸν ὡσπερεὶ συναγείρας εἶπον, βλέψας πρὸς τὸν Ἱπποκράτη· Ὦ παῖ Ἀπολλοδώρου, ὡς χάριν σοι ἔχω ὅτι προὔτρεψάς με ὧδε ἀφικέσθαι· 10 πολλοῦ γὰρ ποιοῦμαι ἀκηκοέναι ἃ ἀκήκοα Πρωταγό- E ρου· ἐγὼ γὰρ ἐν μὲν τῷ ἔμπροσθεν χρόνῳ ἡγούμην οὐκ εἶναι ἀνθρωπίνην ἐπιμέλειαν, ᾗ ἀγαθοὶ οἱ ἀγαθοὶ γίγνονται· νῦν δὲ πέπεισμαι. πλὴν σμι-κρόν τί μοι ἐμποδών, ὃ δῆλον ὅτι Πρωταγόρας 15 ῥᾳδίως ἐπεκδιδάξει, ἐπειδὴ καὶ τὰ πολλὰ ταῦτα ἐξεδίδαξεν. καὶ γὰρ εἰ μέν τις περὶ αὐτῶν τούτων | συγγένοιτο ὁτῳοῦν τῶν δημηγόρων, τάχ᾽ ἂν καὶ 329 τοιούτους λόγους ἀκούσειεν ἢ Περικλέους ἢ ἄλλου τινὸς τῶν ἱκανῶν εἰπεῖν· εἰ δὲ ἐπανέροιτό τινά τι, 20 ὥσπερ βιβλία οὐδὲν ἔχουσιν οὔτε ἀποκρίνασθαι οὔτε αὐτοὶ ἐρέσθαι, ἀλλ᾽ ἐάν τις καὶ σμικρὸν ἐπερωτήσῃ τι τῶν ῥηθέντων, ὥσπερ τὰ χαλκία πληγέντα μακρὸν ἠχεῖ καὶ ἀποτείνει ἐὰν μὴ ἐπιλά-βηταί τις, καὶ οἱ ῥήτορες οὕτω σμικρὰ ἐρωτηθέντες 25 δόλιχον κατατείνουσι τοῦ λόγου. Πρωταγόρας δὲ B ὅδε ἱκανὸς μὲν μακροὺς λόγους καὶ καλοὺς εἰπεῖν, ὡς αὐτὰ δηλοῖ, ἱκανὸς δὲ καὶ ἐρωτηθεὶς ἀποκρίνασθαι κατὰ βραχὺ καὶ ἐρόμενος περιμεῖναί τε καὶ ἀποδέ-ξασθαι τὴν ἀπόκρισιν, ἃ ὀλίγοις ἐστὶ παρεσκευασ-30 μένα. νῦν οὖν, ὦ Πρωταγόρα, σμικροῦ τινος ἐνδεής εἰμι πάντ᾽ ἔχειν, εἴ μοι ἀποκρίναιο τόδε. τὴν ἀρετὴν φῂς διδακτὸν εἶναι, καὶ ἐγὼ εἴπερ ἄλλῳ τῳ ἀνθρώ-

C πων πειθοίμην ἄν, καὶ σοὶ πείθομαι· ὃ δ' ἐθαύμασά
σου λέγοντος, τοῦτό μοι ἐν τῇ ψυχῇ ἀποπλήρωσον.
ἔλεγες γὰρ ὅτι ὁ Ζεὺς τὴν δικαιοσύνην καὶ τὴν αἰδῶ 35
πέμψειεν τοῖς ἀνθρώποις, καὶ αὖ πολλαχοῦ ἐν τοῖς
λόγοις ἐλέγετο ὑπὸ σοῦ ἡ δικαιοσύνη καὶ σωφροσύνη
καὶ ὁσιότης καὶ πάντα ταῦτα ὡς ἕν τι εἴη συλλήβδην,
ἀρετή· ταῦτ' οὖν αὐτὰ δίελθέ μοι ἀκριβῶς τῷ λόγῳ,
πότερον ἓν μέν τί ἐστιν ἡ ἀρετή, μόρια δὲ αὐτῆς 40
ἐστὶν ἡ δικαιοσύνη καὶ σωφροσύνη καὶ ὁσιότης, ἢ
D ταῦτ' ἐστὶν ἃ νῦν δὴ ἐγὼ ἔλεγον πάντα ὀνόματα
τοῦ αὐτοῦ ἑνὸς ὄντος· τοῦτ' ἐστὶν ὃ ἔτι ἐπιποθῶ.

XVIII. Ἀλλα ῥᾴδιον τοῦτό γ', ἔφη, ὦ Σώκρα-
τες, ἀποκρίνασθαι, ὅτι ἑνὸς ὄντος τῆς

P. "Virtue is
one, and the sin-
gle virtues are
parts of virtue,
distinct from
each other like
the parts of the
face."

ἀρετῆς μόριά ἐστιν ἃ ἐρωτᾷς. Πότερον,
ἔφην, ὥσπερ προσώπου τὰ μόρια μόριά
ἐστιν, στόμα τε καὶ ῥὶς καὶ ὀφθαλμοὶ καὶ
ὦτα, ἢ ὥσπερ τα τοῦ χρυσοῦ μόρια,
οὐδὲν διαφέρει τὰ ἕτερα τῶν ἑτέρων, ἀλλήλων καὶ
τοῦ ὅλου, ἀλλ' ἢ μεγέθει καὶ σμικρότητι; Ἐκείνως
E μοι φαίιεται, ὦ Σώκρατες, ὥσπερ τὰ τοῦ προσώπου
μόρια ἔχει πρὸς τὸ ὅλον πρόσωπον. Πότερον οὖν, 10
ἦν δ' ἐγώ, καὶ μεταλαμβάνουσιν οἱ ἄνθρωποι τούτων
τῶν τῆς ἀρετῆς μορίων οἱ μὲν ἄλλυ, οἱ δε ἄλλο, ἢ
ἀνάγκη, ἐάνπερ τις ἓν λάβῃ, ἅπαντ' ἔχειν; Οὐδαμῶς,
ἔφη, ἐπεὶ πολλοὶ ἀνδρεῖοί εἰσιν, ἄδικοι δέ, καὶ δίκαιοι
αὖ, σοφοὶ δὲ οὔ. Ἔστιν γὰρ οὖν καὶ ταῦτα μόρια τῆς 15
330 ἀρετῆς, ἔφην ἐγώ, | σοφία τε καὶ ἀνδρεία; Πάντων
μάλιστα δήπου, ἔφη· καὶ μέγιστόν γε ἡ σοφία τῶν
μορίων. Ἕκαστον δὲ αὐτῶν ἐστίν, ἦν δ' ἐγώ, ἄλλο,
τὸ δὲ ἄλλο; Ναί. Ἡ καὶ δύναμιν αὐτῶν ἕκαστον
ἰδίαν ἔχει; ὥσπερ τὰ τοῦ προσώπου οὐκ ἔστιν 20

ὀφθαλμὸς οἷον τὰ ὦτα, οὐδ᾽ ἡ δύναμις αὐτοῦ ἡ
αὐτή· οὐδὲ τῶν ἄλλων οὐδέν ἐστιν οἷον τὸ ἕτερον
οὔτε κατὰ τὴν δύναμιν οὔτε κατὰ τὰ ἄλλα· ἆρ᾽ οὖν
οὕτω καὶ τὰ τῆς ἀρετῆς μόρια οὐκ ἔστιν τὸ ἕτερον οἷον
25 τὸ ἕτερον, οὔτε αὐτὸ οὔτε ἡ δύναμις αὐτοῦ; ἢ δῆλα B
δὴ ὅτι οὕτως ἔχει, εἴπερ τῷ παραδείγματί γε ἔοικεν;
᾽Αλλ᾽ οὕτως, ἔφη, ἔχει, ὦ Σώκρατες. καὶ ἐγὼ εἶπον·
Οὐδὲν ἄρα ἐστὶν τῶν τῆς ἀρετῆς μορίων ἄλλο οἷον ἐπι-
στήμη, οὐδ᾽ οἷον δικαιοσύνη, οὐδ᾽ οἷον ἀνδρεία, οὐδ᾽
30 οἷον σωφροσύνη, οὐδ᾽ οἷον ὁσιότης. Οὐκ ἔφη. Φέρε
δή, ἔφην ἐγώ, κοινῇ σκεψώμεθα ποῖόν τι αὐτῶν ἐστιν
ἕκαστον. πρῶτον μὲν τὸ τοιόνδε· ἡ δικαιοσύνη πρᾶγμά C
τί ἐστιν ἢ οὐδὲν πρᾶγμα; ἐμοὶ μὲν γὰρ δοκεῖ· τί δὲ
σοι; Καὶ ἐμοί, ἔφη. Τί οὖν; εἴ τις ἔροιτο ἐμέ τε
35 καὶ σέ· ὦ Πρωταγόρα τε καὶ Σώκρατες, εἴπετον δή
μοι, τοῦτο τὸ πρᾶγμα, ὃ ὠνομάσατε ἄρτι, ἡ δικαιο-
σύνη, αὐτὸ τοῦτο δίκαιόν ἐστιν ἢ ἄδικον; ἐγὼ μὲν ἂν
αὐτῷ ἀποκριναίμην ὅτι δίκαιον· σὺ δὲ τίν᾽ ἂν ψῆφον
θεῖο; τὴν αὐτὴν ἐμοὶ ἢ ἄλλην; Τὴν αὐτήν, ἔφη.
40 ῎Εστιν ἄρα τοιοῦτον ἡ δικαιοσύνη οἷον δίκαιον εἶναι,
φαίην ἂν ἔγωγε ἀποκρινόμενος τῷ ἐρωτῶντι· οὐκοῦν D
καὶ σύ; Ναί, ἔφη. Εἰ οὖν μετὰ τοῦτο ἡμᾶς ἔροιτο·
οὐκοῦν καὶ ὁσιότητά τινά φατε εἶναι; φαῖμεν ἄν, ὡς
ἐγῷμαι. Ναί, ἦ δ᾽ ὅς. Οὐκοῦν φατὲ καὶ τοῦτο
45 πρᾶγμά τι εἶναι; φαῖμεν ἄν· ἢ οὔ; Καὶ τοῦτο
συνέφη. Πότερον δὲ τοῦτο αὐτὸ τὸ πρᾶγμά φατε
τοιοῦτον πεφυκέναι οἷον ἀνόσιον εἶναι ἢ οἷον ὅσιον;
ἀγανακτήσαιμ᾽ ἂν ἔγωγ᾽, ἔφην, τῷ ἐρωτήματι, καὶ
εἴποιμ᾽ ἄν· εὐφήμει, ὦ ἄνθρωπε· σχολῇ μεντἄν τι E
50 ἄλλο ὅσιον εἴη, εἰ μὴ αὐτή γε ἡ ὁσιότης ὅσιον ἔσται. τί
δὲ σύ; οὐχ οὕτως ἂν ἀποκρίναιο; Πάνυ μὲν οὖν, ἔφη.

XIX. Εἰ οὖν μετὰ τοῦτ' εἴποι ἐρωτῶν ἡμᾶς·
πῶς οὖν ὀλίγον προτερον ἐλέγετε; ἆρ'
οὐκ ὀρθῶς ὑμῶν κατήκουσα; ἐδόξατέ μοι
φάναι τὰ τῆς ἀρετῆς μόρια εἶναι οὕτως
ἔχοντα πρὸς ἄλληλα, ὡς οὐκ εἶναι τὸ
ἕτερον αὐτῶν οἷον τὸ ἕτερον· εἴποιμ' ἂν
ἔγωγε ὅτι τὰ μὲν ἄλλα ὀρθῶς ἤκουσας,
ὅτι δὲ καὶ ἐμὲ οἴει εἰπεῖν τοῦτο, παρή-

S. "In that
case each virtue
will be unlike
every other, and
holiness for ex-
ample will be un- 5
just." Protagoras
concedes that jus-
tice and holiness
are like each
other.

331 κουσας· Πρωταγόρας | γὰρ ὅδε ταῦτα ἀπεκρίνατο,
ἐγὼ δὲ ἠρώτων. εἰ οὖν εἴποι· ἀληθῆ ὅδε λέγει, ὦ 10
Πρωταγόρα; σὺ φῂς οὐκ εἶναι τὸ ἕτερον μόριον οἷον
τὸ ἕτερον τῶν τῆς ἀρετῆς; σὸς οὗτος ὁ λόγος ἐστί;
τί ἂν αὐτῷ ἀποκρίναιο; Ἀνάγκη, ἔφη, ὦ Σώκρατες,
ὁμολογεῖν. Τί οὖν, ὦ Πρωταγόρα, ἀποκρινούμεθα
αὐτῷ, ταῦτα ὁμολογήσαντες, ἐὰν ἡμᾶς ἐπανέρηται· 15
οὐκ ἄρα ἐστὶν ὁσιότης οἷον δίκαιον εἶναι πρᾶγμα,
οὐδὲ δικαιοσύνη οἷον ὅσιον, ἀλλ' οἷον μὴ ὅσιον· ἡ δ'
ὁσιότης οἷον μὴ δίκαιον, ἀλλ' ἄδικον ἄρα, τὸ δὲ
B ἀνόσιον; τί αὐτῷ ἀποκρινούμεθα; ἐγὼ μὲν γὰρ
αὐτὸς ὑπέρ γε ἐμαυτοῦ φαίην ἂν καὶ τὴν δικαιοσύνην 20
ὅσιον εἶναι καὶ τὴν ὁσιότητα δίκαιον, καὶ ὑπὲρ σοῦ
δέ, εἴ με ἐῴης, ταὐτὰ ἂν ταῦτα ἀποκρινοίμην· ὅτι
ἤτοι ταὐτόν γ' ἐστὶν δικαιότης ὁσιότητι ἢ ὅ τι ὁμοιό-
τατον καὶ μάλιστα πάντων ἥ τε δικαιοσύνη οἷον
ὁσιότης καὶ ἡ ὁσιότης οἷον δικαιοσύνη. ἀλλ' ὅρα, 25
εἰ διακωλύεις ἀποκρίνεσθαι, ἢ καὶ σοὶ συνδοκεῖ
C οὕτως. Οὐ πάνυ μοι δοκεῖ, ἔφη, ὦ Σώκρατες, οὕτως
ἁπλοῦν εἶναι, ὥστε συγχωρῆσαι τήν τε δικαιοσύνην
ὅσιον εἶναι καὶ τὴν ὁσιότητα δίκαιον, ἀλλά τί μοι
δοκεῖ ἐν αὐτῷ διάφορον εἶναι. ἀλλὰ τί τοῦτο δια- 30
φέρει; ἔφη· εἰ γὰρ βούλει, ἔστω ἡμῖν καὶ δικαιο-

σύιη ὅσιον καὶ ὁσιότης δίκαιον. Μή μοι, ἦν δ' ἐγώ·
οὐδὲν γὰρ δέομαι τὸ εἰ βούλει τοῦτο καὶ εἴ σοι δοκεῖ
ἐλέγχεσθαι, ἀλλ' ἐμέ τε καὶ σέ· τὸ δ' ἐμέ τε καὶ σέ
35 τοῦτο λέγω, οἰόμενος οὕτω τὸν λόγον βέλτιστ' ἂν
ἐλέγχεσθαι, εἴ τις τὸ εἴ ἀφέλοι αὐτοῦ. Ἀλλὰ μέντοι, D
ἡ δ' ὅς, προσέοικέν τι δικαιοσύνη ὁσιότητι· καὶ γὰρ
ὁτιοῦν ὁτῳοῦν ἀμῇ γέ πῃ προσέοικεν. τὸ γὰρ λευκὸν
τῷ μέλανι ἔστιν ὅπῃ προσέοικεν, καὶ τὸ σκληρὸν τῷ
40 μαλακῷ, καὶ τἆλλα ἃ δοκεῖ ἐναντιώτατα εἶναι ἀλλή-
λοις· καὶ ἃ τότε ἔφαμεν ἄλλην δύναμιν ἔχειν καὶ
οὐκ εἶναι τὸ ἕτερον οἷον τὸ ἕτερον, τὰ τοῦ προσώπου
μόρια, ἀμῇ γέ πῃ προσέοικεν καὶ ἔστιν τὸ ἕτερον οἷον
τὸ ἕτερον· ὥστε τούτῳ γε τῷ τρόπῳ κἂν ταῦτα
45 ἐλέγχοις, εἰ βούλοιο, ὡς ἅπαντά ἐστιν ὅμοια ἀλλή- E
λοις. ἀλλ' οὐχὶ τὰ ὅμοιόν τι ἔχοντα ὅμοια δίκαιον
καλεῖν οὐδὲ τὰ ἀνόμοιόν τι ἔχοντα ἀνόμοια, κἂν
πάνυ σμικρὸν ἔχῃ τὸ ὅμοιον. καὶ ἐγὼ θαυμάσας
εἶπον πρὸς αὐτόν, Ἦ γὰρ οὕτω σοι τὸ δίκαιον καὶ
50 τὸ ὅσιον πρὸς ἄλληλα ἔχει, ὥστε ὅμοιόν τι σμικρὸν
ἔχειν ἀλλήλοις; Οὐ πάνυ, ἔφη, οὕτως, οὐ μέντοι οὐδὲ
αὖ | ὡς σύ μοι δοκεῖς οἴεσθαι. Ἀλλὰ μήν, ἔφην ἐγώ, 332
ἐπειδὴ δυσχερῶς δοκεῖς μοι ἔχειν πρὸς τοῦτο, τοῦτο
μὲν ἐάσωμεν, τόδε δὲ ἄλλο ὧν ἔλεγες ἐπισκεψώμεθα.

XX. Ἀφροσύνην τι καλεῖς; Ἔφη. Τούτῳ τῷ
πράγματι οὐ πᾶν τοὐναντίον ἐστὶν ἡ
σοφία; Ἔμοιγε δοκεῖ, ἔφη. Πότερον
δὲ ὅταν πράττωσιν ἄνθρωποι ὀρθῶς τε
καὶ ὠφελίμως, τότε σωφρονεῖν σοι δοκ-
οῦσιν οὕτω πράττοντες†, ἢ τοὐναντίον;
Σωφρονεῖν, ἔφη. Οὐκοῦν σωφροσύνῃ σωφρονοῦσιν; B

Socrates next argues that temperance and wisdom are identical, and is about to prove the same of temperance and justice,

† ἢ εἰ τοὐναντίον ἔπραττον; codd.

Ἀνάγκη. Οὐκοῦν οἱ μὴ ὀρθῶς πράττοντες ἀφρόνως
πράττουσι καὶ οὐ σωφρονοῦσιν οὕτω πράττον-
τες; Συνδοκεῖ μοι, ἔφη. Τοὐναντίον ἄρα ἐστὶν τὸ 10
ἀφρόνως πράττειν τῷ σωφρόνως; Ἔφη. Οὐκοῦν
τὰ μὲν ἀφρόνως πραττόμενα ἀφροσύνῃ πράττεται,
τὰ δὲ σωφρόνως σωφροσύνῃ; Ὡμολόγει. Οὐκοῦν
εἴ τι ἰσχύϊ πράττεται, ἰσχυρῶς πράττεται, καὶ εἴ
τι ἀσθενείᾳ, ἀσθενῶς; Ἐδόκει. Καὶ εἴ τι μετὰ 15
τάχους, ταχέως, καὶ εἴ τι μετὰ βραδυτῆτος, βραδέως;
C Ἔφη. Καὶ εἴ τι δὴ ὡσαύτως πράττεται, ὑπὸ τοῦ
αὐτοῦ πράττεται, καὶ εἴ τι ἐναντίως, ὑπὸ τοῦ
ἐναντίου; Συνέφη. Φέρε δή, ἦν δ᾽ ἐγώ, ἔστιν τι
καλόν; Συνεχώρει. Τούτῳ ἔστιν τι ἐναντίον πλὴν 20
τὸ αἰσχρόν; Οὐκ ἔστιν. Τί δέ; ἔστιν τι ἀγαθόν;
Ἔστιν. Τούτῳ ἔστιν τι ἐναντίον πλὴν τὸ κακόν;
Οὐκ ἔστιν. Τί δέ; ἔστιν τι ὀξὺ ἐν φωνῇ; Ἔφη.
Τούτῳ μὴ ἔστιν τι ἐναντίον ἄλλο πλὴν τὸ βαρύ;
Οὐκ ἔφη. Οὐκοῦν, ἦν δ᾽ ἐγώ, ἑνὶ ἑκάστῳ τῶν 25
D ἐναντίων ἓν μόνον ἐστὶν ἐναντίον καὶ οὐ πολλά;
Συνωμολόγει. Ἴθι δή, ἦν δ᾽ ἐγώ, ἀναλογισώμεθα
τὰ ὡμολογημένα ἡμῖν. ὡμολογήκαμεν ἓν ἑνὶ μόνον
ἐναντίον εἶναι, πλείω δὲ μή; Ὡμολογήκαμεν. Τὸ
δὲ ἐναντίως πραττόμενον ὑπὸ ἐναντίων πράττεσθαι; 30
Ἔφη. Ὡμολογήκαμεν δὲ ἐναντίως πράττεσθαι ὃ
ἂν ἀφρόνως πράττηται τῷ σωφρόνως πραττομένῳ;
Ἔφη. Τὸ δὲ σωφρόνως πραττόμενον ὑπὸ σωφρο-
σύνης πράττεσθαι, τὸ δὲ ἀφρόνως ὑπὸ ἀφροσύνης;
E Συνεχώρει. Οὐκοῦν εἴπερ ἐναντίως πράττεται, ὑπὸ 35
ἐναντίου πράττοιτ᾽ ἄν; Ναί. Πράττεται δὲ τὸ μὲν
ὑπὸ σωφροσύνης, τὸ δὲ ὑπὸ ἀφροσύνης; Ναί.
Ἐναντίως; Πάνυ γε. Οὐκοῦν ὑπὸ ἐναντίων ὄντων;

Ναί. Ἐναντίον ἄρ᾽ ἐστὶν ἀφροσύνη σωφροσύνῃ;

40 Φαίνεται. Μέμνησαι οὖν ὅτι ἐν τοῖς ἔμπροσθεν ὡμολόγηται ἡμῖν ἀφροσύνη σοφίᾳ ἐναντίον εἶναι; Συνωμολόγει. Ἕν δὲ ἑνὶ μόνον ἐναντίον εἶναι; Φημί. Πότερον οὖν, ὦ Πρωταγόρα, λύσωμεν | τῶν λόγων; 333 τὸ ἓν ἑνὶ μόνον ἐναντίον εἶναι, ἢ ἐκεῖνον ἐν ᾧ ἐλέγετο

45 ἕτερον εἶναι σωφροσύνης σοφία, μόριον δὲ ἑκάτερον ἀρετῆς, καὶ πρὸς τῷ ἕτερον εἶναι καὶ ἀνόμοια καὶ αὐτὰ καὶ αἱ δυνάμεις αὐτῶν, ὥσπερ τὰ τοῦ προσώπου μόρια; πότερον οὖν δὴ λύσωμεν; οὗτοι γὰρ οἱ λόγοι ἀμφότεροι οὐ πάνυ μουσικῶς λέγονται· οὐ γὰρ

50 συνᾴδουσιν οὐδὲ συναρμόττουσιν ἀλλήλοις. πῶς γὰρ ἂν συνᾴδοιεν, εἴπερ γε ἀνάγκη ἑνὶ μὲν ἓν μόνον B ἐναντίον εἶναι, πλείω δὲ μή, τῇ δὲ ἀφροσύνῃ ἑνὶ ὄντι σοφία ἐναντία καὶ σωφροσύνη αὖ φαίνεται; ἢ γάρ, ὦ Πρωταγόρα, ἔφην ἐγώ, ἢ ἄλλως πως; Ὡμο-

55 λόγησεν καὶ μάλ᾽ ἀκόντως. Οὐκοῦν ἓν ἂν εἴη ἡ σωφροσύνη καὶ ἡ σοφία; τὸ δὲ πρότερον αὖ ἐφάνη ἡμῖν ἡ δικαιοσύνη καὶ ἡ ὁσιότης σχεδόν τι ταὐτὸν ὄν. ἴθι δή, ἦν δ᾽ ἐγώ, ὦ Πρωταγόρα, μὴ ἀποκάμω- μεν, ἀλλὰ καὶ τὰ λοιπὰ διασκεψώμεθα. ἀρά τίς

60 σοι δοκεῖ ἀδικῶν ἄνθρωπος σωφρονεῖν, ὅτι ἀδικεῖ; Αἰσχυνοίμην ἂν ἔγωγ᾽, ἔφη, ὦ Σώκρατες, τοῦτο C ὁμολογεῖν, ἐπεὶ πολλοί γέ φασιν τῶν ἀνθρώπων. Πότερον οὖν πρὸς ἐκείνους τὸν λόγον ποιήσομαι, ἔφην, ἢ πρὸς σέ; Εἰ βούλει, ἔφη, πρὸς τοῦτον πρῶ-

65 τον τὸν λόγον διαλέχθητι, τὸν τῶν πολλῶν. Ἀλλ᾽ οὐδέν μοι διαφέρει, ἐὰν μόνον σύ γε ἀποκρίνῃ, εἴτ᾽ οὖν δοκεῖ σοι ταῦτα, εἴτε μή. τὸν γὰρ λόγον ἔγωγε μάλιστα ἐξετάζω, συμβαίνει μέντοι ἴσως καὶ ἐμὲ τὸν ἐρωτῶντα καὶ τὸν ἀποκρινόμενον ἐξετάζεσθαι.

D   XXI. Τὸ μὲν οὖν πρῶτον ἐκαλλωπίζετο ἡμῖν
ὁ Πρωταγόρας· τὸν γὰρ λόγον ᾐτιᾶτο
δυσχερῆ εἶναι· ἔπειτα μέντοι συνεχώ-
ρησεν ἀποκρίνεσθαι. Ἴθι δή, ἔφην ἐγώ,
ἐξ ἀρχῆς μοι ἀπόκριναι. δοκοῦσί τινές   5
σοι σωφρονεῖν ἀδικοῦντες; Ἔστω, ἔφη. Τὸ δὲ σω-
φρονεῖν λέγεις εὖ φρονεῖν; Ἔφη. Τὸ δ᾽ εὖ φρονεῖν
εὖ βουλεύεσθαι, ὅτι ἀδικοῦσιν; Ἔστω, ἔφη. Πό-
τερον, ἦν δ᾽ ἐγώ, εἰ εὖ πράττουσιν ἀδικοῦντες ἢ εἰ
κακῶς; Εἰ εὖ. Λέγεις οὖν ἀγαθὰ ἄττα εἶναι; Λέγω.   10
Ἆρ᾽ οὖν, ἦν δ᾽ ἐγώ, ταῦτ᾽ ἐστὶν ἀγαθά, ἅ ἐστιν
ὠφέλιμα τοῖς ἀνθρώποις; Καὶ ναὶ μὰ Δί᾽, ἔφη, κἂν
E μὴ τοῖς ἀνθρώποις ὠφέλιμα ᾖ, ἔγωγε καλῶ ἀγαθά.
καί μοι ἐδόκει ὁ Πρωταγόρας ἤδη τετραχύνθαι τε καὶ
ἀγωνιᾶν καὶ παρατετάχθαι πρὸς τὸ ἀποκρίνεσθαι·   15
ἐπειδὴ οὖν ἑώρων αὐτὸν οὕτως ἔχοντα, εὐλαβούμενος
334 ἠρέμα ἠρόμην. Πότερον, ἦν δ᾽ ἐγώ, λέγεις, ὦ | Πρω-
ταγόρα, ἃ μηδενὶ ἀνθρώπων ὠφέλιμά ἐστιν, ἢ ἃ μηδὲ
τὸ παράπαν ὠφέλιμα; καὶ τὰ τοιαῦτα σὺ ἀγαθὰ
καλεῖς; Οὐδαμῶς, ἔφη· ἀλλ᾽ ἔγωγε πολλὰ οἶδ᾽ ἃ   20
ἀνθρώποις μὲν ἀνωφελῆ ἐστί, καὶ σιτία καὶ ποτὰ
καὶ φάρμακα καὶ ἄλλα μυρία, τὰ δέ γε ὠφέλιμα· τὰ
δὲ ἀνθρώποις μὲν οὐδέτερα, ἵπποις δέ· τὰ δὲ βουσὶν
μόνον, τὰ δὲ κυσίν· τὰ δέ γε τούτων μὲν οὐδενί,
δένδροις δέ· τὰ δὲ τοῦ δένδρου ταῖς μὲν ῥίζαις ἀγαθά,   25
B ταῖς δὲ βλάσταις πονηρά, οἷον καὶ ἡ κόπρος, πάντων
τῶν φυτῶν ταῖς μὲν ῥίζαις ἀγαθὸν παραβαλλομένη,
εἰ δ᾽ ἐθέλοις ἐπὶ τοὺς πτόρθους καὶ τοὺς νέους κλῶνας
ἐπιβάλλειν, πάντα ἀπόλλυσιν· ἐπεὶ καὶ τὸ ἔλαιον
τοῖς μὲν φυτοῖς ἅπασίν ἐστιν πάγκακον καὶ ταῖς   30
θριξὶν πολεμιώτατον ταῖς τῶν ἄλλων ζῴων πλὴν ταῖς

Marginal note: when Protago-
ras launches out
into a long and
irrelevant ha-
rangue.

τοῦ ἀνθρώπου, ταῖς δὲ τοῦ ἀνθρώπου ἀρωγὸν καὶ τῷ
ἄλλῳ σώματι. οὕτω δὲ ποικίλον τί ἐστιν τὸ ἀγαθὸν
καὶ παντοδαπόν, ὥστε καὶ ἐνταῦθα τοῖς μὲν ἔξωθεν
35 τοῦ σώματος ἀγαθόν ἐστιν τῷ ἀνθρώπῳ, τοῖς δ' ἐντὸς C
ταὐτὸν τοῦτο κάκιστον· καὶ διὰ τοῦτο οἱ ἰατροὶ
πάντες ἀπαγορεύουσιν τοῖς ἀσθενοῦσι μὴ χρῆσθαι
ἐλαίῳ, ἀλλ' ἢ ὅ τι σμικροτάτῳ ἐν τούτοις οἷς μέλλει
ἔδεσθαι, ὅσον μόνον τὴν δυσχέρειαν κατασβέσαι τὴν
40 ἐπὶ ταῖς αἰσθήσεσι ταῖς διὰ τῶν ῥινῶν γιγνομένην
ἐν τοῖς σιτίοις τε καὶ ὄψοις.

XXII. Εἰπόντος οὖν ταῦτα αὐτοῦ οἱ παρόντες
ἀνεθορύβησαν ὡς εὖ λέγοι· καὶ ἐγὼ

Socrates says
he must depart
on other business
unless Protago-
ras will consent
5 to converse by
means of short
questions and
answers. Callias
entreats him to
stay.

εἶπον· Ὦ Πρωταγόρα, ἐγὼ τυγχάνω
ἐπιλήσμων τις ὢν ἄνθρωπος, καὶ ἐάν
τίς μοι μακρὰ λέγῃ, ἐπιλανθάνομαι περὶ D
οὗ ἂν ᾖ ὁ λόγος. ὥσπερ οὖν, εἰ ἐτύγχα-
νον ὑπόκωφος ὤν, ᾤου ἂν χρῆναι, εἴπερ
ἔμελλές μοι διαλέξεσθαι, μεῖζον φθέγγε-
σθαι ἢ πρὸς τοὺς ἄλλους, οὕτω καὶ νῦν, ἐπειδὴ
10 ἐπιλήσμονι ἐνέτυχες, σύντεμνέ μοι τὰς ἀποκρίσεις
καὶ βραχυτέρας ποίει, εἰ μέλλω σοι ἕπεσθαι. Πῶς
οὖν κελεύεις με βραχέα ἀποκρίνεσθαι; ἢ βραχύτερά
σοι, ἔφη, ἀποκρίνωμαι ἢ δεῖ; Μηδαμῶς, ἦν δ' ἐγώ.
Ἀλλ' ὅσα δεῖ; ἔφη. Ναί, ἦν δ' ἐγώ. Πότερα οὖν E
15 ὅσα ἐμοὶ δοκεῖ δεῖν ἀποκρίνεσθαι, τοσαῦτά σοι ἀπο-
κρίνωμαι, ἢ ὅσα σοί; Ἀκήκοα γοῦν, ἦν δ' ἐγώ, ὅτι
σὺ οἷός τ' εἶ καὶ αὐτὸς καὶ ἄλλον διδάξαι περὶ τῶν
αὐτῶν καὶ μακρὰ λέγειν, ἐὰν βούλῃ, οὕτως, ὥστε τὸν
λόγον μηδέποτε ἐπιλιπεῖν, καὶ αὖ βραχέα οὕτως,
20 ὥστε μηδένα σοῦ ἐν βραχυτέροις | εἰπεῖν· εἰ οὖν 335
μέλλεις ἐμοὶ διαλέξεσθαι, τῷ ἑτέρῳ χρῶ τρόπῳ πρός

με, τῇ βραχυλογίᾳ. 'Ω Σώκρατες, ἔφη, ἐγὼ πολλοῖς
ἤδη εἰς ἀγῶνα λόγων ἀφικόμην ἀνθρώποις, καὶ εἰ
τοῦτο ἐποίουν ὃ σὺ κελεύεις, ὡς ὁ ἀντιλέγων ἐκέλευέν
με διαλέγεσθαι, οὕτω διελεγόμην, οὐδενὸς ἂν βελτίων 25
ἐφαινόμην οὐδ' ἂν ἐγένετο Πρωταγόρου ὄνομα ἐν
τοῖς ''Ελλησιν. καὶ ἐγώ—ἔγνων γὰρ ὅτι οὐκ ἤρεσεν
αὐτὸς αὑτῷ ταῖς ἀποκρίσεσιν ταῖς ἔμπροσθεν, καὶ ὅτι
B οὐκ ἐθελήσοι ἑκὼν εἶναι ἀποκρινόμενος διαλέγεσθαι
—ἡγησάμενος οὐκέτι ἐμὸν ἔργον εἶναι παρεῖναι ἐν 30
ταῖς συνουσίαις, 'Αλλά τοι, ἔφην, ὦ Πρωταγόρα,
οὐδ' ἐγὼ λιπαρῶς ἔχω παρὰ τὰ σοὶ δοκοῦντα τὴν
συνουσίαν ἡμῖν γίγνεσθαι, ἀλλ' ἐπειδὰν σὺ βούλῃ
διαλέγεσθαι ὡς ἐγὼ δύναμαι ἔπεσθαι, τότε σοι δια-
λέξομαι. σὺ μὲν γάρ, ὡς λέγεται περὶ σοῦ, φῂς δὲ 35
καὶ αὐτός, καὶ ἐν μακρολογίᾳ καὶ ἐν βραχυλογίᾳ
C οἷός τ' εἶ συνουσίας ποιεῖσθαι· σοφὸς γὰρ εἶ· ἐγὼ
δὲ τὰ μακρὰ ταῦτα ἀδύνατος, ἐπεὶ ἐβουλόμην ἂν οἷός
τ' εἶναι. ἀλλὰ σὲ ἐχρῆν ἡμῖν συγχωρεῖν τὸν ἀμφό-
τερα δυνάμενον, ἵνα συνουσία ἐγίγνετο· νῦν δὲ ἐπειδὴ 40
οὐκ ἐθέλεις καὶ ἐμοί τις ἀσχολία ἐστὶν καὶ οὐκ ἂν
οἷός τ' εἴην σοι παραμεῖναι ἀποτείνοντι μακροὺς
λόγους—ἐλθεῖν γάρ ποί με δεῖ—εἶμι· ἐπεὶ καὶ ταῦτ'
ἂν ἴσως οὐκ ἀηδῶς σου ἤκουον. καὶ ἅμα ταῦτ' εἰπὼν
ἀνιστάμην ὡς ἀπιών· καί μου ἀνισταμένου ἐπι- 45
D λαμβάνεται ὁ Καλλίας τῆς χειρὸς τῇ δεξιᾷ, τῇ δ'
ἀριστερᾷ ἀντελάβετο τοῦ τρίβωνος τουτουί, καὶ
εἶπεν· Οὐκ ἀφήσομέν σε, ὦ Σώκρατες· ἐὰν γὰρ σὺ
ἐξέλθῃς, οὐχ ὁμοίως ἡμῖν ἔσονται οἱ διάλογοι. δέομαι
οὖν σου παραμεῖναι ἡμῖν· ὡς ἐγὼ οὐδ' ἂν ἑνὸς ἥδιον 50
ἀκούσαιμι ἢ σοῦ τε καὶ Πρωταγόρου διαλεγομένων·
ἀλλὰ χάρισαι ἡμῖν πᾶσιν. καὶ ἐγὼ εἶπον—ἤδη δὲ

ἀνειστήκη ὡς ἐξιών—'Ω παῖ 'Ιππονίκου, ἀεὶ μὲν
ἔγωγέ σου τὴν φιλοσοφίαν ἄγαμαι, ἀτὰρ καὶ νῦν
55 ἐπαινῶ καὶ φιλῶ, ὥστε βουλοίμην ἂν χαρίζεσθαί Ε
σοι, εἴ μου δυνατὰ δέοιο· νῦν δ' ἐστὶν ὥσπερ ἂν εἰ
δέοιό μου Κρίσωνι τῷ 'Ιμεραίῳ δρομεῖ ἀκμάζοντι
ἕπεσθαι, ἢ τῶν δολιχοδρόμων τῳ ἢ τῶν ἡμεροδρόμων
διαθεῖν τε καὶ ἕπεσθαι, εἴποιμι ἄν σοι ὅτι | πολὺ σοῦ 336
60 μᾶλλον ἐγὼ ἐμαυτοῦ δέομαι θέουσιν τούτοις ἀκο-
λουθεῖν, ἀλλ' οὐ γὰρ δύναμαι, ἀλλ' εἴ τι δέει θεά-
σασθαι ἐν τῷ αὐτῷ ἐμέ τε καὶ Κρίσωνα θέοντας,
τούτου δέου συγκαθεῖναι· ἐγὼ μὲν γὰρ οὐ δύναμαι
ταχὺ θεῖν, οὗτος δὲ δύναται βραδέως. εἰ οὖν ἐπι-
65 θυμεῖς ἐμοῦ καὶ Πρωταγόρου ἀκούειν, τούτου δέου,
ὥσπερ τὸ πρῶτόν μοι ἀπεκρίνατο διὰ βραχέων τε καὶ
αὐτὰ τὰ ἐρωτώμενα, οὕτω καὶ νῦν ἀποκρίνεσθαι· εἰ
δὲ μή, τίς ὁ τρόπος ἔσται τῶν διαλόγων; χωρὶς γὰρ Β
ἔγωγ' ᾤμην εἶναι τὸ συνεῖναί τε ἀλλήλοις διαλεγο-
70 μένους καὶ τὸ δημηγορεῖν. 'Αλλ' ὁρᾷς, ἔφη, ὦ
Σώκρατες· δίκαια δοκεῖ λέγειν Πρωταγόρας ἀξιῶν
αὑτῷ τε ἐξεῖναι διαλέγεσθαι ὅπως βούλεται καὶ σὺ
ὅπως ἂν αὖ σὺ βούλῃ.

XXIII. 'Υπολαβὼν οὖν ὁ 'Αλκιβιάδης, Οὐ
καλῶς λέγεις, ἔφη, ὦ Καλλία· Σωκράτης
μὲν γὰρ ὅδε ὁμολογεῖ μὴ μετεῖναί οἱ
μακρολογίας καὶ παραχωρεῖ Πρωταγόρᾳ,
5   τοῦ δὲ διαλέγεσθαι οἷός τ' εἶναι καὶ ἐπί- C
στασθαι λόγον τε δοῦναι καὶ δέξασθαι θαυμάζοιμ'
ἂν εἴ τῳ ἀνθρώπων παραχωρεῖ. εἰ μὲν οὖν καὶ
Πρωταγόρας ὁμολογεῖ φαυλότερος εἶναι Σωκράτους
διαλεχθῆναι, ἐξαρκεῖ Σωκράτει· εἰ δὲ ἀντιποιεῖται,
10 διαλεγέσθω ἐρωτῶν τε καὶ ἀποκρινόμενος, μὴ ἐφ'

Alcibiades, Critias and Prodicus all give their vote for continuing the conversation.

ἑκάστῃ ἐρωτήσει μακρὸν λόγον ἀποτείνων, ἐκκρούων
τοὺς λόγους καὶ οὐκ ἐθέλων διδόναι λόγον, ἀλλ'
D ἀπομηκύνων ἕως ἂν ἐπιλάθωνται περὶ ὅτου τὸ ἐρώ-
τημα ἦν οἱ πολλοὶ τῶν ἀκουόντων· ἐπεὶ Σωκράτη
γε ἐγὼ ἐγγυῶμαι μὴ ἐπιλήσεσθαι, οὐχ ὅτι παίζει 15
καί φησιν ἐπιλήσμων εἶναι. ἐμοὶ μὲν οὖν δοκεῖ
ἐπιεικέστερα Σωκράτης λέγειν· χρὴ γὰρ ἕκαστον
τὴν ἑαυτοῦ γνώμην ἀποφαίνεσθαι. μετὰ δὲ τὸν
Ἀλκιβιάδην, ὡς ἐγῷμαι, Κριτίας ἦν ὁ εἰπών· Ὦ
Πρόδικε καὶ Ἱππία, Καλλίας μὲν δοκεῖ μοι μάλα 20
E πρὸς Πρωταγόρου εἶναι, Ἀλκιβιάδης δὲ ἀεὶ φιλό-
νικός ἐστι πρὸς ὃ ἂν ὁρμήσῃ· ἡμᾶς δὲ οὐδὲν
δεῖ συμφιλονικεῖν οὔτε Σωκράτει οὔτε Πρωταγόρᾳ,
ἀλλὰ κοινῇ ἀμφοτέρων δεῖσθαι μὴ μεταξὺ διαλῦσαι
337 τὴν ξυνουσίαν. | εἰπόντος δὲ αὐτοῦ ταῦτα, ὁ Πρό- 25
δικος, Καλῶς μοι, ἔφη, δοκεῖς λέγειν, ὦ Κριτία·
χρὴ γὰρ τοὺς ἐν τοιοῖσδε λόγοις παραγιγνομένους
κοινοὺς μὲν εἶναι ἀμφοῖν τοῖν διαλεγομένοιν ἀκροα-
τάς, ἴσους δὲ μή. ἔστιν γὰρ οὐ ταὐτόν· κοινῇ μὲν
γὰρ ἀκοῦσαι δεῖ ἀμφοτέρων, μὴ ἴσον δὲ νεῖμαι 30
ἑκατέρῳ, ἀλλὰ τῷ μὲν σοφωτέρῳ πλέον, τῷ δὲ
ἀμαθεστέρῳ ἔλαττον. ἐγὼ μὲν καὶ αὐτός, ὦ Πρω-
ταγόρα τε καὶ Σώκρατες, ἀξιῶ ὑμᾶς συγχωρεῖν
B καὶ ἀλλήλοις περὶ τῶν λόγων ἀμφισβητεῖν μέν,
ἐρίζειν δὲ μή· ἀμφισβητοῦσι μὲν γὰρ καὶ δι' εὔνοιαν 35
οἱ φίλοι τοῖς φίλοις, ἐρίζουσιν δὲ οἱ διάφοροί τε καὶ
ἐχθροὶ ἀλλήλοις. καὶ οὕτως ἂν καλλίστη ἡμῖν ἡ
συνουσια γίγνοιτο· ὑμεῖς τε γὰρ οἱ λέγοντες μάλιστ'
ἂν οὕτως ἐν ἡμῖν τοῖς ἀκούουσιν εὐδοκιμοῖτε καὶ
οὐκ ἐπαινοῖσθε· εὐδοκιμεῖν μὲν γὰρ ἔστι παρὰ ταῖς 40
ψυχαῖς τῶν ἀκουόντων ἄνευ ἀπάτης, ἐπαινεῖσθαι

δὲ ἐν λόγῳ πολλάκις παρὰ δόξαν ψευδομένων· ἡμεῖς
τ' αὖ ο ἀκούοντες μάλιστ' ἂν οὕτως εὐφραινοίμεθα, C
οὐχ ἡδοίμεθα· εὐφραίνεσθαι μὲν γὰρ ἔστι μανθά-
45 νοντά τι καὶ φρονήσεως μεταλαμβάνοντα αὐτῇ τῇ
διανοίᾳ, ἥδεσθαι δὲ ἐσθίοντά τι ἢ ἄλλο ἡδὺ πάσχοντα
αὐτῷ τῷ σώματι.

XXIV. Ταῦτα οὖν εἰπόντος τοῦ Προδίκου πολλοὶ
Hippias begs
Protagoras and
Socrates to effect
a compromise. πάνυ τῶν παρόντων ἀπεδ ξαντο· μετὰ
δὲ τὸν Πρόδικον Ἱππίας ὁ σοφὸς εἶπεν,
Ὦ ἄνδρες, ἔφη, οἱ παρόντες, ἡγοῦμαι
5 ἐγὼ ἡμᾶς συγγενεῖς τε καὶ οἰκείους καὶ πολίτας
ἅπαντας εἶναι φύσει, οὐ νόμῳ· τὸ γὰρ ὁμοῖον τῷ
ὁμοίῳ φύσει συγγενές ἐστιν, ὁ δὲ νόμος, τύραννος D
ὢν τῶν ἀνθρώπων, πολλὰ παρὰ τὴν φύσιν βιάζεται.
ἡμᾶς οὖν αἰσχρὸν τὴν μὲν φύσιν τῶν πραγμάτων
10 εἰδέναι, σοφωτάτους δὲ ὄντας τῶν Ἑλλήνων, καὶ
κατ' αὐτὸ τοῦτο νῦν συνεληλυθότας τῆς τε Ἑλλάδος
εἰς αὐτὸ τὸ πρυτανεῖον τῆς σοφίας καὶ αὐτῆς τῆς
πόλεως εἰς τὸν μέγιστον καὶ ὀλβιώτατον οἶκον τόνδε,
μηδὲν τούτου τοῦ ἀξιώματος ἄξιον ἀποφήνασθαι,
15 ἀλλ' ὥσπερ τοὺς φαυλοτάτους τῶν ἀνθρώπων δια- E
φέρεσθαι ἀλλήλοις. ἐγὼ μὲν οὖν καὶ δέομαι καὶ
συμβουλεύω, ὦ Πρωταγόρα τε καὶ Σώκρατες, συμ-
βῆναι ὑμᾶς ὥσπερ ὑπὸ διαιτητῶν ἡμῶν συμβιβα-
ζόντων εἰς τὸ μέσον, | καὶ μήτε σὲ τὸ ἀκριβὲς τοῦτο 338
20 εἶδος τῶν διαλόγων ζητεῖν τὸ κατὰ βραχὺ λίαν, εἰ
μὴ ἡδὺ Πρωταγόρᾳ, ἀλλ' ἐφεῖναι καὶ χαλάσαι τὰς
ἡνίας τοῖς λόγοις, ἵνα μεγαλοπρεπέστεροι καὶ εὐσχη-
μονέστεροι ἡμῖν φαίνωνται, μήτ' αὖ Πρωταγόραν
πάντα κάλων ἐκτείναντα, οὐρίᾳ ἐφέντα, φεύγειν εἰς
25 τὸ πέλαγος τῶν λόγων, ἀποκρύψαντα γῆν, ἀλλὰ

μέσον τι ἀμφοτέρους τεμεῖν. ὡς οὖν ποιήσατε, καὶ
πείθεσθέ μοι ῥαβδοῦχον καὶ ἐπιστάτην καὶ πρύτανιν
B ἑλέσθαι, ὃς ὑμῖν φυλάξει τὸ μέτριον μῆκος τῶν
λόγων ἑκατέρου.

XXV. Ταῦτα ἤρεσε τοῖς παροῦσι, καὶ πάντες
ἐπῄνεσαν, καὶ ἐμέ γε ὁ Καλλίας οὐκ ἔφη Socrates pro-
ἀφήσειν καὶ ἑλέσθαι ἐδέοντο ἐπιστάτην. poses that Pro-
                                          tagoras shall
εἶπον οὖν ἐγὼ ὅτι αἰσχρὸν εἴη βραβευτὴν question and he
                                          himself answer.
ἑλέσθαι τῶν λόγων. εἴτε γὰρ χείρων This is agreed to. 5
ἔσται ἡμῶν ὁ αἱρεθείς, οὐκ ὀρθῶς ἂν ἔχοι τὸν χείρω
τῶν βελτιόνων ἐπιστατεῖν, εἴτε ὁμοῖος, οὐδ' οὕτως
ὀρθῶς· ὁ γὰρ ὁμοῖος ἡμῖν ὁμοῖα καὶ ποιήσει, ὥστε
C ἐκ περιττοῦ ᾑρήσεται. ἀλλὰ δὴ βελτίονα ἡμῶν
αἱρήσεσθε. τῇ μὲν ἀληθείᾳ, ὡς ἐγῷμαι, ἀδύνατον 10
ὑμῖν, ὥστε Πρωταγόρου τοῦδε σοφώτερόν τινα ἑλέ-
σθαι· εἰ δὲ αἱρήσεσθε μὲν μηδὲν βελτίω, φήσετε
δέ, αἰσχρὸν καὶ τοῦτο τῷδε γίγνεται, ὥσπερ φαύλῳ
ἀνθρώπῳ ἐπιστάτην αἱρεῖσθαι, ἐπεὶ τό γ' ἐμὸν οὐδέν
μοι διαφέρει. ἀλλ' οὑτωσὶ ἐθέλω ποιῆσαι, ἵν' ὃ προ- 15
θυμεῖσθε συνουσία τε καὶ διάλογοι ἡμῖν γίγνωνται·
εἰ μὴ βούλεται Πρωταγόρας ἀποκρίνεσθαι, οὗτος μὲν
D ἐρωτάτω, ἐγὼ δὲ ἀποκρινοῦμαι, καὶ ἅμα πειράσομαι
αὐτῷ δεῖξαι, ὡς ἐγώ φημι χρῆναι τὸν ἀποκρινόμενον
ἀποκρίνεσθαι· ἐπειδὰν δὲ ἐγὼ ἀποκρίνωμαι ὁπόσ' 20
ἂν οὗτος βούληται ἐρωτᾶν, πάλιν οὗτος ἐμοὶ λόγον
ὑποσχέτω ὁμοίως. ἐὰν οὖν μὴ δοκῇ πρόθυμος εἶναι
πρὸς αὐτὸ τὸ ἐρωτώμενον ἀποκρίνεσθαι, καὶ ἐγὼ καὶ
ὑμεῖς κοινῇ δεησόμεθα αὐτοῦ ἅπερ ὑμεῖς ἐμοῦ, μὴ
διαφθείρειν τὴν συνουσίαν· καὶ οὐδὲν δεῖ τούτου 25
E ἕνεκα ἕνα ἐπιστάτην γενέσθαι, ἀλλὰ πάντες κοινῇ
ἐπιστατήσετε. ἐδόκει πᾶσιν οὕτω ποιητέον εἶναι·

καὶ ὁ Πρωταγόρας πάνυ μὲν οὐκ ἤθελεν, ὅμως δὲ
ἠναγκάσθη ὁμολογῆσαι ἐρωτήσειν, καὶ ἐπειδὰν ἱκα-
30 νῶς ἐρωτήσῃ, πάλιν δώσειν λόγον κατὰ σμικρὸν
ἀποκρινόμενος.

XXVI.   Ἤρξατο οὖν ἐρωτᾶν οὑτωσί πως· Ἡγοῦ-

Protagoras pro-   μαι, ἔφη, ὦ Σώκρατες, ἐγὼ ἀνδρὶ παιδείας
poses to examine
Socrates upon a   μέγιστον μέρος εἶναι περὶ ἐπῶν δεινὸν
poem of Simoni-
des.   Socrates   εἶναι· ἔστιν | δὲ τοῦτο τὰ ὑπὸ τῶν ποιη- 339
5 maintains   the   τῶν λεγόμενα οἷόν τ᾽ εἶναι συνιέναι ἅ τε
consistency of the
poet, which Pro-   ὀρθῶς πεποίηται καὶ ἃ μή, καὶ ἐπί-
tagoras has called
in question,   στασθαι διελεῖν τε καὶ ἐρωτώμενον
λόγον δοῦναι. καὶ δὴ καὶ νῦν ἔσται τὸ ἐρώτημα
περὶ τοῦ αὐτοῦ μέν, περὶ οὗπερ ἐγώ τε καὶ σὺ νῦν
10 διαλεγόμεθα, περὶ ἀρετῆς, μετενηνεγμένον δ᾽ εἰς
ποίησιν· τοσοῦτον μόνον διοίσει. λέγει γάρ που
Σιμωνίδης πρὸς Σκόπαν, τὸν Κρέοντος υἱὸν τοῦ
Θετταλοῦ, ὅτι

ἄνδρ᾽ ἀγαθὸν μὲν ἀλαθέως γενέσθαι Β
15   χαλεπόν,
χερσίν τε καὶ ποσὶ καὶ νόῳ τετρά-
γωνον, ἄνευ ψόγου τετυγμένον.

τοῦτο ἐπίστασαι τὸ ᾆσμα, ἢ πᾶν σοι διεξέλθω; καὶ
ἐγὼ εἶπον ὅτι Οὐδὲν δεῖ· ἐπίσταμαί τε γάρ, καὶ πάνυ
20 μοι τυγχάνει μεμεληκὸς τοῦ ᾄσματος. Εὖ, ἔφη
λέγεις. πότερον οὖν καλῶς σοι δοκεῖ πεποιῆσθαι
καὶ ὀρθῶς, ἢ οὔ; Πάνυ, ἔφην ἐγώ, καλῶς τε καὶ
ὀρθῶς. Δοκεῖ δέ σοι καλῶς πεποιῆσθαι, εἰ ἐναντία
λέγει αὐτὸς αὑτῷ ὁ ποιητής; Οὐ καλῶς, ἦν δ᾽
25 ἐγώ. Ὅρα δή, ἔφη, βέλτιον. Ἀλλ᾽, ὠγαθέ, ἔσκεμμαι C
ἱκανῶς. Οἶσθα οὖν, ἔφη, ὅτι προϊόντος τοῦ ᾄσματος
λέγει που

οὐδέ μοι ἐμμελέως τὸ Πιττάκειον νέμεται
καίτοι σοφοῦ παρὰ φωτὸς εἰρημένον·
χαλεπὸν φάτ' ἐσθλὸν ἔμμεναι.   30
ἐννοεῖς ὅτι ὁ αὐτὸς οὗτος καὶ τάδε λέγει κἀκεῖνα τὰ
ἔμπροσθεν; Οἶδα, ἦν δ' ἐγώ. Δοκεῖ οὖν σοι, ἔφη,
ταῦτα ἐκείνοις ὁμολογεῖσθαι; Φαίνεται ἔμοιγε. καὶ
ἅμα μέντοι ἐφοβούμην μὴ τὶ λέγοι. Ἀτάρ, ἔφην
D ἐγώ, σοὶ οὐ φαίνεται; Πῶς γὰρ ἂν φαίνοιτο ὁμολο- 35
γεῖν αὐτὸς ἑαυτῷ ὁ ταῦτα ἀμφότερα λέγων, ὅς γε
τὸ μὲν πρῶτον αὐτὸς ὑπέθετο χαλεπὸν εἶναι ἄνδρα
ἀγαθὸν γενέσθαι ἀληθείᾳ, ὀλίγον δὲ τοῦ ποιήματος
εἰς τὸ πρόσθεν προελθὼν ἐπελάθετο, καὶ Πιττακὸν
τὸν ταὐτὰ λέγοντα ἑαυτῷ, ὅτι χαλεπὸν ἐσθλὸν 40
ἔμμεναι, τοῦτον μέμφεταί τε καὶ οὔ φησιν ἀποδέ-
χεσθαι αὐτοῦ τὰ αὐτὰ ἑαυτῷ λέγοντος. καίτοι ὁπότε
τὸν ταὐτὰ λέγοντα αὐτῷ μέμφεται, δῆλον ὅτι καὶ
ἑαυτὸν μέμφεται, ὥστε ἤτοι τὸ πρότερον ἢ ὕστερον
οὐκ ὀρθῶς λέγει. εἰπὼν οὖν ταῦτα πολλοῖς θόρυβον 45
E παρέσχεν καὶ ἔπαινον τῶν ἀκουόντων· καὶ ἐγὼ τὸ
μὲν πρῶτον, ὡσπερεὶ ὑπὸ ἀγαθοῦ πύκτου πληγείς,
ἐσκοτώθην τε καὶ εἰλιγγίασα εἰπόντος αὐτοῦ ταῦτα
καὶ τῶν ἄλλων ἐπιθορυβησάντων· ἔπειτα, ὥς γε
πρὸς σὲ εἰρῆσθαι τἀληθῆ, ἵνα μοι χρόνος ἐγγένηται 50
τῇ σκέψει τί λέγοι ὁ ποιητής, τρέπομαι πρὸς τὸν
Πρόδικον, καὶ καλέσας αὐτόν, Ὦ Πρόδικε, ἔφην ἐγώ,
σὸς μέντοι Σιμωνίδης πολίτης· δίκαιος εἶ βοηθεῖν
340 τῷ ἀνδρί. | δοκῶ οὖν μοι ἐγὼ παρακαλεῖν σέ—ὥσπερ
ἔφη Ὅμηρος τὸν Σκάμανδρον πολιορκούμενον ὑπὸ 55
τοῦ Ἀχιλλέως τὸν Σιμόεντα παρακαλεῖν, εἰπόντα
φίλε κασίγνητε, σθένος ἀνέρος ἀμφότεροί περ
σχῶμεν,

ἀτὰρ καὶ ἐγὼ σὲ παρακαλῶ, μὴ ἡμῖν ὁ Πρωταγόρας
60 τὸν Σιμωνίδην ἐκπέρσῃ. καὶ γὰρ οὖν καὶ δεῖται τὸ
ὑπὲρ Σιμωνίδου ἐπανόρθωμα τῆς σῆς μουσικῆς, ᾗ τό
τε βούλεσθαι καὶ ἐπιθυμεῖν διαιρεῖς ὡς οὐ ταὐτὸν B
ὄν, καὶ ἃ νῦν δὴ εἶπες πολλά τε καὶ καλά. καὶ νῦν
σκόπει, εἴ σοι συνδοκεῖ ὅπερ ἐμοί. οὐ γὰρ φαίνεται
65 ἐναντία λέγειν αὐτὸς αὑτῷ Σιμωνίδης. σὺ γάρ, ὦ
Πρόδικε, προαπόφηναι τὴν σὴν γνώμην· ταὐτον
σοι δοκεῖ εἶναι τὸ γενέσθαι καὶ τὸ εἶναι, ἢ ἄλλο;
Ἄλλο νὴ Δί᾽, ἔφη ὁ Πρόδικος. Οὐκοῦν, ἔφην ἐγώ, ἐν
μὲν τοῖς πρώτοις αὐτὸς ὁ Σιμωνίδης τὴν ἑαυτοῦ γνώ-
70 μην ἀπεφήνατο, ὅτι ἄνδρα ἀγαθὸν ἀληθείᾳ γενέσθαι
χαλεπὸν εἴη; Ἀληθῆ λέγεις, ἔφη ὁ Πρόδικος. Τὸν C
δέ γε Πιττακόν, ἦν δ᾽ ἐγώ, μέμφεται, οὐχ, ὡς οἴεται
Πρωταγόρας, τὸ αὐτὸν ἑαυτῷ λέγοντα, ἀλλ᾽ ἄλλο.
οὐ γὰρ τοῦτο ὁ Πιττακὸς ἔλεγεν, τὸ χαλεπὸν γενέσθαι
75 ἐσθλόν, ὥσπερ ὁ Σιμωνίδης, ἀλλὰ τὸ ἔμμεναι· ἔστιν
δὲ οὐ ταὐτόν, ὦ Πρωταγόρα, ὥς φησιν Πρόδικος
ὅδε, τὸ εἶναι καὶ τὸ γενέσθαι· εἰ δὲ μὴ τὸ αὐτό ἐστιν
τὸ εἶναι τῷ γενέσθαι, οὐκ ἐναντία λέγει ὁ Σιμωνίδης
αὐτὸς αὑτῷ. καὶ ἴσως ἂν φαίη Πρόδικος ὅδε καὶ
80 ἄλλοι πολλοί, καθ᾽ Ἡσίοδον, γενέσθαι μὲν ἀγαθὸν D
χαλεπὸν εἶναι· τῆς γὰρ ἀρετῆς ἔμπροσθεν τοὺς
θεοὺς ἱδρῶτα θεῖναι· ὅταν δέ τις αὐτῆς εἰς ἄκρον
ἵκηται, ῥηϊδίην δήπειτα πέλειν, χαλεπήν περ
ἐοῦσαν, ἐκτῆσθαι.

XXVII. Ὁ μὲν οὖν Πρόδικος ἀκούσας ταῦτα
ἐπῄνεσέν με· ὁ δὲ Πρωταγόρας, Τὸ ἐπαν-
όρθωμά σοι, ἔφη, ὦ Σώκρατες, μεῖζον
ἁμάρτημα ἔχει ἢ ὃ ἐπανορθοῖς. καὶ ἐγὼ
εἶπον, Κακὸν ἄρα μοι εἴργασται, ὡς

and, after some playful sophistry, offers finally to give his own explanation of the poem.
5

Ε ἔοικεν, ὦ Πρωταγόρα, καὶ εἰμί τις γελοῖος ἰατρός·
ἰώμενος μεῖζον τὸ νόσημα ποιῶ. Ἀλλ' οὕτως ἔχει,
ἔφη. Πῶς δή; ἦν δ' ἐγώ. Πολλὴ ἄν, ἔφη, ἀμαθία
εἴη τοῦ ποιητοῦ, εἰ οὕτω φαῦλόν τί φησιν εἶναι τὴν
ἀρετὴν ἐκτῆσθαι, ὅ ἐστιν πάντων χαλεπώτατον, ὡς 10
ἅπασιν δοκεῖ ἀνθρώποις. καὶ ἐγὼ εἶπον, Νὴ τὸν Δία,
εἰς καιρόν γε παρατετύχηκεν ἡμῖν ἐν τοῖς λόγοις
Πρόδικος ὅδε. κινδυνεύει γάρ τοι, ὦ Πρωταγόρα,
341 ἡ Προδίκου σοφία θεία τις εἶναι πάλαι, | ἤτοι ἀπὸ
Σιμωνίδου ἀρξαμένη, ἢ καὶ ἔτι παλαιοτέρα. σὺ δὲ 15
ἄλλων πολλῶν ἔμπειρος ὢν ταύτης ἄπειρος εἶναι
φαίνει, οὐχ ὥσπερ ἐγὼ ἔμπειρος διὰ τὸ μαθητὴς
εἶναι Προδίκου τουτουΐ· καὶ νῦν μοι δοκεῖς οὐ
μανθάνειν, ὅτι καὶ τὸ χαλεπὸν τοῦτο ἴσως οὐχ οὕτως
Σιμωνίδης ὑπελάμβανεν, ὥσπερ σὺ ὑπολαμβάνεις, 20
ἀλλ' ὥσπερ περὶ τοῦ δεινοῦ Πρόδικός με οὑτοσὶ
νουθετεῖ ἑκάστοτε, ὅταν ἐπαινῶν ἐγὼ ἢ σὲ ἢ ἄλλον
Β τινὰ λέγω ὅτι Πρωταγόρας σοφὸς καὶ δεινός ἐστιν
ἀνήρ, ἐρωτᾷ εἰ οὐκ αἰσχύνομαι τἀγαθὰ δεινὰ καλῶν—
τὸ γὰρ δεινόν, φησίν, κακόν ἐστιν· οὐδεὶς γοῦν λέγει 25
ἑκάστοτε, δεινοῦ πλούτου οὐδὲ δεινῆς εἰρήνης οὐδὲ
δεινῆς ὑγιείας, ἀλλὰ δεινῆς νόσου καὶ δεινοῦ πολέμου
καὶ δεινῆς πενίας, ὡς τοῦ δεινοῦ κακοῦ ὄντος—ἴσως
οὖν καὶ τὸ χαλεπὸν αὖ οἱ Κεῖοι καὶ ὁ Σιμωνίδης ἢ
κακὸν ὑπολαμβάνουσιν ἢ ἄλλο τι ὃ σὺ οὐ μανθάνεις. 30
ἐρώμεθα οὖν Πρόδικον· δίκαιον γὰρ τὴν Σιμωνίδου
φωνὴν τοῦτον ἐρωτᾶν· τί ἔλεγεν, ὦ Πρόδικε, τὸ
C χαλεπὸν Σιμωνίδης; Κακόν, ἔφη. Διὰ ταῦτ' ἄρα
καὶ μέμφεται, ἦν δ' ἐγώ, ὦ Πρόδικε, τὸν Πιττακὸν
λέγοντα χαλεπὸν ἐσθλὸν ἔμμεναι, ὥσπερ ἂν εἰ 35
ἤκουεν αὐτοῦ λέγοντος ὅτι ἐστὶν κακὸν ἐσθλὸν

ἔμμεναι. Ἀλλὰ τί οἴει, ἔφη, λέγειν, ὦ Σώκρατες,
Σιμωνίδην ἄλλο ἢ τοῦτο, καὶ ὀνειδίζειν τῷ Πιττακῷ,
ὅτι τὰ ὀνόματα οὐκ ἠπίστατο ὀρθῶς διαιρεῖν ἅτε
40 Λέσβιος ὢν καὶ ἐν φωνῇ βαρβάρῳ τεθραμμένος;
Ἀκούεις δή, ἔφην ἐγώ, ὦ Πρωταγόρα, Προδίκου
τοῦδε. ἔχεις τι πρὸς ταῦτα λέγειν; καὶ ὁ Πρωτα- D
γόρας, Πολλοῦ γε δεῖ, ἔφη, οὕτως ἔχειν, ὦ Πρόδικε·
ἀλλ' ἐγὼ εὖ οἶδ' ὅτι καὶ Σιμωνίδης τὸ χαλεπὸν
45 ἔλεγεν ὅπερ ἡμεῖς οἱ ἄλλοι, οὐ τὸ κακόν, ἀλλ' ὃ
ἂν μὴ ῥᾴδιον ᾖ, ἀλλὰ διὰ πολλῶν πραγμάτων
γίγνηται. Ἀλλὰ καὶ ἐγὼ οἶμαι, ἔφην, ὦ Πρωταγόρα,
τοῦτο λέγειν Σιμωνίδην, καὶ Πρόδικόν γε τόνδε εἰδέναι,
ἀλλὰ παίζειν καὶ σοῦ δοκεῖν ἀποπειρᾶσθαι, εἰ οἷός τ'
50 ἔσει τῷ σαυτοῦ λόγῳ βοηθεῖν· ἐπεὶ ὅτι γε Σιμωνίδης
οὐ λέγει τὸ χαλεπὸν κακόν, μέγα τεκμήριόν ἐστιν E
εὐθὺς τὸ μετὰ τοῦτο ῥῆμα· λέγει γὰρ ὅτι

θεὸς ἂν μόνος τοῦτ' ἔχοι γέρας.

οὐ δήπου τοῦτό γε λέγων, κακὸν ἐσθλὸν ἔμμεναι, εἶτα
55 τὸν θεόν φησιν μόνον τοῦτο ἂν ἔχειν καὶ τῷ θεῷ τοῦτο
γέρας ἀπένειμε μόνῳ· ἀκόλαστον γὰρ ἄν τινα λέγοι
Σιμωνίδην Πρόδικος καὶ οὐδαμῶς Κεῖον. ἀλλ' ἅ μοι
δοκεῖ διανοεῖσθαι Σιμωνίδης ἐν τούτῳ τῷ ᾄσματι,
ἐθέλω σοι εἰπεῖν, εἰ βούλει | λαβεῖν μου πεῖραν ὅπως 342
60 ἔχω, ὃ σὺ λέγεις τοῦτο, περὶ ἐπῶν· ἐὰν δὲ βούλῃ,
σοῦ ἀκούσομαι. ὁ μὲν οὖν Πρωταγόρας ἀκούσας
μου ταῦτα λέγοντος, Εἰ σὺ βούλει, ἔφη, ὦ Σώ-
κρατες· ὁ δὲ Πρόδικός τε καὶ ὁ Ἱππίας ἐκελευέτην
πάνυ, καὶ οἱ ἄλλοι.

XXVIII. Ἐγὼ τοίνυν, ἦν δ' ἐγώ, ἅ γέ μοι δοκεῖ
περὶ τοῦ ᾄσματος τούτου, πειράσομαι ὑμῖν διεξελ-
θεῖν. φιλοσοφία γάρ ἐστιν παλαιοτάτη τε καὶ

πλείστη τῶν Ἑλλήνων ἐν Κρήτῃ τε καὶ ἐν Λακε-
Β δαίμονι, καὶ σοφισταὶ πλεῖστοι γῆς ἐκεῖ   S. "Simonides 5
εἰσίν· ἀλλ' ἐξαρνοῦνται καὶ σχηματί-   wrote this poem
to overthrow the
ζονται ἀμαθεῖς εἶναι, ἵνα μὴ κατάδηλοι   Laconic saying
of Pittacus 'It is
ὦσιν ὅτι σοφίᾳ τῶν Ἑλλήνων περίεισιν,   hard to be good.'
ὥσπερ οὓς Πρωταγόρας ἔλεγε τοὺς σοφιστάς, ἀλλὰ
δοκῶσιν τῷ μάχεσθαι καὶ ἀνδρείᾳ περιεῖναι, ἡγού- 10
μενοι, εἰ γνωσθεῖεν ᾧ περίεισιν, πάντας τοῦτο ἀσκή-
σειν, τὴν σοφίαν. νῦν δὲ ἀποκρυψάμενοι ἐκεῖνο
ἐξηπατήκασιν τοὺς ἐν ταῖς πόλεσι λακωνίζοντας, καὶ
οἱ μὲν ὦτά τε κατάγνυνται μιμούμενοι αὐτούς, καὶ
C ἱμάντας περιειλίττονται καὶ φιλογυμναστοῦσιν καὶ 15
βραχείας ἀναβολὰς φοροῦσιν, ὡς δὴ τούτοις κρα-
τοῦντας τῶν Ἑλλήνων τοὺς Λακεδαιμονίους· οἱ δὲ
Λακεδαιμόνιοι ἐπειδὰν βούλωνται ἀνέδην τοῖς παρ'
αὑτοῖς συγγενέσθαι σοφισταῖς, καὶ ἤδη ἄχθωνται
λάθρᾳ ξυγγιγνόμενοι, ξενηλασίας ποιούμενοι τῶν τε 20
λακωνιζόντων τούτων καὶ ἐάν τις ἄλλος ξένος ὢν
ἐπιδημήσῃ, συγγίγνονται τοῖς σοφισταῖς λανθάνοντες
τοὺς ξένους, καὶ αὐτοὶ οὐδένα ἐῶσιν τῶν νέων εἰς τὰς
D ἄλλας πόλεις ἐξιέναι, ὥσπερ οὐδὲ Κρῆτες, ἵνα μὴ
ἀπομανθάνωσιν ἃ αὐτοὶ διδάσκουσιν. εἰσὶν δὲ ἐν 25
ταύταις ταῖς πόλεσιν οὐ μόνον ἄνδρες ἐπὶ παιδεύσει
μέγα φρονοῦντες, ἀλλὰ καὶ γυναῖκες. γνοῖτε δ' ἄν,
ὅτι ἐγὼ ταῦτα ἀληθῆ λέγω καὶ Λακεδαιμόνιοι πρὸς
φιλοσοφίαν καὶ λόγους ἄριστα πεπαίδευνται, ὧδε·
εἰ γὰρ ἐθέλει τις Λακεδαιμονίων τῷ φαυλοτάτῳ 30
Ε συγγενέσθαι, τὰ μὲν πολλὰ ἐν τοῖς λόγοις εὑρήσει
αὐτὸν φαῦλόν τινα φαινόμενον, ἔπειτα, ὅπου ἂν
τύχῃ τῶν λεγομένων, ἐνέβαλεν ῥῆμα ἄξιον λόγου
βραχὺ καὶ συνεστραμμένον ὥσπερ δεινὸς ἀκοντιστής,

35 ὥστε φαίνεσθαι τὸν προσδιαλεγόμενον παιδὸς μηδὲν
βελτιω. τοῦτο οὖν αὐτὸ καὶ τῶν νῦν εἰσὶν οἱ
κατανενοήκασι καὶ τῶν πάλαι, ὅτι τὸ λακωνίζειν
πολὺ μᾶλλόν ἐστιν φιλοσοφεῖν ἢ φιλογυμναστεῖν,
εἰδότες ὅτι τοιαῦτα οἷόν τ᾽ εἶναι ῥήματα φθέγγεσθαι
40 τελέως πεπαιδευμένου ἐστὶν ἀνθρώπου. | τούτων ἦν 343
καὶ Θαλῆς ὁ Μιλήσιος καὶ Πιττακὸς ὁ Μυτιληναῖος
καὶ Βίας ὁ Πριηνεὺς καὶ Σόλων ὁ ἡμέτερος καὶ
Κλεόβουλος ὁ Λίνδιος καὶ Μύσων ὁ Χηνεύς, καὶ ἕβ-
δομος ἐν τούτοις ἐλέγετο Λακεδαιμόνιος Χίλων. οὗτοι
45 πάντες ζηλωταὶ καὶ ἐρασταὶ καὶ μαθηταὶ ἦσαν τῆς
Λακεδαιμονίων παιδείας· καὶ καταμάθοι ἄν τις αὐτῶν
τὴν σοφίαν τοιαύτην οὖσαν, ῥήματα βραχέα ἀξιο-
μνημόνευτα ἑκάστῳ εἰρημένα· οὗτοι καὶ κοινῇ ξυνελ-
θόντες ἀπαρχὴν τῆς σοφίας ἀνέθεσαν τῷ Ἀπόλλωνι B
50 εἰς τὸν νεὼν τὸν ἐν Δελφοῖς, γράψαντες ταῦτα, ἃ δὴ
πάντες ὑμνοῦσιν, γνῶθι σαυτόν καὶ μηδὲν ἄγαν.

τοῦ δὴ ἕνεκα ταῦτα λέγω; ὅτι οὗτος ὁ τρόπος
ἦν τῶν παλαιῶν τῆς φιλοσοφίας, βραχυλογία τις
Λακωνική· καὶ δὴ καὶ τοῦ Πιττακοῦ ἰδίᾳ περιεφέρετο
55 τοῦτο τὸ ῥῆμα ἐγκωμιαζόμενον ὑπὸ τῶν σοφῶν, τὸ
χαλεπὸν ἐσθλὸν ἔμμεναι. ὁ οὖν Σιμωνίδης, ἅτε C
φιλότιμος ὢν ἐπὶ σοφίᾳ, ἔγνω ὅτι, εἰ καθέλοι
τοῦτο τὸ ῥῆμα ὥσπερ εὐδοκιμοῦντα ἀθλητὴν καὶ
περιγένοιτο αὐτοῦ, αὐτὸς εὐδοκιμήσει ἐν τοῖς τότε
60 ἀνθρώποις· εἰς τοῦτο οὖν τὸ ῥῆμα καὶ τούτου ἕνεκα
τούτῳ ἐπιβουλεύων κολοῦσαι αὐτὸ ἅπαν τὸ ᾆσμα
πεποίηκεν, ὥς μοι φαίνεται.

XXIX. Ἐπισκεψώμεθα δὴ αὐτὸ κοινῇ ἅπαντες,
εἰ ἄρα ἐγὼ ἀληθῆ λέγω. εὐθὺς γὰρ τὸ πρῶτον τοῦ
ᾄσματος μανικὸν ἂν φανείη, εἰ βουλόμενος λέγειν, D

ὅτι ἄνδρα ἀγαθὸν γενέσθαι χαλεπόν, ἔπειτα ἐνέβαλε

τὸ μέν. τοῦτο γὰρ οὐδὲ πρὸς ἕνα λόγον   The poet says 5
φαίνεται ἐμβεβλῆσθαι, ἐὰν μή τις ὑπο-   that it is truly hard to *become*
λάβῃ πρὸς τὸ τοῦ Πιττακοῦ ῥῆμα ὥσπερ   good,

ἐρίζοντα λέγειν τὸν Σιμωνίδην—λέγοντος τοῦ Πιτ-
τακοῦ ὅτι Χαλεπὸν ἐσθλὸν ἔμμεναι, ἀμφισβητοῦντα
εἰπεῖν ὅτι Οὔκ, ἀλλὰ γενέσθαι μὲν χαλεπὸν ἄνδρα 10
ἀγαθόν ἐστιν, ὦ Πιττακέ, ὡς ἀληθῶς,—οὐκ ἀληθείᾳ
E ἀγαθόν, οὐκ ἐπὶ τούτῳ λέγει τὴν ἀλήθειαν, ὡς ἄρα
ὄντων τινῶν τῶν μὲν ὡς ἀληθῶς ἀγαθῶν, τῶν δὲ
ἀγαθῶν μέν, οὐ μέντοι ἀληθῶς· εὔηθες γὰρ τοῦτό
γε φανείη ἂν καὶ οὐ Σιμωνίδου· ἀλλ᾽ ὑπερβατὸν δεῖ 15
θεῖναι ἐν τῷ ᾄσματι τὸ ἀλαθέως, οὑτωσί πως ὑπει-
πόντα τὸ τοῦ Πιττακοῦ, ὥσπερ ἂν εἰ θεῖμεν αὐτὸν
λέγοντα τὸν Πιττακὸν καὶ Σιμωνίδην ἀποκρινόμενον,
εἰπόντα Ὦ ἄνθρωποι, χαλεπὸν ἐσθλὸν ἔμμεναι, τὸν
344 δὲ ἀποκρινόμενον ὅτι Ὦ Πιττακέ, | οὐκ ἀληθῆ λέγεις· 20
οὐ γὰρ εἶναι ἀλλὰ γενέσθαι μέν ἐστιν ἄνδρα ἀγαθὸν
χερσί τε καὶ ποσὶ καὶ νόῳ τετράγωνον, ἄνευ ψόγου
τετυγμένον, χαλεπὸν ἀλαθέως. οὕτω φαίνεται πρὸς
λόγον τὸ μὲν ἐμβεβλημένον καὶ τὸ ἀλαθέως ὀρθῶς
ἐπ᾽ ἐσχάτῳ κείμενον· καὶ τὰ ἐπιόντα πάντα τούτῳ 25
μαρτυρεῖ, ὅτι οὕτως εἴρηται. πολλὰ μὲν γὰρ ἔστι
καὶ περὶ ἑκάστου τῶν ἐν τῷ ᾄσματι εἰρημένων ἀπο-
B δεῖξαι ὡς εὖ πεποίηται· πάνυ γὰρ χαριέντως καὶ
μεμελημένως ἔχει· ἀλλὰ μακρὸν ἂν εἴη αὐτὸ οὕτω
διελθεῖν· ἀλλὰ τὸν τύπον αὐτοῦ τὸν ὅλον διεξέλθωμεν 30
καὶ τὴν βούλησιν, ὅτι παντὸς μᾶλλον ἔλεγχός ἐστιν
τοῦ Πιττακείου ῥήματος διὰ παντὸς τοῦ ᾄσματος.

XXX. Λέγει γὰρ μετὰ τοῦτο ὀλίγα διελθών, ὡς
ἂν εἰ λέγοι λόγον, ὅτι γενέσθαι μὲν ἄνδρα ἀγαθὸν

χαλεπὸν ἀλαθέως, οἷόν τε μέντοι ἐπί γε χρονον τινά·

but to be good
is not hard, but
impossi le; there-
fore Pittacus is
wrong.

γενόμενον δὲ διαμένειν ἐν ταύτῃ τῇ ἕξει
5 καὶ εἶναι ἄνδρα ἀγαθόν, ὡς σὺ λέγεις, ὦ C
Πιττακέ, ἀδύνατον καὶ οὐκ ἀνθρώπειον,
ἀλλὰ θεὸς ἂν μόνος τοῦτο ἔχοι τὸ γέρας,
  ἄνδρα δ᾽ οὐκ ἔστι μὴ οὐ κακὸν ἔμμεναι,
  ὃν ἂν ἀμήχανος συμφορὰ καθέλῃ.
10 τίνα οὖν ἀμήχανος συμφορὰ καθαιρεῖ ἐν πλοίου
ἀρχῇ; δῆλον ὅτι οὐ τὸν ἰδιώτην· ὁ μὲν γὰρ ἰδιώτης
ἀεὶ καθῄρηται· ὥσπερ οὖν οὐ τὸν κείμενόν τις ἂν
καταβάλοι, ἀλλὰ τὸν μὲν ἑστῶτά ποτε καταβάλοι
ἄν τις, ὥστε κείμενον ποιῆσαι, τὸν δὲ κείμενον οὔ,
15 οὕτω καὶ τὸν εὐμήχανον ὄντα ποτὲ ἀμήχανος ἂν D
συμφορὰ καθέλοι, τὸν δὲ ἀεὶ ἀμήχανον ὄντα οὔ·
καὶ τὸν κυβερνήτην μέγας χειμὼν ἐπιπεσὼν ἀμή-
χανον ἂν ποιήσειεν, καὶ γεωργὸν χαλεπὴ ὥρα ἐπελ-
θοῦσα ἀμήχανον ἂν θείη, καὶ ἰατρὸν ταὐτὰ ταῦτα·
20 τῷ μὲν γὰρ ἐσθλῷ ἐγχωρεῖ κακῷ γενέσθαι, ὥσπερ
καὶ παρ᾽ ἄλλου ποιητοῦ μαρτυρεῖται τοῦ εἰπόντος
  αὐτὰρ ἀνὴρ ἀγαθὸς τοτὲ μὲν κακός, ἄλλοτε δ᾽
  ἐσθλός·
τῷ δὲ κακῷ οὐκ ἐγχωρεῖ γενέσθαι, ἀλλ᾽ ἀεὶ εἶναι E
25 ἀνάγκη· ὥστε τὸν μὲν εὐμήχανον καὶ σοφὸν καὶ
ἀγαθὸν ἐπειδὰν ἀμήχανος συμφορὰ καθέλῃ, οὐκ ἔστι
μὴ οὐ κακὸν ἔμμεναι· σὺ δὲ φῄς, ὦ Πιττακέ, χαλεπὸν
ἐσθλὸν ἔμμεναι· τὸ δ᾽ ἐστὶν γενέσθαι μὲν χαλεπὸν
(δυνατὸν δὲ) ἐσθλόν, ἔμμεναι δὲ ἀδύνατον·
30   πράξας μὲν γὰρ εὖ πᾶς ἀνὴρ ἀγαθός,
     κακὸς δ᾽ εἰ κακῶς.
τίς οὖν εἰς γράμματα ἀγαθὴ πρᾶξίς ἐστιν, καὶ | τίς 345
ἄνδρα ἀγαθὸν ποιεῖ εἰς γράμματα; δῆλον ὅτι ἡ
τούτων μάθησις. τίς δὲ εὐπραγία ἀγαθὸν ἰατρὸν

ποιεῖ; δῆλον ὅτι ἡ τῶν καμνόντων τῆς θεραπείας 35
μάθησις. κακὸς δὲ κακῶς· τίς οὖν ἂν κακὸς ἰατρὸς
γένοιτο; δῆλον ὅτι ᾧ πρῶτον μὲν ὑπάρχει ἰατρῷ
εἶναι, ἔπειτα ἀγαθῷ ἰατρῷ· οὗτος γὰρ ἂν καὶ κακὸς
γένοιτο· ἡμεῖς δὲ οἱ ἰατρικῆς ἰδιῶται οὐκ ἄν ποτε
γενοίμεθα κακῶς πράξαντες οὔτε ἰατροὶ οὔτε τέκτονες 40
B οὔτε ἄλλο οὐδὲν τῶν τοιούτων· ὅστις δὲ μὴ ἰατρὸς ἂν
γένοιτο κακῶς πράξας, δῆλον ὅτι οὐδὲ κακὸς ἰατρός.
οὕτω καὶ ὁ μὲν ἀγαθὸς ἀνὴρ γένοιτ᾽ ἄν ποτε καὶ
κακὸς ἢ ὑπὸ χρόνου ἢ ὑπὸ πόνου ἢ ὑπὸ νόσου ἢ ὑπὸ
ἄλλου τινὸς περιπτώματος· αὕτη γὰρ μόνη ἐστὶ κακὴ 45
πρᾶξις, ἐπιστήμης στερηθῆναι· ὁ δὲ κακὸς ἀνὴρ οὐκ
ἄν ποτε γένοιτο κακός· ἔστιν γὰρ ἀεί· ἀλλ᾽ εἰ μέλλει
κακὸς γενέσθαι, δεῖ αὐτὸν πρότερον ἀγαθὸν γενέσθαι.
ὥστε καὶ τοῦτο τοῦ ᾄσματος πρὸς τοῦτο τείνει, ὅτι
C εἶναι μὲν ἄνδρα ἀγαθὸν οὐχ οἱόν τε, διατελοῦντα 50
ἀγαθόν, γενέσθαι δὲ ἀγαθὸν οἱόν τε, καὶ κακόν γε
τὸν αὐτὸν τοῦτον· ἐπὶ πλεῖστον δὲ καὶ ἄριστοί
εἰσιν οὓς ἂν οἱ θεοὶ φιλῶσιν.

XXXI. Ταῦτά τε οὖν πάντα πρὸς τὸν Πιττακὸν
εἴρηται, καὶ τὰ ἐπιόντα γε τοῦ ᾄσματος   Simonides is
ἔτι μᾶλλον δηλοῖ. φησὶ γάρ·   content to praise
                                           a moderately
    τούνεκεν οὔ ποτ᾽ ἐγὼ τὸ μὴ   good man: he
                                           seeks not for per-
    γενέσθαι δυνατὸν   fect virtue." Con- 5
                                           clusion of Socra-
    διζήμενος κενεὰν ἐς ἄπρακτον   tes' speech.
        ἐλπίδα μοῖραν αἰῶνος βαλέω,
    πανάμωμον ἄνθρωπον, εὐρυεδοῦς ὅσοι
        καρπὸν αἰνύμεθα χθονός·
D   ἐπί θ᾽ ὑμῖν εὑρὼν ἀπαγγελέω,   10
φησίν· οὕτω σφόδρα καὶ δι᾽ ὅλου τοῦ ᾄσματος ἐπεξ-
έρχεται τῷ τοῦ Πιττακοῦ ῥήματι.

πάντας δ' ἐπαίνημι καὶ φιλέω
ἑκὼν ὅστις ἔρδῃ

15 μηδὲν αἰσχρόν· ἀνάγκῃ δ' οὐδὲ θεοὶ μά-
χονται.

καὶ τοῦτ' ἐστὶ πρὸς τὸ αὐτὸ τοῦτ' εἰρημένον. οὐ
γὰρ οὕτως ἀπαίδευτος ἦν Σιμωνίδης, ὥστε τούτους
φάναι ἐπαινεῖν, ὃς ἂν ἑκὼν μηδὲν κακὸν ποιῇ, ὡς
20 ὄντων τινῶν οἳ ἑκόντες κακὰ ποιοῦσιν. ἐγὼ γὰρ
σχεδόν τι οἶμαι τοῦτο, ὅτι οὐδεὶς τῶν σοφῶν ἀνδρῶν
ἡγεῖται οὐδένα ἀνθρώπων ἑκόντα ἐξαμαρτάνειν οὐδὲ
αἰσχρά τε καὶ κακὰ ἑκόντα ἐργάζεσθαι, ἀλλ' εὖ E
ἴσασιν ὅτι πάντες οἱ τὰ αἰσχρὰ καὶ τὰ κακὰ ποιοῦντες
25 ἄκοντες ποιοῦσιν· καὶ δὴ καὶ ὁ Σιμωνίδης οὐχ ὃς ἂν
μὴ κακὰ ποιῇ ἑκών, τούτων φησὶν ἐπαινέτης εἶναι,
ἀλλὰ περὶ ἑαυτοῦ λέγει τοῦτο τὸ ἑκών. ἡγεῖτο
γὰρ ἄνδρα καλὸν κἀγαθὸν πολλάκις αὑτὸν ἐπαναγ-
κάζειν φίλον τινὶ γίγνεσθαι καὶ | ἐπαινέτην†, οἷον 346
30 ἀνδρὶ πολλάκις συμβῆναι μητέρα ἢ πατέρα ἀλλόκο-
τον ἢ πατρίδα ἢ ἄλλο τι τῶν τοιούτων. τοὺς μὲν
οὖν πονηρούς, ὅταν τοιοῦτόν τι αὐτοῖς συμβῇ, ὥσπερ
ἀσμένους ὁρᾶν καὶ ψέγοντας ἐπιδεικνύναι καὶ κατη-
γορεῖν τὴν πονηρίαν τῶν γονέων ἢ πατρίδος, ἵνα
35 αὐτοῖς ἀμελοῦσιν αὐτῶν μὴ ἐγκαλῶσιν οἱ ἄνθρωποι
μηδ' ὀνειδίζωσιν ὅτι ἀμελοῦσιν, ὥστε ἔτι μᾶλλον
ψέγειν τε αὐτοὺς καὶ ἔχθρας ἑκουσίους πρὸς ταῖς B
ἀναγκαίαις προστίθεσθαι· τοὺς δ' ἀγαθοὺς ἐπικρύπ-
τεσθαί τε καὶ ἐπαινεῖν ἀναγκάζεσθαι, καὶ ἄν τι
40 ὀργισθῶσιν τοῖς γονεῦσιν ἢ πατρίδι ἀδικηθέντες,
αὐτοὺς ἑαυτοὺς παραμυθεῖσθαι καὶ διαλλάττεσθαι
προσαναγκάζοντας ἑαυτοὺς φιλεῖν τοὺς ἑαυτῶν καὶ

† Post ἐπαινέτην add. codd. φιλεῖν καὶ ἐπαινεῖν.

ἐπαινεῖν. πολλάκις δέ, οἶμαι, καὶ Σιμωνίδης ἡγή-
σατο καὶ αὐτὸς ἢ τύραννον ἢ ἄλλον τινὰ τῶν τοι-
ούτων ἐπαινέσαι καὶ ἐγκωμιάσαι οὐχ ἑκών, ἀλλ' 45
C ἀναγκαζόμενος. ταῦτα δὴ καὶ τῷ Πιττακῷ λέγει
ὅτι ἐγώ, ὦ Πιττακέ, οὐ διὰ ταῦτά σε ψέγω· ὅτι εἰμὶ
φιλόψογος, ἐπεὶ ἔμοιγ' ἐξαρκεῖ
    ὃς ἂν μὴ κακὸς ᾖ μηδ' ἄγαν ἀπάλαμνος·
        εἰδώς γ' ὀνησίπολιν δίκαν   50
    ὑγιὴς ἀνήρ· οὐ μὴν ἐγὼ
    μωμήσομαι
(οὐ γάρ εἰμι φιλόμωμος)·
                τῶν γὰρ ἠλιθίων
    ἀπείρων γενέθλα·   55
ὥστ' εἴ τις χαίρει ψέγων, ἐμπλησθείη ἂν ἐκείνους
μεμφόμενος.
    πάντα τοι καλά, τοῖσί τ' αἰσχρὰ μὴ μέ-
    μικται.
D οὐ τοῦτο λέγει, ὥσπερ ἂν εἰ ἔλεγε πάντα τοι λευκά, 60
οἷς μέλανα μὴ μέμικται· γελοῖον γὰρ ἂν εἴη πολλαχῇ·
ἀλλ' ὅτι αὐτὸς καὶ τὰ μέσα ἀποδέχεται ὥστε μὴ
ψέγειν· καὶ οὐ ζητῶ, ἔφη, πανάμωμον ἄνθρωπον,
εὐρυεδοῦς ὅσοι καρπὸν αἰνύμεθα χθονός, ἐπί
θ' ὑμῖν εὑρὼν ἀπαγγελέω· ὥστε τούτου γ' ἕνεκα 65
οὐδένα ἐπαινέσομαι, ἀλλά μοι ἐξαρκεῖ, ἂν ᾖ μέσος
καὶ μηδὲν κακὸν ποιῇ, ὡς ἐγὼ πάντας φιλέω καὶ
ἐπαίνημι—καὶ τῇ φωνῇ ἐνταῦθα κέχρηται τῇ τῶν
E Μυτιληναίων, ὡς πρὸς Πιττακὸν λέγων τὸ πάντας
δὲ ἐπαίνημι καὶ φιλέω ἑκὼν (ἐνταῦθα δεῖ ἐν 70
τῷ ἑκών διαλαβεῖν λέγοντα) ὅστις ἔρδῃ μηδὲν
αἰσχρόν, ἄκων δ' ἔστιν οὓς ἐγὼ ἐπαινῶ καὶ φιλῶ.
σὲ οὖν, καὶ εἰ μέσως ἔλεγες ἐπιεικῆ καὶ ἀληθῆ, ὦ
347 Πιττακέ, | οὐκ ἄν ποτε ἔψεγον. νῦν δὲ—σφόδρα γὰρ

75 καὶ περὶ τῶν μεγίστων ψευδόμενος δοκεῖς ἀληθῆ
λέγειν, διὰ ταῦτά σε ἐγὼ ψέγω.

XXXII. Ταῦτά μοι δοκεῖ, ὦ Πρόδικε καὶ Πρω-

ταγόρα, ἣν δ᾽ ἐγώ, Σιμωνίδης διανοού-
μενος πεποιηκέναι τοῦτο τὸ ᾆσμα. καὶ
ὁ Ἱππίας, Εὖ μέν μοι δοκεῖς, ἔφη, ὦ
Σώκρατες, καὶ σὺ περὶ τοῦ ᾄσματος
διεληλυθέναι· ἔστι μέντοι, ἔφη, καὶ ἐμοὶ
λόγος περὶ αὐτοῦ εὖ ἔχων, ὃν ὑμῖν ἐπι- B
δείξω, ἂν βούλησθε. καὶ ὁ Ἀλκιβιάδης, Ναί, ἔφη,
ὦ Ἱππία, εἰσαῦθίς γε· νῦν δὲ δίκαιόν ἐστιν, ἃ ὡμο-
10 λογησάτην πρὸς ἀλλήλω Πρωταγόρας καὶ Σωκράτης,
Πρωταγόρας μὲν εἰ ἔτι βούλεται ἐρωτᾶν, ἀπο-
κρίνεσθαι Σωκράτη, εἰ δὲ δὴ βούλεται Σωκράτει
ἀποκρίνεσθαι, ἐρωτᾶν τὸν ἕτερον. καὶ ἐγὼ εἶπον
Ἐπιτρέπω μὲν ἔγωγε Πρωταγόρᾳ ὁπότερον αὐτῷ
15 ἥδιον· εἰ δὲ βούλεται, περὶ μὲν ᾀσμάτων τε καὶ C
ἐπῶν ἐάσωμεν, περὶ δὲ ὧν τὸ πρῶτον ἐγώ σε ἠρώ-
τησα, ὦ Πρωταγόρα, ἡδέως ἂν ἐπὶ τέλος ἔλθοιμι
μετὰ σοῦ σκοπούμενος. καὶ γὰρ δοκεῖ μοι τὸ περὶ
ποιήσεως διαλέγεσθαι ὁμοιότατον εἶναι τοῖς συμπο-
20 σίοις τοῖς τῶν φαύλων καὶ ἀγοραίων ἀνθρώπων. καὶ
γὰρ οὗτοι, διὰ τὸ μὴ δύνασθαι ἀλλήλοις δι᾽ ἑαυτῶν
συνεῖναι ἐν τῷ πότῳ μηδὲ διὰ τῆς ἑαυτῶν φωνῆς
καὶ τῶν λόγων τῶν ἑαυτῶν ὑπὸ ἀπαιδευσίας, τιμίας D
ποιοῦσι τὰς αὐλητρίδας, πολλοῦ μισθούμενοι ἀλλο-
25 τρίαν φωνὴν τὴν τῶν αὐλῶν, καὶ διὰ τῆς ἐκείνων
φωνῆς ἀλλήλοις σύνεισιν· ὅπου δὲ καλοὶ κἀγαθοὶ
συμπόται καὶ πεπαιδευμένοι εἰσίν, οὐκ ἂν ἴδοις οὔτ᾽
αὐλητρίδας οὔτε ὀρχηστρίδας οὔτε ψαλτρίας, ἀλλὰ
αὐτοὺς αὑτοῖς ἱκανοὺς ὄντας συνεῖναι ἄνευ τῶν
30 λήρων τε καὶ παιδιῶν τούτων διὰ τῆς αὑτῶν φωνῆς,

λέγοντάς τε καὶ ἀκούοντας ἐν μέρει ἑαυτῶν κοσμίως,
Ε κἂν πάνυ πολὺν οἶνον πίωσιν. οὕτω δὲ καὶ αἱ τοι-
αίδε συνουσίαι, ἐὰν μὲν λάβωνται ἀνδρῶν, οἷοίπερ
ἡμῶν οἱ πολλοί φασιν εἶναι, οὐδὲν δέονται ἀλλοτρίας
φωνῆς οὐδὲ ποιητῶν, οὓς οὔτε ἀνερέσθαι οἷόν τ' ἐστὶν 35
περὶ ὧν λέγουσιν ἐπαγόμενοί τε αὐτοὺς οἱ πολλοὶ
ἐν τοῖς λόγοις οἱ μὲν ταῦτά φασιν τὸν ποιητὴν νοεῖν,
οἱ δ' ἕτερα, περὶ πράγματος διαλεγόμενοι ὃ ἀδυνα-
τοῦσιν ἐξελέγξαι· ἀλλὰ τὰς μὲν τοιαύτας συνουσίας
348 ἐῶσιν χαίρειν, αὐτοὶ δ' ἑαυτοῖς σύνεισιν δι' | ἑαυτῶν, 40
ἐν τοῖς ἑαυτῶν λόγοις πεῖραν ἀλλήλων λαμβάνοντες
καὶ διδόντες. τοὺς τοιούτους μοι δοκεῖ χρῆναι μᾶλ-
λον μιμεῖσθαι ἐμέ τε καὶ σέ· καταθεμένους τοὺς
ποιητὰς αὐτοὺς δι' ἡμῶν αὐτῶν πρὸς ἀλλήλους τοὺς
λόγους ποιεῖσθαι, τῆς ἀληθείας καὶ ἡμῶν αὐτῶν 45
πεῖραν λαμβάνοντας· κἂν μὲν βούλῃ ἔτι ἐρωτᾶν,
ἕτοιμός εἰμί σοι παρέχειν ἀποκρινόμενος· ἐὰν δὲ
βούλῃ, σὺ ἐμοὶ παράσχες, περὶ ὧν μεταξὺ ἐπαυσά-
Β μεθα διεξιόντες, τούτοις τέλος ἐπιθεῖναι. λέγοντος
οὖν ἐμοῦ ταῦτα καὶ τοιαῦτα ἄλλα οὐδὲν ἀπεσάφει ὁ 50
Πρωταγόρας ὁπότερα ποιήσοι. εἶπεν οὖν ὁ Ἀλκι-
βιάδης πρὸς τὸν Καλλίαν βλέψας, Ὦ Καλλία, δοκεῖ
σοι, ἔφη, καὶ νῦν καλῶς Πρωταγόρας ποιεῖν, οὐκ
ἐθέλων εἴτε δώσει λόγον εἴτε μὴ διασαφεῖν; ἐμοὶ γὰρ
οὐ δοκεῖ· ἀλλ' ἤτοι διαλεγέσθω ἢ εἰπέτω ὅτι οὐκ 55
ἐθέλει διαλέγεσθαι, ἵνα τούτῳ μὲν ταῦτα συνειδῶμεν,
Σωκράτης δὲ ἄλλῳ τῳ διαλέγηται ἢ ἄλλος ὅστις ἂν
C βούληται ἄλλῳ. καὶ ὁ Πρωταγόρας αἰσχυνθείς, ὥς
γέ μοι ἔδοξε, τοῦ τε Ἀλκιβιάδου ταῦτα λέγοντος
καὶ τοῦ Καλλίου δεομένου καὶ τῶν ἄλλων σχεδόν τι 60
τῶν παρόντων, μόγις προὐτράπετο εἰς τὸ διαλέγεσθαι
καὶ ἐκέλευεν ἐρωτᾶν αὐτὸν ὡς ἀποκρινούμενος.

XXXIII. Εἶπον δὴ ἐγώ, Ὦ Πρωταγόρα, μὴ
οἴου διαλέγεσθαί μέ σοι ἄλλο τι βουλό-
μενον ἢ ἃ αὐτὸς ἀπορῶ ἑκάστοτε, ταῦτα
διασκέψασθαι. ἡγοῦμαι γὰρ πάνυ λέ-
γειν τι τὸν Ὅμηρον τὸ

> σύν τε δύ᾽ ἐρχομένω, καί τε πρὸ δ D
> τοῦ ἐνόησεν·

εὐπορώτεροι γάρ πως ἅπαντές ἐσμεν οἱ
ἄνθρωποι πρὸς ἅπαν ἔργον καὶ λόγον
10 καὶ διανόημα· μοῦνος δ᾽ εἴπερ τε νοήσῃ, αὐτίκα
περιιὼν ζητεῖ ὅτῳ ἐπιδείξεται καὶ μεθ᾽ ὅτου βεβαιώ-
σεται, ἕως ἂν ἐντύχῃ. ὥσπερ καὶ ἐγὼ ἕνεκα τούτου
σοὶ ἡδέως διαλέγομαι μᾶλλον ἢ ἄλλῳ τινί, ἡγούμενός
σε βέλτιστ᾽ ἂν ἐπισκέψασθαι καὶ περὶ τῶν ἄλλων
15 περὶ ὧν εἰκὸς σκοπεῖσθαι τὸν ἐπιεικῆ, καὶ δὴ καὶ E
περὶ ἀρετῆς. τίνα γὰρ ἄλλον ἢ σέ; ὅς γε οὐ μόνον
αὐτὸς οἴει καλὸς κἀγαθὸς εἶναι, ὥσπερ τινὲς ἄλλοι
αὐτοὶ μὲν ἐπιεικεῖς εἰσίν, ἄλλους δὲ οὐ δύνανται ποι-
εῖν· σὺ δὲ καὶ αὐτὸς ἀγαθὸς εἶ καὶ ἄλλους οἷός τ᾽ εἶ
20 ποιεῖν ἀγαθούς. καὶ οὕτω πεπίστευκας σαυτῷ, ὥστε
καὶ ἄλλων ταύτην τὴν τέχνην ἀποκρυπτομένων σύ
γ᾽ ἀναφανδὸν σεαυτὸν | ὑποκηρυξάμενος εἰς πάντας 349
τοὺς Ἕλληνας, σοφιστὴν ἐπονομάσας, σεαυτὸν ἀπέ-
φηνας παιδεύσεως καὶ ἀρετῆς διδάσκαλον, πρῶτος
25 τούτου μισθὸν ἀξιώσας ἄρνυσθαι. πῶς οὖν οὔ σε
χρῆν παρακαλεῖν ἐπὶ τὴν τούτων σκέψιν καὶ ἐρωτᾶν
καὶ ἀνακοινοῦσθαι; οὐκ ἔσθ᾽ ὅπως οὔ. καὶ νῦν δὴ
ἐγὼ ἐκεῖνα, ἅπερ τὸ πρῶτον ἠρώτων περὶ τούτων,
πάλιν ἐπιθυμῶ ἐξ ἀρχῆς τὰ μὲν ἀναμνησθῆναι παρὰ
30 σοῦ, τὰ δὲ συνδιασκέψασθαι. ἦν δέ, ὡς ἐγῷμαι, B
τὸ ἐρώτημα τόδε· σοφία καὶ σωφροσύνη καὶ ἀνδρεία
καὶ δικαιοσύνη καὶ ὁσιότης, πότερον ταῦτα, πέντε

Socrates again
formulates the
question to be
discussed. "Are
wisdom, temper-
ance, courage,
justice, holiness,
five names for
one thing, or are
they all parts of
virtue, differing
from one an-
other?"

ὄντα ὀνόματα, ἐπὶ ἑνὶ πράγματί ἐστιν, ἢ ἑκάστῳ τῶν
ὀνομάτων τούτων ὑπόκειταί τις ἴδιος οὐσία καὶ
πρᾶγμα ἔχον ἑαυτοῦ δύναμιν ἕκαστον, οὐκ ὂν οἷον 35
τὸ ἕτερον αὐτῶν τὸ ἕτερον; ἔφησθα οὖν σὺ οὐκ
ὀνόματα ἐπὶ ἑνὶ εἶναι, ἀλλὰ ἕκαστον ἰδίῳ πράγματι
C τῶν ὀνομάτων τούτων ἐπικεῖσθαι, πάντα δὲ ταῦτα
μόρια εἶναι ἀρετῆς, οὐχ ὡς τὰ τοῦ χρυσοῦ μόρια
ὅμοιά ἐστιν ἀλλήλοις καὶ τῷ ὅλῳ οὗ μόριά ἐστιν, 40
ἀλλ᾽ ὡς τὰ τοῦ προσώπου μόρια καὶ τῷ ὅλῳ οὗ
μόριά ἐστιν καὶ ἀλλήλοις ἀνόμοια, ἰδίαν ἕκαστα
δύναμιν ἔχοντα. ταῦτα εἰ μέν σοι δοκεῖ ἔτι ὥσπερ
τότε, φάθι· εἰ δὲ ἄλλως πως, τοῦτο διόρισαι, ὡς
ἔγωγε οὐδέν σοι ὑπόλογον τίθεμαι, ἐάν πῃ ἄλλῃ 45
νῦν φήσῃς· οὐ γὰρ ἂν θαυμάζοιμι, εἰ τότε ἀποπειρώ-
D μενός μου ταῦτα ἔλεγες.

XXXIV. Ἀλλ᾽ ἐγώ σοι, ἔφη, λέγω, ὦ Σώκρατες
ὅτι ταῦτα πάντα μόρια μέν ἐστιν ἀρε-
τῆς, καὶ τὰ μὲν τέτταρα αὐτῶν ἐπιεικῶς   *Protagoras re-
plies that four of*
παραπλήσια ἀλλήλοις ἐστίν, ἡ δὲ ἀν-   *them are toler-*
ably like each
δρεία πάνυ πολὺ διαφέρον πάντων τού-   *other, but that*
courage is of 5
των. ὧδε δὲ γνώσει ὅτι ἐγὼ ἀληθῆ   *quite another*
kind. Socrates
λέγω· εὑρήσεις γὰρ πολλοὺς τῶν ἀνθρώ-   *tries to shew that*
courage is identi-
πων ἀδικωτάτους μὲν ὄντας καὶ ἀνοσιω-   *cal with wisdom.*
Protagoras ob-
τάτους καὶ ἀκολαστοτάτους καὶ ἀμαθεσ-   *jects to his me-*
thod of reason-
τάτους, ἀνδρειοτάτους δὲ διαφερόντως.   *ing, and* 10

E Ἔχε δή, ἔφην ἐγώ· ἄξιον γάρ τοι ἐπισκέψασθαι
ὃ λέγεις. πότερον τοὺς ἀνδρείους θαρραλέους λέγεις
ἢ ἄλλο τι; Καὶ ἴτας γ᾽, ἔφη, ἐφ᾽ ἃ οἱ πολλοὶ φο-
βοῦνται ἰέναι. Φέρε δή, τὴν ἀρετὴν καλόν τι φὴς
εἶναι, καὶ ὡς καλοῦ ὄντος αὐτοῦ σὺ διδάσκαλον 15
σαυτὸν παρέχεις; Κάλλιστον μὲν οὖν, ἔφη, εἰ μὴ

μαίνομαί γε. Πότερον οὖν, ἦν δ' ἐγώ, τὸ μέν τι
αὐτοῦ αἰσχρόν, τὸ δέ τι καλόν, ἢ ὅλον καλόν; Ὅλον
που καλὸν ὡς οἷόν τε μάλιστα. Οἶσθα οὖν τίνες
20 εἰς τὰ φρέατα | κολυμβῶσιν θαρραλέως; Ἔγωγε, ὅτι 350
οἱ κολυμβηταί. Πότερον διότι ἐπίστανται ἢ δι' ἄλλο
τι; Ὅτι ἐπίστανται. Τίνες δὲ ἀπὸ τῶν ἵππων
πολεμεῖν θαρραλέοι εἰσίν; πότερον οἱ ἱππικοὶ ἢ οἱ
ἄφιπποι; Οἱ ἱππικοί. Τίνες δὲ πέλτας ἔχοντες;
25 οἱ πελταστικοὶ ἢ οἱ μή; Οἱ πελταστικοί. καὶ τὰ
ἄλλα γε πάντα, εἰ τοῦτο ζητεῖς, ἔφη, οἱ ἐπιστήμονες
τῶν μὴ ἐπισταμένων θαρραλεώτεροί εἰσιν, καὶ αὐτοὶ
ἑαυτῶν, ἐπειδὰν μάθωσιν, ἢ πρὶν μαθεῖν. Ἤδη δέ B
τινας ἑώρακας, ἔφην, πάντων τούτων ἀνεπιστήμονας
30 ὄντας, θαρροῦντας δὲ πρὸς ἕκαστα τούτων; Ἔγωγε,
ἦ δ' ὅς, καὶ λίαν γε θαρροῦντας. Οὐκοῦν οἱ θαρρα-
λέοι οὗτοι καὶ ἀνδρεῖοί εἰσιν; Αἰσχρὸν μεντἄν,
ἔφη, εἴη ἡ ἀνδρεία· ἐπεὶ οὗτοί γε μαινόμενοί εἰσιν.
Πῶς οὖν, ἔφην ἐγώ, λέγεις τοὺς ἀνδρείους; οὐχὶ τοὺς
35 θαρραλέους εἶναι; Καὶ νῦν γ', ἔφη. Οὐκοῦν οὗτοι, C
ἦν δ' ἐγώ, οἱ οὕτω θαρραλέοι ὄντες οὐκ ἀνδρεῖοι ἀλλὰ
μαινόμενοι φαίνονται; καὶ ἐκεῖ αὖ οἱ σοφώτατοι
οὗτοι καὶ θαρραλεώτατοί εἰσιν, θαρραλεώτατοι δὲ
ὄντες ἀνδρειότατοι; καὶ κατὰ τοῦτον τὸν λόγον ἡ
40 σοφία ἂν ἀνδρεία εἴη; Οὐ καλῶς, ἔφη, μνημονεύεις,
ὦ Σώκρατες, ἃ ἔλεγόν τε καὶ ἀπεκρινόμην σοι. ἔγω-
γε ἐρωτηθεὶς ὑπὸ σοῦ, εἰ οἱ ἀνδρεῖοι θαρραλεοι εἰσίν,
ὡμολόγησα· εἰ δὲ καὶ οἱ θαρραλέοι ἀνδρεῖοι, οὐκ
ἠρωτήθην· εἰ γάρ με τότε ἤρου, εἶπον ἂν ὅτι οὐ
45 πάντες· τοὺς δὲ ἀνδρείους ὡς οὐ θαρραλέοι εἰσίν, τὸ D
ἐμὸν ὁμολόγημα, οὐδαμοῦ ἐπέδειξας ὡς οὐκ ὀρθῶς
ὡμολόγησα. ἔπειτα τοὺς ἐπισταμένους αὐτοὺς ἑαυ-

τῶν θαρραλεωτέρους ὄντας ἀποφαίνεις καὶ μὴ ἐπι-
σταμένων ἄλλων, καὶ ἐν τούτῳ οἴει τὴν ἀνδρείαν
καὶ τὴν σοφίαν ταὐτὸν εἶναι· τούτῳ δὲ τῷ τρόπῳ 50
μετιὼν καὶ τὴν ἰσχὺν οἰηθείης ἂν εἶναι σοφίαν.
πρῶτον μὲν γὰρ εἰ οὕτω μετιὼν ἔροιό με εἰ οἱ
E ἰσχυροὶ δυνατοί εἰσιν, φαίην ἄν· ἔπειτα, εἰ οἱ ἐπι-
στάμενοι παλαίειν δυνατώτεροί εἰσιν τῶν μὴ ἐπιστα-
μένων παλαίειν καὶ αὐτοὶ αὑτῶν, ἐπειδὰν μάθωσιν, 55
ἢ πρὶν μαθεῖν, φαίην ἄν· ταῦτα δὲ ἐμοῦ ὁμολογή-
σαντος ἐξείη ἄν σοι, χρωμένῳ τοῖς αὐτοῖς τεκμηρίοις
τούτοις, λέγειν ὡς κατὰ τὴν ἐμὴν ὁμολογίαν ἡ σοφία
ἐστὶν ἰσχύς. ἐγὼ δὲ οὐδαμοῦ οὐδ᾽ ἐνταῦθα ὁμολογῶ
τοὺς δυνατοὺς ἰσχυροὺς εἶναι, τοὺς μέντοι ἰσχυροὺς 60
351 δυνατούς· οὐ γὰρ | ταὐτὸν εἶναι δύναμίν τε καὶ ἰσχύν,
ἀλλὰ τὸ μὲν καὶ ἀπὸ ἐπιστήμης γίγνεσθαι, τὴν
δύναμιν, καὶ ἀπὸ μανίας τε καὶ ἀπὸ θυμοῦ, ἰσχὺν
δὲ ἀπὸ φύσεως καὶ εὐτροφίας τῶν σωμάτων. οὕτω
δὲ κἀκεῖ οὐ ταὐτὸν εἶναι θάρσος τε καὶ ἀνδρείαν· 65
ὥστε συμβαίνει τοὺς μὲν ἀνδρείους θαρραλέους εἶναι,
μὴ μέντοι τούς γε θαρραλέους ἀνδρείους πάντας·
θάρσος μὲν γὰρ καὶ ἀπὸ τέχνης γίγνεται ἀνθρώποις
B καὶ ἀπὸ θυμοῦ τε καὶ ἀπὸ μανίας, ὥσπερ ἡ δύναμις,
ἀνδρεία δὲ ἀπὸ φύσεως καὶ εὐτροφίας τῶν ψυχῶν 70
γίγνεται.

XXXV. Λέγεις δέ τινας, ἔφην, ὦ Πρωταγόρα,
τῶν ἀνθρώπων εὖ ζῆν, τοὺς δὲ κακῶς; Socrates begins
᾿Εφη. ᾿Αρ᾽ οὖν δοκεῖ σοι ἄνθρωπος ἂν afresh. "Is not
pleasure the same
εὖ ζῆν, εἰ ἀνιώμενός τε καὶ ὀδυνώμενος as good? And
when men say
ζῴη; Οὐκ ἔφη. Τί δ᾽, εἰ ἡδέως βιοὺς that they eschew
the good because 5
τὸν βίον τελευτήσειεν, οὐκ εὖ ἄν σοι they are over-
come by pleasure,
δοκεῖ οὕτως βεβιωκέναι; ῞Εμοιγ᾽, ἔφη. is not this inac-
curate?"

4-2

Τὸ μὲν ἄρα ἡδέως ζῆν ἀγαθόν, τὸ δ' ἀηδῶς κακόν.
Εἴπερ τοῖς καλοῖς γ', ἔφη, ζῴη ἡδόμενος. Τί δή, C
10 ὦ Πρωταγόρα; μὴ καὶ σύ, ὥσπερ οἱ πολλοί, ἡδέ'
ἄττα καλεῖς κακὰ καὶ ἀνιαρὰ ἀγαθά; ἐγὼ γὰρ λέγω,
καθ' ὃ ἡδέα ἐστίν, ἆρα κατὰ τοῦτο οὐκ ἀγαθά, μὴ
εἴ τι ἀπ' αὐτῶν ἀποβήσεται ἄλλο; καὶ αὖθις αὖ
τὰ ἀνιαρὰ ὡσαύτως οὕτως οὐ καθ' ὅσον ἀνιαρά,
15 κακά; Οὐκ οἶδα, ὦ Σώκρατες, ἔφη, ἁπλῶς οὕτως,
ὡς σὺ ἐρωτᾷς, εἰ ἐμοὶ ἀποκριτέον ἐστίν, ὡς τὰ ἡδέα D
τε ἀγαθά ἐστιν ἅπαντα καὶ τὰ ἀνιαρὰ κακά· ἀλλά
μοι δοκεῖ οὐ μόνον πρὸς τὴν νῦν ἀπόκρισιν ἐμοὶ
ἀσφαλέστερον εἶναι ἀποκρίνασθαι, ἀλλὰ καὶ πρὸς
20 πάντα τὸν ἄλλον βίον τὸν ἐμόν, ὅτι ἔστι μὲν ἃ
τῶν ἡδέων οὐκ ἔστιν ἀγαθά, ἔστι δ' αὖ καὶ ἃ τῶν
ἀνιαρῶν οὐκ ἔστι κακά, ἔστι δ' ἃ ἔστιν, καὶ τρίτον
ἃ οὐδέτερα, οὔτε κακὰ οὔτ' ἀγαθά. Ἡδέα δὲ καλεῖς,
ἦν δ' ἐγώ, οὐ τὰ ἡδονῆς μετέχοντα ἢ ποιοῦντα ἡδο-
25 νήν; Πάνυ γ', ἔφη. Τοῦτο τοίνυν λέγω, καθ' ὅσον E
ἡδέα ἐστίν, εἰ οὐκ ἀγαθά, τὴν ἡδονὴν αὐτὴν ἐρωτῶν
εἰ οὐκ ἀγαθόν ἐστιν. Ὥσπερ σὺ λέγεις, ἔφη. ἑκάσ-
τοτε, ὦ Σώκρατες, σκοπώμεθα αὐτό, καὶ ἐὰν μὲν πρὸς
λόγον δοκῇ εἶναι τὸ σκέμμα καὶ τὸ αὐτὸ φαίνηται
30 ἡδύ τε καὶ ἀγαθόν, συγχωρησόμεθα· εἰ δὲ μή, τότε
ἤδη ἀμφισβητήσομεν. Πότερον οὖν, ἦν δ' ἐγώ, σὺ
βούλει ἡγεμονεύειν τῆς σκέψεως, ἢ ἐγὼ ἡγῶμαι;
Δίκαιος, ἔφη, σὺ ἡγεῖσθαι· σὺ γὰρ καὶ κατάρχεις
τοῦ λόγου. Ἆρ' οὖν, ἦν δ' ἐγώ, τῇ δέ πῃ καταφανὲς |
35 ἂν ἡμῖν γένοιτο; ὥσπερ εἴ τις ἄνθρωπον σκοπῶν 352
ἐκ τοῦ εἴδους ἢ πρὸς ὑγίειαν ἢ πρὸς ἄλλο τι τῶν
τοῦ σώματος ἔργων, ἰδὼν τὸ πρόσωπον καὶ τὰς
χεῖρας ἄκρας εἴποι· ἴθι δή μοι ἀποκαλύψας καὶ τὰ

στήθη καὶ τὸ μετάφρενον ἐπίδειξον, ἵνα ἐπισκέψωμαι
σαφέστερον· καὶ ἐγὼ τοιοῦτόν τι ποθῶ πρὸς τὴν 40
σκέψιν· θεασάμενος ὅτι οὕτως ἔχεις πρὸς τὸ ἀγαθὸν
καὶ τὸ ἡδύ, ὡς φής, δέομαι τοιοῦτόν τι εἰπεῖν· ἴθι
δή μοι, ὦ Πρωταγόρα, καὶ τόδε τῆς διανοίας ἀπο-
B κάλυψον· πῶς ἔχεις πρὸς ἐπιστήμην; πότερον καὶ
τοῦτό σοι δοκεῖ ὥσπερ τοῖς πολλοῖς ἀνθρώποις, ἢ 45
ἄλλως; δοκεῖ δὲ τοῖς πολλοῖς περὶ ἐπιστήμης τοι-
οῦτόν τι, οὐκ ἰσχυρὸν οὐδ' ἡγεμονικὸν οὐδ' ἀρχικὸν
εἶναι· οὐδὲ ὡς περὶ τοιούτου αὐτοῦ ὄντος διανοοῦνται,
ἀλλ' ἐνούσης πολλάκις ἀνθρώπῳ ἐπιστήμης οὐ τὴν
ἐπιστήμην αὐτοῦ ἄρχειν, ἀλλ' ἄλλο τι, τοτὲ μέν 50
θυμόν, τοτὲ δὲ ἡδονήν, τοτὲ δὲ λύπην, ἐνίοτε δὲ
ἔρωτα, πολλάκις δὲ φόβον, ἀτεχνῶς διανοούμενοι
C περὶ τῆς ἐπιστήμης, ὥσπερ περὶ ἀνδραπόδου, περιελ-
κομένης ὑπὸ τῶν ἄλλων ἁπάντων. ἀρ' οὖν καὶ σοὶ
τοιοῦτόν τι περὶ αὐτῆς δοκεῖ, ἢ καλόν τε εἶναι ἡ 55
ἐπιστήμη καὶ οἷον ἄρχειν τοῦ ἀνθρώπου, καὶ ἐάνπερ
γιγνώσκῃ τις τἀγαθὰ καὶ τὰ κακά, μὴ ἂν κρατηθῆναι
ὑπὸ μηδενός, ὥστε ἄλλ' ἄττα πράττειν ἢ ἃ ἂν ἡ
ἐπιστήμη κελεύῃ, ἀλλ' ἱκανὴν εἶναι τὴν φρόνησιν
βοηθεῖν τῷ ἀνθρώπῳ; Καὶ δοκεῖ, ἔφη. ὥσπερ σὺ 60
λέγεις, ὦ Σώκρατες, καὶ ἅμα, εἴπερ τῳ ἄλλῳ, αἰσχρόν
D ἐστι καὶ ἐμοὶ σοφίαν καὶ ἐπιστήμην μὴ οὐχὶ πάντων
κράτιστον φάναι εἶναι τῶν ἀνθρωπείων πραγμάτων.
Καλῶς γε, ἔφην ἐγώ, σὺ λέγων καὶ ἀληθῆ. οἶσθα
οὖν ὅτι οἱ πολλοὶ τῶν ἀνθρώπων ἐμοί τε καὶ σοὶ 65
οὐ πείθονται, ἀλλὰ πολλούς φασι γιγνώσκοντας τὰ
βέλτιστα οὐκ ἐθέλειν πράττειν, ἐξὸν αὐτοῖς, ἀλλὰ
ἄλλα πράττειν· καὶ ὅσους δὴ ἐγὼ ἠρόμην ὅ τί ποτε
αἴτιόν ἐστι τούτου, ὑπὸ ἡδονῆς φασιν ἡττωμένους

70 ἢ λύπης ἢ ὧν νῦν δὴ ἐγὼ ἔλεγον ὑπό τινος τούτων E
κρατουμένους ταῦτα ποιεῖν τοὺς ποιοῦντας. Πολλὰ
γὰρ οἶμαι, ἔφη, ὦ Σώκρατες, καὶ ἄλλα οὐκ ὀρθῶς
λέγουσιν οἱ ἄνθρωποι. Ἴθι δὴ μετ᾽ ἐμοῦ ἐπιχείρη-
σον πείθειν τοὺς ἀνθρώπους καὶ διδάσκειν ὅ ἐστιν
75 αὐτοῖς τοῦτο τὸ πάθος, ὅ φασιν ὑπὸ τῶν | ἡδονῶν 353
ἡττᾶσθαι καὶ οὐ πράττειν διὰ ταῦτα τὰ βέλτιστα,
ἐπεὶ γιγνώσκειν γε αὐτά. ἴσως γὰρ ἂν λεγόντων
ἡμῶν ὅτι οὐκ ὀρθῶς λέγετε, ὦ ἄνθρωποι, ἀλλὰ
ψεύδεσθε, ἔροιντ᾽ ἂν ἡμᾶς· ὦ Πρωταγόρα τε καὶ
80 Σώκρατες, εἰ μὴ ἔστιν τοῦτο τὸ πάθημα ἡδονῆς
ἡττᾶσθαι, ἀλλὰ τί ποτ᾽ ἐστίν, καὶ τί ὑμεῖς αὐτό φατε
εἶναι; εἴπατον ἡμῖν. Τί δέ, ὦ Σώκρατες, δεῖ ἡμᾶς
σκοπεῖσθαι τὴν τῶν πολλῶν δόξαν ἀνθρώπων, οἳ ὅ
τι ἂν τύχωσι τοῦτο λέγουσιν; Οἶμαι, ἦν δ᾽ ἐγώ, B
85 εἶναί τι ἡμῖν τοῦτο πρὸς τὸ ἐξευρεῖν περὶ ἀνδρείας,
πρὸς τἆλλα μόρια τὰ τῆς ἀρετῆς πῶς ποτ᾽ ἔχει.
εἰ οὖν σοι δοκεῖ ἐμμένειν οἷς ἄρτι ἔδοξεν ἡμῖν, ἐμὲ
ἡγήσασθαι, ᾗ οἶμαι ἂν ἔγωγε κάλλιστα φανερὸν
γενέσθαι, ἕπου· εἰ δὲ μὴ βούλει, εἴ σοι φίλον, ἐῶ
90 χαίρειν. Ἀλλ᾽, ἔφη, ὀρθῶς λέγεις· καὶ πέραινε
ὥσπερ ἤρξω.

XXXVI. Πάλιν τοίνυν, ἔφην ἐγώ, εἰ ἔροιντο
ἡμᾶς· τί οὖν φατὲ τοῦτο εἶναι, ὃ ἡμεῖς C
ἥττω εἶναι τῶν ἡδονῶν ἐλέγομεν; εἴποιμ᾽
ἂν ἔγωγε πρὸς αὐτοὺς ὡδί· ἀκούετε δή·
5 πειρασόμεθα γὰρ ὑμῖν ἐγώ τε καὶ Πρω-
ταγόρας φράσαι. ἄλλο τι γάρ, ὦ ἄν-
θρωποι, φατὲ ὑμῖν τοῦτο γίγνεσθαι ἐν
τοῖσδε—οἷον πολλάκις ὑπὸ σίτων καὶ ποτῶν καὶ
ἀφροδισίων κρατούμενοι ἡδέων ὄντων, γιγνώσκοντες

Pleasures are often called evil when pains follow them, and pains good when they are followed by pleasure, but at the time pleasure is good, and pain evil.

ὅτι πονηρά ἐστιν, ὅμως αὐτὰ πράττειν; Φαῖεν ἄν. 10
Οὐκοῦν ἐροίμεθ' ἂν αὐτοὺς ἐγώ τε καὶ σὺ πάλιν·
D πονηρὰ δὲ αὐτὰ πῇ φατὲ εἶναι; πότερον ὅτι τὴν
ἡδονὴν ταύτην ἐν τῷ παραχρῆμα παρέχει καὶ ἡδύ
ἐστιν ἕκαστον αὐτῶν, ἢ ὅτι εἰς τὸν ὕστερον χρόνον
νόσους τε ποιεῖ καὶ πενίας καὶ ἄλλα τοιαῦτα πολλὰ 15
παρασκευάζει; ἢ κἂν εἴ τι τούτων εἰς τὸ ὕστερον
μηδὲν παρασκευάζει, χαίρειν δὲ μόνον ποιεῖ, ὅμως
δ' ἂν κακὰ ἦν, ὅ τι μαθόντα χαίρειν ποιεῖ καὶ
ὁπηοῦν; ἀρ' οἰόμεθ' ἂν αὐτούς, ὦ Πρωταγόρα,
ἄλλο τι ἀποκρίνασθαι, ἢ ὅτι οὐ κατὰ τὴν αὑτῆς 20
τῆς ἡδονῆς τῆς παραχρῆμα ἐργασίαν κακά ἐστιν,
E ἀλλὰ διὰ τὰ ὕστερον γιγνόμενα, νόσους τε καὶ
τἆλλα. Ἐγὼ μὲν οἶμαι, ἔφη ὁ Πρωταγόρας, τοὺς
πολλοὺς ἂν ταῦτα ἀποκρίνασθαι. Οὐκοῦν νόσους
ποιοῦντα ἀνίας ποιεῖ, καὶ πενίας ποιοῦντα ἀνίας 25
354 ποιεῖ; ὁμολογοῖεν ἄν, | ὡς ἐγῷμαι. Συνέφη ὁ Πρω-
ταγόρας. Οὐκοῦν φαίνεται, ὦ ἄνθρωποι, ὑμῖν, ὥς
φαμεν ἐγώ τε καὶ Πρωταγόρας, δι' οὐδὲν ἄλλο ταῦτα
κακὰ ὄντα, ἢ διότι εἰς ἀνίας τε ἀποτελευτᾷ καὶ ἄλλων
ἡδονῶν ἀποστερεῖ; ὁμολογοῖεν ἄν; Συνεδόκει ἡμῖν 30
ἀμφοῖν. Οὐκοῦν πάλιν ἂν αὐτοὺς τὸ ἐναντίον εἰ ἐροί-
μεθα· ὦ ἄνθρωποι οἱ λέγοντες αὖ ἀγαθὰ ἀνιαρὰ
εἶναι, ἆρα οὐ τὰ τοιάδε λέγετε, οἷον τά τε γυμνάσια
καὶ τὰς στρατείας καὶ τὰς ὑπὸ τῶν ἰατρῶν θεραπείας
τὰς διὰ καύσεών τε καὶ τομῶν καὶ φαρμακειῶν καὶ 35
λιμοκτονιῶν γιγνομένας, ὅτι ταῦτα ἀγαθὰ μέν ἐστιν,
B ἀνιαρὰ δέ; φαῖεν ἄν; Συνεδόκει. Πότερον οὖν κατὰ
τόδε ἀγαθὰ αὐτὰ καλεῖτε, ὅτι ἐν τῷ παραχρῆμα
ὀδύνας τὰς ἐσχάτας παρέχει καὶ ἀλγηδόνας, ἢ ὅτι
εἰς τὸν ὕστερον χρόνον ὑγίειαί τε ἀπ' αὐτῶν γίγνονται 40

καὶ εὐεξίαι τῶν σωμάτων καὶ τῶν πόλεων σωτηρίαι
καὶ ἄλλων ἀρχαὶ καὶ πλοῦτοι; φαῖεν ἄν, ὡς ἐγῷμαι.
Συνεδόκει. Ταῦτα δὲ ἀγαθά ἐστι δι᾽ ἄλλο τι, ἢ ὅτι
εἰς ἡδονὰς ἀποτελευτᾷ καὶ λυπῶν ἀπαλλαγάς τε καὶ
45 ἀποτροπάς; ἢ ἔχετέ τι ἄλλο τέλος λέγειν, εἰς ὃ
ἀποβλέψαντες αὐτὰ ἀγαθὰ καλεῖτε, ἀλλ᾽ ἢ ἡδονάς C
τε καὶ λύπας; οὐκ ἂν φαῖεν, ὡς ἐγῷμαι. Οὐδ᾽ ἐμοὶ
δοκεῖ, ἔφη ὁ Πρωταγόρας. Οὐκοῦν τὴν μὲν ἡδονὴν
διώκετε ὡς ἀγαθὸν ὄν, τὴν δὲ λύπην φεύγετε ὡς
50 κακόν; Συνεδόκει. Τοῦτ᾽ ἄρα ἡγεῖσθ᾽ εἶναι κακόν,
τὴν λύπην, καὶ ἀγαθὸν τὴν ἡδονήν, ἐπεὶ καὶ αὐτὸ
τὸ χαίρειν τότε λέγετε κακὸν εἶναι, ὅταν μειζόνων
ἡδονῶν ἀποστερῇ ἢ ὅσας αὐτὸ ἔχει, ἢ λύπας μείζους
παρασκευάζῃ τῶν ἐν αὐτῷ ἡδονῶν· ἐπεὶ εἰ κατ᾽ ἄλλο
55 τι αὐτὸ τὸ χαίρειν κακὸν καλεῖτε καὶ εἰς ἄλλο τι D
τέλος ἀποβλέψαντες, ἔχοιτε ἂν καὶ ἡμῖν εἰπεῖν·
ἀλλ᾽ οὐχ ἕξετε. Οὐδ᾽ ἐμοὶ δοκοῦσιν, ἔφη ὁ Πρω-
ταγόρας. Ἄλλο τι οὖν πάλιν καὶ περὶ αὐτοῦ τοῦ
λυπεῖσθαι ὁ αὐτὸς τρόπος; τότε καλεῖτε αὐτὸ τὸ
60 λυπεῖσθαι ἀγαθόν, ὅταν ἢ μείζους λύπας τῶν ἐν
αὐτῷ οὐσῶν ἀπαλλάττῃ ἢ μείζους ἡδονὰς τῶν λυπῶν
παρασκευάζῃ; ἐπεὶ εἰ πρὸς ἄλλο τι τέλος ἀποβλέ-
πετε, ὅταν καλῆτε αὐτὸ τὸ λυπεῖσθαι ἀγαθόν, ἢ πρὸς E
ὃ ἐγὼ λέγω, ἔχετε ἡμῖν εἰπεῖν· ἀλλ᾽ οὐχ ἕξετε.
65 Ἀληθῆ, ἔφη, λέγεις, ὁ Πρωταγόρας. Πάλιν τοίνυν,
ἔφην ἐγώ, εἴ με ἀνέροισθε, ὦ ἄνθρωποι, τίνος οὖν
δήποτε ἕνεκα πολλὰ περὶ τούτου λέγεις καὶ πολλαχῇ;
συγγιγνώσκετέ μοι, φαίην ἂν ἔγωγε. πρῶτον μὲν
γὰρ οὐ ῥᾴδιον ἀποδεῖξαι, τί ἐστίν ποτε τοῦτο, ὃ ὑμεῖς
70 καλεῖτε τῶν ἡδονῶν ἥττω εἶναι· ἔπειτα ἐν τούτῳ εἰσὶν
πᾶσαι αἱ ἀποδείξεις. ἀλλ᾽ ἔτι καὶ νῦν ἀναθέσθαι

355 ἔξεστιν, εἴ πη ἔχετε ἄλλο τι φάναι | εἶναι τὸ ἀγαθὸν
ἢ τὴν ἡδονήν, ἢ τὸ κακὸν ἄλλο τι ἢ τὴν ἀνίαν, ἢ
ἀρκεῖ ὑμῖν τὸ ἡδέως καταβιῶναι τὸν βίον ἄνευ
λυπῶν; εἰ δὲ ἀρκεῖ καὶ μὴ ἔχετε μηδὲν ἄλλο 75
φάναι εἶναι ἀγαθὸν ἢ κακόν, ὃ μὴ εἰς ταῦτα τελευτᾷ,
τὸ μετὰ τοῦτο ἀκούετε. φημὶ γὰρ ὑμῖν τούτου οὕτως
ἔχοντος γελοῖον τὸν λόγον γίγνεσθαι, ὅταν λέγητε,
ὅτι πολλάκις γιγνώσκων τὰ κακὰ ἄνθρωπος, ὅτι
κακά ἐστιν, ὅμως πράττει αὐτά, ἐξὸν μὴ πράττειν, 80
B ὑπὸ τῶν ἡδονῶν ἀγόμενος καὶ ἐκπληττόμενος· καὶ
αὖθις αὖ λέγετε, ὅτι γιγνώσκων ὁ ἄνθρωπος τἀγαθὰ
πράττειν οὐκ ἐθέλει διὰ τὰς παραχρῆμα ἡδονάς, ὑπὸ
τούτων ἡττώμενος.

XXXVII. Ὡς δὲ ταῦτα γελοῖά ἐστιν, κατάδηλον
ἔσται, ἐὰν μὴ πολλοῖς ὀνόμασι χρώμεθα   The phrase
ἅμα, ἡδεῖ τε καὶ ἀνιαρῷ καὶ ἀγαθῷ καὶ "To be overcome
              by pleasure" is
κακῷ, ἀλλ' ἐπειδὴ δύο ἐφάνη ταῦτα, δυ- an absurd way
              of expressing the
οῖν καὶ ὀνόμασιν προσαγορεύωμεν αὐτά, fact that men
              often choose a 5
πρῶτον μὲν ἀγαθῷ καὶ κακῷ, ἔπειτα less good in pre-
             ference to a
αὖθις ἡδεῖ τε καὶ ἀνιαρῷ. θέμενοι δὴ greater. It is by
             reason of their
C οὕτω λέγωμεν ὅτι γιγνώσκων ὁ ἄνθρω- ignorance that
             they do so.
πος τὰ κακὰ ὅτι κακά ἐστιν, ὅμως αὐτὰ ποιεῖ. ἐὰν
οὖν τις ἡμᾶς ἔρηται, διὰ τί, ἡττώμενος, φήσομεν· ὑπὸ 10
τοῦ; ἐκεῖνος ἐρήσεται ἡμᾶς· ἡμῖν δὲ ὑπὸ μὲν ἡδονῆς
οὐκέτι ἔξεστιν εἰπεῖν· ἄλλο γὰρ ὄνομα μετείληφεν
ἀντὶ τῆς ἡδονῆς τὸ ἀγαθόν· ἐκείνῳ δὴ ἀποκρινώμεθα
καὶ λέγωμεν, ὅτι ἡττώμενος—ὑπὸ τίνος; φήσει· τοῦ
ἀγαθοῦ, φήσομεν νὴ Δία. ἂν οὖν τύχῃ ὁ ἐρόμενος 15
ἡμᾶς ὑβριστὴς ὤν, γελάσεται καὶ ἐρεῖ· ἦ γελοῖον
D λέγετε πρᾶγμα, εἰ πράττει τις κακά, γιγνώσκων ὅτι
κακά ἐστιν, οὐ δέον αὐτὸν πράττειν, ἡττώμενος ὑπὸ

τῶν ἀγαθῶν. ἆρα, φήσει, οὐκ ἀξίων ὄντων νικᾶν ἐν
20 ὑμῖν τῶν ἀγαθῶν τὰ κακά, ἢ ἀξίων; φήσομεν δῆλον
ὅτι ἀποκρινόμενοι, ὅτι οὐκ ἀξίων ὄντων· οὐ γὰρ ἂν
ἐξημάρτανεν ὅν φαμεν ἥττω εἶναι τῶν ἡδονῶν. κατὰ
τί δέ, φήσει ἴσως, ἀνάξιά ἐστιν τἀγαθὰ τῶν κακῶν ἢ τὰ
κακὰ τῶν ἀγαθῶν; ἢ κατ᾿ ἄλλο τι ἢ ὅταν τὰ μεν μείζω,
25 τὰ δὲ σμικρότερα ᾖ; ἢ πλείω, τὰ δὲ ἐλάττω ᾖ; οὐχ Ε
ἕξομεν εἰπεῖν ἄλλο ἢ τοῦτο. δῆλον ἄρα, φήσει, ὅτι τὸ
ἡττᾶσθαι τοῦτο λέγετε, ἀντὶ ἐλαττόνων ἀγαθῶν μείζω
κακὰ λαμβάνειν. ταῦτα μὲν οὖν οὕτω. μεταλάβωμεν
δὴ τὰ ὀνόματα πάλιν τὸ ἡδύ τε καὶ ἀνιαρὸν επὶ τοῖς
30 αὐτοῖς τούτοις, καὶ λέγωμεν ὅτι ἄνθρωπος πράττει,
τότε μὲν ἐλέγομεν τὰ κακά, νῦν δὲ λέγωμεν τὰ ἀνιαρά,
γιγνώσκων, ὅτι ἀνιαρά ἐστιν, ἡττώμενος ὑπὸ τῶν
ἡδέων, δῆλον ὅτι | ἀναξίων ὄντων νικᾶν. καὶ τίς ἄλλη 356
ἀναξία ἡδονῇ πρὸς λύπην ἐστίν, ἀλλ᾿ ἢ ὑπερβολὴ ἀλ-
35 λήλων καὶ ἔλλειψις; ταῦτα δ᾿ ἐστὶ μείζω τε καὶ σμι-
κρότερα γιγνόμενα ἀλλήλων καὶ πλείω καὶ ἐλάττω καὶ
μᾶλλον και ἧττον. εἰ γάρ τις λέγοι ὅτι ἀλλὰ πολὺ
διαφέρει, ὦ Σώκρατες, τὸ παραχρῆμα ἡδὺ τοῦ εἰς τὸν
ὕστερον χρόνον καὶ ἡδέος καὶ λυπηροῦ, μῶν ἄλλῳ τῳ,
40 φαίην ἂν ἔγωγε, ἢ ἡδονῇ καὶ λύπῃ; οὐ γὰρ ἔσθ᾿ ὅτῳ
ἄλλῳ. ἀλλ᾿ ὥσπερ ἀγαθὸς ἱστάναι ἄνθρωπος, συνθεὶς Β
τὰ ἡδέα καὶ συνθεὶς τὰ λυπηρά, καὶ τὸ ἐγγὺς καὶ τὸ
πόρρω στήσας ἐν τῷ ζυγῷ, εἰπὲ πότερα πλείω ἐστίν.
ἐὰν μὲν γὰρ ἡδέα πρὸς ἡδέα ἱστῇς, τὰ μείζω ἀεὶ καὶ
45 πλείω ληπτέα· ἐὰν δὲ λυπηρὰ πρὸς λυπηρά, τὰ ἐλάτ-
τω καὶ σμικρότερα· ἐὰν δε ἡδέα προς λυπηρά, ἐὰν
μὲν τὰ ἀνιαρὰ ὑπερβάλληται ὑπὸ τῶν ἡδέων, ἐάν τε
τὰ ἐγγὺς ὑπὸ τῶν πόρρω ἐάν τε τὰ πόρρω ὑπὸ τῶν
ἐγγύς, ταύτην τὴν πρᾶξιν πρακτέον ἐν ᾗ ἂν ταῦτ᾿ C

ἐνῇ· ἐὰν δὲ τὰ ἡδέα ὑπὸ τῶν ἀνιαρῶν, οὐ πρακτέα· 50
μή πῃ ἄλλῃ ἔχει, φαίην ἄν, ταῦτα, ὦ ἄνθρωποι; οἶδ᾽
ὅτι οὐκ ἂν ἔχοιεν ἄλλως λέγειν. Συνεδόκει καὶ ἐκείνῳ.
Ὅτε δὴ τοῦτο οὕτως ἔχει, τόδε μοι ἀποκρίνασθε,
φήσω. φαίνεται ὑμῖν τῇ ὄψει τὰ αὐτὰ μεγέθη ἐγγύ-
θεν μὲν μείζω, πόρρωθεν δὲ ἐλάττω· ἢ οὔ; Φήσουσι. 55
Καὶ τὰ παχέα καὶ τὰ πολλὰ ὡσαύτως; καὶ αἱ φωναὶ
αἱ ἴσαι ἐγγύθεν μὲν μείζους, πόρρωθεν δὲ σμικρότεραι;
D Φαῖεν ἄν. Εἰ οὖν ἐν τούτῳ ἡμῖν ἦν τὸ εὖ πράττειν,
ἐν τῷ τὰ μὲν μεγάλα μήκη καὶ πράττειν καὶ λαμ-
βάνειν, τὰ δὲ σμικρὰ καὶ φεύγειν καὶ μὴ πράττειν, 60
τίς ἂν ἡμῖν σωτηρία ἐφάνη τοῦ βίου; ἆρα ἡ μετρη-
τικὴ τέχνη ἢ ἡ τοῦ φαινομένου δύναμις; ἢ αὕτη μὲν
ἡμᾶς ἐπλάνα καὶ ἐποίει ἄνω τε καὶ κάτω πολλάκις
μεταλαμβάνειν ταὐτὰ καὶ μεταμέλειν καὶ ἐν ταῖς
πράξεσιν καὶ ἐν ταῖς αἱρέσεσιν τῶν μεγάλων τε καὶ 65
σμικρῶν, ἡ δὲ μετρητικὴ ἄκυρον μὲν ἂν ἐποίησε τοῦτο
E τὸ φάντασμα, δηλώσασα δὲ τὸ ἀληθὲς ἡσυχίαν ἂν
ἐποίησεν ἔχειν τὴν ψυχὴν μένουσαν ἐπὶ τῷ ἀληθεῖ
καὶ ἔσωσεν ἂν τὸν βίον; ἆρ᾽ ἂν ὁμολογοῖεν οἱ ἄνθρω-
ποι πρὸς ταῦτα ἡμᾶς τὴν μετρητικὴν σῴζειν ἂν τέχνην, 70
ἢ ἄλλην; Τὴν μετρητικήν, ὡμολόγει. Τί δ᾽, εἰ ἐν τῇ
τοῦ περιττοῦ καὶ ἀρτίου αἱρέσει ἡμῖν ἦν ἡ σωτηρία
τοῦ βίου, ὁπότε τὸ πλέον ὀρθῶς ἔδει ἑλέσθαι καὶ
ὁπότε τὸ ἔλαττον, ἢ αὐτὸ πρὸς ἑαυτὸ ἢ τὸ ἕτερον
πρὸς τὸ ἕτερον, εἴτ᾽ ἐγγὺς εἴτε πόρρω εἴη, τί ἂν 75
357 ἔσῳζεν ἡμῖν τὸν βίον; | ἆρ᾽ ἂν οὐκ ἐπιστήμη; καὶ ἆρ᾽
ἂν οὐ μετρητική τις, ἐπειδήπερ ὑπερβολῆς τε καὶ
ἐνδείας ἐστὶν ἡ τέχνη; ἐπειδὴ δὲ περιττοῦ τε καὶ
ἀρτίου, ἆρα ἄλλη τις ἢ ἀριθμητική; ὁμολογοῖεν ἂν
ἡμῖν οἱ ἄνθρωποι, ἢ οὔ; Ἐδόκουν ἂν καὶ τῷ Πρω- 80

ταγόρᾳ ὁμολογεῖν. Εἶεν, ὦ ἄνθρωποι· ἐπεὶ δὲ δὴ
ἡδονῆς τε καὶ λύπης ἐν ὀρθῇ τῇ αἰρέσει ἐφάνη ἡμῖν
ἡ σωτηρία τοῦ βίου οὖσα, τοῦ τε πλείονος καὶ ἐλάτ-
τονος καὶ μείζονος καὶ σμικροτέρου καὶ πορρωτέρω Β
85 καὶ ἐγγυτέρω, ἆρα πρῶτον μὲν οὐ μετρητικὴ φαίνεται,
ὑπερβολῆς τε καὶ ἐνδείας οὖσα καὶ ἰσότητος πρὸς
ἀλλήλας σκέψις; Ἀλλ᾽ ἀνάγκη. Ἐπεὶ δὲ μετρητική,
ἀνάγκη δήπου τέχνη καὶ ἐπιστήμη. Συμφήσουσιν.
Ἥτις μὲν τοίνυν τέχνη καὶ ἐπιστήμη ἐστὶν αὕτη,
90 εἰσαῦθις σκεψόμεθα· ὅτι δὲ ἐπιστήμη ἐστίν, τοσοῦτον
ἐξαρκεῖ πρὸς τὴν ἀπόδειξιν, ἣν ἐμὲ δεῖ καὶ Πρωτα-
γόραν ἀποδεῖξαι περὶ ὧν ἤρεσθ᾽ ἡμᾶς. ἤρεσθε δέ, εἰ C
μέμνησθε, ἡνίκα ἡμεῖς ἀλλήλοις ὡμολογοῦμεν ἐπι-
στήμης μηδὲν εἶναι κρεῖττον, ἀλλὰ τοῦτο ἀεὶ κρατεῖν,
95 ὅπου ἂν ἐνῇ, καὶ ἡδονῆς καὶ τῶν ἄλλων ἁπάντων·
ὑμεῖς δὲ δὴ ἔφατε τὴν ἡδονὴν πολλάκις κρατεῖν καὶ
τοῦ εἰδότος ἀνθρώπου, ἐπειδὴ δὲ ὑμῖν οὐχ ὡμολογοῦ-
μεν, μετὰ τοῦτο ἤρεσθε ἡμᾶς· ὦ Πρωταγόρα τε καὶ
Σώκρατες, εἰ μὴ ἔστι τοῦτο τὸ πάθημα ἡδονῆς ἡτ-
100 τᾶσθαι, ἀλλὰ τί ποτ᾽ ἐστὶν καὶ τί ὑμεῖς αὐτὸ φατε D
εἶναι; εἴπατε ἡμῖν. εἰ μὲν οὖν τότε εὐθὺς ὑμῖν εἴ-
πομεν ὅτι ἀμαθία, κατεγελᾶτε ἂν ἡμῶν· νῦν δὲ ἂν
ἡμῶν καταγελᾶτε, καὶ ὑμῶν αὐτῶν καταγελάσεσθε.
καὶ γὰρ ὑμεῖς ὡμολογήκατε ἐπιστήμης ἐνδείᾳ ἐξαμαρ-
105 τάνειν περὶ τὴν τῶν ἡδονῶν αἵρεσιν καὶ λυπῶν τοὺς
ἐξαμαρτάνοντας· ταῦτα δέ ἐστιν ἀγαθά τε καὶ κακά·
καὶ οὐ μόνον ἐπιστήμης, ἀλλὰ καὶ ἧς τὸ πρόσθεν ἔτι
ὡμολογήκατε ὅτι μετρητικῆς· ἡ δὲ ἐξαμαρτανομένη
πρᾶξις ἄνευ ἐπιστήμης ἴστε που καὶ αὐτοὶ ὅτι ἀμα- E
110 θίᾳ πράττεται. ὥστε τοῦτ᾽ ἐστὶν τὸ ἡδονῆς ἥττω εἶναι,
ἀμαθία ἡ μεγίστη· ἧς Πρωταγόρας ὅδε φησὶν ἰατρὸς

εἶναι καὶ Πρόδικος καὶ Ἱππίας· ὑμεῖς δὲ διὰ τὸ
οἴεσθαι ἄλλο τι ἢ ἀμαθίαν εἶναι οὔτε αὐτοὶ οὔτε
τοὺς ὑμετέρους παῖδας παρὰ τοὺς τούτων διδασκά-
λους τούσδε τοὺς σοφιστὰς πέμπετε, ὡς οὐ διδακτοῦ 115
ὄντος, ἀλλὰ κηδόμενοι τοῦ ἀργυρίου καὶ οὐ διδόντες
τούτοις κακῶς πράττετε καὶ ἰδίᾳ καὶ δημοσίᾳ.

XXXVIII. Ταῦτα μὲν τοῖς πολλοῖς ἀποκεκρι-
358 μένοι | ἂν ἦμεν· ὑμᾶς δὲ δὴ μετὰ Πρωτα-   Now fear is
γόρου ἐρωτῶ, ὦ Ἱππία τε καὶ Πρόδικε—   expectation of
evil, and as no
κοινὸς γὰρ δὴ ἔστω ὑμῖν ὁ λόγος—   one willingly en-
ters on what he
πότερον δοκῶ ὑμῖν ἀληθῆ λέγειν ἢ   believes to be
evil,   5
ψεύδεσθαι. Ὑπερφυῶς ἐδόκει ἅπασιν ἀληθῆ εἶναι
τὰ εἰρημένα. Ὁμολογεῖτε ἄρα, ἦν δ' ἐγώ, τὸ μὲν ἡδὺ
ἀγαθὸν εἶναι, τὸ δὲ ἀνιαρὸν κακόν. τὴν δὲ Προδίκου
τοῦδε διαίρεσιν τῶν ὀνομάτων παραιτοῦμαι· εἴτε γὰρ
B ἡδὺ εἴτε τερπνὸν λέγεις εἴτε χαρτόν, εἴτε ὁπόθεν καὶ 10
ὅπως χαίρεις τὰ τοιαῦτα ὀνομάζων, ὦ βέλτιστε Πρό-
δικε, τοῦτό μοι πρὸς ὃ βούλομαι ἀπόκριναι. Γελάσας
οὖν ὁ Πρόδικος συνωμολόγησε, καὶ οἱ ἄλλοι. Τί δὲ
δή, ὦ ἄνδρες, ἔφην ἐγώ, τὸ τοιόνδε; αἱ ἐπὶ τούτου
πράξεις ἅπασαι, ἐπὶ τοῦ ἀλύπως ζῆν καὶ ἡδέως, ἆρ' οὐ 15
καλαί†; καὶ τὸ καλὸν ἔργον ἀγαθόν τε καὶ ὠφέλιμον;
Συνεδόκει. Εἰ ἄρα, ἔφην ἐγώ, τὸ ἡδὺ ἀγαθόν ἐστιν,
οὐδεὶς οὔτε εἰδὼς οὔτε οἰόμενος ἄλλα βελτίω εἶναι, ἢ ἃ
C ποιεῖ, καὶ δυνατά, ἔπειτα ποιεῖ ταῦτα, ἐξὸν τὰ βελτίω·
οὐδὲ τὸ ἥττω εἶναι αὐτοῦ ἄλλο τι τοῦτ' ἐστὶν ἢ ἀμαθία, 20
οὐδὲ κρείττω ἑαυτοῦ ἄλλο τι ἢ σοφία. Συνεδόκει
πᾶσιν. Τί δὲ δή; ἀμαθίαν ἄρα τὸ τοιόνδε λέγετε, τὸ
ψευδῆ ἔχειν δόξαν καὶ ἐψεῦσθαι περὶ τῶν πραγμάτων
τῶν πολλοῦ ἀξίων; Καὶ τοῦτο πᾶσι συνεδόκει. Ἄλλο

† Post καλαί add. codd. καὶ ὠφέλιμοι.

25 τι οὖν, ἔφην ἐγώ, ἐπί γε τὰ κακα οὐδεὶς ἑκὼν ἔρχεται
οὐδ᾽ ἐπὶ ἃ οἴεται κακὰ εἶναι, οὐδ᾽ ἔστι τοῦτο, ὡς ἔοι-
κεν, ἐν ἀνθρώπου φύσει, ἐπὶ ἃ οἴεται κακὰ εἶναι D
ἐθέλειν ἰέναι ἀντὶ τῶν ἀγαθῶν· ὅταν τε ἀναγκασθῇ
δυοῖν κακοῖν τὸ ἕτερον αἱρεῖσθαι, οὐδεὶς τὸ μεῖζον
30 αἱρήσεται ἐξὸν τὸ ἔλαττον. Ἅπαντα ταῦτα συνεδό-
κει ἅπασιν ἡμῖν. Τί οὖν; ἔφην ἐγω, καλεῖτέ τι δεος
καὶ φόβον; καὶ ἆρα ὅπερ ἐγώ; πρὸς σὲ λέγω, ὦ
Πρόδικε. προσδοκίαν τινὰ λέγω κακοῦ τοῦτο, εἴτε
φόβον εἴτε δέος καλεῖτε. Ἐδόκει Πρωταγόρᾳ μὲν
35 καὶ Ἱππίᾳ δέος τε καὶ φόβος εἶναι τοῦτο, Προδίκῳ δὲ E
δέος, φόβος δ᾽ οὔ. Ἀλλ᾽ οὐδέν, ἔφην ἐγώ, ὦ Πρόδικε,
διαφέρει, ἀλλὰ τόδε. εἰ ἀληθῆ τὰ ἔμπροσθέν ἐστιν,
ἆρά τις ἀνθρώπων ἐθελήσει ἐπὶ ταῦτα ἰέναι ἃ δέδοι-
κεν, ἐξὸν ἐπὶ ἃ μή; ἢ ἀδύνατον ἐκ τῶν ὡμολογημένων;
40 ἃ γὰρ δέδοικεν, ὡμολόγηται ἡγεῖσθαι κακὰ εἶναι· ἃ
δὲ ἡγεῖται κακά, οὐδένα οὔτε ἰέναι ἐπὶ ταῦτα οὔτε
λαμβάνειν ἑκόντα. Ἐδόκει καὶ ταῦτα | πᾶσιν.   359

XXXIX. Οὕτω δὴ τούτων ὑποκειμένων, ἦν δ᾽ ἐγώ,
ὦ Πρόδικέ τε καὶ Ἱππία, ἀπολογείσθω

the coward
wrongly believ-
ing war to be
painful or evil, is
afraid to fight,
by reason of his
5 ignorance. Thus
cowardice is ig-
norance and
therefore bra-
very, its opposite,
is wisdom.

ἡμῖν Πρωταγόρας ὅδε, ἃ τὸ πρῶτον ἀπε-
κρίνατο, πῶς ὀρθῶς ἔχει, μὴ ἃ τὸ πρῶτον
παντάπασι· τότε μὲν γὰρ δὴ πέντε ὄντων
μορίων τῆς ἀρετῆς οὐδὲν ἔφη εἶναι τὸ
ἕτερον οἷον τὸ ἕτερον, ἰδίαν δὲ αὐτοῦ
ἕκαστον ἔχειν δύναμιν· ἀλλ᾽ οὐ ταῦτα
λέγω, ἀλλ᾽ ἃ τὸ ὕστερον εἶπεν. τὸ γὰρ ὕστερον ἔφη
10 τὰ μὲν τέτταρα ἐπιεικῶς παραπλήσια ἀλλήλοις εἶναι,
τὸ δὲ ἓν πάνυ πολὺ διαφέρειν τῶν ἄλλων, τὴν ἀνδρείαν, B
γνώσεσθαι δέ μ᾽ ἔφη τεκμηρίῳ τῷδε· εὑρήσεις γάρ,
ὦ Σώκρατες, ἀνθρώπους ἀνοσιωτάτους μὲν ὄντας καὶ

ἀδικωτάτους καὶ ἀκολαστοτάτους καὶ ἀμαθεστάτους,
ἀνδρειοτάτους δέ· ᾧ γνώσει ὅτι πολὺ διαφέρει ἡ ἀν- 15
δρεία τῶν ἄλλων μορίων τῆς ἀρετῆς. καὶ ἐγὼ εὐθὺς
τότε πάνυ ἐθαύμασα τὴν ἀπόκρισιν, καὶ ἔτι μᾶλλον
ἐπειδὴ ταῦτα μεθ' ὑμῶν διεξῆλθον. ἠρόμην δ' οὖν
τοῦτον, εἰ τοὺς ἀνδρείους λέγοι θαρραλέους· ὁ δέ, καὶ
C ἴτας γ', ἔφη. Μέμνησαι, ἦν δ' ἐγώ, ὦ Πρωταγόρα, ταῦτα 20
ἀποκρινόμενος; Ὡμολόγει. Ἴθι δή, ἔφην ἐγώ, εἰπὲ
ἡμῖν, ἐπὶ τί λέγεις ἴτας εἶναι τοὺς ἀνδρείους; ἢ
ἐφ' ἅπερ οἱ δειλοί; Οὐκ ἔφη. Οὐκοῦν ἐφ' ἕτερα;
Ναί, ἦ δ' ὅς. Πότερον οἱ μὲν δειλοὶ ἐπὶ τὰ θαρραλέα
ἔρχονται, οἱ δὲ ἀνδρεῖοι ἐπὶ τὰ δεινά; Λέγεται δή, ὦ 25
Σώκρατες, οὕτως ὑπὸ τῶν ἀνθρώπων. Ἀληθῆ, ἔφην
D ἐγώ, λέγεις· ἀλλ' οὐ τοῦτο ἐρωτῶ, ἀλλὰ σὺ ἐπὶ τί φὴς
ἴτας εἶναι τοὺς ἀνδρείους; ἆρ' ἐπὶ τὰ δεινά, ἡγουμέ-
νους δεινὰ εἶναι, ἢ ἐπὶ τὰ μή; Ἀλλὰ τοῦτό γ', ἔφη,
ἐν οἷς σὺ ἔλεγες τοῖς λόγοις ἀπεδείχθη ἄρτι ὅτι ἀδύ- 30
νατον. Καὶ τοῦτο, ἔφην ἐγώ, ἀληθὲς λέγεις· ὥστ'
εἰ τοῦτο ὀρθῶς ἀπεδείχθη, ἐπὶ μὲν ἃ δεινὰ ἡγεῖται
εἶναι οὐδεὶς ἔρχεται, ἐπειδὴ τὸ ἥττω εἶναι ἑαυτοῦ
ηὑρέθη ἀμαθία οὖσα. Ὡμολόγει. Ἀλλὰ μὴν ἐπὶ ἅ γε
θαρροῦσιν πάντες αὖ ἔρχονται, καὶ δειλοὶ καὶ ἀνδρεῖοι, 35
καὶ ταύτῃ γε ἐπὶ τὰ αὐτὰ ἔρχονται οἱ δειλοί τε καὶ
E οἱ ἀνδρεῖοι. Ἀλλὰ μέντοι, ἔφη, ὦ Σώκρατες, πᾶν γε
τοὐναντίον ἐστὶν ἐπὶ ἃ οἵ τε δειλοὶ ἔρχονται καὶ οἱ
ἀνδρεῖοι. αὐτίκα εἰς τὸν πόλεμον οἱ μὲν ἐθέλουσιν
ἰέναι, οἱ δὲ οὐκ ἐθέλουσιν. Πότερον, ἔφην ἐγώ, καλὸν 40
ὂν ἰέναι ἢ αἰσχρόν; Καλόν, ἔφη. Οὐκοῦν εἴπερ
καλόν, καὶ ἀγαθὸν ὡμολογήσαμεν ἐν τοῖς ἔμπροσθεν·
τὰς γὰρ καλὰς πράξεις ἁπάσας ἀγαθὰς ὡμολογή-
σαμεν. Ἀληθῆ λέγεις, καὶ ἀεὶ ἔμοιγε δοκεῖ οὕτως.

45 Ὀρθῶς γε, ἔφην ἐγώ. ἀλλὰ | ποτέρους φῂς εἰς τὸν 360
πόλεμον οὐκ ἐθέλειν ἰέναι, καλὸν ὂν καὶ ἀγαθόν;
Τοὺς δειλούς, ἦ δ' ὅς. Οὐκοῦν, ἦν δ' ἐγώ, εἴπερ
καλὸν καὶ ἀγαθόν, καὶ ἡδύ; Ὡμολόγηται γοῦν, ἔφη.
Ἀρ' οὖν γιγνώσκοντες οἱ δειλοὶ οὐκ ἐθέλουσιν ἰέναι
50 ἐπὶ τὸ κάλλιόν τε καὶ ἄμεινον καὶ ἥδιον; Ἀλλὰ καὶ
τοῦτο ἐὰν ὁμολογῶμεν, ἔφη, διαφθεροῦμεν τὰς ἔμ-
προσθεν ὁμολογίας. Τί δ' ὁ ἀνδρεῖος; οὐκ ἐπὶ τὸ
κάλλιόν τε καὶ ἄμεινον καὶ ἥδιον ἔρχεται; Ἀνάγκη,
ἔφη, ὁμολογεῖν. Οὐκοῦν ὅλως οἱ ἀνδρεῖοι οὐκ αἰσ- Β
55 χροὺς φόβους φοβοῦνται, ὅταν φοβῶνται, οὐδὲ αἰσχρὰ
θάρρη θαρροῦσιν; Ἀληθῆ, ἔφη. Εἰ δὲ μὴ αἰσχρά,
ἀρ' οὐ καλά; Ὡμολόγει. Εἰ δὲ καλά, καὶ ἀγαθά;
Ναί. Οὐκοῦν καὶ οἱ δειλοὶ καὶ οἱ θρασεῖς καὶ οἱ
μαινόμενοι τοὐναντίον αἰσχρούς τε φόβους φοβοῦνται
60 καὶ αἰσχρὰ θάρρη θαρροῦσιν; Ὡμολόγει. Θαρροῦ-
σιν δὲ τὰ αἰσχρὰ καὶ κακὰ δι' ἄλλο τι ἢ δι' ἄγνοιαν
καὶ ἀμαθιαν; Οὕτως ἔχει, ἔφη. Τί οὖν; τοῦτο δι' ὃ C
δειλοί εἰσιν οἱ δειλοί, δειλίαν ἢ ἀνδρείαν καλεῖς;
Δειλίαν ἔγωγ', ἔφη. Δειλοὶ δὲ οὐ διὰ τὴν τῶν δεινῶν
65 ἀμαθίαν ἐφάνησαν ὄντες; Πάνυ γ', ἔφη. Διὰ ταύτην
ἄρα τὴν ἀμαθίαν δειλοί εἰσιν; Ὡμολόγει. Δι' ὃ δὲ
δειλοί εἰσιν, δειλία ὁμολογεῖται παρὰ σοῦ; Συνέφη.
Οὐκοῦν ἡ τῶν δεινῶν καὶ μὴ δεινῶν ἀμαθία δειλία ἂν
εἴη; Ἐπένευσεν. Ἀλλὰ μήν, ἦν δ' ἐγώ, ἐναντίον
70 ἀνδρεία δειλίᾳ. Ἔφη. Οὐκοῦν ἡ τῶν δεινῶν καὶ D
μὴ δεινῶν σοφία ἐναντία τῇ τούτων ἀμαθίᾳ ἐστίν;
Καὶ ἐνταῦθα ἔτι ἐπένευσεν. Ἡ δὲ τούτων ἀμαθία
δειλία; Πάνυ μόγις ἐνταῦθα ἐπένευσεν. Ἡ σοφία
ἄρα τῶν δεινῶν καὶ μὴ δεινῶν ἀνδρεία ἐστίν, ἐναντία
75 οὖσα τῇ τούτων ἀμαθίᾳ; Οὐκέτι ἐνταῦθα οὔτ' ἐπι-

νεῦσαι ἠθέλησεν ἐσίγα τε· καὶ ἐγὼ εἶπον· Τί δή, ὦ
Πρωταγόρα, οὔτε σὺ φῂς ἃ ἐρωτῶ οὔτε ἀπόφῃς; Αὐ-
E τός, ἔφη, πέρανον. "Εν γ', ἔφην ἐγώ, μόνον ἐρόμενος
ἔτι σέ, εἴ σοι ὥσπερ τὸ πρῶτον ἔτι δοκοῦσιν εἶναί
τινες ἄνθρωποι ἀμαθέστατοι μέν, ἀνδρειότατοι δέ. 8α
Φιλονικεῖν μοι, ἔφη, δοκεῖς, ὦ Σώκρατες, τὸ ἐμὲ εἶναι
τὸν ἀποκρινόμενον· χαριοῦμαι οὖν σοι, καὶ λέγω ὅτι
ἐκ τῶν ὡμολογημένων ἀδύνατόν μοι δοκεῖ εἶναι.

XL. Οὗτοι, ἦν δ' ἐγώ, ἄλλου ἕνεκα ἐρωτῶ πάντα
ταῦτα, ἢ σκέψασθαι βουλόμενος, πῶς
ποτ' ἔχει τὰ περὶ τῆς ἀρετῆς καὶ τί ποτ'
ἐστὶν αὐτὸ ἡ ἀρετή. οἶδα γὰρ ὅτι τούτου

*Conclusion.
Socrates and
Protagoras have
both veered
round to the op-*

361 φανεροῦ | γενομένου μάλιστ' ἂν κατά- *posite of that
from which they* 5
δηλον γένοιτο ἐκεῖνο, περὶ οὗ ἐγώ τε καὶ σὺ *started.*
μακρὸν λόγον ἑκάτερος ἀπετείναμεν, ἐγὼ μὲν λέγων
ὡς οὐ διδακτὸν ἀρετή, σὺ δ' ὡς διδακτόν. καί μοι
δοκεῖ ἡμῶν ἡ ἄρτι ἔξοδος τῶν λόγων ὥσπερ ἄνθρωπος
κατηγορεῖν τε καὶ καταγελᾶν, καὶ εἰ φωνὴν λάβοι, 10
εἰπεῖν ἂν ὅτι ἄτοποί γ' ἐστέ, ὦ Σώκρατές τε καὶ
Πρωταγόρα· σὺ μὲν λέγων ὅτι οὐ διδακτόν ἐστιν
ἀρετὴ ἐν τοῖς ἔμπροσθεν, νῦν σεαυτῷ τἀναντία σπεύ-
B δεις, ἐπιχειρῶν ἀποδεῖξαι ὡς πάντα χρήματα ἐστὶν
ἐπιστήμη, καὶ ἡ δικαιοσύνη καὶ ἡ σωφροσύνη καὶ ἡ 15
ἀνδρεία, ᾧ τρόπῳ μάλιστ' ἂν διδακτὸν φανείη ἡ ἀρετή·
εἰ μὲν γὰρ ἄλλο τι ἦν ἢ ἐπιστήμη ἡ ἀρετή, ὥσπερ Πρω-
ταγόρας ἐπεχείρει λέγειν, σαφῶς οὐκ ἂν ἦν διδακτόν·
νῦν δὲ εἰ φανήσεται ἐπιστήμη ὅλον, ὡς σὺ σπεύδεις, ὦ
Σώκρατες, θαυμάσιον ἔσται μὴ διδακτὸν ὄν. Πρω- 20
ταγόρας δ' αὖ διδακτὸν τότε ὑποθέμενος νῦν τοὐναντίον
C ἔοικεν σπεύδοντι, ὀλίγου πάντα μᾶλλον φανῆναι αὐτὸ
ἢ ἐπιστήμην· καὶ οὕτως ἂν ἥκιστα εἴη διδακτόν. ἐγὼ

οὖν, ὦ Πρωταγόρα, πάντα ταῦτα καθορῶν ἄνω κάτω
25 ταραττόμενα δεινῶς, πᾶσαν προθυμίαν ἔχω καταφανῆ
αὐτὰ γενέσθαι. καὶ βουλοίμην ἂν ταῦτα διεξελθόντας
ἡμᾶς ἐξελθεῖν καὶ ἐπὶ τὴν ἀρετὴν ὅ τι ἔστι, καὶ πάλιν
ἐπισκέψασθαι περὶ αὐτοῦ, εἴτε διδακτὸν εἴτε μὴ
διδακτόν, μὴ πολλάκις ἡμᾶς ὁ Ἐπιμηθεὺς ἐκεῖνος καὶ
30 ἐν τῇ σκέψει σφήλῃ ἐξαπατήσας, ὥσπερ καὶ ἐν τῇ D
διανομῇ ἠμέλησεν ἡμῶν, ὡς φῂς σύ. ἤρεσεν οὖν μοι
καὶ ἐν τῷ μύθῳ ὁ Προμηθεὺς μᾶλλον τοῦ Ἐπιμηθέως·
ᾧ χρώμενος ἐγὼ καὶ προμηθούμενος ὑπὲρ τοῦ βίου
τοῦ ἐμαυτοῦ παντὸς πάντα ταῦτα πραγματεύομαι, καὶ
35 εἰ σὺ ἐθέλοις, ὅπερ καὶ κατ' ἀρχὰς ἔλεγον, μετὰ σοῦ
ἂν ἥδιστα ταῦτα συνδιασκοποίην. καὶ ὁ Πρωταγόρας,
Ἐγὼ μέν, ἔφη, ὦ Σώκρατες, ἐπαινῶ σου τὴν προθυ-
μίαν καὶ τὴν διέξοδον τῶν λόγων. καὶ γὰρ οὔτε τἆλλα E
οἶμαι κακὸς εἶναι ἄνθρωπος, φθονερός τε ἥκιστ' ἀν-
40 θρώπων, ἐπεὶ καὶ περὶ σοῦ πρὸς πολλοὺς δὴ εἴρηκα,
ὅτι ὧν ἐντυγχάνω πολὺ μάλιστα ἄγαμαι σέ, τῶν μὲν
τηλικούτων καὶ πάνυ· καὶ λέγω γε ὅτι οὐκ ἂν θαυ-
μάζοιμι, εἰ τῶν ἐλλογίμων γένοιο ἀνδρῶν ἐπὶ σοφίᾳ.
καὶ περὶ τούτων δὲ εἰσαῦθις, ὅταν βούλῃ, διέξιμεν·
45 νῦν δ' ὥρα ἤδη καὶ ἐπ' ἄλλο τι | τρέπεσθαι. Ἀλλ', ἦν 362
δ' ἐγώ, οὕτω χρὴ ποιεῖν, εἴ σοι δοκεῖ. καὶ γὰρ ἐμοὶ
οἷπερ ἔφην ἰέναι πάλαι ὥρα, ἀλλὰ Καλλίᾳ τῷ καλῷ
χαριζόμενος παρέμεινα.

ταῦτ' εἰπόντες καὶ ἀκούσαντες ἀπῇμεν.

NOTES.

Πρωταγόρας ἢ σοφισταί· ἐνδεικτικός. This is how the title
appears in B, except that ἐνδεικτικος (which is absent in T) is appa-
rently from a later hand¹. Plato probably called the dialogue
Πρωταγόρας (compare the titles Crito, Euthyphro, etc.—the majority
of the dialogues are named after an interlocutor): the words ἢ
σοφισταί and ἐνδεικτικός were added by Thrasylus, whose date is
about the Christian era. The Protagoras is the sole example of an
'endeictic' dialogue: it is so called because it was thought to be an
arraignment (ἔνδειξις) of the Sophists. That this is the meaning
of ἐνδεικτικός, and not ' probative', can be inferred from the fact that
Albinus used ἐλεγκτικός in its place (εἰσαγωγὴ εἰς τοὺς Πλάτωνος
διαλόγους Ch. v. Cobet takes the right view: see his edition of
Diog. Laert. III 51). The arrangement of the Platonic dialogues
into tetralogies is also probably due to Thrasylus. The Protagoras
is the second dialogue of the sixth tetralogy, the others being
(1) Euthydemus, (3) Gorgias, (4) Meno. See Grote's Plato, Vol. I
p. 158 foll.

CHAPTER I.

Socrates meets a friend, who asks him to describe his interview
with Protagoras.

1. πόθεν—ὥραν. The opening words of Cicero's translation of 309 A
the Protagoras are preserved by Priscian (VI 63): "quid tu? unde
tandem appares, o Socrate? an id quidem dubium non est, quin ab

---

¹ B denotes the Bodleian MS=Bekker's 𝔄: T a manuscript in the library of St
Mark's at Venice (append. class. 4 cod. 1)=Bekker's t. The former is the best
representative of the MSS of the first class: the latter is supposed by Schanz to
be the source of all the MSS of the second class.

76   *NOTES ON*   I 309 A

Alcibiade?" ἦ=Latin an? introduces a second question intended to forestall Socrates' answer to the first: compare Apol. 26 B πῶς με φῂς διαφθείρειν, ὦ Μέλητε, τοὺς νεωτέρους; ἢ δῆλον δὴ ὅτι κτλ.;

2. κυνηγεσίου—ὥραν. For the metaphor in κυνηγεσίου Sauppe quotes Soph. 222 D τῇ τῶν ἐρώντων θήρᾳ τὸν νοῦν, ὡς ἔοικας, οὔπω προσέσχες and Xen. Mem. I 2. 24 Ἀλκιβιάδης—διὰ μὲν κάλλος—θηρώμενος κτλ. τοῦ περὶ τὴν Ἀλκιβιάδου ὥραν (=τὸν ὡραῖον Ἀλκιβιάδην, cf. βίη Ἡρακλείη for βίαιος Ἡρακλῆς) is a slight παρὰ προσδοκίαν as in the English: 'From hunting, no doubt—after the young and blooming Alcibiades'. It was part of Socrates' habitual irony to pretend to be in love with young men of ability (cf. the words of Alcibiades in Symp. 216 D Σωκράτης ἐρωτικῶς διάκειται τῶν καλῶν καὶ ἀεὶ περὶ τούτους ἐστὶ καὶ ἐκπέπληκται and 216 E: see also infra, note on 310 A line 38).

3. καὶ μὴν μοι καί. καὶ μήν is merely 'well' as in Phaedo 84 D καὶ μήν—τἀληθῆ σοι ἐρῶ. The second καί goes with πρώην: 'well, it was only the other day that I saw him etc.' In the next line καλὸς ἀνήρ is in the predicate: the readings of Bekker (ἀνήρ) and Athenaeus (ὁ ἀνήρ) are less good. ἀνὴρ μέντοι is 'but yet a man')(παῖς. At the age of 18 an Athenian εἰς ἄνδρας ἐνεγράφετο.

5. ὥς γ' ἐν αὑτοῖς ἡμῖν—ὑποπιμπλάμενος. αὐτοῖς=μόνοις is emphatic as in the usual αὐτοὶ γάρ ἐσμεν and therefore precedes ἡμῖν. ὥς γ' ἐν αὑτοῖς ἡμῖν εἰρῆσθαι apologises for ἀνὴρ μέντοι: for this use of ὥς γε cf. Euthyd. 307 A ὥς γε πρὸς σὲ τἀληθῆ εἰρῆσθαι and infra 339 E: καί in καὶ πώγωνος is 'and' not 'even'. ὑπο- in ὑποπιμπλάμενος is diminutive, like sub- in Latin. So in 312 A ἤδη γὰρ ὑπέφαινέν τι ἡμέρας.

7. οὐ σὺ μέντοι. "In interrogationibus haec particula" (μέντοι) "ita cum οὐ negatione coniungitur, ut gravissima sententiae vox intercedat, quo modo aliquis eis quae ex altero quaerit summam veritatis ingerit speciem" (Hoefer, de particulis Platonicis, p. 34). The idiom is very frequent in Plato, e.g. Rep. I 339 B, Crat. 439 A, Theaet. 163 E. Translate 'You don't mean to say that *you* disapprove of Homer'.

309 B   **8. ὃς ἔφη χαριεστάτην ἥβην κτλ.** Homer Il. XXIV 348 and Od. X 279 πρῶτον ὑπηνήτῃ τοῦπερ χαριεστάτη ἥβη. To insert τὴν (with Hirschig) before ἥβην would make the reference to Homer less precise. The line in Homer refers to Hermes, and Sauppe quotes Clement to shew that sculptors modelled their busts of Hermes after Alcibiades.

12. **εὖ ἔμοιγε ἔδοξεν**, sc. **διακεῖσθαι.** Socrates replies to his friend's second question (καὶ πῶς πρὸς σὲ ὁ νεανίας διάκειται;) first, and to his first question (ἦ παρ' ἐκείνου φαίνει;) second, in the words καὶ οὖν καὶ ἄρτι ἀπ' ἐκείνου ἔρχομαι, where **οὖν** marks the regression to the earlier inquiry. Both B and T read **ἄρχομαι** by mistake for **ἔρχομαι**: **ἔρχομαι** is found in a Vienna codex (suppl. phil. gr. 7) which Kral and Wohlrab place along with B in the first class of MSS.

16. **οὔτε προσεῖχον—ἐπελανθανόμην τε.** **τε** following **οὔτε** throws emphasis on the second clause: e.g. Apol. 26 C *παντάπασί με φῂς οὔτε αὐτὸν νομίζειν θεοὺς τούς τε ἄλλους ταῦτα διδάσκειν.* The idiom is very common in Plato (e.g. infra 347 E, 360 D, 361 E) and corresponds to neque—que or (more frequently) neque—et in Latin. For the interchange of pronouns ἐκείνου—αὐτοῦ see on 310 D.

21. **καὶ πολύ γε**, i.e. **καλλίονι ἐνέτυχον.**   309 C

25. **'Αβδηρίτῃ.** Abdera, on the coast of Thrace, was the birthplace of Democritus and of Protagoras. The reputation of the city for heaviness and stupidity seems not to be earlier than the age of Demosthenes: see pseudo-Dem. *περὶ τῶν πρὸς 'Αλέξανδρον* 23 *ὥσπερ ἐν 'Αβδηρίταις ἢ Μαρωνείταις ἀλλ' οὐκ ἐν 'Αθηναίοις πολιτευόμενοι* and Cic. ad Atticum VII 7. 4.

27. **υἱέος.** Schanz writes *υἱέος* in conformity with the general usage of inscriptions about Plato's time, but MSS upon the whole favour *υἱέος*: see the Editor's note on Crito 45 C.

28. **τὸ σοφώτατον.** So the MSS: Schanz and others read *σοφώτερον*, apparently the reading of Ficinus, who translates the word by *sapientius.* Socrates however is thinking of Protagoras, who is not *σοφός*, but *σοφώτατος* (line 32): the effect of the neuter *τὸ σοφώτατον* is to generalise the statement into a kind of adage. *σοφώτερον* would introduce a somewhat frigid comparison between Alcibiades and Protagoras in respect of wisdom; and it should also be noted that the MSS reading *σοφώτατον* was more likely to be changed to *σοφώτερον* by mistake than vice versa. There may be an allusion to some proverbial form of speech resembling that in Theognis 255 *κάλλιστον τὸ δικαιότατον· λῷστον δ' ὑγιαίνειν κτλ.*: cf. also the Scholium referred to in Gorg. 451 E. The sentiment is an interesting anticipation of the Stoic paradoxes as to the beauty of the wise man.

30. **ἀλλ' ἦ** expresses surprise and interest: 'What! have you just left etc.' So in Gorg. 447 A **ἀλλ' ἦ τὸ λεγόμενον κατόπιν**

ἑορτῆς ἥκομεν; Presently μὲν οὖν is as usual corrective: see on Apol. 26 B.

309 D   33. σοφώτατος εἶναι Πρωταγόρας. The interest is sustained by reserving the name of Protagoras to the end.

310 A   37. πάνυ γε πολλὰ καὶ εἰπών κτλ. Sauppe places a comma after πάνυ γε, but it suits the rapid movement of the dialogue better to take πάνυ with πολλά.

38. τί οὖν οὐ διηγήσω. Literally 'why didn't you relate', i.e. 'tell us at once'. So in 317 D τί οὖν—οὐ καὶ Πρόδικον καὶ Ἱππίαν ἐκαλέσαμεν; This construction of τί οὐ and τί οὖν οὐ is common in animated conversational style, especially with the second person: e.g. Gorg. 503 B τί οὐχὶ καὶ ἐμοὶ αὐτὸν ἔφρασας τίς ἐστιν; = φράσον ὅτι ταχιστα—οὐκ ἂν φθάνοις φράζων as Thompson remarks.

τὴν ξυνουσίαν recalls συγγεγονώς in line 36. The continual use of the words συνεῖναι, συγγίγνεσθαι, πλησιάζειν, ἰέναι ἐπί, ἐρᾶν and the like to denote the relation between learner and teacher in Plato's dialogues depends upon the conception of the philosophical impulse as ἔρως: see Symp. 210.

39. ἐξαναστήσας τὸν παῖδα τουτονί. The slave was doubtless in attendance on the Friend.

42. ἀκούητε. From this, as well as from ἡμεῖς and ἀκούετε, it appears that the Friend was not the only listener.

44. διπλῆ ἂν εἴη ἡ χάρις. The expression is almost proverbial: cf. (with Schneidewin on Soph. Phil. 1370) Eur. Rhesus 162—163 παντὶ γὰρ προσκείμενον κέρδος πρὸς ἔργῳ τὴν χάριν τίκτει διπλῆν, and Eur. Suppl. 333—334 τῷδέ τ' εἴρηκας καλῶς κἀμοί· διπλοῦν δὲ χάρμα γίγνεται τόδε.

CHAPTER II.

Socrates begins his story. Hippocrates called on him at an early hour and entreated him to apply to Protagoras on his behalf.

1. ἔτι βαθέος ὄρθρου. ὄρθρος βαθύς is the period just before daybreak: ὄρθρος is the morning twilight, and βαθύς implies that it was more dark than light: Crito 43 A. A similar use of βαθύς is seen in the expressions βαθεῖα νύξ and βαθεῖα ἑσπέρα.

2. Ἱπποκράτης—Φάσωνος δὲ ἀδελφός. Hippocrates is known only from this dialogue. δέ without preceding μέν is regular in such twofold descriptions of a person: Sauppe refers to Aesch. Pers. 151 μήτηρ βασιλέως, βασίλεια δ' ἐμή and Hdt. VII 10 πατρὶ τῷ σῷ,

ἀδελφιῷ δὲ ἐμῷ Δαρείῳ, ἠγόρευον.   The use of δέ in μᾶλλον δέ = 'vel potius' is the same.

5. ἤει ἐπειγόμενος. So BT: neither in the 3rd singular of such 310B forms nor elsewhere do Plato's MSS always avoid hiatus. Schanz (Vol. XII p. xv) would insert the ν ἐφελκυστικόν in such forms before a vowel, unless a pause follows.

9. 'Ἱπποκράτης. ἔφην, οὗτος. We have followed Heindorf in printing a full stop after οὗτος. Heindorf (following Ficinus) correctly takes the words as an aside; Socrates recognises Hippocrates by his voice. The neuter comparative of νέος regularly implies that the new is worse than the old: see on Euthyphr. 2 A.

10. εἰ μὴ ἀγαθά γε. Compare Ar. Knights 186 μῶν ἐκ καλῶν εἶ κἀγαθῶν; μὰ τοὺς θεούς, εἰ μὴ 'κ πονηρῶν γε and Blaydes in loc. The idiom originally meant 'unless by νεώτερα you mean ἀγαθά', which would be a contradiction in terms, since νεώτερον is κακόν. Preceded by οὐδέν it has come to mean little more than 'except good'.

12. πρῴην: see 309 D τρίτην γε ἤδη ἡμέραν.

14. ἑσπέρας γε: χθές is unnecessary, as the Athenians counted the interval between two sunsets as one day (Kroschel, referring to Varro ap. Gell. Noct. Att. III 2. 4).

ἐπιψηλαφήσας τοῦ σκίμποδος. The σκίμπους was a low stool 310 C or bed. According to a Scholiast on Ar. Clouds 254 the word means properly a 'lame stool' (χωλὸν κραββάτιον) and is connected with σκιμπάζειν = χωλαίνειν. ἐπιψηλαφῶ is followed by the accusative where it does not (as here) contain the idea of search for, e.g. in Rep. II 360 A (ἐπιψηλαφῶντα τὸν δακτύλιον).

17. Οἰνόης. Oenoe (probably = the Wine-country) was a δῆμος in the φυλὴ Ἱπποθοωντίς, near Eleutherae, on the road to Thebes. The slave had endeavoured to escape across the frontier into Boeotia. There was another δῆμος of the same name near Marathon, belonging to the φυλὴ Αἰαντίς.

19. ἐπειδὴ δὲ ἦλθον. For this sense of ἔρχομαι ('come back') Heindorf quotes Lysias ὑπὲρ Μαντιθέου § 4 ἀλλ' ἤλθομεν πρὶν τοὺς ἀπὸ Φυλῆς εἰς τὸν Πειραιᾶ κατελθεῖν πρότερον πένθ' ἡμέραις.

21. ἀδελφος. So (not ἀδελφός) the MSS. The article is not rarely omitted with names denoting relation, as we usually omit it with 'father' and 'mother'. See Kuhner's Griechische Grammatik II p. 522. The force of ἔτι is 'late though it was'. δέ is commonly omitted after ἔπειτα and εἶτα: so infra 350 D πρῶτον

μὲν γάρ—ἔπειτα : Symp. 211 A πρῶτον μὲν ἀεὶ ὅν—ἔπειτα οὐ τῇ μὲν καλόν, τῇ δ' αἰσχρόν.

310D   23. πόρρω τῶν νυκτῶν. The plural is idiomatic: cf. Symp. 217 D διελεγόμην ἀεὶ πόρρω τῶν νυκτῶν: Ar. Clouds 2 ὦ Ζεῦ βασιλεῦ τὸ χρῆμα τῶν νυκτῶν ὅσον. So μέσαι νύκτες for 'midnight'. " In quibus loquendi formulis" remarks Heindorf " νύκτες horas nocturnas denotant ".

24. ὁ ὕπνος ἀνῆκεν is modelled on Homer (e.g. Il. II 71 ἐμὲ δὲ γλυκὺς ὕπνος ἀνῆκεν), but Plato gives a different turn to ἀνῆκεν by adding ἐκ τοῦ κόπου, where ἐκ is 'from', not 'after' (as Stallbaum thinks). Note presently that οὕτω to introduce the apodosis after participles is especially common in Plato: cf. infra 314 C, 326 D.

26. ἀνδρείαν. ἀνδρεῖος occurs in much the same sense in Meno 81 D οὐδὲν κωλύει—τἆλλα πάντα αὐτὸν ἀνευρεῖν, ἐάν τις ἀνδρεῖος ᾖ καὶ μὴ ἀποκάμνῃ ζητῶν. σοί is emphatic and should therefore be accented, like σέ in line 31.

27. ἀδικεῖ. ἀδικεῖν is often used of a past injury because the injury is regarded as continuing till atonement is made: see on Crito 50 C.

30. ἂν αὐτῷ διδῷς ἀργύριον καὶ πείθῃς ἐκεῖνον. For the variation of pronouns cf. Euthyphr. 14 D ἀλλά μοι λέξον τίς αὕτη ἡ ὑπηρεσία ἐστὶ τοῖς θεοῖς; αἰτεῖν τε φῂς αὐτοὺς καὶ διδόναι ἐκείνοις; supra 309 B and infra 318 C. The change is most frequent where the second pronoun is different in case from the first: compare Classen on Thuc. I 132. 5. Cobet ejects the words καὶ πείθῃς ἐκεῖνον, but they are supported by the parallel expression of 311 D ἂν μὲν ἐξικνῆται τὰ ἡμέτερα χρήματα καὶ τούτοις πείθωμεν αὐτόν.

31. ὦ Ζεῦ καὶ θεοί : i.e. καὶ οἱ ἄλλοι θεοί. The exclamation is common : see Blaydes on Ar. Plutus 1.

32. ἐν τούτῳ εἴη. Cf. 354 E and 356 D εἰ οὖν ἐν τούτῳ ἡμῖν ἦν τὸ εὖ πράττειν.

310E   33. οὔτε τῶν φίλων. The English idiom would lead us to expect οὔτε τῶν τῶν φίλων: but in Greek the double article is avoided by substituting 'my friends' for 'my friends' property'. Analogous is the usage known as *comparatio compendiaria*, e.g. κόμαι Χαρίτεσσιν ὁμοῖαι (Il. XVII 51), where 'the Graces' is put for 'the Graces' hair'.

ἀλλ' αὐτὰ ταῦτα. See on Apol. 23 B. ταῦτα = διὰ ταῦτα is frequent in Plato and Aristophanes.

37. ὅτε τὸ πρότερον ἐπεδήμησεν. Probably about 445 B.C., if

the date of action of the dialogue is 433—432. (See Introd. p. xxxvi.)
Protagoras went to Thurii in 443 B.C. being charged by Pericles to
draw up a code of laws for the new colony.

41. **Καλλίᾳ τῷ Ἱππονίκου.** Callias, son of Hipponicus, be- 311 A
longed to one of the richest families in Athens (infra 337 D αὐτῆς
τῆς πόλεως—τὸν μέγιστον καὶ ὀλβιώτατον οἶκον τόνδε). His devotion
to the 'Sophists' in general is remarked upon in Apol. 20 Λ ἀνδρὶ
ὃς τετέλεκε χρήματα σοφισταῖς πλείω ἢ ξύμπαντες οἱ ἄλλοι, Καλλίᾳ
τῷ Ἱππονίκου (cf. Crat. 391 B): but he seems to have been particu-
larly attached to the doctrines of Protagoras: see Theaet. 164 E
οὐ γὰρ ἐγώ, ὦ Σώκρατες, ἀλλὰ μᾶλλον Καλλίας ὁ Ἱππονίκου τῶν
ἐκείνου (i.e. Πρωταγόρου λόγων) ἐπίτροπος. One of his two sons
(Apol. 20 A), Protarchus, appears as an interlocutor in the Philebus.
In 393—392 Callias was associated with Iphicrates in the command
of the Athenian forces at Corinth, and as late as 371 we find him
acting as ambassador to Sparta (Xen. Hell. VI 4). It appears that
he spent all his money and died in actual want (Athenaeus XII 52).

42. **μήπω, ὠγαθέ.** The MSS have μήπω ἀγαθέ: probably the
archetype had μήπωγαθέ, by a natural mistake. Cobet rejects
ἐκεῖσε ἴωμεν, reading μήπω γε, on the ground that with μήπω γε
the Greek idiom does not repeat the verb: but there is no proof
that the verb could not be expressed with μήπω (without γε).

43. **δεῦρο ἐξαναστῶμεν εἰς τὴν αὐλήν.** Herwerden needlessly
suggests that ἐξαναστάντες should be read, or εἰς τὴν αὐλήν rejected:
εἰς τὴν αὐλήν goes with ἐξαναστῶμεν: cf. ἐμὲ δὲ δεῖ ποι ἐξαναστῆναι
in Theages 129 B. δεῦρο we should translate by 'here': 'let us
rise and go out into the court here'. Classic Greek does not admit
of τῇδε in such a case: see Cobet's Novae Lectiones p. 91.

CHAPTER III.

Socrates cross-examines Hippocrates as to his purpose in putting
himself under Protagoras, and elicits from him that his object is
liberal education.

1. **ἀναστάντες εἰς τὴν αὐλήν.** For ἀναστάντες after ἐξανα-
στῶμεν cf. infra 314 C where ἐπιστάντες is followed by στάντες,
328 E ἐπεκδιδάξει—ἐξεδίδαξεν : 351 C διεξελθόντας—ἐξελθεῖν: Phaedo
104 D ἐπὶ τὸ τοιοῦτον δή, φαμέν, ἡ ἐναντία ἰδέα ἐκείνῃ τῇ μορφῇ,
ἢ ἂν τοῦτο ἀπεργάζηται, οὐδέποτ' ἂν ἔλθοι—εἰργάζετο δέ γε ἡ
περιττή; Euthyd. 281 C οὐκ ἐλάττω πράττων ἐλάττω ἂν ἐξαμαρτάνοι,

ἐλάττω δὲ ἁμαρτάνων ἧττον ἂν κακῶς πράττοι and Rep. I 336 E: Phaedo 59 B: Crito 44 D: Crat. 399 A—B.

311 B   2. ἀποπειρώμενος—διεσκόπουν. ῥώμη of strength of will and resolution (cf. ἀνδρεία above 310 D) as in Polit. 259 C πρὸς τὴν τῆς ψυχῆς σύνεσιν καὶ ῥώμην. γνώμης, the suggestion of Hoenebeek, would be much less forcible and exact.

8. ὥσπερ ἂν εἰ κτλ. ἂν goes with ἀπεκρίνω in line 13. The application of the similes follows in D, and each illustration contains two subordinate protases, viz. (in B) (1) εἰ ἐπενόεις—ἐκείνῳ, (2) εἴ τίς σε ἤρετο, and (in C) (1) εἰ δὲ—ἐκείνοις, (2) εἴ τίς σε ἤρετο. With this multiplication of protases Heindorf compares Meno 74 B μανθάνεις γάρ που ὅτι οὑτωσὶ ἔχει περὶ παντός· εἴ τίς σε ἀνέροιτο τοῦτο ὃ νῦν δὴ ἐγὼ ἔλεγον, τί ἐστι σχῆμα, ὦ Μένων; εἰ αὐτῷ εἶπες ὅτι στρογγυλότης, εἴ σοι εἶπεν ἅπερ ἐγώ, πότερον σχῆμα ἡ στρογγυλότης ἐστὶν ἢ σχῆμά τι; εἶπες δή που ἂν ὅτι σχῆμά τι. The reasoning from analogy is quite in Socrates' style: see for example Gorg. 448 B foll.

9. Ἱπποκράτη—τὸν τῶν Ἀσκληπιαδῶν. It is unnecessary (with Naber) to bracket Ἱπποκράτη. Hippocrates, the founder of medical science, born about 460 B.C. in Cos, was at the height of his renown about the year 400. He is referred to also in Phaedrus 270 C (εἰ μὲν οὖν Ἱπποκράτει γε τῷ τῶν Ἀσκληπιαδῶν δεῖ τι πείθεσθαι) as holding the view that the human body could not be understood apart from ἡ τοῦ ὅλου φύσις. The expression τὸν τῶν Ἀσκληπιαδῶν constituted a sort of medical degree, since it marked a man as one of the 'sons of Asclepius'—a recognised school of medicine in Cos and Cnidus. See Blümner Griechische Privatalterthümer p. 354.

311 C   15. Πολυκλειτον—Φειδίαν. As Hippocrates was the leading doctor, so Polyclitus and Phidias were the foremost sculptors of the fifth century B.C. in Greece. Polyclitus is not elsewhere mentioned in Plato (except infra 328 C): according to Pliny (Nat. Hist. XXXIV 55) he was born at Sicyon, but Argos was the centre of his school. Phidias is referred to in Meno 91 D οἶδα γὰρ ἄνδρα ἕνα Πρωταγόραν πλείω χρήματα κτησάμενον ἀπὸ ταύτης τῆς σοφίας ἢ Φειδίαν τε, ὃς οὕτω περιφανῶς καλὰ ἔργα εἰργάζετο, καὶ ἄλλους δέκα τῶν ἀνδριαντοποιῶν and in Hipp. Maior 290 A—D.

21. εἶεν—παρὰ δὲ δή. εἶεν is explained by Timaeus in his Lexicon Vocum Platonicarum as expressing συγκατάθεσις μὲν των εἰρημένων, συναφὴ δὲ πρὸς τὰ μέλλοντα. According to the testimony of ancient grammarians the particle was pronounced εἶεν with inter-

vocalic aspiration as in ταῶς. See note on Apol. 18 E. The rough
breathing may possibly be due to popular etymology from εἶα ἔν,
ἔν being used as in ἐν μὲν τόδ' ἤδη τῶν τριῶν παλαισμάτων Aesch.
Eum. 589. In the best MS of the Republic (Paris A) εἰέν is regularly
written, and the same orthography is found in B, e.g. Gorg. 466 C.
δὲ δή is used to introduce the application as in 312 E. See also
note on 357 A infra.

24. ἂν μὲν ἐξικνῆται—καὶ τούτοις πείθωμεν αὐτόν, sc. ταῦτα 311 D
τελοῦντες or ἀναλίσκοντες. Heindorf compares Xen. Mem. III 9. 11
ὁπότε γάρ τις ὁμολογήσειε τοῦ μὲν ἄρχοντος εἶναι τὸ προστάττειν ὅ τι
χρὴ ποιεῖν, τοῦ δὲ ἀρχομένου τὸ πείθεσθαι, ἐπεδείκνυεν ἔν τε νηῒ τὸν
μὲν ἐπιστάμενον ἄρχοντα, τὸν δὲ ναύκληρον καὶ τοὺς ἄλλους τοὺς ἐν τῇ
νηῒ πάντας πειθομένους τῷ ἐπισταμένῳ—καὶ τοὺς ἄλλους πάντας, οἷς
ὑπάρχει τι ἐπιμελείας δεόμενον, ἂν μὲν αὐτοὶ ἡγῶνται ἐπίστασθαι ἐπι-
μελεῖσθαι (sc. τούτους ἐπιμελομένους), εἰ δὲ μή κτλ.

27. εἰπέ μοι, ὦ Σώκρατές τε καὶ 'Ιππόκρατες. ἄγε, φέρε, ἰδέ,
εἰπέ are not rarely used in addressing subjects in the plural. Com-
pare Ar. Peace 383 εἰπέ μοι τί πάσχετ' ὦνδρες : Pl. Euthyd. 283 B
εἰπέ μοι, ἔφη, ὦ Σώκρατές τε καὶ ὑμεῖς οἱ ἄλλοι. The exhortation or
command is in general primarily addressed to one man : contrast
however infra 330 B and Lach. 186 E σὺ δ', ὦ Λάχης καὶ Νικία,
εἴπετον ἡμῖν ἑκάτερος.

30. ἄλλο γε, i.e. other than the name ' Protagoras '. It is more 311 E
in accordance with Plato's usage to make the first question end with
the first ἀκούομεν, and regard the ὥσπερ clause as introducing the
second question τί τοιοῦτον περὶ Πρωταγόρου ἀκούομεν ; This second
question is rejected by Cobet as spurious, but the punctuation which
we have adopted seems to remove the difficulty. The ὥσπερ clause
defines in advance the meaning of τοιοῦτον : for this and for the
asyndeton compare Sophist. 258 B—C πότερον οὖν—δεῖ θαρροῦντα
ἤδη λέγειν ὅτι τὸ μὴ ὄν βεβαίως ἐστὶ τὴν αὐτοῦ φύσιν ἔχον ; ὥσπερ τὸ
μέγα ἦν μέγα καὶ τὸ καλὸν ἦν καλὸν καὶ τὸ μὴ μέγα μὴ μέγα καὶ τὸ
μὴ καλὸν μὴ καλόν, οὕτω δὲ καὶ τὸ μὴ ὄν κατὰ ταὐτὸν ἦν τε καὶ ἔστι
μὴ ὄν, ἐνάριθμον τῶν πολλῶν ὄντων εἶδος ἔν ; Crat. 394 A—B : Theaet.
172 D with Heindorf's note. See also 330 A ὥσπερ τὰ τοῦ προσ-
ώπου, where the same punctuation should be adopted. In line 33
the MSS read ἠκούομεν by mistake for ἀκούομεν.

33. σοφιστήν—εἶναι. On σοφιστής see infra, note on 312 C. γε
implies that Protagoras *may* be a sophist only in name. εἶναι is
frequently used with verbs of naming : compare Lach. 192 A ὅ ἐν

πᾶσιν ὀνομάζεις ταχυτῆτα εἶναι. Cobet's suggestion to read εἶεν, ἔφη, ὡς for εἶναι, ἔφη. ὡς is ingenious but needless.

36. αὐτὸς δὲ δὴ—παρὰ τὸν Πρωταγόραν, sc. τί ἂν ἀποκρίναιο;

312 A   38. ὑπέφαινέν τι ἡμέρας. ὑποφαίνει ἡμέρα is used, as Heindorf says, *de die illucescente*. Here τι ἡμέρας = 'something of day', 'some daylight'.

39. εἰ μέν τι—ἔοικεν. Heindorf remarks that Stephanus' conjecture τοῦτο ἔοικεν is needless, the vague indefinite subject being frequently omitted. Comp. Crat. 387 D εἴπερ τι τοῖς ἔμπροσθεν μέλλει ὁμολογούμενον εἶναι. Phaedo 99 E ἴσως μὲν οὖν ᾧ εἰκάζω τρόπον τινὰ οὐκ ἔοικεν.

41. εἰς τοὺς Ἕλληνας σαυτόν. εἰς τοὺς Ἕλληνας goes with παρέχων: cf. Symp. 179 B ἱκανὴν μαρτυρίαν παρέχεται—εἰς τοὺς Ἕλληνας. Young men of fashion were fond of looking to Greek, as opposed to Athenian, public opinion. The MSS have αὐτόν, but the use of the third personal reflexive pronoun for the first and second in the singular number does not seem to be certain in Plato: and it is simplest to suppose that σ fell out after Ἕλληνας: Schanz Vol. VII p. xii.

44. ἀλλ' ἄρα—μὴ οὐ τοιαύτην. οὐ goes closely with τοιαύτην, and μή is virtually 'perhaps' (originally 'lest' as in ὅρα μή Theaet. 145 B): 'but perhaps after all (ἄρα) this is not the kind of learning which etc.' Compare Euthyd. 290 E ἀλλ' ἄρα—μὴ ὁ Κτήσιππος ἦν ὁ ταῦτ' εἰπών and Apol. 25 A ἀλλ' ἄρα—μὴ οἱ ἐν τῇ ἐκκλησίᾳ, οἱ ἐκκλησιασταί, διαφθείρουσι τοὺς νεωτέρους. Meno 89 C μὴ τοῦτο οὐ καλῶς ὡμολογήσαμεν. In all of these passages it is better to take μή in this way than as equivalent to Latin *num*. From this use of μή grew up the use of μήποτε = 'perhaps', frequent in Aristotle and later, e.g. Eth. Nic. X 2 1173ᵃ 22 μή ποτ' οὐ λέγουσιν τὸ αἴτιον.

312 B   46. οἷαπερ ἡ παρά is the reading of T: B has οἷα περί. The γραμματισταί of Athens were Schoolmasters, who besides teaching reading and writing (cf. infra 326 D) translated (ἑρμηνεύειν) Homer and interpreted his γλῶτται. They were distinct from the γραμματικοί or κριτικοί who pursued more scientific literary and grammatical studies. The κιθαριστής and γραμματιστής between them taught μουσική, and the παιδοτρίβης γυμναστική; and μουσική and γυμναστική were the two parts of παιδεία or liberal education: Rep. II 376 E.

48. ἐπὶ τέχνῃ—ἀλλ' ἐπὶ παιδείᾳ: cf. 315 A ἐπὶ τέχνῃ μανθάνει, ὡς σοφιστὴς ἐσόμενος. The distinction between professional and liberal (ὡς τὸν ἰδιώτην καὶ τὸν ἐλεύθερον πρέπει) education is fre-

quently emphasized by Plato (see especially Laws I 643 D): his word for the latter is always παιδεία, cf. Gorg. 485 A, Rep. VI 492 C. The 'arts' are throughout the Republic looked on as βάναυσοι, and unfit for men whose souls are free.

CHAPTER IV.

Socrates continues his cross-examination, and reduces Hippocrates to ἀπορία.

3. **παρασχεῖν θεραπεῦσαι ἀνδρὶ σοφιστῇ.** The word παρέχω 312 C is often used of putting oneself in the hands of a doctor: compare Gorg. 456 B φάρμακον πιεῖν ἢ τεμεῖν ἢ καῦσαι παρασχεῖν τῷ ἰατρῷ. ἀνήρ is regularly used (mostly in a complimentary sense, real or feigned) with words which denote one's profession, standing or the like, e.g. ἀνὴρ μάντις, ἀνὴρ νομεύς, ἄνδρες δικασταί; compare Euthyphr. 15 D. For παρασχεῖν Cobet reads παρέχειν, but if MSS can be trusted, Plato used the aorist infinitive with μέλλω tolerably often: see Schanz Preface to Symposium p. vii.

7. **οὔτ' εἰ ἀγαθῷ οὔτ' εἰ κακῷ πράγματι.** So in Gorgias 520 B οὐκ ἐγχωρεῖν μέμφεσθαι τούτῳ τῷ πράγματι (their pupils) ὃ αὐτοὶ παιδεύουσιν. Here Socrates uses the most general form of expression because ex hypothesi nothing is yet known as to the sophist: cf. infra 330 C ἡ δικαιοσύνη πρᾶγμά τί ἐστιν ἢ οὐδὲν πρᾶγμα; Cases like Crito 53 D οὐκ οἴει ἀσχημον ἂν φανεῖσθαι τὸ τοῦ Σωκράτους πρᾶγμα; are somewhat different and contain a slight admixture of contempt: see the Editor's note in loc.

8. **οἶμαί γ' εἰδέναι.** Hippocrates οἴεται εἰδέναι μὴ εἰδώς: he is thus, according to Socrates, in the worst of all states: compare Apol. ch. VI foll. Socrates now proceeds to convict him of ignorance.

10. **ὥσπερ τοὔνομα λέγει—τῶν σοφῶν ἐπιστήμονα.** Hippocrates derives σοφιστής from σοφός and (ἐπ)ίστ(αμαι) "quasi sit ὁ τῶν σοφῶν ἴστης" (Heindorf, comparing the derivation of Ἥφαιστος in Crat. 407 C from Φάεος ἴστωρ). The correct derivation is perhaps given by Suidas s.v.: σοφιστὴς καὶ ὁ διδάσκαλος ὡς σοφίζων (cf. σωφρονίζω=make σώφρων), but -ίζω is very elastic in meaning, and σοφίζω may very well mean 'play the σοφός'.

14. **τῶν τί σοφῶν.** τῶν πρὸς τί σοφῶν would be more precise, 312 D but the accusative of reference is preferred for brevity. For the construction Kroschel compares Theages 125 C τῶν τί σοφῶν

συνουσίᾳ φῇς σοφοὺς εἶναι τοὺς τυράννους; where however σοφῶν is masculine. The neuter of σοφός is not here used ironically as in Theaet. 157 C παρατίθημι ἐκάστων τῶν σοφῶν ἀπογεύσασθαι.

17. ὁ δὲ σοφιστὴς τῶν τί σοφῶν ἐστιν. Heusde suggested ἐπιστήμων after ἐστιν, but the sense can be supplied out of the -ιστής of σοφιστής, according to the derivation of the word just given: the full sense is as it were ὁ δὲ σοφιστὴς τῶν τί σοφῶν ἐστιν (σοφ)ιστής.

18. τί ἂν ἀποκρινοίμεθα αὐτῷ. There is no need to change the verb to ἀποκριναίμεθα, as was done by Bekker to suit ἔροιτο: compare infra 354 A εἰ ἐροίμεθα—φαῖεν ἂν and Phaedr. 259 A εἰ οὖν ἴδοιεν—δικαίως ἂν καταγελῷεν.

ποίας ἐργασίας ἐπιστάτης. These words are not of course part of the imaginary questioner's interrogation, but are spoken by Socrates to help out Hippocrates' answer. Socrates suggests that Hippocrates should say that the sophist is ἐπιστάτης of some sort of ἐργασία, but in order that the answer should come from Hippocrates himself, he substitutes for the desired answer: '(The sophist is) ἐπιστάτης—of what kind of ἐργασία?' Hippocrates then replies by explaining the ἐργασία, viz. τὸ ποιῆσαι δεινὸν λέγειν. The full grammatical construction would be ποίας ἐργασίας ἐπιστάτης (ὅτι ἐστὶν ἀποκριναίμεθα ἂν αὐτῷ); If we take this view, it is not necessary to insert ἐστὶν after ἐπιστάτης (with Hirschig).

Note that ἐπιστάτης is substituted here for ἐπιστήμων: it is clear from Crito 47 B that Plato connected the two words—probably because both contain the syllable -ιστ- as in ἴστωρ: he frequently plays on the similarity of form between ἐπίσταμαι ἐπιστήμη and ἐπιστατεῖν: see the Editor's note on ἐπιστάτῃ καὶ ἐπαίοντι in the Crito l.c.

19. τί ἂν εἴποιμεν—ὦ Σώκρατες; Hippocrates is on the verge of ἀπορία, and merely throws out his suggestion ἐπιστάτην τοῦ ποιῆσαι δεινὸν λέγειν for what it is worth. The words ἐπιστάτην τοῦ ποιῆσαι δεινὸν λέγειν are strictly speaking a reply to the question of Socrates ποίας ἐργασίας ἐπιστάτης; for τοῦ ποιῆσαι δεινὸν λέγειν answers ποίας ἐργασίας, and but for the intervening clause (τί ἂν εἴποιμεν αὐτὸν εἶναι;) the word ἐπιστάτην would have been in the nominative.

Thus explained, the MSS reading need not be changed. The next best view is to read (with Schanz) τί ἂν <εἰ> εἴποιμεν αὐτὸν εἶναι, ὦ Σώκρατες, ἐπιστάτην τοῦ ποιῆσαι δεινὸν λέγειν;

23. ὥσπερ ὁ κιθαριστής κτλ. Compare Gorg. 449 E and 451 A
foll., where much the same reasoning is employed to discover τί ἐστι
τοῦτο τῶν ὄντων, περὶ οὗ οὗτοι οἱ λόγοι εἰσίν, οἷς ἡ ῥητορικὴ χρῆται
(Gorg. 451 D). Rhetoric and Sophistic were regarded by Plato
as sisters: cf. Gorg. 464 B foll. The clause ὥσπερ ὁ κιθαριστὴς κτλ.
is logically the protasis to εἶεν· ὁ δὲ δὴ σοφιστὴς κτλ.: see on 311 E
above.

25. εἶεν· ὁ δὲ δὴ σοφιστής. For εἶεν and δὲ δή see on 311 C 312 E
above.

27. δῆλον ὅτι περὶ οὗπερ καὶ ἐπίστασθαι. Stahl's emendation
(ἐπίστασθαι for ἐπίσταται), which had occurred to us independently,
seems to be certain. Most editions read ἢ δῆλον ὅτι περὶ οὗπερ καὶ
ἐπίσταται; inserting ἢ before δῆλον (with Heindorf) and giving the
words to Socrates, but it is surely more natural to regard them as
giving Hippocrates' reply to Socrates' question, in which case δῆλον
ὅτι is right. The MS reading ἐπίσταται gives a *non sequitur*; for the
harpist makes one δεινὸς λέγειν περὶ οὗπερ καὶ ἐπιστήμονα i.e. περὶ
οὗπερ καὶ ἐπίστασθαι, not περὶ οὗπερ καὶ ἐπιστήμων-ἐστὶν i.q.
ἐπίσταται. The next sentence τί δή ἐστι τοῦτο, περὶ οὗ αὐτός τε
ἐπιστήμων ἐστὶν ὁ σοφιστὴς καὶ τὸν μαθητὴν ποιεῖ (sc. ἐπίστασθαι); in
no way invalidates the reading ἐπίστασθαι: it is everywhere *assumed*
in the Platonic writings that he who makes others know has
knowledge himself: see for example Alcib. I 111 B οὐκ οἶσθ' ὅτι
χρὴ τοὺς μέλλοντας διδάσκειν ὁτιοῦν αὐτοὺς πρῶτον εἰδέναι; ἢ οὔ; πῶς
γὰρ οὔ; and ibid. 113 C, 118 C.

30. οὐκέτι. See below on οὐκέτι in 321 D.

CHAPTER V.

Socrates points out that Hippocrates is running a grave risk in
submitting himself to one of the 'Sophists' without knowing
what 'Sophist' means.

3. ἢ εἰ μὲν τὸ σῶμα κτλ. For ἢ compare Crito 50 E ἢ πρὸς 313 A
μὲν ἄρα σοι τὸν πατέρα—πρὸς δὲ τὴν πατρίδα ἄρα καὶ τοὺς νόμους
ἔσται σοι; and for the general form of the sentence Apol. 28 E
εἰ ὅτε μέν—τότε μέν—τοῦ δὲ θεοῦ τάττοντος—ἐνταῦθα δέ, Meno 94
C—D, Gorg. 512 A: see the Editor's note on Apol. l.c.

5. πολλὰ ἂν περιεσκέψω: but ἔδει in line 4 and παρεκάλεις in 8.
The effect is to represent the process of reflection by oneself as prior
to consultation with friends. Heindorf on Gorg. 514 D quotes a

parallel from the Theaetetus (144 E): ἀτὰρ εἰ, νῷν ἐχόντοιν ἑκατέρου λύραν, ἔφη αὐτὰς ἡρμόσθαι ὁμοίως, πότερον εὐθὺς ἂν ἐπιστεύομεν ἢ ἐπεσκεψάμεθα ἂν (i.e. should have inquired *first*) εἰ μουσικὸς ὢν λέγοι;

9. τὴν ψυχήν. Compare (with Heindorf) Rep. IX 583 E ὅ μεταξὺ ἄρα νῦν δὴ ἀμφοτέρων ἐφαμεν εἶναι, τὴν ἡσυχίαν, τοῦτό ποτε ἀμφότερα ἔσται. ἐν ᾧ presently is like ἐν τούτῳ in 310 D where see note: Heindorf cites Eur. Iph. T. 1057 καὶ τἀμ' ἂν ὑμῖν ἐστιν ἢ καλῶς ἔχειν ἢ μηδὲν εἶναι. For καὶ ἐν ᾧ we should at first sight expect καὶ ἐν αὐτῷ: for the Greek idiom is Relative + Anaphoric pronoun, not Relative + Relative when the two pronouns have the same antecedent and are connected by a conjunction: e.g. Gorg. 452 D τί ἐστι τοῦτο ὃ φῇς σὺ μέγιστον ἀγαθὸν εἶναι—καὶ σὲ δημιουργὸν εἶναι αὐτοῦ: see the Editor's note on Apol. 40 A. Here however the fact that the relative precedes its antecedent (ὃ δὲ περὶ πλείονος —περὶ δὲ τούτου) makes the rule inoperative; and there are other exceptions: e.g. Rep. II 374 B καὶ τῶν ἄλλων ἑνὶ ἑκάστῳ ὡσαύτως ἓν ἀπεδίδομεν, πρὸς ὃ πεφύκει ἕκαστος καὶ ἐφ' ᾧ ἔμελλε τῶν ἄλλων σχολὴν ἄγων διὰ βίου αὐτὸ ἐργαζόμενος—καλῶς ἀπεργάζεσθαι, and Theaet 192 B καὶ ὃ οἶδεν καὶ ὃ αἰσθάνεται (where however Bonitz rejects the second ὅ, perhaps rightly).

313 B   14. τῷ ἀφικομένῳ τούτῳ ξένῳ. Heindorf's suggestion τῷ ἀφικομένῳ τούτῳ τῷ ξένῳ would convey a somewhat different meaning, viz. 'this arrival, the foreigner'. The presence of ἀφικομένῳ renders the article after τούτῳ unnecessary: cf. infra 337 E τὸ ἀκριβὲς τοῦτο εἶδος. There is some contempt in τούτῳ=isti (see note on Apol. 45 A), and much scorn in τὴν σὴν ψυχήν, repeated slowly at the end of the clause.

15. ὄρθριος: the MSS have ὄρθριον by mistake. The adjectival construction of this word is found in Laws XII 961 B δεῖν δὲ ὄρθριον εἶναι τὸν σύλλογον.

20. γιγνώσκεις. The present is regularly used of being acquainted with a person: e.g. Phaedo 60 A Ξανθίππην, γιγνώσκεις γάρ: Theaet. 144 C ἀλλὰ σκόπει εἰ γιγνώσκεις αὐτόν. γιγνώσκω. In Plato the perfect is generally used of knowing *things:* e.g. Apol. 23 B ὅστις—ἔγνωκεν ὅτι κτλ., Euthyphr. 2 C τοσοῦτον πρᾶγμα ἐγνωκέναι.

οὔτε διελέξαι οὐδεπώποτε, sc. αὐτῷ: cf. on 313 A line 9 above.

313 C   22. ᾧ μέλλεις σαυτὸν ἐπιτρέπειν is wrongly rejected by Cobet.

The words are to be taken closely with τὸν δὲ σοφιστὴν ὅ τί ποτ' ἐστιν φαίνει ἀγνοῶν: that Hippocrates should entrust himself to that of which he knows nothing is the climax of Socrates' rebuke.

23. ἔοικεν: sc. εἶναι, i. e. be true (not ἐμὲ ἀγνοεῖν, which is doubtful Greek for ἔοικα ἀγνοεῖν). The subject is simply ' it ', as in Rep. I 333 C where ἔοικεν is similarly for ἔοικεν εἶναι.

25. τυγχάνει ὤν—ψυχῇ τρέφεται. τυγχάνει ὤν is virtually equivalent to 'really is': cf. Gorg. 468 D οἰόμενος ἄμεινον εἶναι αὐτῷ, τυγχάνει δὲ ὂν κάκιον, and note on Euthyphr. 4 E. The ἔμπορος is a travelling merchant who trades on a larger scale than the retail dealer or κάπηλος: see Rep. II 371 D ἦ οὐ καπήλους καλοῦμεν τοὺς πρὸς ὠνήν τε καὶ πρᾶσιν διακονοῦντας ἱδρυμένους ἐν ἀγορᾷ, τοὺς δὲ πλανήτας ἐπὶ τὰς πόλεις ἐμπόρους; The same account of the Sophist as ἔμπορός τις περὶ τὰ τῆς ψυχῆς μαθήματα (Soph. 231 E) is given in Soph. 223 C—224 E.

26. φαίνεται γὰρ ἔμοιγε τοιοῦτός τις. We follow Schleiermacher in giving these words to Socrates. Turner judiciously points out that γε in ἔμοιγε is only appropriate if Socrates speaks the words, and that Hippocrates could hardly assent till he knew what τροφὴ ψυχῆς meant.

28. ὅπως γε μὴ—ἐπαινῶν ἃ πωλεῖ ἐξαπατήσει. πωλεῖν is 'to have on sale': 'to sell' is ἀποδίδοσθαι. Cobet, Novae Lectiones p. 159. For ἐξαπατήσει the MSS have ἐξαπατήσῃ, but the 1st aor. conj. is very doubtful in Plato after ὅπως μή (see on the whole question Kühner's Griechische Grammatik II p. 899), and final -ῃ and -ει are frequently confused in the MSS.

30. ὁ ἔμπορός τε καὶ κάπηλος. ἔμπορός τε καὶ κάπηλος together 313 D make a plural, and according to strict logic would require a plural article; but ὁ is written by attraction instead of the grammatically impossible οἱ. Compare Symp. 186 c ὁ διαγιγνώσκων—τὸν καλόν τε καὶ αἰσχρὸν ἔρωτα: infra 355 E τὰ ὀνόματα—τὸ ἡδύ τε καὶ ἀνιαρόν.

42. τυγχάνεις ἐπιστήμων. τυγχάνεις has sunk to a mere 313 E copula. It is not necessary to insert ὤν after ἐπιστήμων, although it is only in a few cases that τυγχάνω (in this sense) occurs in Plato's MSS without the participle expressed, viz. Phaedr. 263 C μέγιστον τῶν ἀγαθῶν τυγχάνει: Gorg. 502 B εἰ δέ τι τυγχάνει ἀηδὲς καὶ ὠφέλιμον : Rep. II 369 B τυγχάνει ἡμῶν ἕκαστος οὐκ αὐτάρκης ἀλλὰ πολλῶν ἐνδεής : Alc. I 129 A ῥᾴδιον τυγχάνει τὸ γνῶναι ἑαυτόν : ibid. 133 A ἐκεῖνο ᾧ τοῦτο τυγχάνει ὅμοιον. In these cases (as here in the

Protagoras) it is easy to suppose that the participle has fallen out
from 'lipography': but in Hipp. Maior (perhaps pseudo-Platonic)
300 A and in Laws XI 918 C and Timaeus 61 C the participle cannot
be so easily supplied: and that the construction without the parti-
ciple was used in every-day speech appears from Ar. Eccl. 1141
καὶ τῶν θεατῶν εἴ τις εὔνους τυγχάνει. See Rutherford's New
Phrynichus p. 342.

45. περὶ τοῖς φιλτάτοις. τὰ φίλτατα is used here of the soul's
health as in Gorg. 513 A σὺν τοῖς φιλτάτοις ἡ αἵρεσις ἡμῖν ἔσται ταύτης
τῆς δυνάμεως τῆς ἐν τῇ πόλει.

314 A   46. κυβεύῃς τε καὶ κινδυνεύῃς. Cobet rejects τε καὶ κινδυνεύῃς,
but Plato often puts metaphor and interpretation side by side.
Compare infra 314 B ἐν αὐτῇ τῇ ψυχῇ λαβόντα καὶ μαθόντα (where
Deuschle wrongly rejected καὶ μαθόντα): 334 D σύντεμνέ μοι τὰς
ἀποκρίσεις καὶ βραχυτέρας ποίει. Euthyd. 297 C πολὺ γάρ πού
εἰμι φαυλότερος τοῦ Ἡρακλέους, ὃς οὐχ οἷός τε ἦν τῇ τε ὕδρᾳ διαμά-
χεσθαι, σοφιστρίᾳ οὔσῃ καὶ διὰ τὴν σοφίαν ἀνιείσῃ, εἰ μίαν κεφαλὴν
ἀποτμηθείη τοῦ λόγου, πολλὰς ἀντὶ τῆς μιᾶς, καὶ καρκίνῳ τινὶ ἑτέρῳ
σοφιστῇ...ὃς ἐπειδὴ αὐτὸν ἐλύπει οὕτως ἐκ τοῦ ἐπ' ἀριστερὰ λέγων
καὶ δάκνων κτλ.: Lach. 194 C χειμαζομένοις ἐν λόγῳ καὶ ἀπο-
ροῦσιν: Theaet. 174 C εἰς φρέατά τε καὶ πᾶσαν ἀπορίαν ἐμπίπτων.
See also note on τοὺς τῶν νέων τὰς βλάστας διαφθείροντας in Euthy-
phr. 3 A.

49. παρὰ τοῦ καπήλου καὶ ἐμπόρου: so B. The κάπηλος is
put in the foreground as the most usual seller of σιτία and ποτά:
the article is expressed only once, because the κάπηλος and ἔμπορος
both belong to the same genus 'merchants': cf. Hdt. IV 71 τὸν
οἰνοχόον καὶ μάγειρον καὶ ἱπποκόμον καὶ διήκονον καὶ ἀγγελιηφόρον
κτλ. There is no sufficient ground for bracketing the words παρὰ
τοῦ καπήλου καὶ ἐμπόρου as is done by Schanz, nor for reading παρά
του (with T) and omitting καπήλου καὶ ἐμπόρου, as Hermann did.

ἐν ἄλλοις ἀγγείοις: i.e. other than our own bodies. Cf. 311 E
τί ὄνομα ἄλλο γε λεγόμενον περὶ Πρωταγόρου ἀκούομεν; It need not
be implied that the body is itself an ἀγγεῖον (viz. of soul), though
the notion is not unplatonic, and kindred expressions are found in
later philosophy, e.g. Marcus Aurel. X 38 τὸ περικείμενον ἀγγειῶδες
καὶ τὰ ὀργάνια ταῦτα τὰ περιπεπλασμένα (said of the body).

314 B   56. ἐν αὐτῇ τῇ ψυχῇ λαβόντα καὶ μαθόντα. λαμβάνειν ἐν (not
εἰς) as in Rep. VII 517 A εἴ πως ἐν ταῖς χερσὶ δύναιντο λαβεῖν: Soph.
243 C ταὐτὸν τοῦτο πάθος εἰληφότες ἐν τῇ ψυχῇ. For καὶ μαθόντα,

which is explanatory of ἐν αὐτῇ τῇ ψυχῇ λαβόντα, see note on κυβεύῃς τε καὶ κινδυνεύῃς.

59. νέοι ὥστε τοσοῦτον. Heindorf quotes Eur. Andr. 80 γέρων ἐκεῖνος ὥστε σ' ὠφελεῖν παρών, and points out that whereas νεώτεροι ἢ ὥστε would deny altogether ἡ τοῦ διελέσθαι δύναμις: the words νέοι ὥστε are less strong "nobis nonnisi iuvenilis quaedam facultas suppetit ad tantam rem diiudicandam". The best MSS of Plato read ταὐτόν, τοιοῦτον, τοσοῦτον, etc. in the great majority of cases rather than ταὐτό etc. Schanz (Preface to Laws, p. vi) thinks it probable that Plato always used the forms in -ν. In inscriptions of Plato's time τὸ αὐτό and τὸ αὐτόν occur side by side, but apparently only τοιοῦτον, τοσοῦτον. See Meisterhans Grammatik der Griechischen Inschriften² p. 122.

63. Ἱππίας. Hippias of Elis was one of the most accomplished and—if we may trust the Platonic writings—ostentatious of the Sophists. According to the Hippias Maior (285 B foll.) he claimed to be at home in all the learning of the day—in Astronomy, Geometry, Arithmetic, Philology, Music, Mythology, History and Archaeology. See Zeller's Philosophie der Griechen I⁴ p. 956 foll.

64. οἶμαι δὲ καὶ Πρόδικον τὸν Κεῖον. Contrast Crat. 402 B οἶμαι δὲ καὶ Ἡσίοδος. Either construction is admissible. Prodicus of Ceos is repeatedly mentioned in the Platonic writings. A fellow-citizen of the poet Simonides (infra 339 E), he professed like Gorgias and Hippias to educate young men (Apol. 19 E, Theages 127 E, Rep. X 600 C) and received very large sums in return for his instruction together with the gratitude of his pupils. On one occasion, when in charge of a political mission from Ceos, he is said to have won great reputation in the βουλή at Athens for his conduct of public business, and to have given at the same time private lectures, which were popular and well paid (Hipp. Maior 282 C). He laid great stress on the importance of using words in their correct sense (ὀρθότης ὀνομάτων): see infra 337 A, 358 A, and Euthyd. 277 E, Charm. 163 D, Lach. 197 D; cf. also Phaedr. 267 B; but this was only taught (we are told) in his 50 drachma lecture; the impecunious Socrates had only paid one drachma and was not quite master of this subject (Crat. 384 B). Socrates is fond of professing himself a pupil of Prodicus, e.g. infra 341 A, Meno 96 D, Charm. 163 D. Prodicus wrote eulogies of Heracles and others (Symp. 177 B): the substance, if not the actual words, of his Apologue of Heracles at

314 C

the cross-roads is given by Xenophon Mem. II 1. 21. A scholiast on Rep. x 600 C says the Athenians put him to death by hemlock for corrupting the youth, but there is no other authority for this unlikely story. Compare Zeller I⁴ p. 952 foll.

CHAPTER VI.

Socrates and Hippocrates proceed together to Callias' house.

1. δόξαν ἡμῖν ταῦτα. This idiom seems not to occur elsewhere in Plato. We can hardly supply ποιεῖν: rather δόξαν ταῦτα is like δόξαντα ταῦτα, an accusative absolute, the singular verb being kept as in ἔδοξε ταῦτα. See Goodwin's Moods and Tenses (new Edition) p. 339 § 854.

2. προθύρῳ. The rooms of a Greek house opened on the cloisters surrounding the αὐλή or court: from the αὐλή a passage (θυρωρεῖον, so called because the porter's lodge was situated in it) led into the πρόθυρον or space in front of the main door (αὔλειος θύρα or αὐλεία without θύρα). Blümner, Griechische Privatalterthümer p. 147 ff.

ἐπιστάντες διελεγόμεθα. The situation recalls Symp. 175 A foll., where Socrates, on his way to Agathon's house, is discovered standing wrapt in thought in front of a neighbouring house.

5. οὕτως ἐστοιμεν. οὕτως with the apodosis after participles is extremely common in Plato: see above on 310 D.

6. στάντες. For the dropping of the preposition after ἐπιστάντες see on 311 A. The Bodleian has ἐστάντες, but T στάντες: Schanz reads ἐπιστάντες, Cobet ἐστῶτες. Tr. 'we came to a stand and conversed'.

7. δοκεῖ οὖν μοι. Compare Phaedo 108 D ὁ βίος μοι δοκεῖ ὁ ἐμὸς—τῷ μήκει τοῦ λόγου οὐκ ἐξαρκεῖ: the construction is fairly common in Plato: see on Crito 43 D. To have a eunuch for porter was rare, and a mark of wealth: they were supposed to be more trustworthy than others and fetched a higher price in the East (Hdt. VIII 105).

314 D　8. κινδυνεύει—ἄχθεσθαι. Present, because the dialogue is narrated just after it took place (see 309 B), and as Protagoras is still with Callias, the stream of visitors probably continues. It is not quite clear why the number of the *sophists* should have made the porter annoyed *with the visitors:* unless the visitors themselves were sophists. Probably therefore τοῖς φοιτῶσιν means τοῖς φοιτῶσιν

σοφισταῖς: in the porter's judgment the house was already too full of sophists. φοιτᾶν implies frequent visitation: cf. Lach. 181 C χρῆν μὲν οὖν καὶ πρότερόν σε φοιτᾶν αὐτὸν παρ' ἡμᾶς καὶ οἰκείους ἡγεῖσθαι.

10. ἐκρούσαμεν τὴν θύραν. There was a metal knocker (ῥόστρον, κόραξ, ἐπίσπαστρον) on the αὔλειος θύρα. Blümner Gr. Privatalt. p. 149.

11. οὐ σχολὴ αὐτῷ. For αὐτῷ 'the master' cf. infra 315 B, Rep. I 327 B ἠρόμην ὅπου αὐτὸς εἴη, and the Pythagorean αὐτὸς ἔφα 'ipse dixit'.

12. ἀμφοῖν τοῖν χεροῖν. So B: T has ταῖν for τοῖν. Cobet has shewn that the dual feminine of the article is the same as the dual masculine: Variae Lectiones p. 70.

13. ἐκρούομεν, but ἐκρούσαμεν in line 10. Socrates pretends to be somewhat staggered by the rebuff.

14. ἐγκεκλημένης. So Bekker for ἐγκεκλειμένης of B: the Attic form is κλῄω not κλείω: Cobet, Var. Lect. p. 159.

19. ἄνθρωπος. According to Ast, the Greeks sometimes used 314 E ἀνήρ and ἄνθρωπος without the article of a definite person "sed ita ut vel contemptionem vel reprehensionem aliquam simul indicarent". But in the cases quoted in support of this usage where the word is in an oblique case, the meaning is quite general like the English 'a man', e.g. Rep. X 595 C δεινὸν τινὰ λέγεις καὶ θαυμαστὸν ἄνδρα: Phaedo 98 B ὁρῶ ἄνδρα τῷ μὲν νῷ οὐδὲν χρώμενον: Soph. Phil. 1228 ἀπάταισιν αἰσχραῖς ἄνδρα καὶ δόλοις ἑλών: Theaet. 155 D ἐάν σοι ἀνδρός, μᾶλλον δὲ ἀνδρῶν ὀνομαστῶν τῆς διανοίας τὴν ἀλήθειαν— συνεξερευνήσωμαι: it is therefore safer to suppose (with Schanz and most Platonic scholars) that where ἀνήρ and ἄνθρωπος of the MSS can only be translated by 'the man', the rough breathing should be restored: e.g. infra 315 E and Phaedr. 267 A, 268 C: Rep. I 331 E.

21. προστῴῳ. The αὐλή was surrounded by cloisters. This προστῷον is doubtless that on which the passage from the πρόθυρον opened.

23. Πάραλος—'Ἀντίμοιρος. The mother of Xanthippus and 315 A Paralus had once been the wife of Hipponicus, to whom she bare Callias: Plut. Pericl. XXIV 9. In 320 A as well as in Meno 94 B Plato remarks that Pericles was unable to teach the art of states-manship to either of his two sons: cf. Alc. I 118 E τὼ—Περικλέους υἱέε ἠλιθίω ἐγενέσθην. They both died of the plague. One of

the most interesting fragments of Protagoras describes the fortitude
of Pericles when his sons died: see Appendix II. p. 203, Frag. 3.
Charmides, son of the elder Glaucon, was Plato's maternal uncle:
the dialogue Charmides is named after him. He was φιλόσοφός τε
καὶ πάνυ ποιητικός (Charm. 155 A), and as remarkable for σωφροσύνη
as for personal beauty (ibid. 157 D). He was afterwards one of the
Ten, and fell along with Critias at the battle of Munychia in 404 B.C.
(Xen. Hell. II 4. 19). Of Philippides and his father Philomelus
and Antimoerus of Mende (on the west coast of the peninsula
Pallene) nothing further is known.

29. τούτων—ἐφαίνοντο. B and T omit οἵ, which was in-
serted by Stephanus: Heindorf prefers to insert ὧν after λεγομένων.
The MSS reading could only be defended if ἐφαίνοντο could be
regarded as parenthetical = ὡς ἐφαίνοντο, like δοκεῖ μοι = ὡς δοκεῖ μοι
(see on 314 C above), but there seems to be no authority for such a
use of φαίνομαι. It is hardly to be supposed that in ἐπακούοντες
and ἐπήκοοι (in B below) there is an allusion to an outer circle of
Protagorean students, deemed unworthy of the subtlest teaching of
the master, in spite of Theaet. 152 C, where Socrates is hardly
serious.

31. ἐξ ἑκάστων τῶν πόλεων. The plural is used as in Theaet.
157 C παρατίθημι ἑκάστων τῶν σοφῶν ἀπογεύσασθαι and Rep. X
601 A χρώματ᾽ ἄττα ἑκάστων τῶν τεχνῶν.

315 B   34. χορῷ. The tragic chorus consisted of 15 χορευταί, arranged
in 3 rows (στοῖχοι) of 5 each, the leader (κορυφαῖος) being in the
middle of the first. So here Protagoras occupies the middle of a
row of 7. With the metaphor cf. Theaet. 173 B τοὺς—τοῦ ἡμέτερου
χοροῦ and ibid. C λέγωμεν δὴ—περὶ τῶν κορυφαίων: Phaedr. 246 E
foll.

35. ηὐλαβοῦντο. The MSS have εὐλαβοῦντο, but in the classic
period εὐ- (and εἰ-) were always augmented in the past tenses, while
after 300 B.C. ηὐ- does not appear on inscriptions. See Meisterhans
Gr. der Att. Inschr.² p. 136.

CHAPTER VII.

The scene in the house of Callias is further described.

1. τὸν δὲ μετ᾽ εἰσενόησα, ἔφη Ὅμηρος. Homer Od. XI 601
τὸν δὲ μετ᾽ εἰσενόησα βίην Ἡρακληείην. The reference is not to be
pressed beyond the words quoted: for there is no special likeness

between Homer's Heracles (δεινὸν παπταίνων, αἰεὶ βαλέοντι ἐοικώς 608) and Plato's Hippias, whose situation as here described is more like that of Minos in Homer ibid. 569 foll. χρύσεον σκῆπτρον ἔχοντα θεμιστεύοντα νέκυσσιν, ἥμενον· οἱ δέ μιν ἀμφὶ δίκας εἴροντο ἄνακτα ἥμενοι ἐσταότες τε κατ᾿ εὐρυπυλὲς ῎Αϊδος δῶ. With ἔφη ῞Ομηρος ('as Homer said') cf. Meno 76 D σύνες ὅ τοι λέγω, ἔφη Πίνδαρος.

3. ἐν θρόνῳ—ἐπὶ βάθρων. Hippias is depicted as a school- 315 C master among his pupils.

4. 'Ερυξίμαχός τε—῎Ανδρων ὁ 'Ανδροτίωνος. Eryximachus and his father Acumenus were doctors. The former delivers one of the speeches in the Symposium, defining his art as ἐπιστήμη τῶν τοῦ σώματος ἐρωτικῶν πρὸς πλησμονὴν καὶ κένωσιν (Symp. 186 C). Phaedrus, son of Pythocles, of the deme of Μυρρινοῦς in the tribe Πανδιονίς, also appears in the Symposium, and gives his name to the dialogue Phaedrus. Andron, son of Androtion (so T here, and both B and T in Gorg. 487 C—the 'Αριστίωνος of B is therefore a mistake) is in the Gorgias described as one of those who shared the view of Callicles, that too much φιλοσοφία ruined men. His son is believed to have been the orator Androtion.

7. περὶ φύσεως. The primary substance which early Greek philosophy sought to discover was called by them φύσις: see Aristotle Met. IV 4 p. 1014^b 32 foll. τοῦτον γὰρ τὸν τρόπον καὶ τῶν φύσει ὄντων τὰ στοιχεῖά φασιν εἶναι φύσιν, οἱ μὲν πῦρ, οἱ δὲ γῆν, οἱ δ᾿ ἀέρα, οἱ δ᾿ ὕδωρ, οἱ δ᾿ ἄλλο τι τοιοῦτον λέγοντες, οἱ δ᾿ ἔνια τούτων, οἱ δὲ πάντα ταῦτα. Thus (among others) Heraclitus, Anaxagoras, and Empedocles called their books περὶ φύσεως, i.e. on the substance which gives birth (φύει) to all else. By Plato's time the word had acquired a wider meaning equivalent to 'de rerum natura', our 'Nature', and it is in this sense that the word is here used.

8. ἀστρονομικὰ ἄττα. Schanz brackets ἀστρονομικά, but the word is meant to be taken rather with μετεώρων than with φύσεως. On Hippias' skill in astronomy compare Hipp. Minor 367 E ἧς (sc. ἀστρονομικῆς) αὖ σὺ τέχνης ἔτι μᾶλλον ἐπιστήμων οἴει εἶναι ἢ των ἔμπροσθεν.

10. Τάνταλόν γε. Od. XI 582 καὶ μὴν Τάνταλον εἰσεῖδον κρατέρ ἄλγε᾿ ἔχοντα. Prodicus is compared to Tantalus because of his physical wretchedness : see Crat. 395 E καὶ ἀτεχνῶς ἔοικεν ὥσπερ ἂν εἴ τις βουλόμενος ταλάντατον ὀνομάσαι, ἀποκρυπτόμενος ὀνομάσειε καὶ εἴποι ἀντ᾿ ἐκείνου Τάνταλον· τοιοῦτόν τι καὶ τούτῳ τὸ ὄνομα ἔοικεν ἐκπορίσαι ἡ τύχη τῆς φήμης.

315 D   11. **ἐπιδημεῖ γὰρ ἄρα.** Heindorf's correction ἐπιδημεῖ for ἐπεδήμει seems to be necessary, as Prodicus is still in Athens. Just so the presential tenses are used in 314 D κινδυνεύει δὲ—ἄχθεσθαι and infra line 15 κατάλυσιν πεποίηκεν. If the clause is taken as a parenthetical clause of explanation, there is nothing harsh in the construction: ἦν δὲ ἐν οἰκήματί τινι naturally enough follows on εἰσεῖδον. For γὰρ ἄρα (a somewhat rare combination) Heindorf quotes Rep. IV 438 A πάντες γὰρ ἄρα τῶν ἀγαθῶν ἐπιθυμοῦσιν, Symp. 205 B ἀφελόντες γὰρ ἄρα (so T: B has only γάρ) τοῦ ἔρωτός τι εἶδος ὀνομάζομεν, Laws III 698 D συνάψαντες γὰρ ἄρα τὰς χεῖρας σαγηνεύσαιεν πᾶσαν τὴν Ἐρετρικήν. γὰρ ἄρα always introduces something supposed to be known to the person addressed: see 314 B οἶμαι δὲ καὶ Πρόδικον τὸν Κεῖον.

18. **Παυσανίας** is known from the Symposium 180 C foll. The deme Κεραμῆς was in the tribe Acamantis. ὡς μὲν ἐγῷμαι is to be taken closely with καλόν τε κἀγαθὸν τὴν φύσιν.

315 E   20. **τὴν δ' οὖν ἰδέαν πάνυ καλός.** Compare Symp. 174 A ταῦτα δὴ ἐκαλλωπισάμην ἵνα καλὸς παρὰ καλὸν (i.e. Ἀγάθωνα) ἴω. There is no ground for reading καλόν for καλός with Stephanus: cf. Lach. 180 E τὰ γὰρ μειράκια τάδε—διαλεγόμενοι.

22. **Ἀγάθωνα.** It is at the poet Agathon's house that the scene of the Symposium is laid. From his speech in that dialogue 194 D foll. we should infer that he had studied under Prodicus to some purpose. Born about 447 B.C., Agathon was first successful on the tragic stage at an early age: cf. Symp. 175 E ἡ δὲ σὴ (sc. Ἀγάθωνος σοφία) λαμπρά τε καὶ πολλὴν ἐπίδοσιν ἔχουσα, ἥ γε παρὰ σοῦ νέου ὄντος οὕτω σφόδρα ἐξέλαμψε καὶ ἐκφανὴς ἐγένετο πρώην ἐν μάρτυσι τῶν Ἑλλήνων πλέον ἢ τρισμυρίοις. He visited the court of Archelaus about 407 B.C. and died probably about 400. That he was held in esteem by the Athenians appears from Ar. Frogs 83 foll. Ἀγάθων δὲ ποῦ 'σθ'; ὅπου 'στ'; ἀπολιπών μ' οἴχεται ἀγαθὸς ποιητὴς καὶ ποθεινὸς τοῖς φίλοις. For παιδικὰ Παυσανίου compare Symp. 193 B.

23. **τοῦτ' ἦν τὸ μειράκιον.** So BT: the idiom is like our 'There was this young man'. The nearest parallels seem to be Phaedo 59 B ἦν δὲ καὶ Κτήσιππος ὁ Παιανιεύς and Rep. X 615 D ἦσαν δὲ καὶ ἰδιῶταί τινες. τοῦτό τε δή (Ast), τοῦτό τ' οὖν (Heindorf), τοῦτ' ἔνδον ἦν (Schirlitz), have been suggested, while Kroschel rejects the words, but the text is probably sound.

τὼ Ἀδειμάντω. Adimantus son of Cepis is not elsewhere

named. The son of Leucolophidas was afterwards στρατηγόs under Alcibiades, whose policy he supported (Xen. Hell. I 4. 21): he was taken prisoner at the battle of Aegospotami, but spared by the Spartans. He was afterwards put on his trial by Conon on the charge, not improbably a true one, of having betrayed the Athenian fleet at this battle : see Kock on Ar. Frogs 1512.

27. πάσσοφος—ἀνήρ—καὶ θεῖος. For ἀνήρ BT read ἀνήρ, but see on 314 E above. πάσσοφος is often ironical: e.g. Euthyd. 271 C ὃ δὲ σὺ ἐρωτᾷς τὴν σοφίαν αὐτοῖν, θαυμασία, ὦ Κρίτων· πάσσοφοι ἀτεχνῶς τώ γε, οὐδ' ἤδη πρὸ τοῦ ὅ τι εἶεν οἱ παγκρατιασταί. For the meaning of θεῖος cf. Meno 99 C οὐκοῦν—ἄξιον τούτους θείους καλεῖν τοὺς ἄνδρας, οἵτινες νοῦν μὴ ἔχοντες πολλὰ καὶ μεγάλα κατορθοῦσιν ὧν πράττουσιν καὶ λέγουσι; θεῖος (in the form σεῖος) was the favourite Spartan word of praise and was much affected by the Socratic circle in Athens.

CHAPTER VIII.

After Hippocrates has been introduced to Protagoras, the latter enlarges upon the antiquity of his profession. At the suggestion of Socrates a circle is formed to hear the Sophists discourse.

4. Κριτίας the foremost of the Thirty so-called tyrants was re- 316A lated to Plato on the mother's side : Perictione Plato's mother being granddaughter of the elder Critias, who was father of Callaeschrus. He is one of the dramatis personae in the Charmides and Timaeus, and the dialogue Critias is named after him. A Scholiast on the Timaeus 20 A (quoted by Stallbaum) describes him as γενναίας καὶ ἀδρᾶς φύσεως, ἥπτετο δὲ καὶ φιλοσόφων συνουσιῶν, καὶ ἐκαλεῖτο ἰδιώτης μὲν ἐν φιλοσόφοις, φιλόσοφος δὲ ἐν ἰδιώταις. For the fragments of his poems see Bergk's Poetae Lyrici Graeci[4] II p. 279 foll.

5. ἔτι σμίκρ' ἄττα—διαθεασάμενοι. σμίκρ' ἄττα is the plural of σμικρόν τι, and as ἔτι σμικρόν τι διατρίψαντες would mean 'after a little further delay ', so ἔτι σμίκρ' ἄττα διατρίψαντες means after ' some little further delays '. The reference is to is to 314 C. ταῦτα in καὶ ταῦτα refers to the causes of the delays, which were, as usual, some topics of discourse: its antecedent is involved in διατρίψαντες.

8. πρὸς σέ τοι ἤλθομεν. Here, as in 314 E, both B and T have 316B τι for τοι: but τι is impossible here, and this use of τοι is very frequent in address: Heindorf refers (inter alia) to Ar. Plut. 1100 σέ τοι σέ τοι λέγω, Καρίων, ἀνάμεινον.

316 C   **17. οἴεταί οἱ μάλιστ' ἂν γενέσθαι.** B and T read μάλιστα
without ἂν: see on Crito 51 E. It is more likely that ἂν should
have dropped out after μάλιστα here than that Plato's usage should
have varied with οἴομαι and the aorist infinitive referring to the
future: cf. infra 353 B ᾗ οἶμαι ἂν ἔγωγε κάλλιστα φανερὸν γενέσθαι,
where ἂν is in all the MSS.

   19. μόνος οἴει δεῖν—πρὸς μόνους. οἴει δεῖν is virtually like one
verb, ἀξιοῖς or the like: it therefore takes the nom. (not the acc.)
with inf.; cf. Demosth. Fals. Leg. 235 εὐθὺς ἡγούμην ἐν τούτοις—
αὐτὸς περιεῖναι δεῖν αὐτῶν καὶ μεγαλοψυχότερος φαίνεσθαι, quoted
by Stallbaum on Crito 50 E. Note that Protagoras here uses the
more precise μόνος πρὸς μόνους, but above only μόνῳ (316 B)—unless
(with Cobet and Schanz) we there insert μόνοι before μόνῳ.

   21. ξένον γὰρ ἄνδρα καὶ ἰόντα κτλ. For καὶ ἰόντα T reads in
the margin κατιόντα: Liebhold suggests καταλύοντα. ἰόντα how-
ever is parallel to ξένον and to πείθοντα 'a man who is a stranger
and goes—and tries to persuade etc.' The whole passage recalls
Apol. 19 E—20 A τούτων (viz. Gorgias, Prodicus, Hippias) γὰρ
ἔκαστος—οἶός τ' ἐστὶν ἰὼν εἰς ἑκάστην τῶν πόλεων τοὺς νέους οἷς
ἔξεστι τῶν ἑαυτῶν πολιτῶν προῖκα ξυνεῖναι ᾧ ἂν βούλωνται—τούτους
πείθουσι τὰς ἐκείνων ξυνουσίας ἀπολιπόντας σφίσιν ξυνεῖναι χρήματα
διδόντας καὶ χάριν προσειδέναι. Notice throughout the longwinded
character of Protagoras' speeches: cf. Philostrat. Vit. Soph. 1 494
(quoted by Kroschel on 320 C), γνοὺς δὲ τὸν Πρωταγόραν ὁ Πλάτων
σεμνῶς μὲν ἑρμηνεύοντα, ὑπτιάζοντα δὲ τῇ σεμνότητι καί που καὶ
μακρολογώτερον τοῦ συμμέτρου τὴν ἰδέαν αὐτοῦ μύθῳ μακρῷ ἐχαρακτή-
ρισεν.

316 D   **31. τὸ ἐπαχθὲς αὐτῆς.** ἐπαχθές like φορτικόν means what hearers
will resent (think a burden or ἄχθος) as in bad-taste because
presumptuous: cf. Demosth. de Pace 4 τὸ λέγειν περὶ ὧν αὐτὸς εἶπέ
τις καὶ περὶ αὐτοῦ—οὕτως ἡγοῦμαι φορτικὸν καὶ ἐπαχθές ὥστε
κτλ.

   32. τοὺς μὲν ποίησιν. σοφός and its derivatives are often used
especially in early writers in connexion with poetry, e.g. Theognis
19—20 Κύρνε σοφιζομένῳ μὲν ἐμοὶ σφρηγὶς ἐπικείσθω τοῖσδ' ἔπεσιν,
Pindar Isthm. 4. 29—30 μελέταν δὲ σοφισταῖς Διὸς ἕκατι πρόσβαλον
σεβιζόμενοι.

   34. τοὺς ἀμφί τε Ὀρφέα καὶ Μουσαῖον = 'Orpheus and Musaeus
and their schools'. The Editors quote Ar. Frogs 1032 foll. Ὀρφεὺς
μὲν γὰρ τελετάς θ' ἡμῖν κατέδειξε φόνων τ' ἀπέχεσθαι, Μουσαῖος δ'

ἐξακέσεις τε νόσων καὶ χρησμούς, 'Ησίοδος δὲ γῆς ἐργασίας, καρπῶν ὥρας, ἀρότους· ὁ δὲ θεῖος "Ομηρος ἀπὸ τοῦ τιμὴν καὶ κλέος ἔσχεν πλὴν τοῦδ' ὅτι χρήστ' ἐδίδαξε, τάξεις, ἀρετάς, ὁπλίσεις ἀνδρῶν; for the misplacement of τε compare Crito 43 B ἐν τοσαύτῃ τε ἀγρυπνίᾳ καὶ λύπῃ εἶναι.

36. "Ικκος—'Ηρόδικος. Iccus is mentioned in Laws VIII 839 E foll. as a model of temperance. According to Pausanias, he won in the pentathlum at the Olympic games and afterwards set up as a trainer (γυμναστής). Herodicus of Selymbria in Thrace combined the professions of the γυμναστής and ἰατρός (μίξας γυμναστικὴν ἰατρικῇ). He is described in Rep. III 406 A as the inventor of the παιδαγωγικὴ τῶν νοσημάτων ἰατρική—by means of which he tortured first himself (by prolonging his own dying) and afterwards others: δυσθανατῶν—ὑπὸ σοφίας εἰς γῆρας ἀφίκετο (ibid. B).

ὁ νῦν ἔτι ὤν—σοφιστής. Heindorf reads ἧττον in place of ἧττων, but νῦν ἔτι ὤν is 'still living' and οὐδενὸς ἧττων σοφιστής is a descriptive qualification.

39. 'Αγαθοκλῆς—Πυθοκλείδης. Agathocles is mentioned in 316 E Lach. 180 D as teacher of Damon: according to the Alc. I 118 C Pythoclides also taught Pericles. A Scholiast on the Alc. I (l. c.) remarks: Πυθοκλείδης μουσικὸς ἦν τῆς σεμνῆς μουσικῆς διδάσκαλος, καὶ Πυθαγόρειος, οὗ μαθητὴς 'Αγαθοκλῆς, οὗ Λαμπροκλῆς (Λάμπρος, van Prinsterer), οὗ Δάμων. With the sentiment compare the imitation in Plut. Pericl. 4. 2 ὁ δὲ Δάμων ἔοικεν ἄκρος ὢν σοφιστὴς καταδύεσθαι μὲν εἰς τὸ τῆς μουσικῆς ὄνομα πρὸς τοὺς πολλοὺς ἐπικρυπτόμενος τὴν δεινότητα.

42. ταῖς τέχναις ταύταις παραπετάσμασιν ἐχρήσαντο. Compare Plut. Pericl. l. c. οὐ μὴν ἔλαθεν ὁ Δάμων τῇ λύρᾳ παρακαλύμματι χρώμενος.

43. κατὰ τοῦτο εἶναι. εἶναι is tautological as in Isaeus περὶ τοῦ 317 A Μενεκλέους κλήρου 32 ἡμεῖς ὠμόσαμεν εὖ ποιεῖν ἀλλήλους—κατὰ δύναμιν εἶναι, καὶ λόγῳ καὶ ἔργῳ, and in the common ἑκὼν εἶναι: but no other instance of the precise phrase κατὰ τοῦτο εἶναι is quoted.

47. οἵ γε πολλοί—οὐδὲν αἰσθάνονται. Compare Gorg. 474 A τοὺς δὲ πολλοὺς ἐῶ χαίρειν, καὶ ἕνα ἐπιψηφίζειν ἐπίσταμαι, τοῖς δὲ πολλοῖς οὐδὲ διαλέγομαι. For ὡς ἔπος εἰπεῖν (to be taken with οὐδὲν) see on Apol. 17 A. The phrase is used to qualify the comprehension of a word or phrase, generally οὐδείς or πάντες.

49. τὸ οὖν—ἐπιχειρήματος. B and T read τὸν for τό, by a natural error. Heindorf compares Theaet. 144 A τὸ γὰρ εὐμαθῆ ὄντα

—πρᾶον αὖ εἶναι διαφερόντως—ἐγὼ μὲν οὔτ' ἂν ᾠόμην γενέσθαι κτλ.
and Rep. I 331 B τὸ γὰρ μηδὲ ἄκοντά τινα ἐξαπατῆσαι—μέγα μέρος εἰς
τοῦτο ἡ τῶν χρημάτων κτῆσις συμβάλλεται. Here καὶ τοῦ ἐπιχειρή-
ματος is a virtual repetition of ἀποδιδράσκοντα: cf. τὸν ταῦτα
πράττοντα above in 316 C. The sentence reminds one of the
practice observed in Spartan education—to punish the youths not
for stealing but for failing to escape with their booty: Xen. Rep.
Laced. 2. 8 εἴποι δ' ἂν οὖν τις· τί δῆτα, εἴπερ τὸ κλέπτειν ἀγαθὸν
ἐνόμιζε, πολλὰς πληγὰς ἐπέβαλε τῷ ἁλισκομένῳ; ὅτι, φημὶ ἐγώ,
καὶ τἆλλα, ὅσα ἄνθρωποι διδάσκουσι, κολάζουσι τὸν μὴ καλῶς ὑπερε-
τοῦντα: compare Rep. I 361 A τὸν ἁλισκόμενον δὲ φαῦλον ἡγητέον.

317 B   54. τούτων τὴν ἐναντίαν ἅπασαν ὁδόν. " h. e. τὴν ὁδὸν ἣ
ἅπασά ἐστιν ἐναντία τούτων. pro τούτων eadem comparatione quae
vocatur compendiaria dici potuit τούτοις. Andocid. or. I 4 ἐγὼ
πολὺ τὴν ἐναντίαν τούτοις γνώμην ἔχω" (Kroschel). For ἅπασαν with
an adjective compare (with Kroschel) Xen. Anab. I 5. 1 ἦν ἡ γῆ
πεδίον ἅπαν ὁμαλὲς ὥσπερ θάλαττα and the common phrase πᾶν
τοὐναντίον.

56. σοφιστὴς εἶναι καὶ παιδεύειν ἀνθρώπους. The σοφιστὴς
σοφίζει, i.e. παιδεύει: see note on 312 C above. Theaet. 167 C (where
Socrates is speaking for Protagoras) ὁ σοφιστὴς τοὺς παιδευομένους
οὕτω δυνάμενος παιδαγωγεῖν σοφός τε καὶ ἄξιος πολλῶν χρημάτων
τοῖς παιδευθεῖσιν.

59. σὺν θεῷ εἰπεῖν. "Crebra modestiae formula, bene explicat
Steph., *quod ita dico, ut in eo opem divinam agnoscam*". Heindorf
on Theaet. 151 B καὶ σὺν θεῷ εἰπεῖν, πάνυ ἱκανῶς τοπάζω οἷς ἂν
συγγενόμενοι ὄναιντο.

317 C   61. πολλά γε ἔτη ἤδη εἰμὶ ἐν τῇ τέχνῃ. Meno 91 E οἶμαι γὰρ
αὐτὸν (i.e. Πρωταγόραν) ἀποθανεῖν ἐγγὺς καὶ ἑβδομήκοντα ἔτη γεγο-
νότα, τετταράκοντα δὲ ἐν τῇ τέχνῃ ὄντα. The phrases εἶναι ἐν τῇ
τέχνῃ, ἐν φιλοσοφίᾳ and the like are common.

62. οὐδενὸς ὅτου οὔ. For the asyndeton Heindorf compares
Hom. Od. XIV 96 ἦ γάρ οἱ ζωὴ γ' ἦν ἄσπετος· οὔ τινι τόσση
ἀνδρῶν ἡρώων. The nearest parallel to πάντων (which Cobet
rejects) after οὐδενὸς ὅτου οὔ seems to be in Dem. Adv. Lept. § 3
οὐ γὰρ ἔστιν ἐφ' ὅτου τοῦτο οὐ πεπόνθατε τῶν πάντων (quoted by
Heindorf).

64. ἀπάντων goes with τῶν ἔνδον ὄντων. It seems better to
take περὶ τούτων with βούλεσθε than with τὸν λόγον ποιεῖσθαι: other-
wise it is hardly possible to separate τούτων from ἀπάντων.

67. ἐνδείξασθαι καὶ καλλωπίσασθαι—ὅτι ἐρασταί. ὅτι depends
rather on ἐνδείξασθαι than on καλλωπίσασθαι : compare infra 327 A
ἐδίδασκε καὶ ἐπέπληττε τὸν μὴ καλῶς αὐλοῦντα, and ibid. B τῶν
δικαίων καὶ τῶν νομίμων οὐδεὶς φθονεῖ οὐδ' ἀποκρύπτεται ὥσπερ τῶν
ἄλλων τεχνημάτων, Phaedo 94 D τὰ μὲν ἀπειλοῦσα, τὰ δὲ νουθετοῦσα
ταῖς ἐπιθυμίαις. See also notes on 327 A and 335 E below.

68. εἶμεν. BT read εἴημεν, but in Plato's time the short form
of the optative plural is regular: see on Apol. 22 E.

τί οὖν—οὐ—ἐκαλέσαμεν. See above on 310 A; and for ἐπα-
κούσωσιν note on 315 A.

72. καθεζόμενοι. So T: B has καθιζόμενοι, but presently in 317 D
317 E both MSS read συνεκαθεζόμεθα.

74. καὶ αὐτοὶ ἀντιλαβόμενοι. This passage is difficult and
different views are possible as to the construction and meaning.
The MSS read καὶ αὐτοί τε. If the MSS reading is retained, τε must
be regarded as answering to δέ in ἐν δὲ τούτῳ (cf. Euthyphr. 3 E),
and καὶ αὐτοί=*etiam ipsi*, i.e. even without waiting for servants—
a harsh explanation both for καὶ and αὐτοί. If τε is left out (with
most of the editors, following Heindorf), καὶ αὐτοί means 'ourselves
also' as opposed to Callias and Alcibiades in ἐν δὲ τούτῳ Καλλίας
τε καὶ 'Αλκιβιάδης. There is still a slight difficulty in contrasting
αὐτοί with these two, because they also would seem to be included
in αὐτοί (πάντες ἡμεῖς—καὶ αὐτοί), but such slight inaccuracies of
expression are common in actual dialogue, which Plato's style is
intended to imitate.

77. Καλλίας. Hermann read Κριτίας in order to escape the 317 E
slight difficulty remarked on in the preceding note: "sed hospitis
erat Prodicum ut accederet invitare". Kroschel.

78. ἀναστήσαντες: but ἄγοντε just before. Euthyd. 273 B
offers an exact parallel (if we follow the reading of the Bodleian MS)
ἰδόντες δὲ αὐτὸν ὅ τε Διονυσόδωρος καὶ ὁ Εὐθύδημος πρῶτον μὲν ἐπι-
στάντε διελεγέσθην ἀλλήλοιν, ἄλλην καὶ ἄλλην ἀποβλέποντες εἰς ἡμᾶς:
cf. ibid. 273 A εἰσελθόντες—παριεπατείτην and D ἐγελασάτην γοῦν
ἄμφω βλέψαντες εἰς ἀλλήλους. The dual in Plato as in Greek
generally is apt to sink into the plural.

CHAPTER IX.

Protagoras explains his profession. It is to teach civil virtue and make men good citizens.

318 A　8. γάρ used like Latin *enim* to introduce a speech (introductory γάρ) : see on Apol. 20 E.

9. ὅ τι—ἀποβήσεται—πυθέσθαι. For the situation compare Gorg. 455 C—D where Socrates says ἴσως γὰρ καὶ τυγχάνει τις τῶν ἔνδον ὄντων μαθητής σου βουλόμενος γενέσθαι, ὡς ἐγώ τινας σχεδὸν καὶ συχνοὺς αἰσθάνομαι, οἳ ἴσως αἰσχύνοιντ' ἄν σε ἀνερέσθαι· ὑπ' ἐμοῦ οὖν ἀνερωτώμενος νόμισον καὶ ὑπ' ἐκείνων ἀνερωτᾶσθαι· τί ἡμῖν, ὦ Γοργία, ἔσται, ἐάν σοι συνῶμεν; περὶ τίνων τῇ πόλει συμβουλεύειν οἷοί τε ἐσόμεθα;

14. ἐν τῇ ὑστεραίᾳ ταὐτὰ ταῦτα : sc. ἔσται σοι. ἐν (bracketed by Schanz after Hirschig) before τῇ ὑστεραίᾳ means 'during': cf. (with Kroschel) Thuc. I 44. I τῇ μὲν προτέρᾳ οὐχ ἧσσον—ἀπεδέξαντο τοὺς λόγους, ἐν δὲ τῇ ὑστεραίᾳ μετέγνωσαν κτλ. and add infra 321 C ἡ εἱμαρμένη ἡμέρα παρῆν, ἐν ᾗ ἔδει καὶ ἄνθρωπον ἐξιέναι ἐκ γῆς.

318 B　19. ὃ μὴ τυγχάνεις ἐπιστάμενος. τυγχάνοις (suggested by Bekker) would be the usual periodic structure : but the indicative is looser and more direct : Kroschel compares Gorg. 464 D εἰ δέοι—διαγωνίζεσθαι—πότερος ἐπαίει. Notice the usual Socratic implication that virtue is knowledge.

20. ἀλλὰ μὴ οὕτως. Cf. Meno 74 D ἀλλὰ μή μοι οὕτως and infra 331 C. So μὴ γάρ, μὴ σύ γε, μὴ τοι γε and the like are often used without a verb expressed. ὥσπερ ἄν belongs to εἴποι ἄν in lines 28 and 32 : it is answered by οὕτω δή in line 33. αὐτίκα here does not mean 'for example' but goes with μάλα (which intensifies it) : 'as if Hippocrates were to change his desire on the spot and conceive a desire (ἐπιθυμήσειεν) for etc.' αὐτίκα μάλα is idiomatic, cf. Gorg. 469 D αὐτίκα μάλα δεῖν τεθνάναι, Crat. 384 B αὐτίκα μάλα εἰδέναι.

22. νῦν νεωστί : *nunc nuper* as in Meno 90 A. The more general word is followed by the more specific exactly as in Theaet. 161 C βατράχου γυρίνου where γυρῖνος according to a Scholiast is τὸ ἐκ τοῦ βατράχου παιδίον.

23. Ζευξίππου. An obscure sculptor (not painter) of this name is mentioned in Corp. Inscr. Gr. No. 1229 (quoted by Overbeck, Die Antiken Schriftquellen zur Geschichte der bildenden Künste

bei den Griechen p. 300). The Zeuxippus here mentioned is supposed to be the same as the famous painter Zeuxis of Heraclea (the Greek colony in Italy, most probably) who is mentioned by Plato in Gorg. 453 C, and several times by Xenophon (Mem. I 4. 3, Oecon. 10. 1, Symp. 4. 63 τὸν Ἡρακλεώτην ξένον) : see Overbeck, l. c. p. 311 foll. Zeuxis began to rise into fame probably about 424 B.C.: he would therefore be still a young man about the date when this dialogue is supposed to take place: see Introd. p. xxxvi. Brunn would read Ζεύξιδος for Ζευξίππου here, but according to Fick (quoted by Sauppe) Ζεῦξις is nothing but a familiar diminutive of Ζεύξιππος: for other similar examples see Fick, Die Griechischen Personennamen p. xxviii foll. -ιππος in proper names was aristocratic (Ar. Clouds 62 foll.) and could upon occasion be omitted or added without prejudice to personal identity: compare Clouds 929 οὐχὶ διδάξεις τοῦτον Κρόνος ὤν with ibid. 1071 σὺ δ' εἶ κρόνιππος, where -ιππος adds mock dignity to κρόνος.

29. Ὀρθαγόρᾳ τῷ Θηβαίῳ. Orthagoras is said by Athenaeus 318 C (IV 184 E) on the authority of Aristoxenus to have taught Epaminondas how to play the flute.

31. αὐτόν but ἐκείνου in 30 and ἐκείνῳ in 32: see on 310 D. εἰς ὅ τι βελτίων is here used rather than ὅ τι or τί βελτίων (as in line 27) to prepare for εἰς αὔλησιν where the preposition could hardly be dispensed with.

33. οὕτω δή. Heindorf would write οὕτω δέ, which is frequent after ὥσπερ, e.g. 328 B: see his note on Phaedo 72 C.

34. Πρωταγόρᾳ συγγενόμενος: "gravius hoc quam σοὶ συγγενό- 318 D μενος" Kroschel. See also note on 335 A.

43. λωβῶνται is here rather κακῶς ποιεῖν than κακὸν ποιεῖν, 318 E although (like κακουργεῖν, λυμαίνομαι and the like) it unites both meanings: cf. Rep. I 335 B foll., and see on Euthyphr. 3 A κακουργεῖν τὴν πόλιν. With the words of Protagoras compare those of Anytus in Meno 91 C Ἡράκλεις, εὐφήμει, ὦ Σώκρατες, μηδένα τῶν συγγενῶν, μήτε οἰκείων μήτε φίλων, μήτε ἀστὸν μήτε ξένον, τοιαύτη μανία λάβοι, ὥστε παρὰ τούτους ἐλθόντα λωβηθῆναι, ἐπεὶ οὗτοί γε φανερά ἐστι λώβη τε καὶ διαφθορὰ τῶν συγγιγνομένων.

τὰς γὰρ τέχνας—ἐμβάλλουσιν εἰς τέχνας. τέχναι is used of Arithmetic, Geometry, Solid Geometry and Harmonics in Rep. VII 532 C: elsewhere in Plato αἱ τέχναι generally means the mechanical arts, e.g. Rep. VI 495 D and VII 522 B. Here τέχναι can only mean the subjects taught in schools (γραμματική, λογιστική, κιθαριστική) as

Sauppe remarks, but there seems to be no precise parallel to such a use of the word.

47. εἰς τὸν Ἱππίαν ἀπέβλεψεν: see on 314 B.

49. εὐβουλία περὶ τῶν οἰκείων. The editors quote Meno 91 A οὗτος γὰρ—πάλαι λέγει πρός με ὅτι ἐπιθυμεῖ ταύτης τῆς σοφίας καὶ ἀρετῆς ᾗ οἱ ἄνθρωποι τάς τε οἰκίας καὶ τὰς πόλεις καλῶς διοικοῦσι, καὶ τοὺς γονέας τοὺς αὑτῶν θεραπεύουσι, καὶ πολίτας καὶ ξένους ὑποδέξασθαί τε καὶ ἀποπέμψαι ἐπίστανται ἀξίως ἀνδρὸς ἀγαθοῦ: Euthyd. 273 D ἀρετὴν—ὦ Σώκρατες, οἰόμεθα οἵω τ᾽ εἶναι παραδοῦναι κάλλιστ᾽ ἀνθρώπων καὶ τάχιστα.

319 A　　54. ἄνδρας ἀγαθοὺς πολίτας forms a single expression : 'good citizens' are the ἔργον of πολιτικὴ τέχνη. So Ar. Knights 1304 ἄνδρα μοχθηρὸν πολίτην.

56. ἐπάγγελμα δ ἐπαγγέλλομαι. ἐπαγγέλλομαι and its derivatives are often used of sophistic 'professions'.

CHAPTER X.

Socrates professes to disbelieve that ἀρετή can be communicated by teaching. His arguments are twofold : (1) while in matters connected with the arts of building, ship-carpentry, and the like, the Athenians will listen only to the professional man, in politics they give ear to any and every one: (2) Athenian statesmen have not been able to communicate their political virtue to their sons.

2. εἴπερ κέκτησαι. Cobet's rule (Mnemos. XI p. 168) "ubi praecedit vocalis, semper (Plato) κέκτημαι ponit, ubi consonans, promiscue κεκτῆσθαι et ἐκτῆσθαι" represents the usage of the best MSS, but Schanz now writes ἐκτῆσθαι universally after consonants. See also Mnem. VIII 336. ἐκτῆσθαι is in reality an old Ionic form: it is used by Aeschylus Prom. 795 κοινὸν ὄμμ᾽ ἐκτημέναι.

319 B　　5. οὐκ ἔχω ὅπως ἀπιστῶ. The MSS reading ὅπως ἂν ἀπιστῶ was corrected by Heindorf, ὅπως ἂν with the subjunctive being only used in final clauses. The subjunctive is deliberative: cf. Euthyphr. 11 B οὐκ ἔχω ἔγωγε ὅπως σοι εἴπω ὃ νοῶ.

6. οὐ διδακτόν—μηδέ. οὐ negatives διδακτόν only, μηδέ the whole of its clause: a similar case is Eur. Andr. 586 δρᾶν εὖ, κακῶς δ᾽ οὔ, μηδ᾽ ἀποκτείνειν βίᾳ. μή after verbs of thinking and saying is tolerably common in Plato. See on Euthyphr. 6 B ὁμολογοῦμεν περὶ αὐτῶν μηδὲν εἰδέναι.

8. ὥσπερ καὶ οἱ ἄλλοι "Ελληνες, sc. φασί. Compare 337 D
where Hippias calls Athens τῆς 'Ελλάδος αὐτὸ τὸ πρυτανεῖον τῆς
σοφίας: a somewhat less favourable judgment is given in Laws I
641 E τὴν πόλιν ἅπαντες ἡμῶν "Ελληνες ὑπολαμβάνουσιν ὡς φιλόλογός τε
ἐστι καὶ πολύλογος, Λακεδαίμονα δὲ καὶ Κρήτην, τὴν μὲν βραχύλογον,
τὴν δὲ πολύνοιαν μᾶλλον ἢ πολυλογίαν ἀσκοῦσαν.

12. μεταπεμπομένους is probably middle: Plato does not seem
to use μεταπέμπειν in the sense of 'send for' (like Thucydides e.g.
I 112. 3 Ἀμυρταίου μεταπέμποντος τοῦ ἐν τοῖς ἕλεσι βασιλέως: VI 52.
1 et al.). The subject is τοὺς πολίτας to be supplied from τὴν πόλιν.
Compare Gorg. 455 B foll. ὅταν περὶ ἰατρῶν αἱρέσεως ᾖ τῇ πόλει
σύλλογος ἢ περὶ ναυπηγῶν ἢ περὶ ἄλλου τινὸς δημιουργικοῦ ἔθνους, ἄλλο
τι ἢ τότε ὁ ῥητορικὸς συμβουλεύσει; δῆλον γὰρ ὅτι ἐν ἑκάστῃ αἱρέσει
τὸν τεχνικώτατον δεῖ αἱρεῖσθαι and Alc. I 107 A—C. Kroschel well
remarks that the words περὶ τῶν οἰκοδομημάτων (which Hirschig
wrongly rejects) are added to shew that it is only about the actual
buildings that the builders are consulted, "non de necessitate, utili-
tate, magnitudine", as to which the orators advise: compare Gorg.
455 D.

17. κἂν πάνυ καλὸς ᾖ κτλ. Imitated in Alc. I 107 B and C: 319 C
ἐάν τε γε σμικρὸς ᾖ μέγας ᾖ, ἐάν τε καλὸς ἢ αἰσχρός, ἔτι τε γενναῖος
ἢ ἀγεννής, πῶς γὰρ οὔ;—ἀλλ' ἄν τε πένης ἄν τε πλούσιος ᾖ ὁ
παραινῶν, οὐδὲν διοίσει 'Αθηναίοις, ὅταν περὶ τῶν ἐν τῇ πόλει βου-
λεύωνται, πῶς ἂν ὑγιαίνοιεν, ἀλλὰ ζητοῦσιν ἰατρὸν εἶναι τὸν σύμ-
βουλον.

20. οἱ τοξόται. The τοξόται (bowmen) or Σκύθαι (so called
from their nationality) or Πευσίνιοι (from one Πευσίς who according
to the Schol. on Ar. Ach. 54 had the chief hand in establishing
them) were the police. ἕλκω was regularly used of removing an
offending orator: e.g. Ar. Knights 665 κᾆθ' εἷλκον αὐτὸν οἱ πρυτάνεις
χοἰ τοξόται.

21. ἐξαιρῶνται. So T (B has ἐξέρωνται): the present is perhaps
due to tense-assimilation to κελευόντων. The active αἱρεῖν is used in
the same connexion by Ar. Eccl. 261 ἡμεῖς δέ γ' ἢν αἱρωσ' (sc. οἱ
τοξόται), ἐὰν κελεύσομεν, but no exact parallel for the use of the
middle has yet been found—the nearest seems to be Eur. I. T. 1201
οὐ γάρ ποτ' ἄν νιν ἡράμην βάθρων ἀπο: cf. Ar. Ach. 1140 τὴν ἀσπίδ'
αἴρου καὶ βάδιζ' ὦ παῖ λαβών: ibid. 953.

23. περὶ τῶν τῆς πόλεως διοικήσεως. So B and T, but in both 319 D
the copyist had doubts as to the text. It is usual to drop either τῶν

or διοικήσεως: Kroschel transposes τῶν and περί. Sauppe retains
the MSS reading, making περί govern διοικήσεως—but this is very
harsh. τὰ τῆς πόλεως διοικήσεως is a periphrasis for ἡ πόλεως
διοίκησις (for the omission of the article with πόλεως cf. Polit. 296 E
τοῦτον δεῖ καὶ περὶ ταῦτα τὸν ὅρον εἶναι τόν γε ἀληθινώτατον ὀρθῆς
πόλεως διοικήσεως, ὃν ὁ σοφὸς καὶ ἀγαθὸς ἀνὴρ διοικήσει τὸ τῶν
ἀρχομένων): 'the city's administration' being contrasted with τῶν
ἐν τέχνῃ διοίκησις. The whole phrase περὶ τῶν τῆς πόλεως διοικήσεως
corresponds to 318 E καὶ περὶ τῶν τῆς πόλεως, ὅπως τὰ τῆς πόλεως
δυνατώτατος ἂν εἴη καὶ πράττειν καὶ λέγειν.

25. **ἀνιστάμενος.** The audience sat in the assembly: cf. Rep.
VI 492 B ὅταν, εἴπον, ξυγκαθεζόμενοι ἀθρόοι πολλοὶ εἰς ἐκκλησίας
—ψέγωσι κτλ.

29. **μαθών.** Heindorf quotes many cases of the transition from
plural to singular in Plato (e.g. infra 324 B): the change is justified
here because in each case the reproach would be addressed to a
single person.

31. **μὴ τοίνυν ὅτι—ἀλλὰ ἰδίᾳ.** See on Apol. 40 D οἶμαι ἂν μὴ
ὅτι ἰδιώτην τινά, ἀλλὰ τὸν μέγαν βασιλέα κτλ.

319 E   34. **οὐχ οἷοί τε ἄλλοις παραδιδόναι.** Plato comments on the
inability of statesmen to teach their sons political sagacity in Meno
93 B foll., citing Themistocles, Aristides, Pericles and Thucydides as
cases in point. Compare Alc. I 118 E foll.

35. **ἃ μὲν διδασκάλων εἴχετο.** The phrase is used by Plato in
the other passages where he deals with this topic: cf. infra 324 D,
Meno 93 D and 94 A.

320 A   38. **νέμονται ὥσπερ ἄφετοι.** νέμεσθαι is properly 'to graze',
and ἄφετος is said *de grege numini alicui consecrato* (Heindorf): cf.
Critias 119 D ἀφέτων ὄντων ταύρων ἐν τῷ τοῦ Ποσειδῶνος ἱερῷ. The
same expression occurs in Rep. VI 498 C ὅταν δὲ λήγῃ μὲν ἡ ῥώμη,
πολιτικῶν δὲ καὶ στρατειῶν ἐκτὸς γίγνηται, τότε ἤδη ἀφέτους νέμεσ-
θαι καὶ μηδὲν ἄλλο πράττειν. Here the object of νέμεσθαι is virtually
the clause ἐάν που—τῇ ἀρετῇ 'going to and fro by themselves they
graze like creatures set apart upon whatever excellence etc.': cf.
(for the use of ἐάν) Rep. VII 528 A φθονοῖς μὴν οὐδ᾽ ἂν ἄλλῳ εἴ τίς τι
δύναιτο ἀπ᾽ αὐτῶν ὄνασθαι.

39. **ἐάν που αὐτόματοι περιτύχωσιν τῇ ἀρετῇ.** αὐτομάτῳ (used
as in Theaet. 180 C, Polit. 271 D ὃ δ᾽ ἥρου περὶ τοῦ πάντα αὐτό-
ματα γίγνεσθαι τοῖς ἀνθρώποις) agreeing with ἀρετῇ would make the
expression more pointed, and avoid the slight contradiction involved

in the expression αὐτόματοι περιτύχωσιν (since one cannot spon-
taneously *fall in with* a thing), but αὐτόματοι is not to be pressed,
and should be understood as equivalent to ἀπὸ τοῦ αὐτομάτου (cf.
323 C).

40. Κλεινίαν. The author of the First Alcibiades makes
Alcibiades himself speak of his younger brother as μαινόμενος
ἄνθρωπος (118 E).

42. μὴ διαφθαρῇ δή. δή adds a touch of irony to spare the
feelings of Alcibiades.

43. καταθέμενος ἐν Ἀρίφρονος. According to Plutarch (Alcib.
ch. 1) Ariphron shared with Pericles the guardianship of Alcibiades.
Ariphron was Pericles' brother.

45. ἀπέδωκε τούτῳ, i.e. Pericles to Alcibiades. Pericles is 320 B
humourously represented as restoring his ward in despair to the
very man who was suspected of corrupting him: and Alcibiades
is again appeased.

48. οὔτε τῶν ἀλλοτρίων. See Gorg. 515 C foll., where it is
argued that Pericles, Cimon and Miltiades made none of their
fellow-citizens better.

51. κάμπτομαι. Stallbaum quotes Thuc. III 58. 1 καίτοι
ἀξιοῦμέν γε—καμφθῆναι ὑμᾶς καὶ μεταγνῶναι.

52. πολλῶν μὲν—τὰ δὲ αὐτὸν ἐξηυρηκέναι. It is implied that
Protagoras' originality is not equal to his industry. The MSS have
ἐξευρηκέναι, but in the perfect as in past tenses generally initial ευ
became ηυ: see on 315 B above.

55. ἀλλ' ἐπίδειξον. See below on ἐπιδειξάμενος in 328 D.   320 C

56. ὡς πρεσβύτερος νεωτέροις. Gorg. 527 A τάχα δ' οὖν ταῦτα
μῦθός σοι δοκεῖ λέγεσθαι ὥσπερ γραός.

57. ἢ λόγῳ διεξελθών. So BT: Cobet requires ἢ λόγῳ διεξέλθω,
but λόγῳ διεξελθών contrasts with μῦθον λέγων, not with ἐπιδείξω,
which belongs to both participial clauses. For the aorist participle
(where we should expect the present) compare with Sauppe Theaet.
167 D ἀμφισβήτει λόγῳ ἀντιδιεξελθών.

CHAPTER XI.

Protagoras' reply falls into three sections: viz. (1) 320 C—323 C,
(2) 323 C—324 D, (3) 324 E—328 D: compare Introduction, p. xi.
In the first he is concerned to justify the Athenians for allowing
everyone to address them on political questions: this he does in the
first instance by relating a myth of pre-historic man.

It is probable that this myth comes from Protagoras' treatise περὶ τῆς ἐν ἀρχῇ καταστάσεως, mentioned in Diog. Laert. IX 55. It does not resemble the other myths of Plato in point of style, and if not actually written by Protagoras, it is at least carefully modelled on his way of writing: compare the similar imitations of the style of Agathon in Symp. 194 D foll. and of Prodicus infra 337 A foll. See Introd. p. xxi. That the 'Sophists' taught by means of parables we can see from Prodicus' Apologue of Heracles in Xen. Mem. II 1. 21 foll. The other passages in Plato treating of the primitive constitution of man are Polit. 269 C foll., Tim. 42 E foll. and Symp. 189 C foll. In Rep. III 414 C foll. there are also some points of resemblance to the present story.

1. ἦν γάρ ποτε χρόνος. γάρ introduces the story: see on Apol. 20 E Χαιρεφῶντα γαρ ἴστε που. ἦν χρόνος was usual in beginning a tale: the editors quote Theocr. 8. 1 ἦν χρόνος ἀνίκ᾽ ἐγών κτλ.

320 D   2. θνητὰ δὲ γένη οὐκ ἦν. In the Timaeus 42 E foll. the creation of men takes place after that of gods. The lower animals in the Timaeus arise from the degeneration of the souls of men in later births, every soul being first born as man: cf. Tim. 41 E with 90 E foll. Here the lower animals are created simultaneously with man, for θνητὰ γένη is of course not limited to the human race.

3. χρόνος ἦλθεν εἱμαρμένος γενέσεως. The omission of the article, as well as the whole turn of expression (ἦλθεν αὐτοῖς χρόνος), is somewhat poetic.

4. θεοὶ γῆς ἔνδον: so in Tim. 42 E it is the created gods, not the δημιουργός, who make men. There however it is not said that human creatures were made within the earth: but compare the γενναῖον ψεῦδος of Rep. III. 414 C ἦσαν δὲ (i.e. the citizens of Plato's state) τότε τῇ ἀληθείᾳ ὑπὸ γῆς ἐντὸς πλαττόμενοι. The wide-spread tradition of autochthonous races among the Greeks no doubt helped to produce such anthropological theories, with which compare Empedocles (ap. Ritter and Preller Hist. Philos.⁷ p. 143) οὐλοφυεῖς μὲν πρῶτα τύποι χθονὸς ἐξανέτελλον: Symp. 191 C ἐγέννων καὶ ἔτικτον (sc. primitive men) οὐκ εἰς ἀλλήλους ἀλλ᾽ εἰς γῆν ὥσπερ οἱ τέττιγες: and Polit. 272 A ἐκ γῆς γὰρ ἀνεβιώσκοντο πάντες. It is to be noticed that Plato regularly uses ἐντός (not ἔνδον) as a preposition: ἔνδον (so used) is the more poetic word.

ἐκ γῆς—κεράννυται. Compare Tim. 42 E (of the creation of man) μιμούμενοι (i.e. the created gods) τὸν σφέτερον δημιουργόν, πυρὸς καὶ γῆς ὕδατός τε καὶ ἀέρος ἀπὸ τοῦ κόσμου δανειζόμενοι μόρια ὡς ἀποδοθησόμενα πάλιν εἰς ταὐτὸν τὰ λαμβανόμενα ξυνεκόλλων. For 'air and water' is substituted here τῶν ὅσα πυρὶ καὶ γῇ κεράννυται. Fire is the rarest and earth the densest of the four elements: Protagoras' theory is that air and water are produced by mixing these in different proportions, for κεράννυται cannot mean merely that the elements interchange. Compare the theory attributed by Aristotle to Parmenides: Met. I 5. 986ᵇ 33 δύο τὰς αἰτίας καὶ δύο τὰς ἀρχὰς πάλιν τίθησι, θερμὸν καὶ ψυχρόν, οἷον πῦρ καὶ γῆν λέγων. It is noteworthy that Plato himself regards all four elements as differentiated, although imperfectly, before the creation of the κόσμος by the δημιουργός: compare Tim. 53 A foll. The chiasmus in γῆς καὶ πυρός followed by πυρὶ καὶ γῇ is part of Protagoras' art.

6. ἐπειδὴ δ' ἄγειν αὐτὰ πρὸς φῶς ἔμελλον. Cf. Rep. III 414 D ἐπειδὴ δὲ παντελῶς ἐξειργασμένοι ἦσαν καὶ ἡ γῆ αὐτοὺς μήτηρ οὖσα ἀνῆκε.

7. Προμηθεῖ καὶ ᾽Επιμηθεῖ. In Gorg. 523 D Prometheus again appears as the servant of Zeus, commissioned to put a stop to man's foreknowledge of his day of death: in Polit. 274 C he is mentioned as the giver of fire to mortals. The Hesiodic and Aeschylean form of the legend, in which Prometheus *steals* the fire, does not appear in Plato, except at 321 D, nor is there any hint in his works of the story in Hesiod about the gift of Pandora—the source of human ills—to Epimetheus (Works and Days 50 foll.), though it is worth noting that Plato like Hesiod makes the creation of woman posterior to that of man (Tim. 42 B).

9. παραιτεῖται—αὐτὸς νεῖμαι. The object clause, as usual with verbs like παραιτεῖσθαι (deprecari) depends on the positive part of the verb (here αἰτεῖσθαι): see on Apol. 31 B. αὐτός is ' by himself', without Prometheus' aid. We follow Cron and Turner in retaining the MSS νείμαντος δέ μου as against Bekker's δ' ἐμοῦ: the antithesis, as Cron remarks, is between the actions—νείμαντος and ἐπισκέψαι. The point to be noticed is that Afterthought invites Forethought to exchange offices with him: it is Afterthought whose duty it is to inspect (ἐπισκέψασθαι: cf. Gorg. 526 C ὁ δὲ Μίνως ἐπισκοπῶν κάθηται).

11. τὰ δ' ἀσθενέστερα—τὰ δέ. B and T have τοὺς δ' ἀσθενε- 320 E στέρους—τοὺς δέ, a natural mistake, which can hardly be due to Plato.

13. ἐμηχανᾶτο δύναμιν εἰς σωτηρίαν. Plato's own style rarely falls into verse: compare Rep. X 621 B εἰς τὴν γένεσιν ᾄττοντας

ὥσπερ ἀστέρας. The whole passage is full of rare and often poetic rhythms, words, constructions, and turns of expression : e.g. ἄοπλον φύσιν, σμικρότητι ἥμπισχεν, πτηνὸν φυγήν, τῷδε αὐτῷ (for αὐτῷ τούτῳ), ἀϊστωθείη, ἀλληλοφθοριῶν διαφυγὰς ἐπήρκεσε, εὐμαρίαν (as against εὐμάρειαν), and many more : note also the effort after balance and variety in ἱκανοῖς μὲν ἀμῦναι χειμῶνα, δυνατοῖς δὲ καὶ καύματα (321 A), τοῖς μὲν ἐκ γῆς—ἄλλοις δέ—τοῖς δὲ—ἔστι δ' οἷς. "Summum opinor," says Heindorf, "in his imitantis philosophi appareret artificium, si quid de propria Protagorae dictione superesset". See Introd. p. xxi.

14. σμικρότητι ἥμπισχεν. The usual construction would require σμικρότητα : the change is perhaps due to the desire for balance with ἃ δὲ ηὖξε μεγέθει, but the same construction occurs infra in line 21 with ἀμφιεννύς.

321 A   18. μή τι γένος ἀϊστωθείη. Aesch. Prom. 232 ἀϊστώσας γένος : ibid. 668 κεραυνὸν ὃς πᾶν ἐξαϊστώσοι γένος. Note the emphasis with which Protagoras asserts the permanence of the genus : cf. infra 321 B σωτηρίαν τῷ γένει πορίζων.

20. εὐμαρίαν. So Schanz with BT : the editors generally read εὐμάρειαν. The older form is intentionally used here : see above on line 13.

24. ὑποδῶν is Cobet's correction for ὑπὸ ποδῶν of B and T. See infra on 321 C γυμνόν τε καὶ ἀνυπόδητον κτλ.

321 B   25. τὰ δὲ δέρμασιν στερεοῖς καὶ ἀναίμοις. After τὰ δὲ the MSS read θριξὶν καί. The words seem to have been wrongly introduced from line 21. This (the suggestion of Ast, adopted by Schanz and others) seems better than to read for θριξὶν καί the words ὄνυξιν καί.

31. οὐ πάνυ τι=non satis: cf. note on Euthyphr. 2 B οὐδ' αὐτὸς πάνυ τι γιγνώσκω. οὐ πάνυ is the English 'not quite', sometimes equivalent to 'not at all' by *meiosis:* the addition of τι makes the phrase a little less emphatic. πάνυ οὐ is quite a different phrase and means 'altogether not'.

321 C   32. καταναλώσας τὰς δυνάμεις. After τὰς δυνάμεις, the words εἰς τὰ ἄλογα are found in T, but not in B.

36. ἐμμελῶς πάντων ἔχοντα : like ἱκανῶς τοῦ βάθους ἔχοντα in Theaet. 194 D and the genitive after καλῶς ἔχειν and the like.

37. γυμνόν τε καὶ ἀνυπόδητον καὶ ἄστρωτον καὶ ἄοπλον. Compare the description of Ἔρως in Symp. 203 C : ἀνυπόδητος καὶ ἄοικος, χαμαιπετὴς ἀεὶ ὢν καὶ ἄστρωτος. ἀνυπόδητον contrasts with

ὑποδῶν in 321 B (line 24), and justifies Cobet's emendation for ὑπὸ ποδῶν. Aristotle (περὶ ζῴων μορίων IV 10, p. 687ᵃ 23) alludes to this passage of the Protagoras: ἀλλ' οἱ λέγοντες ὡς συνέστηκεν οὐ καλῶς ὁ ἄνθρωπος, ἀλλὰ χείριστα τῶν ζῴων (ἀνυπόδητόν τε γὰρ αὐτὸν εἶναί φασι καὶ γυμνὸν καὶ οὐκ ἔχοντα ὅπλον πρὸς τὴν ἀλκήν), οὐκ ὀρθῶς λέγουσιν.

39. ἐν ᾗ. See above on ἐν τῇ ὑστεραίᾳ 318 A. All the θνητὰ γένη then according to Protagoras issued forth on the same day. Plato thought otherwise: see on 320 D line 2.

40. ἐχόμενος: so T: "σχόμενος B, sed in marg. vitii nota" Schanz. σχόμενος is occasionally found in this passive sense, especially in compounds (Sauppe quotes Soph. 250 D συνεσχόμεθα and Isocr. XIX 11 φθόῃ σχόμενον), but the present participle is at least equally well attested here and suits the meaning better: cf. (with Kroschel) Laws VI 780 B ὑπὸ πολλῆς ἀπορίας ἐχομένοις.

42. τὴν ἔντεχνον σοφίαν σὺν πυρί. Aesch. Prom. 252—254 321 D πρὸς τοῖσδε μέντοι πῦρ ἐγώ σφιν ὤπασα. καὶ νῦν φλογωπὸν πῦρ ἔχουσ' ἐφήμεροι, ἀφ' οὗ γε πολλὰς ἐκμαθήσονται τέχνας—which is the usual form of the story. In Polit. 274 C Plato attributes fire to Prometheus, and the arts to Hephaestus and Athena. σύν denotes a much closer connexion than μετά: it is seldom used by Plato except in a few adverbial phrases, or in religious uses (like ξύν τισι Χάρισι καὶ Μούσαις Laws III 682 A), or in semi-poetic passages like the present: see on οὐδενὶ ξὺν νῷ in Crito 48 C.

46. ἔσχεν is 'obtained': see on ἔσχετε in Apol. 19 A. ἦν γὰρ παρὰ τῷ Διί reminds one of Sophocles' Δίκη ξύνεδρος Ζηνὸς O. C. 1382.

48. οὐκέτι means that Prometheus had to draw the line there; he had been able to steal the fire, but farther he could not go—no doubt because time pressed. The same idiomatic use of οὐκέτι)(ἤδη occurs above in 312 E μὰ Δί', ἔφη, οὐκέτι ἔχω σοι λέγειν: it is extremely common in Plato and in Greek generally: see note on Euthyphr. 3 E and Cope on Arist. Rhet. A 1. 1354ᵇ 7 referred to there.

49. Διὸς φυλακαί are no doubt Κράτος and Βία, as in the 321 E Prometheus. Compare Hesiod Theog. 385 foll. (quoted by Heindorf) καὶ Κράτος ἠδὲ Βίην ἀριδείκετα γείνατο τέκνα (sc. Στύξ) τῶν οὐκ ἔστ' ἀπάνευθε Διὸς δόμος οὐδέ τις ἕδρη οὐδ' ὁδὸς ὅππῃ μὴ κείνοις θεὸς ἡγεμονεύει· ἀλλ' αἰεὶ πὰρ Ζηνὶ βαρυκτύπῳ ἑδριόωνται.

εἰς δὲ τὸ τῆς Ἀθηνᾶς κτλ. Protagoras reverts to the story of the theft. Similarly in 346 D below Socrates reverts to a part of the poem which he has quoted some time before in 345 C.

51. ἔμπυρον τέχνην is τέχνη which works by πῦρ, as ἔντεχνος σοφία in line 42 is σοφία working by τέχνη.

322 A   54. τοῦ βίου—δι' 'Επιμηθέα. βίου is 'means of living' as in line 45. The words δι' 'Επιμηθέα mean 'thanks to Epimetheus': cf. Ar. Clouds 12—14 ἀλλ' οὐ δύναμαι δείλαιος εὕδειν δακνόμενος ὑπὸ τῆς δαπάνης καὶ τῆς φάτνης καὶ τῶν χρεῶν, διὰ τουτονὶ τὸν υἱόν, and in Rep. I 354 A οὐ μέντοι καλῶς γε εἱστίαμαι, δι' ἐμαυτόν, ἀλλ' οὐ διὰ σέ. The words are rejected by Schanz (after Sauppe), but without reason: the jingle (Προ-μηθέα δὲ δι' 'Επι-μηθέα) is quite in Protagoras' style.

55. ἧπερ λέγεται. Aeschylus relates the punishment but not the trial: cf. Prom. 7—9 τὸ σὸν γὰρ ἄνθος, παντέχνου πυρὸς σέλας, θνητοῖσι κλέψας ὤπασεν· τοιᾶσδέ τοι ἁμαρτίας σφε δεῖ θεοῖς δοῦναι δίκην.

CHAPTER XII.

The myth is continued (322 A—322 D) and used to justify the Athenians for listening to promiscuous political advisers, since according to it all men are endowed with πολιτικὴ ἀρετή—as indeed all men believe, otherwise they would not (as they do) regard as insane the man who does not at least pretend to possess justice and πολιτικὴ ἀρετή generally.

1. θείας μετέσχε μοίρας: μοῖρα is 'dispensation', and refers to the ἔντεχνος σοφία, which is θεία because derived from Hephaestus and Athena.

2. [διὰ τὴν τοῦ θεοῦ συγγένειαν]. These words are open to objection on two grounds. The singular τοῦ θεοῦ is inaccurate—no single god has been mentioned as akin to man: nor can τοῦ θεοῦ well be taken as God in the monotheistic sense, or as generic for τῶν θεῶν—both usages are alien to the whole tone of the myth. These difficulties might perhaps be got over by reading τοῦ θείου = τῶν θεῶν, but another difficulty remains. The reference in τὴν συγγένειαν can only be to 320 D τυποῦσιν αὐτὰ θεοί, the creatures being regarded as children of their creators as in Tim. 42 E νοήσαντες οἱ παῖδες (the created gods) τὴν τοῦ πατρὸς διάταξιν, but there it is not only man but all θνητὰ γένη that are in this sense 'akin to gods'—why then should not the lower animals also have built themselves fanes? As the phrase is at best a bad case of loose thinking

and inaccurate writing in an otherwise careful and elaborate piece of composition, I have followed Kral and Schanz in rejecting the whole phrase. The words were perhaps an (inaccurate) gloss on θείας in θείας μοίρας. For the sentiment which they express see the Editor's Introduction to the Euthyphro p. xvi.

μόνον: man alone θείας μετέσχε μοίρας: see note in loc. Cobet's μόνος would be more grammatical, but the attraction of ζῴων is too strong.

3. ἐπεχείρει βωμούς τε ἱδρύεσθαι κτλ. Hom. Od. III 48 πάντες δὲ θεῶν χατέουσ' ἄνθρωποι.

4. ἔπειτα. πρῶτον μέν and ἔπειτα refer to logical sequence rather than temporal: Protagoras follows the maxim ἐκ Διὸς ἀρχώμεσθα.

7. ηὕρετο. MSS εὕρετο, but see on 315 B above.

9. ἀπώλλυντο οὖν ὑπὸ τῶν θηρίων. Compare Polit. 274 B 322 B τῆς γὰρ τοῦ κεκτημένου καὶ νέμοντος ἡμᾶς δαίμονος ἀπερημωθέντες ἐπιμελείας, τῶν πολλῶν αὖ θηρίων, ὅσα χαλεπὰ τὰς φύσεις ἦν, ἀπαγριωθέντων, αὐτοὶ δὲ ἀσθενεῖς ἄνθρωποι καὶ ἀφύλακτοι γεγονότες διηρπάζοντο ὑπ' αὐτῶν.

14. ἧς μέρος πολεμική. πολεμική is recognised as a part of πολιτική in Rep. II 273 D foll.

15. σῴζεσθαι κτίζοντες πόλεις. The insufficiency of the individual for his own wants is assigned as the cause of city life in Rep. II 369 B γίγνεται τοίνυν—πόλις, ὡς ἐγᾦμαι, ἐπειδὴ τυγχάνει ἡμῶν ἕκαστος οὐκ αὐτάρκης ἀλλὰ πολλῶν ἐνδεής· ἢ τίν' οἴει ἀρχὴν ἄλλην πόλιν οἰκίζειν; οὐδεμίαν, ἦ δ' ὅς.

19. αἰδῶ τε καὶ δίκην. The editors cite Hesiod (Works and 322 C Days 192) δίκη δ' ἐν χερσὶ καὶ αἰδὼς οὐκ ἔσται (of the γένος σιδήρεον, where man is corrupt). αἰδώς is a part of δέος (Euthyphr. 12 C): it keeps men together by making them fear the censure of their fellows (Laws I 647 A—B); compare Homer Iliad XV 561 foll. ὦ φίλοι, ἀνέρες ἔστε, καὶ αἰδῶ θέσθ' ἐνὶ θυμῷ, ἀλλήλους τ' αἰδεῖσθε κατὰ κρατερὰς ὑσμίνας. αἰδομένων δ' ἀνδρῶν πλέονες σόοι ἠὲ πέφανται· φευγόντων δ' οὔτ' ἂρ κλέος ὄρνυται οὔτε τις ἀλκή. δίκη is here the abstract principle 'law' like Latin *ius:* for the original meaning of the word see Verrall on Eur. Med. 411.

20. πόλεων κόσμοι—συναγωγοί. The phraseology no less than the rhythm is highly poetical.

21. τίνα οὖν τρόπον. For οὖν retained in the indirect the editors cite Symp. 219 D ὥστε οὔθ' ὅπως οὖν ὀργιζοίμην εἶχον οὔθ' ὅπῃ

προσαγαγοίμην αὐτὸν ηὐπόρουν. Cobet's δῶ for δοίη is attractive but unnecessary.

22. πότερον ὡς κτλ. "Eleganter omissum ἔφη, ut obliqua oratio statim in rectam transeat" Heindorf, quoting (inter alia) Xen. Cyrop. I 4. 28 ἐνταῦθα δὴ τὸν Κῦρον γελάσαι τε ἐκ τῶν πρόσθεν δακρύων καὶ εἰπεῖν αὐτῷ ἀπιόντα θαρρεῖν ὅτι παρέσται αὖθις ὀλίγου χρόνου· ὥστε ὁρᾶν σοι ἐξέσται κἂν βούλῃ ἀσκαρδαμυκτεί. Sauppe quotes an exact parallel in 338 B infra εἶπον οὖν ἐγὼ ὅτι αἰσχρὸν εἴη βραβευτὴν ἐλέσθαι τῶν λόγων. εἴτε γὰρ χείρων ἔσται κτλ.

24. εἷς ἔχων ἰατρικήν—ἰδιώταις. This division of labour takes place as soon as men begin to unite in cities: compare Rep. II 369 E foll.

322 D   30. κτείνειν ὡς νόσον πόλεως. κτείνειν is poetical for the ἀποκτείνειν of prose.

32. 'Αθηναῖοι: without the article as in 319 B and 324 C.

322 E   35. οὐκ ἀνέχονται, ὡς σὺ φῄς: 319 C οὐδέν τι μᾶλλον ἀποδέχονται. The antithesis between οὐκ ἀνέχονται ὡς σὺ φῄς and εἰκότως ὡς ἐγώ φημι is a poor one, since οὐκ ἀνέχονται has to be repeated with εἰκότως. We should expect some word like ἀλόγως before ὡς σὺ φῄς, or perhaps οὐκ εἰκότως has dropped out after φῄς.

323 A   37. ἣν δεῖ διὰ δικαιοσύνης—ἰέναι. The antecedent to ἣν is συμβουλήν not ἀρετῆς: cf. Laws I 632 C (quoted by Heindorf) κατιδὼν δὲ ὁ θεὶς τοὺς νόμους ἅπασιν τούτοις φύλακας ἐπιστήσει, τοὺς μὲν (sc. φύλακας) διὰ φρονήσεως, τοὺς δὲ δι' ἀληθοῦς δόξης ἰόντας. The phrase διὰ δικαιοσύνης ἰέναι is equivalent to δικαίαν εἶναι as διὰ φιλίας ἰέναι to φίλον εἶναι.

38. ἅπαντος. Schanz reads παντός on account of παντί following: but Plato frequently interchanges ἅπας and πᾶς; see on Euthyphr. 9 E. It is natural that the more emphatic form ἅπαντος should come first.

40. ἢ μὴ εἶναι πόλεις. ἤ=alioquin is regular with δεῖ, προσήκει, and the like, in the preceding clause: compare infra 323 C ἢ μὴ εἶναι ἐν ἀνθρώποις and 325 A.

αὕτη—τούτου αἰτία: asyndeton as in 318 A τοσοῦτος ὅ γε ἡμέτερος λόγος.

41. ὡς τῷ ὄντι ἡγοῦνται. The presence of τῷ ὄντι, as Sauppe remarks, shews that ὡς depends on τεκμήριον in line 44: compare infra 324 C ὡς μὲν οὖν εἰκότως ἀποδέχονται—ἀποδέδεικταί σοι.

323 B   54. προσποιούμενον δικαιοσύνην: elsewhere in Plato προσποιεῖσθαι takes the infinitive. Thuc. I 137. 7 has ἣν ψευδῶς προσεποιήσατο.

ὡς ἀναγκαῖον: ὄν need not be added, as Heindorf shews: 323C
cf. Rep. V 449 C ὡς ἄρα περὶ γυναικῶν τε καὶ παίδων παντὶ δῆλον ὅτι
κοινὰ τὰ φίλων ἔσται.

CHAPTER XIII.

Protagoras now passes to the second part of his reply (323 C—
324 D), in which he seeks to prove by two arguments that men
believe that virtue can be taught: (1) as we hold men responsible
for ἀδικία, it is clear that we conceive of it as capable of being
acquired (323 C—324 A); (2) punishment is in point of fact intended
to teach well-doing (324 A—324 D).

4. οὐ φύσει ἡγοῦνται εἶναι—ἀλλὰ διδακτόν. Sauppe (on 322 C)
remarks that the giving of δίκη and αἰδώς to all is inconsistent with
the theory that πολιτικὴ ἀρετή can be acquired by teaching. What
Protagoras no doubt means is that while all men have a part in
δικαιοσύνη (323 A), because they possess δίκη and αἰδώς, they may be
improved by teaching, but it must be allowed that his *words* are
hardly consistent with themselves. See Introduction, p. xix.

15. τὰ καλὰ καὶ τἀναντία τούτοις. This, the MSS reading, 323D
retained by Heindorf, and recently by Kral, is, we think, right.
ταῦτα in line 14 does not have its antecedent in the previous
sentence, but is explained by τὰ καλὰ καὶ τἀναντία τούτοις.
Protagoras in fact divides 'goods into two classes, viz. (1) goods
φύσει, (2) goods ἐξ ἐπιμελείας καὶ ἀσκήσεως καὶ διδαχῆς, and calls the
former καλά, the implied examples being personal beauty, stature
and health. Schanz's rejection of τὰ καλά is therefore needless.

The editors mostly read τὰ κακά, but (in spite of Ficinus' *haec
mala eorumque contraria*) this would seem to be precluded by the
μέν and δέ in ταῦτα μὲν γάρ and ὅσα δὲ—ἀγαθά: the contrast
requires that one class of goods shall be set over against another,
and is much weakened if we put 'evils' in the foreground by reading
τὰ κακά. Further, ταῦτα is too remote to be easily taken with τὰ
κακά in the sense of 'these evils', whereas if we take the pronoun
merely as anticipating τὰ κακά, then the statement becomes too
wide: for not all κακά, not all ἀγαθά (τἀναντία τούτοις, on this view)
come to men φύσει, as indeed the next clause states.

21. συλλήβδην πᾶν τὸ ἐναντίον—ἀρετῆς. We have here the 323E
first hint of the unity of the different vices and (by implication)
virtues : compare infra 329 C.

324 A   24. εἰ γὰρ ἐθέλεις—διδάξει. Cf. infra 342 D.

25. αὐτό σε διδάξει: 'fact will shew you': Theaet. 200 E ὁ τὸν ποταμὸν καθηγούμενος—ἔφη ἄρα δείξειν αὐτό: the idiom is a frequent one.

27. οὐδεὶς γὰρ κολάζει κτλ. Plato's own theory of punishment so far agrees with this, but goes deeper: see Gorgias 525 A foll. προσήκει δὲ παντὶ τῷ ἐν τιμωρίᾳ ὄντι, ὑπ' ἄλλου ὀρθῶς τιμωρουμένῳ, ἢ βελτίονι γίγνεσθαι καὶ ὀνίνασθαι ἢ παραδείγματι τοῖς ἄλλοις γίγνεσθαι, ἵνα ἄλλοι ὁρῶντες πάσχοντα ἃ ἂν πάσχῃ φοβούμενοι βελτίους γίγνωνται. Vice (being ignorance) is disease of soul, as νόσος is of body: it is the business of the judge to cure the one as of the physician to cure the other: cf. Rep. IX 591 A—B and Gorg. 478 D σωφρονίζει γάρ που καὶ δικαιοτέρους ποιεῖ καὶ ἰατρικὴ γίγνεται πονηρίας ἡ δίκη: hence (ibid. 480 B foll.) the sinner should go before the judge as readily as the patient to a doctor, and should even accuse his friends. In the ideal city the judges are to put to death incurable sinners just as the doctors will allow incurable patients to die: III 409 E foll. τῶν πολιτῶν σοι τοὺς μὲν εὐφυεῖς τὰ σώματα καὶ τὰς ψυχὰς θεραπεύσουσι, τοὺς δὲ μή, ὅσοι μὲν κατὰ σῶμα τοιοῦτοι, ἀποθνήσκειν ἐάσουσι, τοὺς δὲ κατὰ τὴν ψυχὴν κακοφυεῖς καὶ ἀνιάτους αὐτοὶ ἀποκτενοῦσιν. The same holds good of punishment after death : for Ardiaeus and the others in Rep. X 616 A, whose punishment is everlasting (οὐχ ἥκει —οὐδ' ἂν ἥξει δεῦρο), are incurable—ἀτεχνῶς παραδείγματα ἀνηρτημένους ἐκεῖ ἐν ᾅδου ἐν τῷ δεσμωτηρίῳ, τοῖς ἀεὶ τῶν ἀδίκων ἀφικνουμένοις θεάματα καὶ νουθετήματα—the majority are punished to purge them of the guilt contracted upon earth and teach them to choose more wisely their lot of life next time. The remedial view of punishment is embedded in the genius of the Greek language, as is shewn by the punitive sense of σωφρονίζειν, δικαιοῦν, εὐθύνειν. The older and sterner view (δράσαντι παθεῖν) appears more rarely in Plato's time.

324 B   29. ἠδίκησεν. See above on 319 D.

30. τιμωρεῖται. The editors quote Aristotle Rhet. I 10. 1369[b] 12 διαφέρει δὲ τιμωρία καὶ κόλασις· ἡ μὲν γὰρ κόλασις τοῦ πάσχοντος ἕνεκά ἐστιν, ἡ δὲ τιμωρία τοῦ ποιοῦντος, ἵνα ἀποπληρωθῇ. The distinction is not invariably observed in Plato, although he generally uses τιμωρεῖσθαι in passages where the gravity of the sin is more insisted upon.

31. οὐ τοῦ παρεληλυθότος—ἀγένητον θείη. Turner (on 324 B) quotes Laws XI 934 A οὐχ ἕνεκα τοῦ κακουργῆσαι διδοὺς τὴν δίκην, οὐ

γὰρ τὸ γεγονὸς ἀγένητον ἔσται ποτέ κτλ. The phrase οὐ γὰρ ἂν τό
γε πραχθὲν ἀγένητον θείη represents a common proverbial saying :
cf. Simonides Frag. 69 τὸ γὰρ γεγενημένον οὐκέτ' ἄρεκτον ἔσται
(Sauppe) with Bergk's note, and the impressive application of the
saying in Aesch. Ag. 1019—1021 τὸ δ' ἐπὶ γᾶν ἅπαξ πεσὸν θανάσιμον
προπάροιθ' ἀνδρὸς μέλαν αἷμα τίς ἂν πάλιν ἀγκαλέσαιτ' ἐπαείδων ;

38. κολάζονται: the middle (in the present) is rare : Heindorf 324 C
quotes Ar. Wasps 405 νῦν ἐκεῖνο νῦν ἐκεῖνο τοὐξύθυμον ᾧ κολαζόμεσθα
κέντρον ἐντέτατ' ὀξύ.

CHAPTER XIV.

Here begins the third part of Protagoras' reply : 324 E—328 D.
In this chapter he begins to shew that virtue is in point of fact
taught to all by shewing that it would be absurd to suppose that it
is not.

1. λοιπὴ ἀπορία. For the omission of the article before a 324 D
relative clause (Heindorf suggested the insertion of ἡ after λοιπή)
Sauppe quotes Rep. III 413 E φύλαξ αὐτοῦ ὢν ἀγαθὸς καὶ μουσικῆς ἧς
ἐμάνθανεν. The ἀπορία was raised by Socrates in 319 D foll.

4. διδάσκουσιν. Contrast infra 325 B τὰ μὲν ἄλλα διδάσκον-
ται τοὺς υἱεῖς and ibid. τοὺς υἱεῖς διδάσκονται, said of the parents
as διδάσκουσιν (in the usual sense of διδάσκονται) is said here and in
Meno 94 B. Similarly in Prot. 320 A ἐπαίδευε is used where we
should expect ἐπαιδεύετο : cf. ἐπαιδεύσατο in Meno 93 D.

ἃ διδασκάλων ἔχεται. See note on 319 E supra.

7. οὐκέτι μῦθον ἀλλὰ λόγον. Gorg. 523 A ὃν σὺ μὲν ἡγήσει
μῦθον, ὡς ἐγὼ οἶμαι, ἐγὼ δὲ λόγον· ὡς ἀληθῆ γὰρ ὄντα σοι λέξω ἃ
μέλλω λέγειν.

13. δικαιοσύνη—τὸ ὅσιον εἶναι. Thus for the first time 325 A
Protagoras definitely speaks of the virtues in language implying
their unity : cf. 323 E.

15. ἀνδρὸς ἀρετήν : ἀνδρός is somewhat loftier and more im-
pressive than ἀνθρώπου (cf. Rep. VIII 565 E βίον ἀνδρὸς ἀφανίζων).
For the sentiment cf. Rep. VI 501 B ξυμμιγνύντες τε καὶ κεραννύντες
ἐκ τῶν ἐπιτηδευμάτων τὸ ἀνδρείκελον, ἀπ' ἐκείνου τεκμαιρόμενοι, ὃ
δὴ καὶ Ὅμηρος ἐκάλεσεν ἐν τοῖς ἀνθρώποις ἐγγιγνόμενον θεοειδές τε καὶ
θεοείκελον.

16. μετὰ τούτου : not μεθ' οὗ, see on 313 A καὶ ἐν ᾧ. For the
use of μετά cf. Phaed. 69 A ff. (μὴ) ᾗ ἐκεῖνο μόνον τὸ νόμισμα ὀρθόν,

ἀνθ' οὗ δεῖ ἅπαντα ταῦτα καταλλάττεσθαι, φρόνησις, καὶ τούτου μὲν
καὶ μετὰ τούτου ὠνούμενά τε καὶ πιπρασκόμενα τῷ ὄντι ᾖ καὶ ἀνδρεία
κτλ.

19. **καὶ παῖδα καὶ ἄνδρα καὶ γυναῖκα**: nearly equivalent to
'not only child but etc.': παῖδα is put first as the natural object of
κολάζειν—"et nos ergo manum ferulae subduximus" (Juv. I 15).

21. **ὑπακούῃ** is more than obey: the word means 'to hear and
answer' (cf. Crito 43 A) : tr. 'respond', sc. by becoming better (as
explained in line 20).

325 B   22. **ὡς ἀνίατον ὄντα—ἀποκτείνειν**: Rep. III 410 A τοὺς—κατὰ
τὴν ψυχὴν κακοφυεῖς καὶ ἀνιάτους αὐτοὶ ἀποκτενοῦσι. In the next line
αὐτοῦ in αὐτοῦ πεφυκότος is still this 'one thing', viz. ἀνδρὸς ἀρετή.

25. **ὡς θαυμάσιοι γίγνονται.** The MSS have ὡς θαυμασίως
γίγνονται which could only mean 'in what a strange way are
produced'—a meaning irrelevant here. The point is that it is
θαυμαστόν if 'good men'—virtue having been proved to be teach-
able—teach their sons everything except virtue. θαυμάσιοι (with
Kroschel and other editors) seems the simplest of the many emenda-
tions proposed : cf. Euthyd. 305 B θαυμάσιοί εἰσιν οἱ τοιοῦτοι ἄνδρες.
The mistake may have arisen from the influence of the common
θαυμασίως ὡς. Next best is Hirschig's θαυμασίως γίγνονται ἀγαθοὶ οἱ
ἀγαθοί (cf. 328 E οὐκ εἶναι ἀνθρωπίνην ἐπιμέλειαν ᾗ ἀγαθοὶ οἱ ἀγαθοὶ
γίγνονται) or θαυμασίως γίγνονται οἱ ἀγαθοὶ ἀγαθοί: cf. Meno 89 B οἱ
ἀγαθοὶ ἀγαθοὶ γίγνονται and Heindorf's emendation on 326 C below.
As to γίγνονται "Saepius a Platone id quod argumentatione colli-
gitur, γίγνεσθαι dicitur, ut p. 355 A φημὶ ὑμῖν τούτου οὕτως ἔχοντος
γελοῖον τὸν λόγον γίγνεσθαι ὅταν λέγητε κτλ., Euthyd. p. 298 E οὐκοῦν
ὁ κύων πατὴρ ὢν σός ἐστιν, ὥστε σὸς πατὴρ γίγνεται ὁ κύων",
Kroschel. The same use of γίγνεσθαι is common in Aristotle.

28. **τὰ μὲν ἄλλα ἄρα.** For the form of the sentence and for
ἄρα here and in line 34 compare note on Crito 50 E ἦ πρὸς μὲν ἄρα.

29. **διδάσκονται** (but not of course ἄρα) is interrogative: so οὐ
διδάσκονται in line 34.

30. **ἐφ' ᾧ.** This, and not ἐφ' ὧν (as asserted by Schanz) is after
all the reading of B: see Adamson in Cl. Rev. VII p. 445. In itself,
ἐφ' ὧν (so T) is not indefensible : ἐφ' ὧν (i.e. ἐπὶ τούτων ἅ) κτλ.
would mean 'in the case of subjects which if they have not learnt'
(μὴ μαθοῦσι), the latent ἅ depending on μαθοῦσι. This use of ἐπὶ
with the genitive is common in Plato, e.g. Rep. VII 524 E ὥσπερ ἐπὶ
τοῦ δακτύλου ἐλέγομεν. But ἐφ' ᾧ (which Heindorf had already

conjectured) is simpler and better.   For the misplacement of τε in ἤ τε ζημία see note on 316 D above.

33. ὡς ἔπος εἰπεῖν is to be taken with ξυλλήβδην, which goes 325 C with the verbal noun ἀνατροπαί: 'almost wholesale subversion of their house'. ξυλλήβδην means not κατὰ σμικρόν, but so as to embrace everything: cf. Rep. I 344 A—B τυραννὶς ἢ οὐ κατὰ σμικρὸν τἀλλότρια καὶ λάθρᾳ καὶ βίᾳ ἀφαιρεῖται—ἀλλὰ ξυλλήβδην, and Theognis 147 ἐν δὲ δικαιοσύνῃ συλλήβδην πᾶσ᾽ ἀρετή 'νι. For ὡς ἔπος εἰπεῖν see on 317 A.

35. οἴεσθαί γε χρή : a way of answering one's own question : Crito 53 D, 54 B.

CHAPTER XV.

In this chapter Protagoras shews that the whole scheme of Athenian education is intended to teach ἀρετή.

1. μέχρι οὗπερ ἂν ζῶσι, i.e. οἱ παιδευόμενοι : in 326 D foll. it is shewn that education does not end when school is left, but goes on through life.

3. ἐπειδὰν θᾶττον seems not to occur elsewhere in the Platonic writings : in Alcib. I 105 A is ἐὰν θᾶττον. τάχιστα is more usual after such conjunctions. Kroschel quotes an imitation of this passage from De Rep. Laced. 2. 1 ἐπειδὰν τάχιστα οἱ παῖδες αὐτοῖς τὰ λεγόμενα ξυνιῶσιν, εὐθὺς μὲν ἐπ᾽ αὐτοῖς παιδαγωγοὺς θεράποντας ἐφιστᾶσιν, εὐθὺς δὲ πέμπουσιν εἰς διδασκάλων μαθησομένους καὶ γράμματα καὶ μουσικὴν καὶ τὰ ἐν παλαίστρᾳ.

5. ὅπως βέλτιστος: so BT : there is no reason for inserting ὡς 325 D after ὅπως with Kroschel and Turner : βέλτιστος does not mean better than all others, but very good.

6. παρ᾽ ἕκαστον κτλ. "Est eo ipso tempore quo quidque vel fit vel dicitur " Heindorf.

8. τὸ μὲν δίκαιον κτλ. Sauppe well quotes Ter. Ad. 417—418 where a father νουθετεῖ his son "Hoc facito—Hoc fugito—Hoc laudi est—Hoc vitio datur". Compare Horace Sat. I 4. 105 ff.

10. τὰ μὲν ποίει, τὰ δὲ μὴ ποίει : τὰ μὲν is not δίκαιον, καλόν, ὅσιον, but quite general: 'this do, that do not'. The τάδε μὲν—τάδε δέ of T is unnecessary; cf. τὸ μὲν—τὸ δέ in line 8. The symmetry of the sentence is worth noting (a, b, b, a): first τὸ μὲν—τὸ δέ, next τόδε μὲν—τόδε δέ twice, last τὰ μὲν—τὰ δὲ, the end recalling the beginning. Compare note on καὶ κακὸν καὶ αἰσχρόν in Crito 49 B.

ἐὰν μὲν ἑκὼν πείθηται : without apodosis: see Goodwin, Moods and Tenses (1889) p. 179. This idiom occurs more than once in Homer: it is perhaps a remnant of the days when the conditional particles introduced a main sentence: certainly the Greeks were not conscious of any such ellipse as εὖ ἕξει.

11. ὥσπερ ξύλον διαστρεφόμενον. ξύλον is 'a piece of wood', not necessarily a dead log, as appears from Hdt. III 47 εἰρίοισι ἀπὸ ξύλου (of the cotton tree) and other exx. in L. and S. The growing child is compared to a tree growing up and becoming crooked (note the present διαστρεφόμενον—καμπτόμενον). Plato frequently applies the metaphors 'crooked', 'warped' and the like to victims of vice and vicious education: compare Gorg. 525 A πάντα σκολιὰ ὑπὸ ψεύδους καὶ ἀλαζονείας. Theaet. 173 A σμικροὶ δὲ καὶ οὐκ ὀρθοὶ τὰς ψυχάς.

12. εὐθύνουσιν—πληγαῖς. Cf. Arist. 'Αθην. πολιτ. Ch. 8 τοὺς ἁμαρτάνοντας ηὔθυνεν κυρία οὖσα τοῦ ζημιοῦν καὶ κολάζειν (of the Areopagitic council). For εὐθύνειν (here passing into the meaning of 'chastise') see note on 324 A οὐδεὶς γὰρ κολάζει. To illustrate πληγαῖς Sauppe quotes the well-known line of Menander ὁ μὴ δαρεὶς ἄνθρωπος οὐ παιδεύεται.

13. εἰς διδασκάλων πέμποντες. It appears from 326 C that there was no regular age for going to school; the parents decided in each case. Plato ordains (Laws VII 809 E) that children shall learn γράμματα (i.e. reading and writing, ibid. 810 B) from 10 to 13, and the lyre from 13 to 16.

πολὺ μᾶλλον—εὐκοσμίας. Protagoras' description of the aim of Athenian education agrees with the account of the Δίκαιος λόγος in the Clouds 961 foll.

325 E   17. ὥσπερ τότε: supra 325 C ἐπειδὰν θᾶττον συνιῇ τις τὰ λεγόμενα.

18. ἐπὶ τῶν βάθρων: i.e. as they sit on the benches: cf. above 315 C. παρατιθέασιν represents the works of the poets as intellectual food: cf. Theaet. 157 C παρατίθημι ἑκάστων τῶν σοφῶν ἀπογεύσασθαι.

19. ποιητῶν ἀγαθῶν: Homer especially, and also Hesiod, Theognis, Phocylides. Compare Laws VII 810 E, from which passage it also appears that extracts were frequently made for committing to memory (ἐκμανθάνειν).

20. ἀναγκάζουσιν: μετὰ λύπης γὰρ ἡ μάθησις: Arist. Pol. VIII 1339ᵃ 28 (quoted by Sauppe). So Niceratus in Xenophon Symp. III 5 says that his father ἠνάγκασέ με πάντα τὰ Ὁμήρου ἔπη μαθεῖν.

21. διέξοδοι means finished narratives or descriptions (cf. λόγῳ 326A διεξελθών and διεξιέναι in 320 C). It is to be noted that so far we have not got beyond ποίησις ψιλή (i.e. unaccompanied by music): lyric poetry begins to be studied when the lyre has been learnt (line 26).

24. ἕτερα τοιαῦτα: for the phrase see on Apol. 26 A. The accusative (internal) depends on ἐπιμελοῦνται as in 325 C ἐπιμελοῦνται πᾶσαν ἐπιμέλειαν and Laws VII 812 E ἀλλὰ ταῦτα μὲν ὁ παιδευτὴς ἐπιμελείσθω: the whole phrase is equivalent to ἑτέραν τοιαύτην σωφροσύνης τε ἐπιμέλειαν ποιοῦνται. Verbs taking the external object in the genitive or dative are not precluded from taking the internal object in the accusative.

28. εἰς τὰ κιθαρίσματα ἐντείνοντες. ἐντείνειν εἰς is to stretch 326B into, i.e. to 'put into': whence ἐντείνειν ἐς κύκλον χωρίον τρίγωνον 'to describe a triangle in a circle' (Meno 87 A); περὶ γάρ τοι τῶν ποιημά- των ὧν πεποίηκας ἐντείνας τοὺς τοῦ Αἰσώπου λόγους of adapting to metre (Phaed. 60 D); and here of accompanying poems on the lyre: the boys learn the poems and tunes (made by the poet) together, while the Citha- rist plays the lyre. Plato in the Laws VII 812 D foll. requires the κιθαρίσματα to be identical with the tune to which the poem is sung: δεῖ—τοῖς φθόγγοις τῆς λύρας προσχρῆσθαι—τόν τε κιθαριστὴν καὶ τὸν παιδευόμενον, ἀποδιδόντας πρόσχορδα τὰ φθέγματα τοῖς φθέγμασι· τὴν δ' ἑτεροφωνίαν καὶ ποικιλίαν τῆς λύρας, ἄλλα μὲν μέλη τῶν χορδῶν ἱεισῶν, ἄλλα δὲ τοῦ τὴν μελῳδίαν ξυνθέντος ποιητοῦ—πάντα τὰ τοιαῦτα μὴ προσφέρειν κτλ.

ῥυθμούς τε καὶ ἁρμονίας. ῥυθμοί times or rhythms (cf. Rep. III 399 E foll.), ἁρμονίαι scales (ibid. 398 D foll.). ῥυθμός and ἁρμονία between them make up μουσική in the narrower sense: see Symp. 187 A foll., where music is defined as περὶ ἁρμονίαν καὶ ῥυθμὸν ἐρωτι- κῶν ἐπιστήμη—περὶ ἁρμονίαν since it reconciles ὀξύ and βαρύ, περὶ ῥυθμόν since it reconciles ταχὺ and βραδύ.

29. οἰκειοῦσθαι ταῖς ψυχαῖς τῶν παίδων. Sauppe quotes Rep. III 401 D κυριωτάτη ἐν μουσικῇ τροφή, ὅτι μάλιστα καταδύεται εἰς τὸ ἐντὸς τῆς ψυχῆς ὅ τε ῥυθμὸς καὶ ἁρμονία καὶ ἐρρωμενέστατα ἅπτεται αὐτῆς.

30. εὐρυθμότεροι καὶ εὐαρμοστότεροι. See Rep. III 400 C foll., where, after it is shewn that τὸ εὔρυθμον and τὸ εὐάρμοστον imply εὐλογία, Plato continues (400 D) εὐλογία ἄρα καὶ εὐαρμοστία καὶ εὐσχημοσύνη καὶ εὐρυθμία εὐηθείᾳ ἀκολουθεῖ, οὐχ ἣν ἄνοιαν οὖσαν ὑποκοριζόμενοι καλοῦμεν ὡς εὐήθειαν, ἀλλὰ τὴν ὡς ἀληθῶς εὖ τε καὶ καλῶς τὸ ἦθος κατεσκευασμένην διάνοιαν.

34. **εἰς παιδοτρίβου:** Protagoras passes to γυμναστική, the second great division of Greek education: Rep. II 376 E.

35. **ὑπηρετῶσι τῇ διανοίᾳ.** Plato asserts that the true object of γυμναστική is not to cultivate the body, but to educate the soul to the proper mean between hardness and softness: Rep. III 410 C foll. On the soul as the mistress of the body see Phaedo ch. 43.

326 C   39. **μάλιστα οἱ μάλιστα δυνάμενοι.** The first μάλιστα is due to Heindorf: it is necessary to the meaning. Most of the editors insert the word μάλιστα not after ποιοῦσιν but after δυνάμενοι, explaining its loss by the presence of μάλιστα following: but it comes (we think) more naturally after ποιοῦσιν.

42. **ἐκ διδασκάλων ἀπαλλαγῶσιν:** ἐκ is rejected by Cobet (cf. Gorg. 514 C ἐπειδὴ τῶν διδασκάλων ἀπηλλάγημεν): but the phrase is just as stereotyped as εἰς διδασκάλων, to which (in line 40) it forms an appropriate contrast—in neither of the two cases were the Greeks (in all probability) conscious in common parlance of an ellipse. Sauppe quotes a fragment of Ar. Banqueters 42 οὐκ εὐθὺς ἀπεδίδρασκες ἐκ διδασκάλου, Plutus 84 ἐκ Πατροκλέους ἔρχομαι, and other parallels.

43. **ἀναγκάζει μανθάνειν:** hardly to be taken literally, but only in the sense that ignorance was no excuse for breaking the laws.

44. **κατὰ τούτους ζῆν.** After ζῆν occur in the MSS the words κατὰ παράδειγμα. "Facile succurrat cuivis κατὰ τούτους ζῆν καθάπερ παράδειγμα—quamquam talia notanda potius quam statim corrigenda" says Heindorf. Most recent editors bracket or reject the words, which are open to objection on several grounds, that the laws are not an example but a *rule* of life, and Plato does not use παράδειγμα precisely in this way, as well as from the harsh omission of ὡς. The suggestion of Sauppe that the words are a gloss on κατὰ τούτους by a scribe referring to the illustration which follows—'as for example'—has much probability.

326 D   45. **γραμματισταί:** see on γραμματιστοῦ 312 B.

46. **ὑπογράψαντες γραμμὰς τῇ γραφίδι** should be understood of tracing (by dots or otherwise) the outlines of the lines (γραμμαί) which form letters. These outlines would be filled up by the pupil: see Blümner, Griechische Privatalterthümer p. 315. The usual view (since Heindorf) has been to regard the γραμμαί as horizontal lines ruled for guidance; "ut pueri in schola directe s. ad lineam scribere iubentur, ita in vita quae agunt ad legis normam iis dirigenda sunt", Kroschel. Such a view is however inconsistent with

the meaning of ὑπογράφειν and of ὑφήγησις, and (in view of Plato's statements as to the nature of Law) renders the simile inexact. ὑπογράφειν in Plato regularly refers to an outline drawing (as ὑποτυποῦσθαι to moulding in outline Tim. 76 E) and is opposed to ἀπεργάσασθαι and (in Aristotle) to ἀναγράφειν, e.g. Rep. VIII 548 C—D οὐκοῦν—αὕτη μὲν ἡ πολιτεία οὕτω γεγονυῖα καὶ τοιαύτη ἄν τις εἴη, ὡς λόγῳ σχῆμα πολιτείας ὑπογράψαντα μὴ ἀκριβῶς ἀπεργάσασθαι διὰ τὸ ἐξαρκεῖν μὲν ἰδεῖν καὶ ἐκ τῆς ὑπογραφῆς τόν τε δικαιότατον καὶ τὸν ἀδικώτατον, and Theaet. 172 E, where a litigant's ἀντωμοσία is called ὑπογραφή—a sort of outline drawing ὧν ἐκτὸς οὐ ῥητέον, but which his speech must simply ἀπεργάσασθαι. ὑφηγεῖσθαι is similarly used, only with the added idea of guiding: e.g. Rep. III 403 D—E οὐκοῦν εἰ τὴν διάνοιαν ἱκανῶς θεραπεύσαντες παραδοῖμεν αὐτῇ τὰ περὶ τὸ σῶμα ἀκριβολογεῖσθαι, ἡμεῖς δὲ ὅσον τοὺς τύπους ὑφηγησαίμεθα—ὀρθῶς ἂν ποιοῖμεν; and Laws X 890 C δεῖ ταῦτα οὕτω πράττειν διανοουμένους ὅπηπερ ἂν ὁ νομοθέτης ὑφηγήσηται γράφων. The point of the simile is this. As the child draws his pen between the outlines

of the lines forming letters (making e.g. into), so we must keep our actions between certain outlines, which are the laws. Plato invariably regards νόμοι as only τύποι, within which our actions should fall: cf. Rep. II 383 C παντάπασιν—ἔγωγε τοὺς τύπους τούτους συγχωρῶ, καὶ ὡς νόμοις ἂν χρῴμην (whence νόμους ὑπογράφειν here and in Laws V 734 E): see also Polit. 294 A foll. τὸ δ' ἄριστον οὐ τοὺς νόμους ἐστὶν ἰσχύειν, ἀλλ' ἄνδρα τὸν μετὰ φρονήσεως βασιλικὸν—ὅτι νόμος οὐκ ἄν ποτε δύναιτο τό τε ἄριστον καὶ τὸ δικαιότατον ἀκριβῶς πᾶσιν ἅμα περιλαβὼν τὸ βέλτιστον ἐπιτάττειν. αἱ γὰρ ἀνομοιότητες τῶν τε ἀνθρώπων καὶ τῶν πράξεων—οὐδὲν ἐῶσιν ἁπλοῦν ἐν οὐδενὶ περὶ ἁπάντων καὶ ἐπὶ πάντα τὸν χρόνον ἀποφαίνεσθαι τέχνην οὐδ' ἡντινοῦν—for which reason in the Republic (VI 497 D) there must always be a power above the laws. The explanation which we have given does not disagree with the account of Seneca in his Epistles XV 2. 51 "Pueri ad praescriptum discunt. Digiti illorum tenentur et aliena manu *per literarum simulacra* ducuntur": it is supported by Quintilian I 1. 27 "cum vero iam ductus sequi coeperit, non inutile erit eas (sc. literas) tabellae quam optime insculpi, ut *per illos velut sulcos* ducatur stilus". It is probable that both these authors had the present passage in view.

It should be noted that γράφειν νόμους was a regular phrase: compare the image in Rep. VI 501 A.

49. **ὡς δὲ καί.** ὡς for οὕτως is rare in Attic prose: Heindorf quotes (inter alia) Rep. VII 530 D κινδυνεύει ὡς πρὸς ἀστρονομίαν ὄμματα πέπηγεν, ὡς πρὸς ἐναρμόνιον φορὰν ὦτα παγῆναι. For δέ see above on 318 C.

326 E   54. **εὐθῦναι** regularly denotes the 'putting straight' or examination of a magistrate when his office expired. It is not clear whether Protagoras' philological zeal does not cause him to stretch a point in giving to the word a wider signification: but see on εὐθύνουσιν in 325 D.

CHAPTER XVI.

Protagoras at last comes to the difficulty raised by Socrates in 319 E. Virtue having been proved to be teachable, it is only from a lack of natural aptitude that good men's sons sometimes turn out badly: compared with men who have never been taught virtue, even they are good. Protagoras concludes with a manifest bid for pupils.

4. **ἔμπροσθεν**: viz. at 324 E.

327 A   6. **οὐδένα δεῖ ἰδιωτεύειν**: equivalent to πάντας δεῖ εἶναι δημιουργούς: no one must be a layman in ἀρετή.

12. **ἐδίδασκε καὶ ἐπέπληττε τὸν μὴ καλῶς αὐλοῦντα.** As ἐδίδασκε is the important word, ἐπέπληττε has no effect on the construction, but is in effect enclitic: see on 317 C ἐνδείξασθαι καὶ καλλωπίσασθαι.

327 B   19. **εἰ οὖν οὕτω.** οὖν marks the reversion to the original protasis, viz. εἰ μὴ οἶόν τ' ἦν—καὶ τοῦτο κτλ., from λυσιτελεῖ to νόμιμα being parenthetical: it therefore seems better to print a colon rather than a full stop after νόμιμα.

327 C   24. **ἐλλόγιμος ηὐξήθη.** Proleptic adjectives with αὐξάνω are common: Heindorf cites (inter alia) Rep. VIII 565 C τοῦτον τρέφειν τε καὶ αὔξειν μέγαν.

27. **ἀλλ' οὖν αὐληταί γ' ἄν**: γ' ἄν for γοῦν was Shilleto's conjecture, which can hardly fail to be right. ἀλλ' οὖν—γε is an emphatic 'but at all events': cf. Gorg. 496 D μανθάνω· ἀλλ' οὖν τό γε πεινῆν αὐτὸ ἀνιαρόν.

29. **οὕτως οἴου καὶ νῦν.** Sauppe's ᾤου κἂν νῦν seems to be quite needless: the conclusion is naturally put as a command—'so in the present case, you are to think '.

30. **τῶν ἐν νόμοις καὶ ἀνθρώποις.** So BT. ἀνθρώποις in this emphatic sense is a little awkward with ἀνθρώπους two lines below

and ἀνθρώποις said seven lines below of savages (though the word is qualified in both cases), but the text is probably right : cf. 323 C ἀναγκαῖον οὐδένα ὄντιν' οὐχὶ ἀμῶς γέ πως μετέχειν αὐτῆς (sc. τῆς δικαιοσύνης), ἢ μὴ εἶναι ἐν ἀνθρώποις. Of the suggested emendations the most reasonable is perhaps Sauppe's ἐν νόμοις καὶ ἐννόμοις ἀνθρώποις—which he has now given up in favour of the MSS reading.

31. αὐτὸν is not emphatic: to be δίκαιος is to be a δημιουργὸς δικαιοσύνης, cf. 326 E τῆς ἀρετῆς—οὐδένα δεῖ ἰδιωτεύειν.

33. μήτε—μήτε—μήτε—μηδέ. μηδέ introduces the climax : see 327 D note on οὔτε—οὐδέ γε in Apol. 19 D and Cope on Arist. Rhet. 1 4. 4. Presently ἀλλ' εἶεν is used rather than ἀλλ' εἰσί (in spite of ἐστίν in line 33) because the hypothetical nature of the case is becoming more prominent. For the passage of a relative clause into a main clause (οἵ is not to be repeated after ἀλλά) see on 313 A.

35. ἀλλ' εἶεν ἄγριοί τινες. It appears not only from Athenaeus (V 218 D), but from Suidas and others that the play in question was called Ἄγριοι. The few fragments of it which remain (see Kock's Comicorum Atticorum Fragmenta I pp. 146—150) give us no indication of the plot or treatment. The probability is that the Ἄγριοι formed the chorus (compare the names Νεφέλαι, Βάτραχοι etc.), "ad quos"—as we should infer from the words of Plato— "Athenienses quidam, pauci sine dubio, vitae civilis in sua urbe pertaesi (μισάνθρωποι) sicut Pithetaerus et Euelpides, accedebant impru-denter sperantes se inter homines immanes meliorem iustioremque quam in civitate sua vitam inventuros esse" (Kock). Plato was perhaps thinking of the same play again in Rep. VI 496 D ὥσπερ εἰς θηρία ἄνθρωπος ἐμπεσών, οὔτε ξυναδικεῖν ἐθέλων οὔτε ἱκανὸς ὢν εἰς πᾶσιν ἀγρίοις ἀντέχειν.

οἷοί περ οὓς πέρνυσιν: so BT, and there is no sufficient reason for altering the text to οἵους πέρνυσιν (with Sauppe, after Athenaeus V 218 D) or οἵους περ πέρνυσιν with Schanz. Plato does not always avail himself of the liberty of attraction : a parallel is quoted from Crat. 432 E ἵνα κομιδῇ ᾖ τοιοῦτον οἷόν περ οὗ ὄνομά ἐστιν.

36. πέρνυσιν. Athenaeus V 218 D ἐδιδάχθησαν δὲ οἱ Ἄγριοι ἐπ' Ἀριστίωνος ἄρχοντος, i.e. Ol. 89 4 = 421/420 B.C. For the bearing of the date of the Ἄγριοι on the question when the dialogue of the Protagoras is assumed to have taken place see Introd. p. xxxvii.

Φερεκράτης. The fragments of Pherecrates—a poet of the old comedy who gained his first victory in 438 B.C.—are given in Kock's Comicorum Atticorum Fragmenta I pp. 145—209.

ἐδίδαξεν ἐπὶ Δηναίῳ. The Δήναιον (also called λίμναι and τέμενος τοῦ Διονύσου) was an enclosure sacred to Dionysus on the south-east slope of the Acropolis. Compare Photius s.v. Λήναιον· περίβολος μέγας Ἀθήνησιν, ἐν ᾧ τοὺς ἀγῶνας ἦγον, πρὸ τοῦ τὸ θέατρον οἰκοδομηθῆναι, ὀνομάζοντες ἐπὶ Δηναίῳ. The phrase 'at Lenaeum' seems to have survived even after all plays were given in the Dionysiac theatre, as by this time they were, and to have been understood as equivalent to 'at the Lenaean festival' (cf. Ar. Ach. 504 οὑπὶ Δηναίῳ τ' ἀγών), for which the expressions ἐν Δηναίοις and (ἐδιδάχθη) εἰς Δήναια are more usual in the *didascaliae* (see Müller's Bühnenalterthümer p. 316 note 3). The Lenaea took place in the month Gamelion.

38. ὥσπερ οἱ ἐν ἐκείνῳ τῷ χορῷ, sc. γενόμενοι. γίγνεσθαι ἐν is 'to come to be in or among', 'to fall among'. ἐν τῷ προθύρῳ ἐγενόμεθα of 314 C is the same idiom.

μισάνθρωποι. So the MSS. The various suggested emendations (ἡμιάνθρωποι Heinrich, μιξάνθρωποι Jacobs, μεσάνθρωποι Lehrs) proceed on the supposition that the word is an epithet of the ἄγριοι, which is most improbable: "alii sunt ἄγριοι, alii μισάνθρωποι, neque in illa sermonis iunctura" (sc. if we regard the ὥσπερ clause as explaining τοῖς τοιούτοις) "scribendum ὥσπερ sed οἷοί περ fuit" (Heindorf).

39. Εὐρυβάτῳ καὶ Φρυνώνδᾳ. Two proverbial scoundrels of real life: see Suidas s.vv. Εὐρύβατος πονηρός, ἀπὸ τοῦ πεμφθέντος ὑπὸ Κροίσου ἐπὶ ξενολογίαν μετὰ χρημάτων, ὥς φησιν Ἔφορος, εἶτα μεταβαλομένου πρὸς Κῦρον· ἦν δὲ Ἐφέσιος κτλ. Φρυνώνδας τῶν ἐπὶ πονηρίᾳ διαβεβοημένων, ὃς ξένος ὢν κατὰ τὰ Πελοποννησιακὰ διέτριβεν Ἀθήνησιν·—ἐκ τούτου τοὺς πονηροὺς Φρυνώνδας καλοῦσι. They are frequently mentioned in Greek literature : see Blaydes on Ar. Thesm. 861. Blaydes remarks that -ώνδας is a Boeotian termination: cf. Ἐπαμεινώνδας, Χαρώνδας and the like.

42. οὐδείς σοι φαίνεται εἶναι. εἶναι is Heindorf's emendation for εἶθ' of the Bodleian. For the asyndeton with ὥσπερ see above on 311 E.

43. τίς διδάσκαλος τοῦ ἑλληνίζειν. The same illustration occurs in Alc. I 111 A.

48. τούτους ἔτι τίς ἂν διδάξειεν repeats τίς ἂν—διδάξειεν τοὺς τῶν χειροτεχνῶν υἱεῖς: and οὐ ῥάδιον οἶμαι εἶναι—τούτων διδάσκαλον φανῆναι is a variety on οὐδ᾽ ἂν εἷς φανείη, which the οὐδέ γ᾽ ἄν of line 44 might lead us to expect would be repeated—but the sentence is a

slight anacoluthon. This is better than to take ἄν of οὐδέ γ' ἄν in line 44 with εἶναι of line 49.

51. οὕτω δὲ ἀρετῆς. On οὕτω δέ see above note on 318 C.

52. κἄν εἰ: κἄν = καὶ εἰ is somewhat rare in Plato, e.g. Meno 72 C κἄν εἰ πολλαὶ καὶ παντοδαπαί εἰσιν, ἕν γέ τι εἶδος ἅπασαι ἔχουσιν : it is extremely common in Aristotle. The ἄν shews that the idiom must have arisen from cases where the apodosis contained a verb with which ἄν could go, e.g. κἄν εἰ ἀποθνήσκοι, εὖ ἔχοι. Such cases as Symp. 185 A κἄν εἴ τις—ἐξαπατηθείη, καλὴ ἡ ἀπάτη, where the verb after εἰ is in the optative, preserve traces of the origin of the construction.

55. ὀνῆσαί τινα πρός. ὀνῆσαι is Dobree's correction for νοῆσαι : 328 B cf. Rep. X 601 D εἴπερ οἷός τ' ἦν πρὸς ἀρετὴν ὀνῆσαι ἀνθρώπους.

58. τὸν τρόπον τῆς πράξεως τοῦ μισθοῦ. Aristotle Eth. Nic. IX 2. 1164ᵃ 24 ὅπερ φασὶ καὶ Πρωταγόραν ποιεῖν· ὅτε γὰρ διδάξειεν ἀδήποτε, τιμῆσαι τὸν μαθόντα ἐκέλευεν ὅσου δοκεῖ ἄξια ἐπίστασθαι καὶ ἐλάμβανε τοσοῦτον. This is more than Plato says : see next note.

60. ἀποδέδωκεν: but κατέθηκεν (gnomic aorist) two lines lower down. It is not necessary to reject ἀποδέδωκεν (with Sauppe and Schanz) or to read ἀπέδωκεν (with Kroschel and Kral). ἀποδέδωκεν is hardly to be explained as a gnomic perfect (Goodwin), certain examples of which are rare, if not unknown, but is to be taken in its natural sense : 'if he prefers, he has already paid...if not etc.': this is also Heindorf's view. Unless the pupil had *paid in advance*, Protagoras left the fee to his own conscience and (according to his own account, ὥστε καὶ αὐτῷ δοκεῖν τῷ μαθόντι) generally fared better, even though (if Diogenes Laertius IX 52 may be trusted) his fee was 100 minae. If Protagoras made no bad debts, he escapes the censure of Plato in Gorgias 519 C, where it is said that, if teachers of δικαιοσύνη do not receive their fees, it only shews that they have failed to teach their subject and deserve no fees.

61. ἐλθὼν εἰς ἱερόν. " Tactis sacris aramve tenentes veteres 328 C iurare satis est notum " Heindorf, quoting Aeschin. in Timarch. § 114 λαβὼν εἰς τὴν ἑαυτοῦ χεῖρα τὰ ἱερὰ καὶ ὀμόσας μὴ λαβεῖν δῶρα— εἰληφὼς ἠλέγχθη.

69. τῶνδε. Protagoras is more encouraging than Socrates in 319 E.

CHAPTER XVII.

Here begins Socrates' criticism of Protagoras' speech. The question is first raised—Is Virtue one, or many? The connexion between this question and the speech of Protagoras is that if Virtue has a unity in knowledge, it is teachable, otherwise not : see Introd. p. xx.

328 D   2. **ἐπιδειξάμενος.** ἐπιδείκνυσθαι and ἐπίδειξις are regularly used of a Sophistic display : e.g. Gorg. 447 A πολλὰ γὰρ καὶ καλὰ Γοργίας ἡμῖν ὀλίγον πρότερον ἐπεδείξατο, Crat. 384 B τὴν πεντηκοντάδραχμον ἐπίδειξιν. ἐπιδείκνυμι is also sometimes used in the same way, e.g. Euthyd. 274 D and infra 347 B : in 320 C above ἀλλ' ἐπίδειξον is intended to suggest this meaning, which comes out more clearly in ἐπιδείξω two lines below.

3. **ἐπὶ μὲν πολὺν χρόνον** goes with ἔβλεπον and ἔτι with κεκηλημένος.

8. **ὦ παῖ 'Απολλοδώρου**: with mock solemnity : so 335 D ὦ παῖ Ἱππονίκου, Rep. II 368 A ὦ παῖδες ἐκείνου τἀνδρός.

9. **ὧδε** in the sense of δεῦρο is noted as a Platonic idiom by the lexicographers. The usage is found in tragedy, but no other example is quoted from Plato.

328 E   12. **ἀνθρωπίνην ἐπιμέλειαν**: cf. Meno 99 E ἀρετὴ ἂν εἴη οὔτε φύσει οὔτε διδακτόν, ἀλλὰ θείᾳ μοίρᾳ παραγιγνομένη ἄνευ νοῦ.

15. **ἐπεκδιδάξει**—ἐξεδίδαξεν: see on 311 A.

329 A   17. **τάχ' ἂν καὶ τοιουτους λόγους**: καί goes with τοιούτους— 'even such', 'just such' : τούτου should not be inserted (with Sauppe, Schanz, Kral) before τοιούτους.

20. **ὥσπερ βιβλία.** Hermann wished to read οὐχ ὥσπερ βιβλία, since the orators do make a speech when spoken to: but the point is that like books they do not answer the questions asked, or put questions themselves, as the true dialectician does: cf. Phaedr. 275 D δεινὸν γάρ που—τοῦτ' ἔχει γραφή, καὶ ὡς ἀληθῶς ὅμοιον ζωγραφίᾳ. καὶ γὰρ τὰ ἐκείνης ἔκγονα ἕστηκε μὲν ὡς ζῶντα, ἐὰν δ' ἀνέρῃ τι, σεμνῶς πάνυ σιγᾷ. ταὐτὸν δὲ καὶ οἱ λόγοι· δόξαις μὲν ἂν ὥς τι φρονοῦντας αὐτοὺς λέγειν, ἐὰν δέ τι ἔρῃ τῶν λεγομένων βουλόμενος μαθεῖν, ἕν τι σημαίνει μόνον ταὐτὸν ἀεί: infra 347 E and Hipp. Min. 365 D τὸν μὲν Ὅμηρον —ἐάσωμεν, ἐπειδὴ καὶ ἀδύνατον ἐπανερέσθαι, τί ποτε νοῶν ταῦτα ἐποίησε τὰ ἔπη. A similar objection applies to laws: see Polit. 294 A (quoted above on 326 D).

22. **ὥσπερ τὰ χαλκία.** The MSS have χαλκεῖα, but (as Kro-

schel points out) in Crat. 430 A εἴ τι χαλκίον κινήσειε κρούσας.
χαλκεῖα would mean 'smithies'.

23. μακρὸν ἤχει καὶ ἀποτείνει: ἀποτείνει is used absolutely as
in Gorg. 458 B καὶ νῦν, ἴσως πόρρω ἀποτενοῦμεν.   Compare Euthyd.
300 B ὅταν οὖν λίθους λέγῃς καὶ ξύλα καὶ σιδήρια, οὐ σιγῶντα λέγεις;
οὔκουν ἅ γε ἐγώ, ἔφη, παρέρχομαι ἐν τοῖς χαλκείοις (MSS. χαλκίοις),
ἀλλὰ φθεγγόμενα καὶ βοῶντα μέγιστον τὰ σιδήρια λέγει.

25. δόλιχον κατατείνουσι τοῦ λόγου.   δόλιχὸν is the reading of
B and T, but (1) the adjective δολιχός seems to be exclusively poetic,
the word surviving in Plato's time only in the form δόλιχος for δολι-
χὸς δρόμος (cf. for the change of accent κάκη by κακή, Φαῖδρος by φαιδρός
and the like): (2) δολιχὸς τοῦ λόγου would be a rare construction,
though not without parallels, e.g. πολλὴν τῆς χώρας in Xen. Cyrop.
III 2. 2 and τῆς μαρίλης συχνήν in Ar. Ach. 350: ἀμήχανον τῆς εὐδαι-
μονίας of Apol. 41 C is different: (3) after the expressive simile
which we have had, 'a long speech' sounds very weak.   On the
other hand δόλιχος τοῦ λόγου, the suggestion of Stephanus, is strongly
supported by 335 E where Socrates compares Protagoras, because he
plays the ῥήτωρ and not the dialectician, to a δολιχόδρομος: νῦν δ'
ἐστὶν ὥσπερ ἂν εἰ δέοιό μου Κρίσωνι τῷ Ἱμεραίῳ δρομεῖ ἀκμάζοντι
ἕπεσθαι ἢ τῶν δολιχοδρόμων τῳ ἢ τῶν ἡμεροδρόμων διαθεῖν τε καὶ
ἕπεσθαι, and the editors quote a number of parallels to the metaphor,
such as Plut. Phoc. 23. 3 καλῶς ἔφη πρὸς τὸ στάδιον, τὸν δὲ δόλιχον
τοῦ πολέμου φοβοῦμαι; Epicrates in Kock's Com. Att. Frag. Vol. II
p. 283 ἐπεὶ δὲ δόλιχον τοῖς ἔτεσιν ἤδη τρέχει, Ar. Clouds 430
τῶν Ἑλλήνων εἶναί με λέγειν ἑκατὸν σταδίοισιν ἄριστον and Frogs
91 πλεῖν ἢ σταδίῳ λαλίστερα, Eupolis (Kock l. c. I p. 281) (of
Pericles) ὁπότε παρέλθοι δ' ὥσπερ ἀγαθοὶ δρομῆς ἐκ δέκα ποδῶν ᾕρει
λέγων τοὺς ῥήτορας.   Dropping the sporting metaphor we may say
'spin out a league of verbiage against you'.   The δόλιχος was 24
στάδια, the στάδιον being covered 12 times both ways: cf. Pind. Ol.
III 33.

27. ὡς αὐτὰ δηλοῖ.   The MSS read αὐτά, which most recent 329 B
editors change to αὐτό with Stephanus, regarding the idiom as
analogous to that in 324 A αὐτό σε διδάξει, but in this idiomatic
use of αὐτό the verb is generally, if not always, in the future.   αὐτό
του λέγει in Ar. Eq. 204 and the cases quoted by Blaydes in loc. are
different, since in each case αὐτό has a *definite* antecedent expressed.
ὡς αὐτὰ δηλοῖ is simply as 'things themselves' i.e. 'as facts shew':
the reference is to the speech which Protagoras has just delivered.

Compare Arist. Pol. IV 12. 1331ᴸ 21 δῆλον ὡς αὐτὰ προκαλεῖται κτλ. and (with Heindorf) Xen. Cyr. VI 1. 7 οὐκ οἶδα μὲν ἔγωγε, εἴ τι δεῖ λόγων, ὅπου αὐτὰ τὰ ἔργα δείκνυσι τὸ κράτιστον.

31. εἴ μοι ἀποκρίναιο τόδε. The optative follows σμικροῦ τινὸς ἐνδεής εἰμι πάντ' ἔχειν as virtually equivalent to πάντ' ἂν ἔχοιμι (Heindorf).

32. εἴπερ ἄλλῳ τῳ ἀνθρώπων πειθοίμην ἄν, καὶ σοὶ πείθομαι. The fulness of expression is no doubt intentional : Socrates politely dwells upon his compliment. The objections to the syntax are two-fold : (1) ἄν with the optative in protasis ; (2) εἴπερ (in clauses of this kind) with its verb expressed. Cases of the potential optative in the protasis are given by Goodwin MT. p. 192 (e.g. Xen. Mem. I 5. 3 εἰ γε μηδὲ δοῦλον ἀκρατῆ δεξαίμεθ᾽ ἄν, πῶς οὐκ ἄξιον αὐτόν γε φυλάξασθαι τοιοῦτον γενέσθαι;): for εἴπερ with verb expressed Heindorf cites Meno 98 B ἀλλ᾽ εἴπερ τι ἄλλο φαίην ἂν εἰδέναι (ὀλίγα δ᾽ ἂν φαίην) ἓν δ᾽ οὖν καὶ τοῦτο ἐκείνων θείην ἂν ὧν οἶδα. Socrates' νῦν δὲ πέπεισ-μαι (hardly serious) in 328 E is not inconsistent with πειθοίμην ἄν, since he at once qualifies his assent by πλὴν σμικρόν τί μοι ἐμποδών : it is sufficiently represented here by καὶ σοὶ πείθομαι. We therefore agree with Heindorf, Wayte, and Turner in retaining the MSS reading : other editors mostly read either εἴπερ ἄλλῳ τῳ ἀνθρώπων πειθοί-μην ἄν καὶ σοί, or drop πειθοίμην ἄν and retain καὶ σοὶ πείθομαι.

329 C   35. ἔλεγες γάρ : 322 C δικαιοσύνη and αἰδώς are looked on as two *distinct* virtues.

36. πολλαχοῦ : 324 E—325 A : cf. 323 A and E.

CHAPTER XVIII.

Socrates elicits from Protagoras (1) that while Virtue as a whole is one, the single virtues differ from each other and form the whole like the parts of the face: that it is possible to possess one virtue without possessing all : and that in all there are five virtues, justice, temperance, holiness, bravery, wisdom, of which the last is greatest (329 D—330 A) : (2) that the virtues differ from each other not only in themselves, but in their δύναμις (330 A—330 B) : (3) that justice is just, and holiness holy (330 B—330 E). The refutation of Pro-tagoras does not begin till the next chapter.

329 D   4. προσώπου : προσώπου is treated as an abstract conception— 'parts of face' : cf. ψυχή in 313 C κάπηλος τῶν ἀγωγίμων ἀφ᾽ ὧν ψυχὴ τρέφεται : Rep. IV 435 C εἰς φαῦλόν γε αὖ—σκῶμμα ἐμπεπτώκαμεν περὶ

ψυχῆς, εἴτε ἔχει τὰ τρία εἴδη ταῦτα ἐν αὐτῇ εἴτε μή. In Aristotelian language, the face is ἀνομοιομερές.

7. **ἀλλήλων καὶ τοῦ ὅλου**: so the MSS and Heindorf (who suggests ἀλλήλων τε καὶ τοῦ ὅλου): recent editors mostly omit either ἀλλήλων or τὰ ἕτερα τῶν ἑτέρων. τὰ ἕτερα τῶν ἑτέρων should be taken quite generally, τῶν ἑτέρων (and thus, by implication, τὰ ἕτερα) having its meaning defined by the clause ἀλλήλων καὶ τοῦ ὅλου. τὰ ἕτερα τῶν ἑτέρων could be dropped without injury to the sense, but hardly ἀλλήλων: without ἀλλήλων Plato would have written οὐδὲν διαφέρει τὸ ἕτερον τοῦ ἑτέρου καὶ τοῦ ὅλου: cf. 330 A ἆρ᾽ οὖν οὕτω καὶ τὰ τῆς ἀρετῆς μόρια οὐκ ἔστιν τὸ ἕτερον οἷον τὸ ἕτερον (not τὰ ἕτερα οἷα τὰ ἕτερα) : and so 330 E, 331 A, 331 D, 349 B, 359 A.

11. **μεταλαμβάνουσιν—μορίων—ἄλλο.** μεταλαμβάνειν, μετέ- 329 E χειν, μεταδιδόναι and the like take an accusative of the part as well as a genitive of the whole. μεταλαμβάνειν μόριον = 'to receive a part of a whole': μεταλαμβάνειν μορίου = 'to receive a part of a part'.

14. **ἀνδρεῖοί εἰσιν ἄδικοι δέ**: cf. Laws I 630 B πιστὸς μὲν γὰρ καὶ ὑγιὴς ἐν στάσεσιν οὐκ ἄν ποτε γένοιτο ἄνευ ξυμπάσης ἀρετῆς. διαβάντες δ᾽ εὖ καὶ μαχόμενοι ἐθέλοντες ἀποθνήσκειν ἐν τῷ πολέμῳ ὡς φράζει Τύρταιος τῶν μισθοφόρων εἰσὶ πάμπολλοι, ὧν οἱ πλεῖστοι γίγνονται θρασεῖς καὶ ἄδικοι καὶ ὑβρισταὶ καὶ ἀφρονέστατοι σχεδὸν ἁπάντων.

15. **καὶ ταῦτα**: for σοφία and ἀνδρεία have not yet been named —only δικαιοσύνη and σωφροσύνη and ὁσιότης. See Introd. p. xxxiv.

17. **καὶ μέγιστόν γε σοφία**: Protagoras speaks as a σοφιστής, 330 A glorifying his profession.

18. **ἄλλο, τὸ δὲ ἄλλο**: equivalent to τὸ μὲν ἄλλο, τὸ δὲ ἄλλο. τὸ δέ, τὰ δέ etc. without preceding τὸ μέν, τὰ μέν etc. is a frequent idiom. Crat. 399 A πολλάκις ἐπεμβάλλομεν γράμματα, τὰ δ᾽ ἐξαιροῦμεν. Soph. O. T. 1229 οἶμαι γὰρ οὔτ᾽ ἂν Ἴστρον οὔτε Φᾶσιν ἂν νίψαι καθαρμῷ τήνδε τὴν στέγην, ὅσα κεύθει, τὰ δ᾽ αὐτίκ᾽ εἰς τὸ φῶς φανεῖ κακά.

20. **ὥσπερ τὰ τοῦ προσώπου**: we have placed the mark of interrogation before ὥσπερ: see on ἄλλο γε in 311 E. The sentence ὥσπερ τὰ τοῦ προσώπου οὐκ ἔστιν ὀφθαλμὸς οἷον τὰ ὦτα thus corresponds exactly to ἆρ᾽ οὖν οὕτω καὶ τὰ τῆς ἀρετῆς μόρια οὐκ ἔστιν τὸ ἕτερον οἷον τὸ ἕτερον. For τὰ τοῦ προσώπου followed by its parts in the same case compare infra 349 A ἐκεῖνα—τὰ μὲν—τὰ δέ and Theaet. 151 A οἷς ὅταν πάλιν ἔλθωσι—ἐνίοις μὲν—ἀποκλύει συνεῖναι, ἐνίοις δὲ ἐᾷ. For the asyndeton regular in explanatory and ampliative clauses see note on Apol. 22 Δ.

330 B   27. **ἀλλ' οὕτως, ἔφη, ἔχει, ὦ Σώκρατες.** So T: B has only ἀλλ'
οὕτως, ἔφη. The longer form of answer is more suited to Protagoras'
style.

330 C   32. **ἡ δικαιοσύνη πρᾶγμά τί ἐστιν.** Compare infra 332 A
ἀφροσύνην τι καλεῖς; 332 C, 358 D. Plato frequently begins a train
of reasoning in this way.

34. **καὶ ἐμοί:** so T: B has καί μοι. καὶ ἐμοί seems slightly
better than κἀμοί, as forming a more effective balance to ἐμοὶ μέν
in the last line.

35. **ὦ Πρωταγόρα τε καὶ Σώκρατες:** but ἐμέ τε καὶ σέ as Greek
usage requires. Protagoras is addressed first on the principle *seniores
priores* and *honoris causa*; contrast 311 D, and compare 353 A
(Kroschel).

εἴπετον: contrast 311 D εἰπέ μοι, ὦ Σώκρατές τε καὶ Ἱππόκρατες,
where see note. The dual gives prominence to the notion in κοινῇ
σκεψώμεθα (line 31). The connexion of this part of the argument
with the rest is this: in 330 A—330 B it is said that no one part of
virtue is οἷον τὸ ἕτερον, e.g. that δικαιοσύνη is not οἷον ὁσιότης (major
premise): here it is said that δικαιοσύνη is δίκαιον, ὁσιότης ὅσιον
(minor premise): from which the conclusion (in the next chapter) is
drawn that δικαιοσύνη is not ὅσιον, nor ὁσιότης δίκαιον. This stage
of the argument is therefore neither "tautological nor unmeaning"
as Grote (quoted by Turner) asserts.

330 D   47. **οἷον ἀνόσιον εἶναι ἢ οἷον ὅσιον.** Notice the identification
of the 'not ὅσιον' with ἀνόσιον : see below on 331 A.

330 E   49. **εὐφήμει, ὦ ἄνθρωπε.** ὦ ἄνθρωπε is somewhat brusque : so ὦ
ἄνθρωποι in 314 D above. ἄνθρωπε without ὦ would border on rude-
ness : e.g. Gorg. 518 C ἴσως ἂν οὖν ἠγανάκτεις, εἴ σοι ἔλεγον, ἄνθρωπε,
οὐδὲν ἐπαίεις περὶ γυμναστικῆς. εὐφήμει is frequent to express shocked
surprise, real or feigned : e.g. Rep. I 329 C, Meno 91 B (Ἡράκλεις,
εὐφήμει, ὦ Σώκρατες), Gorg. 469 A, Euthyd. 301 A.

CHAPTER XIX.

Socrates endeavours to refute Protagoras and to shew that Justice
and Holiness are identical. If ὁσιότης is not οἷον δικαιοσύνη, nor
δικαιοσύνη οἷον ὁσιότης, it will follow (says Socrates) that ὁσιότης is
ἄδικον and δικαιοσύνη ἀνόσιον. This is absurd, and therefore ὁσιότης
is δίκαιον and δικαιοσύνη is ὅσιον. Protagoras will only admit that
there is a certain likeness between the two virtues.

4. τὰ τῆς ἀρετῆς μόρια. B and T omit the article, which can hardly be dispensed with—since the assertion was made not of parts of virtue, but of *the* i.e. all the parts: see 330 A ἆρ' οὖν οὕτω καὶ τὰ τῆς ἀρετῆς μόρια οὐκ ἔστιν τὸ ἔτερον οἷον τὸ ἔτερον—; ἢ δῆλα δὴ ὅτι οὕτως ἔχει κτλ.;

οὕτως—ὥς. ὥστε for ὡς would be more usual: cf. Rep. II 365 D ἐξ ὧν τὰ μὲν πείσομεν, τὰ δὲ βιασόμεθα, ὡς πλεονεκτοῦντες δίκην μὴ διδόναι. Perhaps the ὡς of Phaedo 108 E πέπεισμαι—ὡς πρῶτον μέν—μηδὲν αὐτῇ δεῖν μήτε ἀέρος κτλ. is the same in kind: cf. the old English 'so as'. Here οὕτως—ὡς with the infinitive is natural in view of τοιοῦτον οἷον in the vicinity: 330 C and D.

11—12. σὺ—σός: notice the mock asperity: I expected better 331 A things of *you*.

16. οὐκ ἄρα ἐστίν: the interrogation begins here and ἄρα is illative.

17. ἀλλ' οἷον μὴ ὅσιον. So far we are entitled to go, but in τὸ δὲ ἀνόσιον (line 18) the contrary and the contradictory are confused, as is frequently the case in Plato's dialogues: see note on Euthyphr. 7 A θεομισές, where are cited Alcib. II 138 D foll., Rep. IV 437 C: add Phileb. 48 B foll. where φθόνος is said to be joy at a friend's misfortune because envy of a friend's success implies joy at his ill-luck (cf. ibid. 50 A), and Euthyd. 276 B οὐκοῦν εἰ μὴ σοφοί, ἀμαθεῖς; πάνυ γε. Plato was not unaware of the rules of logic in this matter (see Symp. 201 E—202 A), but the tendency of Greek thought and life was not to rest content with negations; whence words like ἀνωφελής, ἄφθονος acquired a positive significance, and Solon could enact ('Αθηναίων πολιτεία Ch. 8 ad fin.) ὃς ἂν στασιαζούσης τῆς πόλεως μὴ τιθῆται τὰ ὅπλα μηδὲ μεθ' ἑτέρων, ἄτιμον εἶναι καὶ τῆς πόλεως μὴ μετέχειν. Part of the argument in the next chapter suffers from the same flaw: see on 332 A line 3.

18. ἀλλ' ἄδικον ἄρα: Heindorf's emendation for ἀλλὰ δίκαιον ἄρα, the reading of the best MSS, which τὸ δὲ ἀνόσιον proves to be wrong and shews how to correct. Heindorf's correction was afterwards confirmed by a Paris MS. ἄρα is illative. For τὸ μέν unexpressed (the words are equivalent to ἀλλὰ τὸ μὲν ἄδικον ἄρα) before τὸ δέ see on 330 A ἄλλο, τὸ δὲ ἄλλο.

22. ὅτι is 'because', not 'that': see note on line 24 below.   331 B

23. δικαιότης ὁσιότητι. Socrates gives the words the same termination to suggest their closer likeness ('justness' to holiness): δικαιότης is found also in Gorg. 508 A as a balance to κοσμιότητα.

Plato was fond of this suffix and coined by it the word ποιότης Theaet. 182 A.

24. καὶ μάλιστα πάντων—οἶον δικαιοσύνη. Kroschel objects to the emphasis, and inclines to doubt the genuineness of this clause. If ὅτι in line 22 is translated as 'because' and not as 'that', the difficulty disappears. ταὐτὰ ἂν ταῦτα in line 22 thus means simply that δικαιοσύνη is ὅσιον and ὁσιότης δίκαιον (lines 20—21), which is the meaning also assigned to ταὐτὰ ἂν ταῦτα by Protagoras in his reply (line 27 foll.). Socrates (for Protagoras) will reply that δικαιοσύνη is ὅσιον and ὁσιότης δίκαιον for two main reasons: (1) because δικαιότης is the *same* as ὁσιότης—this he does not much insist on—or because δικαιότης is ὅ τι ὁμοιότατον ὁσιότητι—this he insists on more: (2) because δικαιοσύνη is οἶον ὁσιότης and ὁσιότης οἶον δικαιοσύνη—this he insists on most of all (μάλιστα πάντων), and with reason, because it expressly refutes Protagoras' assertion in 330 A—B. On the other hand if ὅτι is translated as 'that', Kroschel's objections can hardly be got over—viz. that ἤτοι ταὐτόν—δικαιοσύνη is *not* the same as Socrates' reply on his own behalf; that the words are ignored both by Protagoras in his reply and by Socrates himself in 333 B; and that the emphasis of μάλιστα πάντων is strained and unnatural.

331 C   **28.** ἁπλοῦν: opposed to ἀλλά τί μοι δοκεῖ ἐν αὐτῷ διάφορον εἶναι in 29. Plato uses ἁπλοῦν, as opposed to διπλοῦν, διάφορον, σύνθετον, πεπλεγμένον, ποικίλον and the like, of that which is uniform, simple, true without any difference or qualifications: Bonitz in Hermes II (1867) p. 307 foll.

32. μή μοι: see on μὴ οὕτως in 318 B.

33. τὸ εἰ βούλει τοῦτο—ἐλέγχεσθαι, cf. infra 333 C τὸν γὰρ λόγον ἔγωγε μάλιστα ἐξετάζω, συμβαίνει μέντοι ἴσως καὶ ἐμὲ τὸν ἐρωτῶντα καὶ τὸν ἀποκρινόμενον ἐξετάζεσθαι. Here τό, as often, introduces a quotation.

34. τὸ δ' ἐμέ τε καὶ σέ τοῦτο λέγω: τοῦτο (cf. line 33) belongs to the τὸ δ' ἐμέ τε καὶ σέ and not to λέγω in the usual sense of τοῦτο λέγω 'I mean this'.

331 D   **38.** τὸ γὰρ λευκὸν τῷ μέλανι. Anaxagoras went so far as to say that snow was black (because it is still water, though congealed): Ritter and Preller § 128 note b.

39. ὅπη: an old emendation for ὃ μή.

44. ταῦτα: the parts of the face.

331 E   **47.** κἂν πάνυ σμικρὸν ἔχῃ τὸ ὅμοιον. This (the MSS reading) is successfully defended by Kroschel. The emphasis is on the first

part of the sentence ('it is not right to call what has some likeness
like—any more than to call what has some unlikeness unlike—even
if the likeness be very small'), to which accordingly κἂν πάνυ σμικρὸν
ἔχῃ τὸ ὅμοιον reverts: compare Socrates' reply, which says nothing
of τὸ ἀνόμοιον, in the next sentence. The German editors (except
Cron and Kroschel) either reject τὸ ὅμοιον (Schanz, Sauppe, Bertram),
or read τὸ ἀνόμοιον ἢ τὸ ὅμοιον (Heindorf) or reject altogether the
words οὐδὲ τὰ ἀνόμοιόν τι ἔχοντα ἀνόμοια (Kral).

CHAPTER XX.

Without establishing more surely the identity of justice and holi-
ness, Socrates now seeks to prove the identity of temperance and
wisdom, and begins to discuss the relation between temperance and
justice.

The proof that temperance and wisdom are the same is briefly as
follows: ἀφροσύνη is the opposite of σοφία, and also of σωφροσύνη:
but a thing can have but one opposite: therefore σοφία and σωφρο-
σύνη are identical. It is admitted at once that ἀφροσύνη and σοφία
are opposites: the proof that ἀφροσύνη is ἐναντίον σωφροσύνη is of
some length and (as well as the assertion that a thing can have but
one opposite) assumes the identity of the contrary and contradictory.
The usual sense of ἀφροσύνη (intellectual folly) and the meaning
natural from its derivation (as the opposite of σωφροσύνη) are also—
as is natural to one who holds that vice is ignorance—identified, and
the whole argument is unnecessarily spun out.

1. **ἀφροσύνην τι καλεῖς.** See above on 330 c.

3. **πότερον δὲ ὅταν.** Here begins the proof that σωφροσύνη is
ἐναντίον ἀφροσύνῃ. (1) τὸ ὀρθῶς and ὠφελίμως πράττειν is σωφρονεῖν,
and σωφροσύνη is that by which one σωφρονεῖ: (2) τὸ μὴ ὀρθῶς
πράττειν is ἀφρόνως πράττειν and οὐ σωφρονεῖν: from which it is in-
ferred that ἀφρόνως πράττειν is the opposite of σωφρόνως πράττειν,
or (as is worked out at inordinate length) that ἀφροσύνη is the oppo-
site of σωφροσύνη. In equating μὴ ὀρθῶς with ἀφρόνως πράττειν in
(2) Socrates again confounds contradictory and contrary: see on
331 A.

6. **ἢ τοὐναντίον.** So Stallbaum, after Heindorf's ἢ τοὐναντίον
πράττειν: the MSS have ἢ εἰ τοὐναντίον ἔπραττον, which is faulty both
because it in no way corresponds to the answer σωφρονεῖν and
because εἰ with the imperfect is here unsuitable. In ἢ τοὐναντίον it

332 A

will be observed that Socrates already allows no middle position be-
tween σωφρονεῖν and its opposite: see above on line 3.

332 C   19. φέρε δή. From here to line 27 Socrates tries to prove that
a thing can have but one ἐναντίον. This is true only if we confine
ἐναντίον to the meaning of 'contradictorily opposite' throughout, e.g.
if we are always content merely to assert that the ἐναντίον of καλόν is
μὴ καλόν: as soon as we say that its ἐναντίον is αἰσχρόν we have
given to the thing two opposites (one of them multiform)—since μὴ
καλόν is not αἰσχρόν but may be anything in the whole world except
καλόν. This part of the argument is therefore also vitiated by neg-
lecting the difference between contrary and contradictory terms.

332 D   27. ἀναλογισώμεθα: of reckoning up and reflecting as in Rep.
I 330 E, X 618 C.

          33—34. ὑπὸ σωφροσύνης—ὑπὸ ἀφροσύνης. This has not been
admitted in so many words, but with σωφροσύνη and ἀφροσύνη for
ὑπὸ σωφροσύνης and ὑπὸ ἀφροσύνης: 332 B line 12: cf. C line 18.

332 E   40. ἔμπροσθεν: 332 A.

          44. τό does not belong to ἔν but to the clause ἐν ἑνὶ μόνον ἐναν-
τίον εἶναι: cf. τὸ εἰ βούλει τοῦτο in 331 C. ἐκεῖνον refers to Chapter
XVIII.

333 A   49. οὐ πάνυ μουσικῶς—συναρμόττουσιν. "In his lenem ag-
nosco Sophistae irrisioncm, qui supra § 43" (326 B) "πάντα τὸν
βίον τοῦ ἀνθρώπου εὐρυθμίας τε καὶ εὐαρμοστίας δεῖσθαι dixisset".
Heindorf.

333 B   52. πλείω δὲ μή. B reads πλείοσιν, T πλείοσι: πλείω is a sug-
gestion of Heindorf's, adopted by most editors. The nominatives ἐν
μόνον in line 51 and σοφία and σωφροσύνη in 53 are strongly in
favour of πλείω. If πλείοσιν is retained, it must be regarded as a
blemish in Plato's style.

          59. τὰ λοιπά. If δικαιοσύνη = ὁσιότης and σωφροσύνη = σοφία it
remains to identify either δικαιοσύνη or ὁσιότης with either σωφροσύνη
or σοφία in order to prove the identity of these four virtues. Socrates
begins to prove that δικαιοσύνη = σωφροσύνη.

          60. ὅτι ἀδικεῖ: ὅτι (cf. infra 333 D, and Parm. 155 E) is equi-
valent to κατὰ τοῦτο ὅ: cf. Rep. I 340 D ἐπεὶ αὐτίκα ἰατρὸν καλεῖς σὺ
τὸν ἐξαμαρτάνοντα περὶ τοὺς κάμνοντας κατ' αὐτὸ τοῦτο ὃ ἐξαμαρτά-
νει; ὃ τι the relative and ὅτι the conjunction shade into one another
here. There is much to be said for Cron's view that the words should
be written alike: see on Apology, Appendix II. p. 123.

333 C   62. πολλοί γέ φασιν. In Rep. I 348 B foll., Thrasymachus

asserts that ἀδικία is εὐβουλία, ἀρετή, καλόν and ἰσχυρόν : compare also Polus in Gorg. 469 B foll. Notice that Protagoras' *own* opinion —that ἀδικία is not compatible with σωφροσύνη—makes for the identification of δικαιοσύνη and σωφροσύνη.

65. τὸν τῶν πολλῶν : on account of the τῶν here, Heindorf wished to insert οἱ before πολλοί in line 62, but such a view could hardly be said to be held by the majority: cf. Rep. I 348 E εἰ γὰρ λυσιτελεῖν μὲν τὴν ἀδικίαν ἐτίθεσο, κακίαν μέντοι ἢ αἰσχρὸν αὐτὸ ὡμολόγεις εἶναι ὥσπερ ἄλλοι τινές, εἴχομεν ἄν τι λέγειν κατὰ τὰ νομιζόμενα λέγοντες κτλ. As Sauppe points out, the article τῶν refers only to the above-mentioned πολλοί. With the situation compare Rep. VII 527 E foll. σκόπει οὖν αὐτόθεν πρὸς ποτέρους διαλέγει, ἢ οὐ πρὸς οὐδετέρους ἀλλὰ σαυτοῦ ἕνεκα τὸ μέγιστον ποιεῖ τοὺς λόγους, φθονοῖς μὴν οὐδ' ἂν ἄλλῳ εἴ τίς τι δύναιτο ἀπ' αὐτῶν ὄνασθαι.

66. εἴτ' οὖν—εἴτε : see on Apol. 34 E.

CHAPTER XXI.

Before Socrates has completed his proof that σωφροσύνη and δικαιοσύνη are identical, Protagoras takes occasion to deliver an irrelevant though carefully constructed harangue on ἀγαθά.

1. ἐκαλλωπίζετο. Cf. Phaedr. 236 D παῦσαι πρός με καλλωπι- 333 D ζόμενος· σχεδὸν γὰρ ἔχω ὃ εἰπὼν ἀναγκάσω σε λέγειν : so also τρυφᾶν, cf. Euthyphr. 11 E ἐπειδὴ δέ μοι δοκεῖς σὺ τρυφᾶν, αὐτός σοι ξυμπροθυμήσομαι, where see note.

6. ἔστω. Protagoras has already disclaimed this view in 333 B.

8. ὅτι ἀδικοῦσιν : Hirschig suggested ὅ τι ἀδικοῦσιν, but see on 333 B. Schanz rejects the words, but without sufficient reason.

9. εὖ πράττουσιν ἀδικοῦντες. εὖ is here primarily of success, and κακῶς of failure, but the collocation of εὖ πράττειν with ἀδικεῖν is intended to suggest that the view which Protagoras is defending is a paradox. Plato frequently makes use of the double sense (as we should call it : but see on Euthyphr. 3 A) of εὖ πράττειν, εὖ ζῆν and the like, to imply that the virtuous life is the happy one : e.g. Alcib. I 116 B foll.; Rep. I 353 E foll.; Charm. 172 A, 173 D : compare Euthyd. 281 C.

10. λέγεις οὖν ἀγαθά. Socrates proceeds to elucidate the definition of εὖ in εὖ πράττειν.

12. ὠφέλιμα τοῖς ἀνθρώποις : Xen. Mem. IV 6. 8 ἄλλο δ' ἄν τι φαίης ἀγαθὸν εἶναι ἢ τὸ ὠφέλιμον; οὐκ ἔγωγ', ἔφη. τὸ ἄρα ὠφέλιμον

ἀγαθόν ἐστιν ὅτῳ ἂν ὠφέλιμον ᾖ; δοκεῖ μοι, ἔφη. Plato Rep. II
379 B τί δέ; ὠφέλιμον τὸ ἀγαθόν; ναί.

333 E   15. ἀγωνιᾶν καὶ παρατετάχθαι. The martial metaphor in the
desiderative ἀγωνιᾶν is carried on by παρατετάχθαι, which is the MSS
reading, and means literally 'to be set in array', cf. Thuc. IV 43. 3
οὗτοι γὰρ παρατεταγμένοι ἦσαν ἔσχατοι. For the metaphorical
use cf. Rep. III 399 B ἐν πᾶσι τούτοις παρατεταγμένως καὶ καρτερούν-
τως ἀμυνομένου τὴν τύχην. The whole clause describes the outward
demeanour of Protagoras, which causes Socrates to fear an imminent
personal conflict. Kock's παρατετάσθαι, accepted by Schanz, does
not suit, since παρατετάσθαι means 'to be tired, worn out', e.g.
Euthyd. 303 B καὶ γελῶντε καὶ κροτοῦντε...ὀλίγου παρετάθησαν, cf. Ar.
Clouds 213. It is noteworthy that συντεταγμένως and συντεταμένως
are frequently found as variants in Platonic MSS.

334 A   20. οὐδαμῶς, ἔφη. The argument is here broken off, and not
(in its present form) again resumed. If Socrates had continued, Pro-
tagoras would doubtless have asserted that what is ὠφέλιμον for man
is *for him* ἀγαθόν. The argument has therefore been: σωφρονεῖν, it
is said, is ἀδικεῖν. But σωφρονεῖν = εὖ φρονεῖν = εὖ βουλεύεσθαι *if* (but
only if) εὖ πράττειν (i.e. ὠφέλιμα πράττειν) accompanies εὐβουλία. In
other words ὠφέλιμα πράττειν = ἀδικεῖν is the stage which we have
reached—a thesis which it is the object of the Republic and of a large
part of the Gorgias to refute.

πολλὰ οἶδ' ἅ. The speech which follows may be from some
work by Protagoras (so recently Zeller in the Archiv für Geschichte
der Philosophie V 2, p. 177), perhaps his περὶ ἀρετῶν, mentioned by
Diog. Laert. IX 8. 55 (since ἀρετή is a general word for excellence).
Zeller points out that just as the notion 'true' was conceived by
Protagoras (in his πάντων μέτρον ἄνθρωπος) as relative, so here the
notion 'good' is represented as relative and varying with that to
which it is relative.

21. ἀνθρώποις μὲν—ὠφέλιμα: ἀνθρώποις μέν has no antithesis
expressed: were the antitheses expressed in full, the sentence would
be very cumbrous, running somewhat as follows: ἔγωγε πολλὰ οἶδ' ἃ
ἀνθρώποις μὲν <τὰ μὲν> ἀνωφελῆ ἐστί, καὶ σῖτια—μυρία, <τοῖς δὲ ἄλλοις
ζῴοις καὶ φυτοῖς ὠφέλιμα>, τὰ δέ γε <ὠφέλιμα τοῖς ἀνθρώποις, τοῖς δὲ
ἄλλοις ἀνωφελῆ>. For μέν without a balancing clause see on τὸ μὲν
καταγελασθῆναι in Euthyphr. 3 C, and on 330 A above for τὰ δέ without
a preceding τὰ μέν. ἀνωφελῆ is 'hurtful', as frequently: see above on
οἷον μὴ ὅσιον in 331 A. With Protagoras' classification of ὠφέλιμα—

ἀνωφελῆ—οὐδέτερα compare Gorg. 467 E ἆρ' οὖν ἔστιν τι τῶν ὄντων, ὃ οὐχὶ ἤτοι ἀγαθόν γ' ἐστὶν ἢ κακὸν ἢ μεταξὺ τούτων οὔτε ἀγαθὸν οὔτε κακόν (where see Thompson's note) and infra 351 D.

24. οὐδενί: Schanz follows Naber in reading οὐδέσι against the MSS both here and in Euthyd. 302 C. The plural would be more appropriate here, but what is denied of all individuals is denied of the species, and the dative plural of οὐδείς seems to lack authority.

28. εἰ δ' ἐθέλοις—πάντα ἀπόλλυσιν. Heindorf suggests εἰ δ' 334 B ἐθέλεις—the indicative being generally used in this phrase, e.g. Alcib. I 122 B εἰ δ' αὖ ἐθέλεις εἰς πλούτους ἀποβλέψαι κτλ.—αἰσχυνθείης ἂν ἐπὶ σαυτῷ: but Goodwin MT. p. 188 § 5co quotes a precisely similar example from Thuc. II 39. 5 καίτοι εἰ ῥαθυμίᾳ μᾶλλον ἢ πόνων μελέτῃ —ἐθέλοιμεν κινδυνεύειν, περιγίγνεται ἡμῖν κτλ. In both examples the present in the apodosis contains a reference to the future.

30. φυτοῖς—πάγκακον. Theophr. Hist. Plant. IV 16. 5 πολέμιον γὰρ δὴ καὶ τοῦτο (sc. τὸ ἔλαιον) πᾶσι· καὶ ἔλαιον ἐπιχέουσι τοῖς ὑπολείμμασι τῶν ῥιζῶν· ἰσχύει δὲ μᾶλλον τὸ ἔλαιον ἐν τοῖς νέοις καὶ ἄρτι φυομένοις· ἀσθενέστερα γάρ κτλ.

ταῖς θριξὶν—ἀνθρώπου. Arist. περὶ ζῴων γενέσεως V 5. 785ᵃ 30 foll. says that a mixture of oil and water is a remedy against grey hairs.

34. ἐνταῦθα, i.e. ἐν τῷ ἀνθρώπῳ.

36. ταὐτόν. This form, not ταὐτό, of the neuter of ὁ αὐτός is 334 C almost regular in Plato: see on 314 B.

38. μέλλει, sc. ὁ ἀσθενῶν : see on 319 D.

39. ὅσον μόνον 'just enough to'. Cf. Rep. III 416 E δέχεσθαι μισθὸν τῆς φυλακῆς τοσοῦτον, ὅσον μήτε περιεῖναι αὐτοῖς...μήτε ἐνδεῖν. Theaet. 161 B ἐγὼ δὲ οὐδὲν ἐπίσταμαι πλέον πλὴν βραχέος, ὅσον λόγου παρ' ἑτέρου σοφοῦ λαβεῖν καὶ ἀποδέξασθαι μετρίως.

τὴν δυσχέρειαν—ὄψοις. The nausea is of course that felt by a sick person at the smell of food : so far there is therefore no reason for holding ῥιφῶν to be corrupt and reading χυμῶν (as Kroschel formerly read), still less εὐκρινῶν with Bergk. But it is not clear how oil could thus prevent nausea, nor does there seem to be any parallel among the ancients to such a statement. It is known that the ancients (like many modern peoples) used oil in cooking much as we use butter (see Blümner's Privatalterthumer p. 228), but the present passage seems rather to point to the use of some kind of fragrant oil sprinkled on the food after it was cooked. The Greeks were at all events not unfamiliar with the use of scents in banqueting: see Xen. Symp. II 2 foll. Kroschel thinks Plato is making fun of Protagoras by putting into his mouth the word ' ῥινῶν pro πικρῶν vel χυμῶν ', but this view will hardly command assent.

CHAPTER XXII.

This and the next three chapters form a kind of interlude. In this chapter Socrates, protesting against Protagoras' long replies, remembers an engagement and is about to go, and Callias beseeches him to stay.

334 D   11. καὶ βραχυτέρας ποίει. Hirschig would reject the words, but they explain the metaphor in σύντεμνε: see on 314 A κυβεύῃς τε καὶ κινδυνεύῃς.

334 E   15. ὅσα ἐμοὶ δοκεῖ. Compare Gorg. 461 D τί δέ; οὐκ ἐξέσται μοι λέγειν ὁπόσα ἂν βούλωμαι;

19. καὶ αὖ βραχέα. Sauppe cites Gorg. 449 C καὶ γὰρ αὖ καὶ τοῦτο ἕν ἐστιν ὧν φημί, μηδένα ἂν ἐν βραχυτέροις ἐμοῦ τὰ αὐτὰ εἰπεῖν. τούτου μὴν δεῖ, ὦ Γοργία · καί μοι ἐπίδειξιν αὐτοῦ τούτου ποίησαι, τῆς βραχυλογίας, μακρολογίας δὲ εἰσαῦθις: cf. also Gorg. 461 D and Phaedr. 267 B.

335 A   24. ὡς ὁ ἀντιλέγων—οὕτω διελεγόμην. Asyndeton is frequent in such sentences: cf. Rep. II 359 B (cited by Heindorf) εἰ τοιόνδε ποιήσαιμεν τῇ διανοίᾳ, δόντες ἐξουσίαν—εἶτ' ἐπακολουθήσαιμεν κτλ. See on 311 E.

26. ἐγένετο Πρωταγόρου ὄνομα. With ἐγένετο ὄνομα (for which Kroschel reads ἐλέγετο ὄνομα) cf. Apol. 20 D τί ποτ' ἐστὶν τοῦτο ὃ ἐμοὶ πεποίηκε τό τε ὄνομα καὶ τὴν διαβολήν: γίγνεσθαι is the usual passive to ποιεῖν. With the sentence generally cf. Euthyphr. 4 E—5 A where Euthyphro says οὐδὲν γὰρ ἄν μου ὄφελος εἴη, ὦ Σώκρατες, οὐδέ τῳ ἂν διαφέροι Εὐθύφρων τῶν πολλῶν ἀνθρώπων, εἰ μὴ κτλ.: see note in loc. for more parallels.

27. οὐκ ἤρεσεν—καὶ—οὐκ ἐθελήσοι. The combination of indicative and optative in the same sentence in indirect speech is fairly common: Goodwin MT. p. 261 § 670.

335 B   30. ἡγησάμενος. Heindorf conjectures ἡγησάμενος οὖν, but οὖν may be dispensed with after a short parenthesis.

335 C   38. τὰ μακρὰ ταῦτα ἀδύνατος. Meno 94 B ἵνα δὲ μὴ ὀλίγους οἴῃ καὶ τοὺς φαυλοτάτους Ἀθηναίων ἀδυνάτους γεγονέναι τοῦτο τὸ πρᾶγμα: Rep. VI 478 A ἐφ' ἑτέρῳ ἄρα ἕτερόν τι δυναμένη ἑκατέρα αὐτῶν πέφυκεν.

40. ἵνα συνουσία ἐγίγνετο. For this construction see note on Crito 44 D εἰ γὰρ ὤφελον—οἷοί τ' εἶναι—ἵνα οἷοί τ' ἦσαν. A secondary tense of the indicative is found with ἵνα and ὅπως (without ἄν) in final clauses dependent on a wish which can no longer be fulfilled, or on the apodosis to an impossible protasis: Goodwin MT. p. 120 § 333. The idiom is frequent in Plato and sometimes corrupted by scribes e.g. Meno 89 B ἡμεῖς ἂν παραλαβόν-τες—ἐφυλάττομεν—ἵνα μηδεὶς αὐτοὺς διέφθειρεν, ἀλλ' ἐπειδὴ ἀφίκοιντο εἰς τὴν ἡλικίαν, χρήσιμοι γίγνοιντο ταῖς πόλεσιν—where perhaps we should read ἀφίκοντο and ἐγίγνοντο. See Cobet's Variae Lectiones pp. 102, 359.

47. τρίβωνος. The ordinary clothing of an Athenian consisted 335 D of a χιτών, or shirt, with a ἱμάτιον or short mantle worn above it. The τρίβων was a short cloak of coarse material worn by the Spartans and sometimes by the Laconisers in other states to take the place of both χιτών and ἱμάτιον. It was the ordinary garment of Socrates (Symp. 219 B), and was afterwards much affected by the more ascetic philosophers, such as the Cynics (Diog. Laert. VI 1. 13). Its use was supposed to be a mark of sturdy simplicity and austerity of manners.

50. οὐδ' ἂν ἑνός. The two parts of οὐδείς are sometimes separated by ἄν or a preposition, often with the effect (as here) of increasing the emphasis by making οὐδέ=ne—quidem, cf. infra on 343 D οὐδὲ πρὸς ἕνα λόγον.

53. ὦ παῖ Ἱππονίκου: see on 328 D above. With ἀεὶ μὲν—ἀτάρ Sauppe compares Rep. II 367 E καὶ ἐγὼ ἀκούσας ἀεὶ μὲν δὴ τὴν φύσιν τοῦ τε Γλαύκωνος καὶ τοῦ Ἀδειμάντου ἠγάμην, ἀτὰρ οὖν καὶ τότε πάνυ γε ἥσθην.

54. φιλοσοφίαν. The original meaning of the word φιλοσοφία was 'love of knowledge for its own sake', no particular kind of knowledge being specified. The verb φιλοσοφεῖν is first found in Herod. I 30 ὡς φιλοσοφέων γῆν πολλὴν θεωρίης εἵνεκεν ἐπελήλυθας. In the present passage (as in Thuc. II 40 φιλοσοφοῦμεν ἄνευ μα-λακίας) the word retains its original wider meaning, viz. 'love of knowledge' in general; but side by side with this in Plato it has the more restricted meaning of 'Philosophy', e.g. Rep. VI 496 A πάνσμικρον δή τι...λείπεται τῶν κατ' ἀξίαν ὁμιλούντων φιλοσοφίᾳ. The wider meaning is also found in Aristotle, where he calls Theology the 'Highest Study' (πρώτη φιλοσοφία), and elsewhere.

57. Κρίσωνι. Criso of Himera, a famous σταδιοδρόμος, won 335 E

three times at Olympia, viz. Olymp. 83, 84, and 85 (448, 444, and 440 B.C.). His chastity during his prime as an athlete is mentioned in Laws VIII 840 A. δρομεῖ ἀκμάζοντι is rejected by some editors, but δρομεῖ should be taken with Ἱμεραίῳ and ἀκμάζοντι with ἕπεσθαι: 'to keep up with Criso, the runner of Himera, when he was in his prime'—presumably at the assumed date of this dialogue he was past his ἀκμή.

58. **δολιχοδρόμων**: δολιχοδρόμοι εἰσὶν οἱ τὸν δόλιχον τρέχοντες, says the scholiast: see on 329 A.

ἡμεροδρόμων. Heindorf quotes Livy XXXI 24. 4 "Hemerodromos vocant Graeci ingens die uno cursu emetientes spatium". Such was Phidippides; see Hdt. VI 105 ἡμεροδρόμην τε καὶ τοῦτο μελετῶντα.

59. **διαθεῖν τε καὶ ἔπεσθαι.** δια- in compounds frequently denotes competition: for διαθεῖν cf. Theaet. 148 C εἶτα διαθέων τοῦ ἀκμάζοντος καὶ ταχίστου ἡττήθης. As the emphasis is on ἕπεσθαι ('keep up with') διαθεῖν τε καὶ ἔπεσθαι is equivalent to διαθέοντα ἕπεσθαι: cf. note on 317 C ἐνδείξασθαι καὶ καλλωπίσασθαι, where καὶ καλλωπίσασθαι is (so to speak) enclitic as διαθεῖν τε καὶ is proclitic [cf. the English "Some—must be talked over by the hour before they could reach the humblest decision, which they only left the office *to return again* (ten minutes later) *and rescind*"].

336 A   63. **σύγκαθεῖναι**: intransitive as in Rep. VIII 563 A οἱ δὲ γέροντες ξυγκαθιέντες τοῖς νέοις: so παρέχω for παρέχω ἐμαυτόν infra 348 A ἕτοιμός εἰμί σοι παρέχειν ἀποκρινόμενος: cf. also ἐκεῖνοί τε ἀπέκρυψαν (sc. ἑαυτούς) Thuc. V 65. 5. The omission of the reflexive pronoun is a well-recognised way of making transitive verbs into intransitive.

336 B   68. **χωρίς.** Soph. O. C. 808 χωρὶς τό τ' εἰπεῖν πολλὰ καὶ τὰ καίρια. "In talibus locis δίχα, χωρίς etc. non ut vulgo, seiunctionem et separationem, sed diversitatem et oppositionem significant". Kroschel. The usage is frequent in Plato. δημηγορεῖν is *contionari* —platform oratory.

70. **ὁρᾷς.** Almost like our colloquial 'don't you know' (when used parenthetically and without interrogative force): the ἀλλὰ belongs in strict logic to δίκαια δοκεῖ λέγειν. Heindorf quotes parallels from Aristophanes e.g. Peace 330—331 οὐκ ἂν ὀρχησαίμεθ', εἴπερ ὠφελήσαιμέν τί σε. ἀλλ' ὁρᾶτ', οὔπω πέπαυσθε. Where ὁρᾷς or ὁρᾶτε stand in this way as the first word of a sentence, editors generally regard the usage as interrogative, e.g. Eur. Orest. 581 ὁρᾷς; Ὀδυσσέως ἄλοχον οὐ κατέκτανε.

72. καὶ σύ. So the original hand in T: B has καὶ σοι. If we read καὶ σοί, the construction is ἀξιῶν αὐτῷ τε ἐξεῖναι διαλέγεσθαι ὅπως βούλεται καὶ σοὶ ἐξεῖναι κτλ., but *Protagoras* has nowhere asked that Socrates should be permitted to converse as he likes: quite the contrary. With σύ the construction is καὶ σὺ δίκαια δοκεῖς λέγειν ἀξιῶν διαλέγεσθαι ὅπως ἄν κτλ. i.e. and *your* demand that Protagoras should converse as *you* wish likewise seems fair. Protagoras asked to be allowed to use his own style in 335 A: Socrates requested that Protagoras should converse as Socrates wished in 334 D, 335 C, 335 E. Alcibiades' defence of Socrates in the next chapter seems also to imply the reading σύ here. The only objection to this view lies in the position of τε after αὐτῷ: we should expect it to follow Πρωταγόρας. τε is however frequently misplaced (see above on 316 D). σοί can only be retained if we either (1) take καὶ σοί as altogether independent of ἀξιῶν—which is barely possible, or (2) regard Plato as guilty of inaccurate writing.

CHAPTER XXIII.

Alcibiades defends Socrates, and together with Critias and Prodicus hopes that the conversation will be continued.

1. οὐ καλῶς λέγεις, ὦ Καλλία. The jingle is intentional: Handsome is that handsome says. Plato loves to play upon the names of his interlocutors (ὦ λῷστε Πῶλε in Gorg. 467 B): see Riddell's Digest of Idioms, § 323, and cf. the Editor's notes on Euthyphr. 2 E, 4 E, 5 C.

6. λόγον τε δοῦναι καὶ δέξασθαι. We should expect τε to 336 C follow δοῦναι: see on 316 D.

11. ἐκκρούων. "Vox ducta a pugilatu, cuius proprium κρούειν de rep. IV p. 422 B οὐδ' εἰ ἐξείη—ὑποφεύγοντι (τῷ πύκτῃ) τὸν πρότερον ἀεὶ προσφερόμενον ἀναστρέφοντα κρούειν etc." Heindorf. The simple verb is used metaphorically in Theaet. 154 E of beating arguments with arguments ἤδη ἄν—συνελθόντες σοφιστικῶς εἰς μάχην τοιαύτην ἀλλήλων τοὺς λόγους τοῖς λόγοις ἐκρούομεν, and the compound in Phaedr. 228 E ἐκκέκρουκάς με ἐλπίδος. Here the idea is of beating off, staving off by force, i.e. here by μακρηγορία: ἐκκρούειν δίκην is used by Demosthenes of staving off a trial by συκοφαντία and the like.

15. οὐχ ὅτι: 'not but what'. The idiom (as if οὐ λέγω ὅτι, 336 D omitto quod) is tolerably common in Plato, e.g. Gorg. 450 E οὐχ ὅτι τῷ ῥήματι οὕτως εἶπες, Theaet. 157 B τὸ δ᾽ εἶναι πανταχόθεν ἐξαιρετέον, οὐχ ὅτι ἡμεῖς—ἠναγκάσμεθα—χρῆσθαι αὐτῷ.

17. χρὴ γάρ κτλ.: said apologetically.

336 E   21. φιλόνικος. The MSS read φιλόνεικος and presently συμφιλονεικεῖν. It is however clear that the word comes from φιλο- and νίκη, not from φιλο- and νεῖκος (in which case the form would be φιλονεικής: compare φιλοκερδής, φιλοκυδής, but φιλότιμος, φιλόδοξος, φιλόθηρος and the like). Schanz has found only two traces of the original spelling with iota in Plato's MSS (A, B, T): viz. in Laws XI 935 B where Paris A has ἀριστείων πέρι φιλονικήσῃ, and Alcib. I 122 C where φιλονικίαν appears as a correction for φιλονεικίαν in T. We might in consequence be tempted to suppose that Plato himself wrote φιλόνεικος through the influence of a false etymology, were it not that the derivation from νίκη alone suits the meaning, and that in more than one passage he shews himself conscious of the connexion of the word with νίκη, notably in Rep. IX 586 C τί δέ; περὶ τὸ θυμοειδὲς οὐχ ἕτερα τοιαῦτα ἀνάγκη γίγνεσθαι, ὃς ἂν αὐτὸ τοῦτο διαπράττηται ἢ φθόνῳ διὰ φιλοτιμίαν ἢ βίᾳ διὰ φιλονικίαν (φιλονεικίαν A) ἢ θυμῷ διὰ δυσκολίαν, πλησμονὴν τιμῆς τε καὶ νίκης καὶ θυμοῦ διώκων ἄνευ λογισμοῦ τε καὶ νοῦ; Compare also ib. 581 A–B. The orthography of this word is an old subject of dispute (see Stallbaum on Rep. VIII 545 A): Schanz (Preface to Vol. VI p. x) declares himself, after a full discussion, for φιλόνικος.

337 A   25. ὁ Πρόδικος—ἔφη. Prodicus contrives to make his remarks an ἐπίδειξις on ὀρθότης ὀνομάτων, which was his leading subject of instruction: see Euthyd. 277 E and cf. above on 314 C. The distinctions drawn by Prodicus are on the whole sound if somewhat wiredrawn and pedantic. The carefully balanced style of the speech finds a parallel in the story of Heracles in Xenophon Mem. II 1. 21 foll.: compare especially §§ 31—33.

28. κοινοὺς—ἀκροατάς—ἴσους. κοινός and ἴσος are found as epithets of ἀκροατής in the orators: e.g. Dem. De Cor. 7 τὰ τοῦ λέγοντος ὑστέρου δίκαια εὐνοϊκῶς προσδέξεται καὶ παρασχὼν ἑαυτὸν ἴσον καὶ κοινὸν ἀμφοτέροις ἀκροατὴν οὕτω τὴν διάγνωσιν ποιήσεται περὶ πάντων, and Andoc. in Alcib. § 7 δέομαι δ᾽ ὑμῶν, τῶν λόγων ἴσους καὶ κοινοὺς ἡμῖν ἐπιστάτας γενέσθαι (Heindorf).

31. τῷ μὲν σοφωτέρῳ πλέον κτλ. In other words ἰσότης γεωμετρική and not ἰσότης ἀριθμητική should be observed by the audience (Gorg. 508 A): the regard paid to the speakers should be in proportion to their merit.

34. ἀμφισβητεῖν—ἐρίζειν. Cicero's translation of this sentence 337 B
is preserved by Priscian (Nobbe's Cicero, p. 1313): "Nunc a vobis,
a Protagora et Socrate (*leg.* o Protagora et Socrates), postulo, ut de
isto concedatis alter alteri, et inter vos de huiuscemodi rebus con-
troversemini, non concertetis".

39. εὐδοκιμοῖτε καὶ οὐκ ἐπαινοῖσθε. Heindorf suggests that
ἀλλ' οὐκ should be written for καὶ οὐκ, or καί omitted: but καί is
occasionally used in this way.

41. ἄνευ ἀπάτης is opposed to παρὰ δόξαν ψευδομένων: εὐδοκι-
μεῖν implies that he with whom one εὐδοκιμεῖ is sincere. ἐν λόγῳ
as opposed to παρὰ ταῖς ψυχαῖς suggests Shakespeare's "Mouth-
honour, breath, which the poor heart would fain deny, but dare
not".

44. εὐφραίνεσθαι is connected by Prodicus with φρόνησις 337 C
(φρονήσεως μεταλαμβάνοντα): for a fantastic derivation of the
kindred εὐφροσύνη see Crat. 419 D παντὶ γὰρ δῆλον ὅτι ἀπὸ τοῦ εὖ
τοῖς πράγμασι τὴν ψυχὴν ξυμφέρεσθαι τοῦτο ἔλαβε τὸ ὄνομα, εὐφερο-
σύνην, τό γε δίκαιον· ὅμως δὲ αὐτὸ καλοῦμεν εὐφροσύνην. Compare
Arist. Top. II 6, p. 112ᵇ 22 Πρόδικος διῃρεῖτο τὰς ἡδονὰς εἰς χαρὰν
καὶ τέρψιν καὶ εὐφροσύνην. The Greek usage of this word hardly
conformed to the rule laid down by Prodicus.

45. αὐτῇ τῇ διανοίᾳ: αὐτῇ is 'by itself', i.e. without the body,
as αὐτῷ in αὐτῷ τῷ σώματι is without the mind. ἡδύ is introduced
to give the derivation of ἥδεσθαι.

CHAPTER XXIV.

Hippias, anxious for a compromise, proposes the selection of
an umpire in a speech marked by his characteristic doctrines and
style.

If we may judge from this speech, Hippias must have been
devoted to metaphor: e.g. τύραννος, πρυτανεῖον in D, ὥσπερ ὑπὸ
διαιτητῶν in E, and in 338 A ἐφεῖναι καὶ χαλάσαι τὰς ἡνίας, κάλων
ἐκτείναντα οὐρίᾳ ἐφέντα, πέλαγος λόγων, ἀποκρύψαντα γῆν, μέσον τι
τεμεῖν, ῥαβδοῦχον and πρύτανιν. Zeller (Archiv für Geschichte der
Philosophie V 2, p. 175) thinks that the opening part of the speech
may have come from some book of which Hippias was himself the
author.

2. ἀπεδέξαντο means simply 'assented': cf. Theaet. 162 E.

5. ἡμᾶς is Heindorf's correction for ὑμᾶς: "uti mox ἡμᾶς οὖν αἰσχρόν etc., neque video cur se a ceteris h. l. segreget Hippias".

6. φύσει οὐ νόμῳ. The opposition between φύσις and νόμος frequently appears attributed to different sophists or their representatives in the Platonic dialogues: the historical Hippias was a leading champion of φύσις (see Introd. p. xxii.). Usually however νόμος is represented as a convention binding men together into friendship and φύσις (whose teaching is that might is right) as responsible for the enmity of man to man in the savage state: e.g. Rep. II 358 D foll., Gorg. 482 D foll. From the natural principle of ' Like to like' is here deduced something like the Stoic doctrine of the kinship between wise men.

τὸ γὰρ ὁμοῖον τῷ ὁμοίῳ: Gorg. 510 B φίλος μοι δοκεῖ ἕκαστος ἐκάστῳ εἶναι ὡς οἷόν τε μάλιστα, ὄνπερ οἱ παλαιοί τε καὶ σοφοὶ λέγουσιν, ὁ ὁμοῖος τῷ ὁμοίῳ: Laws IV 716 C. The proverb appears in the most various forms in Greek literature from Homer (Od. XVII 218 ὡς αἰεὶ τὸν ὁμοῖον ἄγει θεὸς ὡς τὸν ὁμοῖον) downwards. For more examples of its use in Plato see Stallbaum on Gorg. l. c.

337 D   7. τύραννος—βιάζεται. Hippias has in view the lines of Pindar quoted in Gorg. 484 B νόμος ὁ πάντων βασιλεὺς θνατῶν τε καὶ ἀθανάτων--ἄγει δικαιῶν τὸ βιαιότατον ὑπερτάτᾳ χειρὶ κτλ.

12. πρυτανεῖον τῆς σοφίας. The prytaneum (like the temple of Vesta at Rome) was the religious centre of a Greek πόλις. It was sacred to Ἑστία, in whose honour fire was always kept burning, and contained what was called the 'Common Hearth' of the city: see Frazer in Journal of Philology, Vol. XIV pp. 145—172. The editors refer to Athenaeus V 187 D τὴν Ἀθηναίων πόλιν, τὸ τῆς Ἑλλάδος μουσεῖον, ἥν ὁ μὲν Πίνδαρος Ἑλλάδος ἔρεισμα ἔφη, Θουκυδίδης δ' ἐν τῷ εἰς Εὐριπίδην ἐπιγράμματι Ἑλλάδος Ἑλλάδα, ὁ δὲ Πύθιος ἑστίαν καὶ πρυτανεῖον τῶν Ἑλλήνων.

337 E   17. συμβῆναι—ὥσπερ ὑπὸ διαιτητῶν ἡμῶν συμβιβαζόντων. συμβαίνω forms a passive to συμβιβάζω as πάσχειν to ποιεῖν, whence ὑπό: see note on Apol. 17 A. συμβιβάζω is regular in the sense of bringing together, effecting an arrangement between: compare (with Sauppe) Thuc. II 29. 8 ξυνέβιβασε δὲ καὶ τὸν Περδίκκαν τοῖς Ἀθηναίοις. Note that ἡμῶν has no preposition with it—this is frequent (but not universal) in similes where ὥσπερ and a preposition precede the object compared, and the effect is almost to make the simile an identification: if on the other hand the object compared comes first, the preposition must be expressed twice. Compare

Theaet. 170 A ὥσπερ πρὸς θεοὺς ἔχειν τοὺς ἐν ἑκάστοις ἄρχοντας (which might have been πρὸς τοὺς ἐν ἑκάστοις ἄρχοντας ὥσπερ πρὸς θεοὺς ἔχειν) and see notes on Crito 46 c, Euthyphr. 2 c.

20. λίαν: with ζητεῖν: κατὰ βραχύ as in Gorg. 449 B ἀλλ' 338 A ἐθέλησον κατὰ βραχὺ τὸ ἐρωτώμενον ἀποκρίνεσθαι.

21. ἐφεῖναι καὶ χαλάσαι τὰς ἡνίας τοῖς λόγοις. For the metaphor Kroschel compares Laws III 701 c καθάπερ ἀχάλινον κεκτημένον τὸ στόμα, βίᾳ ὑπὸ τοῦ λόγου φερόμενον κτλ.

23. ἡμῖν: so most editions: BT have ὑμῖν, which can hardly be right, as Hippias is at this moment addressing Socrates alone. "Pro ὑμῖν dici potuit σοί, sed ὑμῖν recte explicari nequit". Kroschel.

24. πάντα κάλων ἐκτείναντα. παροιμία ἐπὶ τῶν πάσῃ προθυμίᾳ χρωμένων, says a Scholiast (quoted by Sauppe). This nautical metaphor means to stretch out every reefing rope and so set all sail: κάλως does not refer to the sheet, which is πούς. κινεῖν, σείειν, ἐξιέναι, ἐφιέναι, ἐκλύειν are also found with κάλων in much the same sense.

οὐρίᾳ ἐφέντα: see on συγκαθεῖναι 336 A. For the asyndeton before these words Heindorf compares Euthyphr. 4 c συνδήσας τοὺς πόδας καὶ τὰς χεῖρας αὐτοῦ, καταβαλὼν εἰς τάφρον τινά, πέμπει δεῦρο ἄνδρα κτλ.

25. πέλαγος τῶν λόγων. Sauppe aptly refers to Symp. 210 D ἐπὶ τὸ πολὺ πέλαγος τετραμμένος τοῦ καλοῦ. Similar metaphors abound in Plato: e.g. Euthyd. 293 A σῶσαι ἡμᾶς—ἐκ τῆς τρικυμίας τοῦ λόγου, Rep. V 472 A ἴσως γὰρ οὐκ οἶσθα ὅτι μόγις μοι τὼ δύο κύματε ἐκφυγόντι νῦν τὸ μέγιστον καὶ χαλεπώτατον τῆς τρικυμίας ἐπάγεις κτλ.

ἀποκρύψαντα: like Virgil's "protinus aerias Phaeacum abscondimus arces" (Aen. III 291): cf. the use of καταδύω in Callimachus Epigr. 2 ἥλιον ἐν λέσχῃ κατεδύσαμεν and Virgil's imitation "saepe ego longos Cantando puerum memini me condere soles" (Ecl. IX 51).

26. μέσον τι—τεμεῖν. τέμνειν ὁδόν like *secare viam* is a natural metaphor. Cf. Pindar Isthm. VI 22 μυρίαι δ' ἔργων καλῶν τέτμηνθ' ἑκατόμπεδοι ἐν σχερῷ κέλευθοι: Pl. Laws VII 803 E τὸ μὲν τῶν τύπων εἴρηται καὶ καθάπερ ὁδοὶ τέτμηνται καθ' ἃς ἰτέον κτλ. Here μέσον τι τεμεῖν = μέσην τινὰ ὁδὸν τεμεῖν.

ὡς οὖν ποιήσατε καὶ πείθεσθε. ὡς (so B: T has ὧς) is best understood as for οὕτως—a rare usage, except after a preceding ὡς or ὥσπερ as in 326 D, but it is found in Thuc. III 37. 5 (with οὖν and a form of ποιεῖν as here) ὡς οὖν χρὴ καὶ ἡμᾶς ποιοῦντας—παραινεῖν. For ποιήσατε the MSS read ποιήσετε, which is very harsh before πείθεσθε, and is probably a mistake for ποιήσατε, due to the influence of the common construction of ὅπως with 2nd person Fut. Ind. It is however possible that this use of the future as well as the use of ὡς for οὕτως was characteristic of Hippias' style.

27. ῥαβδοῦχον—πρύτανιν. ῥαβδοῦχος, ἐπιστάτης and βραβευτής are said of umpires or presidents at games: ῥαβδούχους εἶπε τοὺς κριτὰς τοῦ ἀγῶνος, says the schol. on Ar. Peace 733 : for ἐπιστάτης cf. Laws XII 949 A γυμνικῶν τε καὶ ἱππικῶν ἄθλων ἐπιστάτας καὶ βραβέας. πρύτανις is an old word with lofty associations for ruler or prince. Cron thinks Hippias made this proposal with a view to be chosen President himself: he was probably still sitting on his θρόνος, cf. 315 B, 317 D.

338 B　28. τὸ μέτριον μῆκος: Phaedr. 267 B αὐτὸς (sc. ὁ Πρόδικος) εὑρηκέναι ἔφη ὧν δεῖ λόγων τέχνην · δεῖν δὲ οὔτε μακρῶν οὔτε βραχέων, ἀλλὰ μετρίων.

CHAPTER XXV.

Socrates protests against appointing an umpire, and in order that the conversation may go on is willing that Protagoras should become the interrogator. The others assent, Protagoras reluctantly.

2. ἐμέ γε. The MSS read τε not γε: γε is due to Heindorf. The position of τε is usually explained as due to displacement (see on 316 D), e.g. by Kroschel "nam haec dicit Socrates; omnes laudabant meque et Callias retinebat et (omnes) orabant ut praesidem deligerem" : but Καλλίας can hardly be coupled in this way with an *unexpressed* πάντες. If τε is right it must be taken (with Turner) as coupling the whole clause ἐμὲ ὁ Καλλίας οὐκ ἔφη ἀφήσειν with καὶ ἐλέσθαι ἐδέοντο ἐπιστάτην : this is possible, but strikes us as harsh.

338 C　9. ἀλλὰ δή like *at enim* introduces a possible objection: see on Crito 54 A. The fuller form of the comparative (βελτίονα and the like) is less common in Plato than the contracted.

11. ὥστε. Heindorf cites (inter alia) Phaedr. 269 D τὸ μὲν δύνασθαι, ὦ Φαῖδρε, ὥστε ἀγωνιστὴν τέλεον γενέσθαι. The insertion of ὥστε with the usual infinitive after ἀδύνατον increases the emphasis of ἀδύνατον by making it appear more than a mere auxiliary notion. Badham's conjecture ἀδύνατον ὂν ὑμῖν ἴστε deserves mention for its ingenuity. For Πρωταγόρου see above note on 318 D.

14. τό γ' ἐμὸν οὐδὲν διαφέρει. Gorg. 458 D τό γ' ἐμὸν οὐδὲν κωλύει. τό γ' ἐμόν is frequent in Plato for *quantum ad me attinet.*

17. εἰ μὴ βούλεται. For the asyndeton see above on 330 A.

28. πάνυ μὲν οὐκ ἤθελεν: οὐκ ἤθελεν is virtually one word : 338 E 'was very reluctant'. The phrase is quite different from οὐ πάνυ: see on οὐ πάνυ τι in 321 B above.

CHAPTER XXVI.

Here begins an episode (lasting down to the end of Chapter XXXII), in which Protagoras cross-examines Socrates upon a poem of Simonides. For the bearing of this episode on the general subject of the dialogue see Introduction p. xxv. foll.: and for the different restorations of the poem see Appendix I.

3. περὶ ἐπῶν δεινὸν εἶναι. ἐπῶν is 'verses'. As education in poetry formed part of the usual curriculum at Athens, it was natural for the Sophists to pose as poetical critics, and Sauppe gives a number of references to shew that they did so : it will suffice to quote Isocrates Panath. 18 ἀπαντήσαντες γάρ τινές μοι τῶν ἐπιτηδείων ἔλεγον, ὡς ἐν τῷ Λυκείῳ συγκαθεζόμενοι τρεῖς ἢ τέτταρες τῶν ἀγελαίων σοφιστῶν καὶ πάντα φασκόντων εἰδέναι—διαλέγοιντο περί τε τῶν ἄλλων ποιητῶν καὶ τῆς Ἡσιόδου καὶ τῆς Ὁμήρου ποιήσεως κτλ. : compare infra 347 A, where Hippias says he has a speech ready on the poem, and Hipp. Minor 363 C foll. καὶ ἄλλα πολλὰ καὶ παντοδαπὰ ἡμῖν ἐπιδέδεικται καὶ περὶ ποιητῶν τε ἄλλων καὶ περὶ Ὁμήρου. Protagoras appears as a critic of poetry in Arist. Poet. 19, p. 1456ᵇ 15 ff. (where he censures Homer ὅτι εὔχεσθαι οἰόμενος ἐπιτάττει εἰπὼν 'μῆνιν ἄειδε θεά') and in Soph. El. 14, p. 173ᵇ 19 ff. The popularity of such discussions as the present may be inferred from the well-known scene between Euripides and Aeschylus in the Frogs 1119 foll.

9. νῦν διαλεγόμεθα: so B and T: the editors mostly read νῦν δὴ 339 A (νυνδὴ) διελεγόμεθα. νῦν does not mean 'at this *present* moment', but simply 'now', 'on the present occasion', = ἐν τῇ νῦν συνουσίᾳ: translate 'about the same subject as you and I are now discussing', i.e. about the subject of our present discussion. A discussion which has never been finished (see on 334 A) and is to be resumed (cf. 338 E ἐπειδὰν ἱκανῶς ἐρωτήσῃ, πάλιν δώσειν λόγον, and 338 D) ought not to be spoken of as past. We have in fact in νῦν διαλεγόμεθα an indication that the subject of the dialogue is the same throughout: see

Introd. p. xix. foll. *νῦν* in καὶ δὴ καὶ *νῦν* (line 8) is simply 'in the present case' and introduces the application of the general statement contained in ἡγοῦμαι—λόγον δοῦναι: cf. Apol. 17 D—18 A ὥσπερ οὖν ἂν —καὶ δὴ καὶ νῦν.

10. **περὶ ἀρετῆς.** According to Diog. Laert. IX 8. 55, Protagoras wrote a book having the title περὶ ἀρετῶν.

12. **Σιμωνίδης.** It is a saying of Simonides of Ceos (circ. 556 —468 B.C.) that forms the text on which the discussion in the first book of the Republic is based: see Rep. I 331 D foll. Plato seems also to allude to him in two other places, viz. Rep. II 365 C ἐπειδὴ τὸ δοκεῖν, ὡς δηλοῦσί μοι οἱ σοφοί, καὶ τὰν ἀλάθειαν βιᾶται καὶ κύριον εὐδαιμονίας κτλ. and Rep. VI 489 B οὐ γὰρ ἔχει φύσιν— τοὺς σοφοὺς ἐπὶ τὰς πλουσίων θύρας ἰέναι ἀλλ' ὁ τοῦτο κομψευσάμενος ἐψεύσατο (compare Arist. Rhet. II 16. 1391ᵃ 8 ff. with Cope's note).

Σκόπαν. The Scopadae were a ruling family at Crannon and Pharsalus in Thessaly. Simonides seems to have frequently been their guest, and wrote poems in their honour: the most famous is that referred to by Cicero de Or. II § 352—353.

339 B   14. **ἀγαθόν** is here more than morally good: it includes bodily and external as well as internal well-being: whence χερσίν τε καὶ ποσί as well as νόῳ: see also note on 344 B line 4 below. The notion of external well-being belonged to the word from very early times: see Grote Vol. III p. 45 note 3: 'good' and 'bad' are applied in Theognis and Solon "to wealth as contrasted with poverty—nobility with low birth—strength with weakness—conservative and oligarchical politics as opposed to innovation". This sense survived in classical times in the political meaning of καλὸς κἀγαθός, e.g. Xen. Hell. II 3. 12, Pl. Rep. VIII 569 A.

16. **τετράγωνον.** Simonides avails himself of a Pythagorean notion: among the Pythagoreans the number 4 was sacred, as being the first square number: see Ritter and Preller⁷ § 54. The expression τετράγωνος ἀνήρ became afterwards almost proverbial for a perfect man: Sauppe refers to Arist. Rhet. III 11. 1411ᵇ 27 οἷον τὸν ἀγαθὸν ἄνδρα φάναι εἶναι τετράγωνον· ἄμφω γὰρ τέλεια.

19. **καὶ πάνυ μοι—μεμεληκός.** From this and 347 A, where the same is implied of Hippias, it would seem that the poem was thought to be difficult.

22. **ἔφην ἐγὼ καλῶς τε καὶ ὀρθῶς.** This, Bergk's emendation, is generally accepted. B has ἔφην ἐγώ τε καὶ ὀρθῶς: T ἔφην ἔγωγε καὶ ὀρθῶς.

28. **ἐμμελέως—νέμεται.** *ἐμμελέως* belongs to *εἰρημένον* and 339 C
νέμεται is poetic for *νομίζεται*: cf. (with Sauppe) Soph. O. R. 1080
ἐγὼ δ' ἐμαυτὸν παῖδα τῆς τύχης νέμων. The story is (Schol. to Plato
Hipp. Maior 304 E quoted by Sauppe) that Pittacus, when ruler of
Mitylene, on hearing of Periander's rapid conversion into a tyrant, sat
down at an altar and begged to be released of his rule, assigning as
his reason *ὡς χαλεπὸν ἐσθλὸν ἔμμεναι.* The Scholiast adds that
Solon when he heard the remark capped it with *χαλεπὰ τὰ καλά.*
Pittacus is mentioned side by side with Bias and Simonides as one
of the *σοφοὶ καὶ μακάριοι ἄνδρες* in Rep. I 335 E.

33—35. **ὁμολογεῖσθαι—ὁμολογεῖν.** The middle is said of things,
and the active of persons, according to the general rule.

38. **ὀλίγον δὲ τοῦ ποιήματος εἰς τὸ πρόσθεν**: these words as 339 D
well as *προϊόντος τοῦ ᾄσματος* in 339 C are in favour of the supposition
that some verses are wanting between *ἄνευ ψόγου τετυγμένον* and
οὐδέ μοι ἐμμελέως: see App. I p. 198.

44. **τὸ πρότερον**: adverbial.

45. **θόρυβον παρέσχεν καὶ ἔπαινον.** *θόρυβος* denotes only
'noise', 'tumult' (cf. Rep. VI 492 C *θόρυβον—τοῦ ψόγου καὶ ἐπαίνου*):
καὶ ἔπαινον is needed to shew that the noise was favourable. So
supra 334 C *ἀνεθορύβησαν ὡς εὖ λέγοι.* With *παρέχειν* in this sense
cf. the phrase *παρέχειν γέλωτα* in Gorg. 473 E and Theaet. 174 C.

47. **ὡσπερεὶ ὑπὸ ἀγαθοῦ πύκτου πληγείς.** For the metaphor 339 E
compare Euthyd. 303 A *ἐγὼ μὲν οὖν—ὥσπερ πληγεὶς ὑπὸ τοῦ λόγου
ἐκείμην ἄφωνος.* Socrates describes the effect of Protagoras' questions
on himself in words which recall the descriptions of his own dialectic
in its effect on others: compare e.g. Meno 80 A foll.

48. **ἐσκοτώθην τε καὶ εἰλιγγίασα.** So BT: the second hand
in T corrects to *ἰλιγγίασα.* According to Suidas (quoted by Schanz
in Preface to Vol. VII p. v) the Greeks wrote *εἰλιγγιῶ*, but *ἴλιγγος.*
In Plato's MSS *εἰλιγγιῶ* is somewhat less frequent than *ἰλιγγιῶ.*

49. **ὥς γε—ἀληθῆ**: see on 309 A.

50. **ἐγγένηται**: B and T have *ἐκγένηται*: *ἐγγένηται* is Hein-
dorf's correction, now found in a Vienna MS (Kral's I): cf. Phaedo
86 E *ἵνα χρόνου ἐγγενομένου βουλευσώμεθα τί ἐροῦμεν.*

53. **σὸς μέντοι—πολίτης.** Iulis in Ceos was their native place.
μέντοι is 'surely'. Notice the emphasis on *σός* and compare *σέ* in
lines 54 and 59.

54. **παρακαλεῖν** is future: cf. Theaet. 183 D *ἀλλά μοι δοκῶ*— 340 A
σὺ πείσεσθαι αὐτῷ: Phaedr. 228 C *δοκεῖς σὺ οὐδαμῶς με ἀφήσειν*:

tr. 'therefore I think *I* will call *you* to my assistance'. ἐγώ and σέ are contrasted in view of the illustration which is about to follow.

ὥσπερ ἔφη κτλ.: ὥσπερ corresponds to καὶ ἐγώ in line 59: as, according to Homer, Scamander called on Simois, so look you, I call upon you. For ὥσπερ used in this way see above note on 330 A. The other editors take δοκῶ οὖν ἐγὼ παρακαλεῖν σέ with the ὥσπερ clause, and, regarding παρακαλεῖν as a present, print a full stop after σχῶμεν in the quotation: but (1) there is a certain awkwardness in the repetition 'I think I am summoning you' and 'so look you, I am summoning you'; (2) the quotation does not finish with σχῶμεν, but ἐκπέρσῃ in l. 60 belongs to it also—a point which is against separating φίλε κασίγνητε—σχῶμεν from the following clause. In the view which we have taken a fresh start begins with ὥσπερ, after which the actual summons follows in the present ἀτὰρ καὶ ἐγὼ σὲ παρακαλῶ.

55. ἔφη Ὅμηρος. Iliad XXI 305 foll. οὐδὲ Σκάμανδρος ἔληγε τὸ ὃν μένος ἀλλ' ἔτι μᾶλλον χώετο Πηλείωνι—Σιμόεντι δὲ κέκλετ' ἀύσας· Φίλε κασίγνητε, σθένος ἀνέρος ἀμφότεροί περ σχῶμεν, ἐπεὶ τάχα ἄστυ μέγα Πριάμοιο ἄνακτος ἐκπέρσει. This ἐκπέρσει explains the occurrence of ἐκπέρσῃ in line 60, although (as Heindorf shews) the same metaphor is occasionally found in tragedy (but hardly in prose), e.g. Trach. 1104 τυφλῆς ὑπ' ἄτης ἐκπεπόρθημαι τάλας.

59. ἀτάρ: cf. supra 335 D.

61. μουσικῆς: 'culture', as often; here not without some sarcasm, in reference to Prodicus' ὀνομάτων ὀρθότης, exemplified in 337 A foll.

340 B   62. βούλεσθαι—ἐπιθυμεῖν. βούλεσθαι is of will: ἐπιθυμεῖν of desire. The distinction is generally well marked in Plato: see note on Apol. 25 C and compare Cope on Arist. Rhet. II 19. 9. Prodicus does not touch on this example in his speech in 337, but it is quite in Plato's way to select a fresh example (compare Theaet. 147 A—B, 166 E by the side of 159 C, 169 A—B), which may in this case be supposed to come from Prodicus' lectures (cf. 341 A). We should expect the article to be repeated with ἐπιθυμεῖν, as the two words are to be distinguished (cf. infra in line 67 τὸ γενέσθαι καὶ τὸ εἶναι): but the article is sometimes dropped with the second of two words even when the words are contrasted, e.g. Euthyphr. 9 C τὸ ὅσιον καὶ μή. Here the effect of its omission is perhaps to suggest that the two notions are after all more like than different.

67. **γενέσθαι—εἶναι.** The distinction though long ago recognised by the philosophers was not always present in ordinary speech: otherwise (as Kroschel points out) Protagoras' censure of Simonides would be too absurd, and Socrates' pretended bewilderment out of place. But that Simonides in this poem drew a distinction between γενέσθαι and εἶναι is certain: whether it was the same distinction as Socrates himself draws later is another question: see on γενόμενον δὲ ἀδύνατον in 344 B.

73. **τὸ αὑτόν.** B and T here have τὸ αὐτόν, which Schanz retains: 340 C the form occurs on inscriptions and once or twice in Plato's MSS: v. Schanz Vol. XII p. vii.

74. **ἔλεγεν, τὸ χαλεπὸν γενέσθαι.** So Heindorf. ἔλεγεν is 'said', not 'meant', and the sentence is intended to prove what is stated in the last sentence, viz. that Pittacus οὐ τὸ αὐτὸν ἑαυτῷ ἔλεγεν (said), ἀλλ' ἄλλο. τό goes with the whole clause χαλεπὸν γενέσθαι ἐσθλόν; the emphasis is on γενέσθαι: for which reason τὸ ἔμμεναι in the next line (for τὸ ἔμμεναι ἐσθλὸν χαλεπόν) suffices. It is unnecessary to read (with Schanz and Kroschel) ἔλεγε(ν) χαλεπόν, τὸ γενέσθαι ἐσθλόν, or ἔλεγε χαλεπόν, γενέσθαι ἐσθλόν with Sauppe.

79. **Πρόδικος ὅδε καὶ ἄλλοι πολλοί.** Socrates dissociates himself from the others, because he is about to give a different solution of Simonides' apparently contradictory statements (in 344 B foll.).

80. **Ἡσίοδον:** in Works and Days 289 foll. τῆς δ' ἀρετῆς 340 D ἱδρῶτα θεοὶ προπάροιθεν ἔθηκαν ἀθάνατοι· μακρὸς δὲ καὶ ὄρθιος οἷμος ἐς αὐτὴν καὶ τρηχὺς τὸ πρῶτον· ἐπὴν δ' εἰς ἄκρον ἵκηται, ῥηϊδίη δήπειτα πέλει, χαλεπή περ ἐοῦσα. This passage was very famous in antiquity: Plato cites it again in Rep. II 364 C, Laws IV 718 E. Hesiod in effect says it is difficult to become good, but easy to be good. Simonides himself refers to Hesiod's verses in Frag. 58 (Bergk) ἔστι τις λόγος τὰν ἀρετὰν ναίειν δυσαμβάτοις ἐπὶ πέτραις, νῦν δέ μιν θεῶν χῶρον ἀγνὸν ἀμφέπειν,......οὐδ' ἀπαντᾶν βλεφάροις θνατῶν ἔσοπτον, ᾧ μὴ δακέθυμος ἱδρὼς ἔνδοθεν μόλῃ θ' ἵκηταί τ' ἐς ἄκρον ἀνδρείας.

84. **ἐκτῆσθαι:** to be taken with ῥηϊδίην. B and T read κτῆσθαι, but cf. 349 E. For the form see above on 319 A.

A P

CHAPTER XXVII.

After some dialectical skirmishing, Socrates volunteers to give a continuous exposition of the poem.

340 E   7. **ἰώμενος μεῖζον τὸ νόσημα ποιῶ.** Socrates is thinking of the proverb κακὸν κακῷ ἰᾶσθαι.

9. **ποιητοῦ—ἐκτῆσθαι.** The poet is not of course Hesiod but Simonides. Socrates nowhere said that in censuring Pittacus Simonides implies that it is *easy* to 'keep virtue', i.e. to be virtuous : the quotation from Hesiod was put in the mouth of Prodicus and ἄλλοι πολλοί (340 C). At the same time Protagoras might fairly turn Socrates' fallacies (see on 331 A) against himself and say that if Simonides said it was 'not difficult' to be virtuous, he meant that it was 'easy' to be so.

13. **κινδυνεύει γάρ τοι** : the art of Prodicus (Socrates means) can lay as good claims to antiquity as yours : cf. 316 D.

14. **θεία τις εἶναι πάλαι.** Kroschel's reading εἶναι καὶ παλαιά would somewhat change the meaning, which is 'has long been an art divine' : *divine* because practised by poets and the like, cf. Rep. I 331 E ἀλλὰ μέντοι—Σιμωνίδῃ γε οὐ ῥᾴδιον ἀπιστεῖν· σοφὸς γὰρ καὶ θεῖος ἀνήρ : supra 315 E and note. In ἤτοι ἀπὸ Σιμωνίδου there is an allusion to 316 D.

341 A   17. **οὐχ ὥσπερ ἐγώ,** sc. εἰμί. The idiom is frequent in Plato, e.g. Symp. 179 E οὐχ ὥσπερ Ἀχιλλέα—ἐτίμησαν καὶ εἰς μακάρων νήσους ἀπέπεμψαν.

μαθητής. Socrates calls himself a disciple of Prodicus also in Crat. 384 B, Meno 96 D, Charm. 163 D.

19. **τὸ χαλεπὸν τοῦτο.** τό marks χαλεπόν as a quotation : see above on 331 C.

21. **ἀλλ᾿ ὥσπερ κτλ.** The application of the illustration follows in 341 B line 28 foll. ἴσως οὖν καὶ τὸ χαλεπὸν—ὑπολαμβάνουσιν, where see note.

341 B   23. **Πρωταγόρας σοφὸς καὶ δεινός ἐστιν.** The ἢ ἄλλον τινά is neglected, and Πρωταγόρας takes us back to σέ : cf. note on ἐνδείξασθαι καὶ καλλωπίσασθαι in 317 C. The collocation σοφὸς καὶ δεινός is tolerably frequent in ironical characterizations, e.g. Theaet. 173 B δεινοί τε καὶ σοφοὶ γεγονότες, ὡς οἴονται.

24. **ἐρωτᾷ** explains **νουθετεῖ** : whence the *Asyndeton explicativum :* see on 335 A above.

25. τὸ γὰρ δεινόν—κακόν ἐστιν. Prodicus' canon—which rests on the derivation of δεινόν from δέος—is not borne out by Greek usage, except to this extent, that when a man is called δεινός, it is generally implied that he is more clever than good.

26. δεινοῦ πλούτου κτλ. Genitives of exclamation in the Platonic dialogues are generally (as Turner remarks) preceded by an interjection, e.g. Euthyd. 303 A πυππὰξ ὦ Ἡράκλεις καλοῦ λόγου and ibid. ὦ Πόσειδον δεινῶν λόγων. Here of course the exclamation is left out as irrelevant: the only relevant point is the use of δεινός.

28. ἴσως οὖν καὶ τὸ χαλεπόν. Sauppe remarks that we should expect οὕτω καὶ τὸ χαλεπόν to introduce the apodosis to the ὥσπερ clause (341 A line 21): καί is however enough to shew that we have reached the application: οὖν is introduced on account of the parenthesis from τὸ γὰρ δεινόν to κακοῦ ὄντος: and ἴσως marks the suggestion as only tentative.

32. φωνήν: 'dialect' as often, e.g. Phaedo 62 A καὶ ὁ Κέβης— ἴττω Ζεύς, ἔφη, τῇ αὑτοῦ φωνῇ εἰπών.

33. κακόν, ἔφη. Prodicus enters into the spirit of the joke: 341 C in view of C and D it would be absurd to take this seriously: see note on ἀλλὰ παίζειν in D below.

39. τὰ ὀνόματα—ὀρθῶς διαιρεῖν: cf. supra 340 A and infra 358 A τὴν δὲ Προδίκου τοῦδε διαίρεσιν τῶν ὀνομάτων παραιτοῦμαι. Prodicus pretends to regard Simonides (cf. 341 A) as a teacher like himself of ὀνομάτων διαίρεσις.

ἅτε Λέσβιος ὤν: had he been Κεῖος, he would have learnt ὀνομάτων διαίρεσις forsooth in its natural home.

40. ἐν φωνῇ βαρβάρῳ: a malicious exaggeration inspired by the *odium philologicum.*

49. ἀλλὰ παίζειν. The editors suppose that Socrates is here 341 D turning the tables on Prodicus, who it is supposed meant his criticism seriously, but the tone of the passage seems to imply that Prodicus is in league with Socrates to make fun of Protagoras, who is represented throughout the whole dialogue as lacking all sense of humour. It would not be wit, but sheer buffoonery in Plato to represent Prodicus as *seriously* believing that Simonides had censured Pittacus for having said: 'It is bad to be good'.

καὶ σοῦ δοκεῖν ἀποπειρᾶσθαι. δοκεῖν is not pleonastic after οἶμαι but means 'think fit'—a very idiomatic use, cf. Aesch. Ag. 16 ὅταν δ' ἀείδειν ἢ μινύρεσθαι δοκῶ. See Classical Review III

p. 148, where Mr Arthur Sidgwick discusses and illustrates this usage.

341 E   54. οὐ δήπου τοῦτό γε λέγων. οὐ δήπου goes with λέγων, which is 'meaning' not 'saying', and τοῦτο is explained by κακὸν ἐσθλὸν ἔμμεναι. For the asyndeton see on 335 A: and for the use of εἶτα compare 311 A and Symp. 200 A πότερον ἔχων αὐτὸ οὐ ἐπιθυμεῖ τε καὶ ἐρᾷ, εἶτα ἐπιθυμεῖ τε καὶ ἐρᾷ, ἢ οὐκ ἔχων;

55. τοῦτο γέρας. Heindorf reads τοῦτο τὸ γέρας as in 344 C: but γέρας may be regarded as predicative and going closely with ἀπένειμε, so that τοῦτο—τοῦτο balance each other. Sauppe compares Symp. 179 C εὐαριθμήτοις δή τισιν ἔδοσαν τοῦτο γέρας οἱ θεοί.

56. ἀκόλαστον—οὐδαμῶς Κεῖον. This seems to be the earliest passage making allusion to the sobriety and uprightness of the Ceans, to which, perhaps, Aristophanes sarcastically alludes in Frogs 970 (οὐ Χῖος, ἀλλὰ Κεῖος). In Laws 1 638 B (quoted by Sauppe) Plato cites the subjugation of the Ceans by the Athenians as a proof that victory does not always favour the more virtuous side. Strabo (x 486) quotes from Menander the lines καλὸν τὸ Κείων νόμιμόν ἐστι, Φανία· ὁ μὴ δυνάμενος ζῆν καλῶς οὐ ζῇ κακῶς and explains them by saying that a Cean law required those above the age of 60 to take hemlock so as to make their country's produce suffice to feed the others.

342 A   60. ὃ σὺ λέγεις τοῦτο refers to περὶ ἐπῶν 338 E. For the idiom cf. the usual τὸ σὸν δὴ τοῦτο, e.g. Symp. 221 B.

CHAPTER XXVIII.

Socrates introduces his exposition of the poem with a paradoxical theory that Sparta is the oldest home of philosophers. The wise men of old accordingly expressed their wisdom in pithy Laconic sayings, and such a saying is that of Pittacus. Simonides, as a rival craftsman, wrote this entire poem to overthrow that saying.

This chapter is intended as a kind of counterblast to Protagoras' claim on behalf of σοφιστική in 316 D foll. In general tone as well as in many of the particular statements it is elaborately ironical: but it should be remembered that Plato thought highly in many respects of the Cretan and Spartan constitutions and borrowed much from them in constructing his ideal city.

3. φιλοσοφία γάρ κτλ. Compare 316 D ἐγὼ δὲ τὴν σοφιστικὴν τέχνην φημὶ μὲν εἶναι παλαιάν κτλ.

4. τῶν Ἑλλήνων: 'among the Greeks'. The genitive belongs rather to ἐν Κρήτῃ τε καὶ Λακεδαίμονι than to πλείστη: cf. Thuc. II 18. 1 ὁ δὲ στρατὸς—ἀφίκετο τῆς Ἀττικῆς ἐς Οἰνόην. Similarly in γῆς ἐκεῖ, γῆς belongs to ἐκεῖ rather than to πλεῖστοι: there would seem to be no exact parallel to justify us in taking πλεῖστοι γῆς together. For the meaning of σοφισταί see on 312 C.

6. ἐξαρνοῦνται καὶ σχηματίζονται. σχηματίζεσθαι of 'posing' 342 B as in Soph. 268 A ἀγνοεῖ ταῦτα ἃ πρὸς τοὺς ἄλλους ὡς εἰδὼς ἐσχημάτισται.

9. οὓς—ἔλεγε τοὺς σοφιστάς: viz. in 316 D. The attraction is common enough, e.g. Crito 48 C ἃς δὲ σὺ λέγεις τὰς σκέψεις περί τε ἀναλώσεως χρημάτων καὶ δόξης κτλ. and infra 359 D.

12. τὴν σοφίαν. So B and the second hand in T: the first hand omits the words (so Schanz, Kroschel and Kral).

13. τοὺς—λακωνίζοντας. The editors refer to Ar. Birds 1281 ἐλακωνομάνουν ἅπαντες ἄνθρωποι τότε, ἐκόμων, ἐπείνων, ἐρρύπων, ἐσωκράτων and Demosth. κατὰ Κόνωνος 34 μεθ᾽ ἡμέραν μὲν ἐσκυθρωπάκασι καὶ λακωνίζειν φασὶ καὶ τρίβωνας ἔχουσι καὶ ἁπλᾶς ὑποδέδενται. The Laconisers in Athens were tolerably numerous: Plato himself (Rep. VIII 544 C) places ἡ Κρητική τε καὶ Λακωνικὴ πολιτεία nearest in merit to his ideal city.

14. οἱ μὲν ὦτά τε κατάγνυνται: thanks, of course, to boxing: cf. Gorg. 515 E τῶν τὰ ὦτα κατεαγότων (i.e. τῶν λακωνιζόντων) ἀκούεις ταῦτα, ὦ Σώκρατες, and Martial VII 32. 5 "at iuvenes alios *fracta* colit *aure* magister".

15. ἱμάντας περιειλίττονται. The ἱμάντες were thongs of 342 C leather bound round the knuckles for greater efficacy in boxing: Hom. Iliad XXIII 685. The *caestus*, being loaded with balls of lead, was a much more brutal instrument (Virg. Aen. V 404—405).

16. βραχείας ἀναβολάς: 'short cloaks' in imitation of the τρίβων (the national Spartan dress: see on 335 D). ἀναβολή (here almost concrete) and ἀναβάλλεσθαι were said of the ἱμάτιον, to wear which rightly and like a gentleman was ἐπὶ δεξιὰ ἀναβάλλεσθαι (Theaet. 175 E), not ἐπ᾽ ἀριστερά (Ar. Birds 1567—1568, a passage which seems decisive against reading ἐπιδέξια in this phrase). From Suidas (s.v. ἀναβάλλει—ἀναβάλλεσθαι δὲ τὸ ἱμάτιον, οὐ περιβάλλεσθαι λέγουσιν) we may infer that ἀναβολή refers not to the throwing back of the ἱμάτιον over the shoulder (since in point of fact it was thrown back over the *left* shoulder) but to pulling it round the back (from left to right) before throwing the end over the left shoulder in front.

ὡς δὴ—κρατοῦντας is "quasi vero—his superent" (Kroschel).
For the construction cf. (with Kroschel) Rep. I 345 E οὐκ ἐννοεῖς
ὅτι οὐδεὶς ἐθέλει ἄρχειν ἑκών, ἀλλὰ μισθὸν αἰτοῦσιν, ὡς οὐχὶ αὐτοῖσιν
ὠφέλειαν ἐσομένην ἐκ τοῦ ἄρχειν ἀλλὰ τοῖς ἀρχομένοις; Madvig's
Gk Syntax p. 168.

20. ξενηλασίας. Heindorf quotes (inter alia) Ar. Birds 1012
ὥσπερ ἐν Λακεδαίμονι ξενηλατοῦνται and Plut. Lyc. **27.** 6 τοὺς
ἀθροιζομένους ἐπ' οὐδενὶ χρησίμῳ καὶ παρεισρέοντας εἰς τὴν πόλιν
ἀπήλαυνεν (sc. Λυκοῦργος), οὐχ, ὡς Θουκυδίδης (II 39) φησί, δεδιὼς
μὴ τῆς πολιτείας μιμηταὶ γένωνται καὶ πρὸς ἀρετήν τι χρήσιμον
ἐκμάθωσιν, ἀλλὰ μᾶλλον ὅπως μὴ διδάσκαλοι κακοῦ τινος ὑπάρξω-
σιν. The reasons assigned by Plutarch are no doubt the true
ones.

23. οὐδένα ἐῶσιν—ἐξιέναι. Plut. Lyc. **27.** 5 οὐδ' ἀποδημεῖν
ἔδωκε (Λυκοῦργος) τοῖς βουλομένοις καὶ πλανᾶσθαι ξενικὰ συνάγοντας
ἤθη καὶ μιμήματα βίων ἀπαιδεύτων καὶ πολιτευμάτων διαφοράν, ἀλλὰ
καὶ τοὺς ἀθροιζομένους etc. (see last note). In Laws XII 950 C foll.
(quoted by Sauppe) Plato lays down similar though less stringent
regulations as to ἀποδημία.

342 D   **24.** ὥσπερ οὐδὲ Κρῆτες. There seems to be no other authority
for this statement, but (as Sauppe remarks) the resemblance between
the Cretan and Spartan institutions is well known.

27. ἀλλὰ καὶ γυναῖκες. Women in Sparta held a position of
much greater power and influence than in the rest of Greece, partly
at least in consequence of their superior education, physical and
otherwise: cf. Arist. Pol. II 9. 1269^b 32 πολλὰ δῳκεῖτο ὑπὸ τῶν
γυναικῶν ἐπὶ τῆς ἀρχῆς αὐτῶν (sc. τῶν Λακεδαιμονίων) and see Grote
Vol. II p. 383 foll. Heindorf remarks that wise and pregnant
sayings by Spartan women (such as are given in pseudo-Plutarch's
Λακαινῶν ἀποφθέγματα, e.g. the famous τέκνον, ἢ τὰν ἢ ἐπὶ τᾶς) were
probably already current in Plato's time.

30. εἰ γὰρ ἐθέλει—εὑρήσει. Compare 324 A.

342 E   **33.** ἐνέβαλεν ῥῆμα—συνεστραμμένον. The aorist is like 'be-
hold! he has thrown in': it expresses rapidity by representing the
action as no sooner begun than over. The idiom is very frequent in
Plato: Turner refers to Stallbaum on Rep. III 406 D ἐὰν δέ τις αὐτῷ
μικρὰν δίαιταν προστάττῃ—ταχὺ εἶπεν ὅτι οὐ σχολὴ κάμνειν. With
συνεστραμμένον compare Arist. Rhet. II 24. 1401^a 5 συνεστραμμένως—
εἰπεῖν: the metaphor is apparently from an animal gathering itself
for a spring (cf. Arist. Hist. Anim. IX 48. 631^a 27 συστρέψαντες

ἑαυτοὺς φέρονται ὥσπερ τόξευμα and Plato Rep. I 336 B συστρέψας
ἑαυτὸν ὥσπερ θηρίον ἧκεν ἐφ' ἡμᾶς).

34. ὥσπερ δεινὸς ἀκοντιστής. With the metaphor compare
Theaet. 165 D καὶ ἄλλα μυρία ἃ ἐλλοχῶν ἂν πελταστικὸς ἀνὴρ
μισθοφόρος ἐν λόγοις ἐρόμενος—ἐμβαλὼν ἂν εἰς τὸ ἀκούειν—ἤλεγχεν
ἂν ἐπέχων καὶ οὐκ ἀνιεὶς κτλ., ibid. 180 A ἀλλ' ἄν τινά τι ἔρῃ, ὥσπερ
ἐκ φαρέτρας ῥηματίσκια αἰνιγματώδη ἀνασπῶντες ἀποτοξεύουσιν.

35. παιδὸς μηδὲν βελτίω. The phrase is almost proverbial:
see on Crito 49 B παίδων οὐδὲν διαφέροντες.

39. φθέγγεσθαι, here of an impressive (almost mystic) utterance,
as often in Greek, e.g. Ar. Clouds 315 αὗται αἱ φθεγξάμεναι
τοῦτο τὸ σεμνόν.

41. Θαλῆς ὁ Μιλήσιος κτλ. This list of the seven wise men is 343 A
remarkable as excluding Periander, who was canonized later (Diog.
Laert. I 13). Plato refused to allow that a tyrant could be truly
σοφός (Rep. IX 587 D) or even (in the true sense of the term)
powerful: see Rep. I 336 A οἶμαι αὐτὸ (sc. the view that justice
is doing good to friends and evil to enemies) Περιάνδρου εἶναι ἢ
Περδίκκου ἢ Ξέρξου ἢ Ἰσμηνίου τοῦ Θηβαίου ἤ τινος ἄλλου μέγα
οἰομένου δύνασθαι πλουσίου ἀνδρός.

Myson (the least known of the seven) figures as early as Hipponax
(Frag. 45, quoted by Sauppe) καὶ Μύσων ὃν Ὠπόλλων ἀνεῖπεν ἀνδρῶν
σωφρονέστατον πάντων. According to a tradition preserved in
Diogenes Laertius I 106 the Pythian priestess being asked by
Anacharsis to say if there was any man wiser than himself replied
Οἰταῖόν τινά φημι Μύσων' ἐνὶ Χηνὶ γενέσθαι σοῦ μᾶλλον πραπίδεσσιν
ἀρηρότα πευκαλίμῃσι : but another account placed his birthplace in
Chen in Laconia, and a third (reading Ἠτεῖόν τινά φημι for Οἰταῖόν
τινά φημι in the oracle) in Etea, which was variously placed in
Laconia and in Crete. Sauppe remarks that the presence of Λακε-
δαιμόνιος with Χίλων seems to shew that Plato did not regard
Laconia as Myson's birthplace, but favoured the view which made
him a native of Chenae by Mount Oeta. *Thales* (flor. circ. 585 B.C.,
the eclipse of which year he is said to have predicted) is mentioned
in two other passages in Plato (in neither of which is his philo-
sophical teaching—that the ἀρχή is ὕδωρ—referred to), once as an
author of useful inventions (Rep. X 600 A), and once as the hero of
an anecdote illustrating the philosopher's want of worldly wisdom
(Theaet. 174 A). *Pittacus* (flor. circ. 612 B.C.) and *Bias* of Priene
in Ionia (contemporary with or earlier than Hipponax, who refers to

him in Diog. Laert. I 84) are mentioned together again in Rep. I
335 E Βίαντα ἢ Πιττακὸν—ἢ τιν' ἄλλον τῶν σοφῶν τε καὶ μακαρίων
ἀνδρῶν. *Cleobulus* of Lindus in Rhodes and *Chilon* of Sparta (both
about the beginning of the 6th century B.C.) are not again referred to
by Plato.

The traditions relating to the wise men and many of the aphorisms
with which they are credited are given in Diog. Laert. I 22—122:
for the authorities for their lives, and for their sayings, see Mullach's
Fragmenta Philos. Graec. II pp. 203—234. This passage of the
Protagoras, apparently the earliest in which seven are named
together, probably contributed in large measure to the canonization
of the wise men.

44. **Λακεδαιμόνιος**: Heindorf would read ὁ Λακεδαιμόνιος, but
Plato may well have said 'a Lacedaemonian, Chilon'.

48. **εἰρημένα· οὗτοι.** The sentence beginning with οὗτοι shews
how one is to learn αὐτῶν τὴν σοφίαν τοιαύτην οὖσαν : the asyndeton
(as Heindorf observes) resembles that after σημεῖον δέ, τεκμήριον δέ
and the like. Here οὗτοι καὶ κτλ. is so far removed from καὶ κατα-
μάθοι—οὖσαν that we might have expected οὗτοι γὰρ καὶ or (as
Kroschel reads) ὅτι for οὗτοι, but the emphatic οὗτοι (parallel to
οὗτοι in line 44 above) renders the explanatory particle unnecessary.
Hermann's correction εἰρημένα ἅ for εἰρημένα—adopted by Sauppe—
gives a wrong meaning : for ἀπαρχή 'first-fruits' (line 49) coming
after καὶ κοινῇ ξυνελθόντες, in marked antithesis to ἑκάστῳ εἰρημένα,
cannot mean merely the sayings of each individual—as it will have
to mean if ἅ is read, ἅ being then in apposition to ἀπαρχήν.
Kral's ῥήματα βραχέα ἀξιομνημόνευτα <σκοπῶν> ἑκάστῳ εἰρημένα,
ἅ οὗτοι κτλ. suffers from the same fault, besides that it is very un-
likely that σκοπῶν should have fallen out.

κοινῇ ξυνελθόντες—ἀνέθεσαν. The editors cite Pausanias X 24.
I ἐν δὲ τῷ προνάῳ τῷ ἐν Δελφοῖς γεγραμμένα ἐστὶν ὠφελήματα
ἀνθρώποις εἰς βίον—οὗτοι οὖν οἱ ἄνδρες ἀφικόμενοι ἐς Δελφοὺς ἀνέθεσαν
τῷ Ἀπόλλωνι τὰ ᾀδόμενα Γνῶθι σαυτὸν καὶ Μηδὲν ἄγαν. The same
explanation of the presence of these maxims on the temple at Delphi
meets us in other authors ; but in each case the author is obviously
borrowing the story from Plato. Plato states that these two maxims
were the cream of the wisdom of the wise men : it would be hardly
too much to say that upon them the whole structure of Greek ethical
philosophy was based. For the construction, and for the practice of
thus dedicating wisdom to a god, Kroschel aptly quotes Diog. Laert.

IX 6 ἀνέθηκε (sc. Ἡράκλειτος) δ' αὐτὸ (sc. τὸ περὶ φύσεως βιβλίον) εἰς τὸ τῆς Ἀρτέμιδος ἱερόν.

52. τοῦ δὴ ἔνεκα ταῦτα λέγω; Plato frequently enlivens his 343 B style by such self-interrogations: Sauppe quotes (inter alia) Gorg. 457 E τοῦ δὴ ἔνεκα λέγω ταῦτα; Apol. 40 B τί οὖν αἴτιον εἶναι ὑπολαμβάνω;

53. τῶν παλαιῶν τῆς φιλοσοφίας. τῶν παλαιῶν in this emphatic place suggests the contrast with Protagoras and the νεώτεροι whose τρόπος is μακρολογία.

54. καὶ δὴ καί marks the application to the present case: cf. Apol. 18 A ὥσπερ οὖν ἂν κτλ.—καὶ δὴ καὶ νῦν.

57. καθέλοι: cf. 344 C. Sauppe quotes Theocr. 22. 115 (of 343 C Polydeuces overcoming Amycus) Διὸς υἱὸς ἀδηφάγον ἄνδρα καθεῖλεν.

60. τούτου ἔνεκα, i.e. τοῦ εὐδοκιμεῖν ἔνεκα. τούτῳ in τούτῳ ἐπιβουλεύων is τούτῳ τῷ ῥήματι: with the construction cf. Rep. IV 443 B εὐθὺς ἀρχόμενοι τῆς πόλεως οἰκίζειν and see Stallbaum on Rep. I 342 B.

61. κολοῦσαι. Hdt. VII 10. 5 φιλέει γὰρ ὁ θεὸς τὰ ὑπερέχοντα πάντα κολούειν (Sauppe).

CHAPTER XXIX.

Socrates develops his theory of the poem and applies it to the first two lines, not without much sophistry.

3. μανικόν. Notice the extreme dogmatism of Socrates, suggesting a weak case: cf. οὐδὲ πρὸς ἕνα λόγον (line 5).

5. οὐδὲ πρὸς ἕνα λόγον: see on 335 D. πρὸς λόγον = εὔλογον or 343 D εὐλόγως is frequent in Plato: see on 351 E.

6. ἐὰν μή τις ὑπολάβῃ κτλ. The natural interpretation of the μέν (since it follows ἀγαθόν, not γενέσθαι) is this. While it is difficult 'γενέσθαι' truly *good*, it is yet possible to reach a fair standard of ἀρετή. The antithesis is implied if not actually expressed in the sequel: see 345 D and 346 C. Compare Introd. p. xxvii.

8. λέγοντος τοῦ Πιττακοῦ: a fresh start is made, to explain ὥσπερ ἐρίζοντα λέγειν.

10. εἰπεῖν but λέγειν in line 8: the past tense is used because Socrates is about to put Simonides' meaning in the form of an actual address in past time to Pittacus.

11. ὡς ἀληθῶς to be taken with χαλεπόν ἐστιν: see infra 344 A (line 23). Here again Socrates' interpretation is opposed to the

natural sense of the passage, according to which ἀλαθέως in the poem goes with ἀγαθόν, and has nothing to do with χαλεπόν.

343 E   12. **ἐπὶ τούτῳ—τὴν ἀλήθειαν.** τούτῳ is τῷ ἀγαθῷ, and τὴν ἀλήθειαν = τὸ 'ἀλαθέως'.

14. **εὐήθες—Σιμωνίδου.** As well might Socrates say it is εὔηθες to use the word ἄριστος.

15. **ὑπερβατόν** is used in its technical grammatical sense. Heindorf quotes Long. de Sublim. 22 ἔστιν δὲ (sc. τὰ ὑπερβατὰ) λέξεων ἢ νοήσεων ἐκ τοῦ κατ' ἀκολουθίαν κεκινημένη τάξις καὶ οἱονεὶ χαρακτὴρ ἐναγωνίου πάθους ἀληθέστατος.

16. **ὑπειπόντα.** There is no need to explain ὑπειπόντα here as 'interpreting' (a sense for which no exact parallel is quoted). ὑπειπεῖν is used here in its regular sense 'to say before', 'to say first' as in Ar. Wasps 54—55 φέρε νυν κατείπω τοῖς θεαταῖς τὸν λόγον, ὀλίγ' ἄτθ' ὑπειπὼν πρῶτον αὐτοῖσιν ταδί. The meaning is: if we would arrive at Simonides' meaning, we must regard the adverb ἀλαθέως as transposed, and speak the words of Pittacus first (ὑπειπόντα τὸ τοῦ Πιττακοῦ): i.e. instead of saying ἄνδρ' ἀγαθὸν μὲν ἀλαθέως γενέσθαι χαλεπόν first, and quoting Pittacus' saying afterwards, we should begin with χαλεπὸν ἐσθλὸν ἔμμεναι (line 19 εἰπόντα, ὦ ἄνθρωποι, χαλεπὸν ἐσθλὸν ἔμμεναι), and make ἄνδρ' ἀγαθὸν etc. follow as Simonides' answer (lines 20—23), putting ἀλαθέως last. οὕτωσί πως shews that ὑπειπόντα is to be explained in the sequel viz. from ὥσπερ ἄν to ἀλαθέως in line 23.

19. **εἰπόντα:** i.q. τὸν μὲν εἰπόντα: see on 330 A. Note the precision in the use of the tenses (εἰπόντα, but ἀποκρινόμενον).

344 A   21. **οὐ γὰρ εἶναι ἀλλὰ γενέσθαι μέν.** Compare Crito 43 D οὗτοι δὴ ἀφῖκται ἀλλὰ δοκεῖ μέν μοι ἥξειν κτλ. μέν without following δὲ is frequent in a clause introduced by ἀλλά, the antithesis being contained in the preceding negative clause.

23. **οὕτω φαίνεται.** After φαίνεται the MSS have τό: "vel expungendum vel in τοι mutandum hoc τό" says Heindorf. For πρὸς λόγον see on 351 E.

25. **τὰ ἐπιόντα:** see Appendix I. p. 198.

344 B   30. **τύπον.** Socrates' criticism of the poem so far has been δι' ἀκριβείας: cf. Rep. II 414 A ὡς ἐν τύπῳ, μὴ δι' ἀκριβείας εἰρῆσθαι. See also note on ὑπογράψαντες γραμμὰς τῇ γραφίδι in 326 D above.

31. **παντὸς μᾶλλον** is frequent in Plato for 'assuredly': cf. Crito 49 B.

CHAPTER XXX.

Socrates expounds the next section of the poem in accordance
with his theory of the purport of the whole and finds therein his own
doctrine that ill doing comes from want of knowledge.

1. μετὰ τοῦτο—διελθών. This sentence is somewhat difficult.
τοῦτο means from ἄνδρ' ἀγαθόν to ἄνευ ψόγου τετυγμένον. The
reference in ὀλίγα διελθών must be to the verses omitted between
τετυγμένον and οὐδέ μοι ἐμμελέως etc. The *logical* object of λέγει is
the sentence (in line 4) γενόμενον δὲ διαμένειν etc., which is Socrates'
paraphrase of οὐδέ μοι ἐμμελέως etc., but the *grammatical* object
begins with ὅτι γενέσθαι—the stress being, as often happens, thrown
upon the δέ clause: ' While it is truly difficult to become a good
man (albeit possible for some length of time), to continue in that
state after you have become good and to *be* a good man etc.' γενέσθαι
μὲν ἄνδρα ἀγαθόν etc. is not, as Socrates *says*, μετὰ τοῦτο, but his
desire to expound the τύπον τὸν ὅλον of the poem throughout (διὰ
παντὸς τοῦ ᾄσματος) leads him to begin at the beginning, even at the
cost of an error not unnatural in conversational style. See Appen-
dix I. p. 196.

ὡς ἂν εἰ λέγοι λόγον: 'as if he were making a speech', i.e. not a
poem. The speech begins at γενέσθαι μέν, for ὅτι here introduces
oratio recta.

3. οἷόν τε μέντοι ἐπί γε χρόνον τινά. These words do not give
the gist of the lost lines : still less are they to be assigned (with
Bonghi) to the poem itself, for [as Aars remarks Das Gedicht des
Simonides in Platons Protagoras (1888) p. 12 note 3] it is implied by
Socrates in 343 D foll. that μὲν in γενέσθαι μὲν has no expressed
antithesis: they are educed by Socrates himself from χαλεπὸν
ἀλαθέως. Cf. infra 346 E πάντας δὲ ἐπαίνημι καὶ φιλέω ἑκὼν
(ἐνταῦθα δεῖ ἐν τῷ ἑκών διαλαβεῖν λέγοντα) ὅστις ἔρδῃ μηδὲν
αἰσχρόν, ἄκων δ' ἐστιν οὒς ἐγὼ ἐπαινῶ καὶ φιλῶ. The likeliest
supposition is that of Blass—that the lost verses contained a further
elaboration of the idea in ἀγαθὸν ἀλαθέως.

4. γενόμενον δὲ...ἀδύνατον. Socrates correctly apprehends the
gist of Simonides' objection to the saying of Pittacus, although
Simonides himself no doubt read more into the ἔμμεναι of Pittacus
than Pittacus intended it to express. Simonides here takes ἔμμεναι
to denote a permanent state, and γενέσθαι as not permanent, although
in ἄνδρα δ' οὐκ ἔστι μὴ οὐ κακὸν ἔμμεναι he himself uses ἔμμεναι more

loosely: see infra on 344 E line 27. It is however most improbable that Simonides meant by γενέσθαι 'to become', i.e. 'to be made', as Socrates everywhere implies: by ἀνδρ᾽ ἀγαθὸν μὲν γενέσθαι ἀλαθέως he meant only 'that a man should prove himself truly good', i.e. quit him like a perfect man: compare Hdt. VII 224 Λεωνίδης—πίπτει ἀνὴρ γενόμενος ἄριστος, Xen. Anab. IV 1. 26 ἐρωτᾶν εἴ τις αὐτῶν ἔστιν ὅστις ἀνὴρ ἀγαθὸς ἐθέλοι γενέσθαι. The usage is thoroughly idiomatic.

344 C   7. **ἀλλὰ θεὸς ἂν μόνος—γέρας.** Plato Symp. 204 A θεῶν οὐδεὶς φιλοσοφεῖ οὐδ᾽ ἐπιθυμεῖ σοφὸς γενέσθαι· ἔστι γάρ.

8. **ἄνδρα δ᾽ οὐκ ἔστι—καθέλῃ** : see below on 344 E line 30.

12—14. **οὐ τὸν κείμενον—τὸν δὲ κείμενον οὔ.** For the repetition compare (with Sauppe) Gorg. 521 E οὐ πρὸς χάριν λέγων—ἀλλὰ πρὸς τὸ βέλτιστον, οὐ πρὸς τὸ ἥδιστον.

344 D   15. **ὄντα ποτὲ—καθέλοι.** ποτέ goes with καθέλοι as with καταβάλοι in line 13.

19. **καὶ ἰατρὸν ταὐτὰ ταῦτα.** ταὐτὰ ταῦτα is virtually adverbial as in Meno 90 D οὐκοῦν καὶ περὶ αὐλήσεως καὶ τῶν ἄλλων τὰ αὐτὰ ταῦτα ;

20. **ἐγχωρεῖ κακῷ γενέσθαι.** Socrates says γενέσθαι, although Simonides said ἔμμεναι; see on E (line 27) below.

21. **παρ᾽ ἄλλου ποιητοῦ.** Xenophon Mem. I 2. 20 μαρτυρεῖ δὲ καὶ τῶν ποιητῶν ὅ τε λέγων 'ἐσθλῶν μὲν γὰρ ἄπ᾽ ἐσθλὰ διδάξεαι· ἢν δὲ κακοῖσι συμμίσγῃς, ἀπολεῖς καὶ τὸν ἐόντα νόον', καὶ ὁ λέγων 'αὐτὰρ ἀνὴρ ἀγαθὸς τοτὲ μὲν κακός, ἄλλοτε δ᾽ ἐσθλός'. The first of these quotations is known (see Meno 95 D) to be from Theognis, so that it seems clear that the second must be from some other poet. It is difficult to resist the impression that the author of this line intended ἀγαθός, κακός, and ἐσθλός to have a political sense, and was alluding to the ups and downs of an aristocrat's life in times of civil dissension : compare Theognis 1109—1110 Κύρν᾽, οἱ πρόσθ᾽ ἀγαθοὶ νῦν αὖ κακοί, οἱ δὲ κακοὶ πρὶν νῦν ἀγαθοί· τίς κεν ταῦτ᾽ ἀνέχοιτ᾽ ἐσορῶν; Euripides Hecuba 595 foll. (quoted by Cron) pointedly contradicts the sentiment of this line (as interpreted by Socrates) ἄνθρωποι δ᾽ ἀεὶ ὁ μὲν πονηρὸς οὐδὲν ἄλλο πλὴν κακός, ὁ δ᾽ ἐσθλὸς ἐσθλός, οὐδὲ συμφορᾶς ὕπο (alluding to Simonides' poem) φύσιν διέφθειρ᾽, ἀλλὰ χρηστός ἐστ᾽ ἀεί.

344 E   25. **εὐμήχανον καὶ σοφὸν καὶ ἀγαθόν.** εὐμήχανος is identified with ἀγαθός by means of the middle step σοφός: σοφία being ἀγαθόν because it is one of the virtues. See on τῷ ἐπιστάτῃ καὶ ἐπαΐοντι in Crito 47 B.

26. οὐκ ἔστι μὴ οὐ κακὸν ἔμμεναι. If Simonides had con-sistently carried out the distinction between γένεσις and οὐσία attributed to him (in part rightly: see on 344 B line 4), he would have used γενέσθαι, not ἔμμεναι here. Socrates throughout interprets ἔμμεναι as equivalent to γενέσθαι in this part of the poem, in spite of his previous distinction: but so (apparently) did Simonides: see on 344 B.

28. τὸ δ' ἐστίν κτλ. τὸ δέ 'whereas in point of fact' is very frequent in Plato: see on Apol. 23 A. Notice how Socrates reverts to the beginning of the poem: see note on 346 D and Appendix I. p. 196.

29. (δυνατὸν δὲ) ἐσθλόν. There is not sufficient ground for rejecting (with most of the editors) ἐσθλόν : its position is a trifle awkward, but not more, since δυνατὸν δέ is parenthetical, the μέν after γενέσθαι being balanced by δέ in ἔμμεναι δέ. Heindorf reads δυνατὸν δέ, ἐσθλὸν δ' ἔμμεναι with slight MS authority.

30. πράξας μὲν γὰρ εὖ κτλ. γάρ is probably due to Plato, who represents this sentence as adducing a reason for ἔμμεναι δὲ ἀδύνατον : see Appendix I. p. 199. πράξας εὖ is 'if he has prospered': the whole sentiment is the converse of ἄνδρα δ' οὐκ ἔστι μὴ οὐ κακὸν ἔμμεναι and is characteristic of the ordinary Greek moral code: cf. Homer Od. XVIII 136—137 τοῖος γὰρ νόος ἐστὶν ἐπιχθονίων ἀνθρώπων οἷον ἐπ' ἦμαρ ἄγῃσι πατὴρ ἀνδρῶν τε θεῶν τε. The view that affliction involves moral degeneracy appears in the transition of meaning in πονηρός and μοχθηρός from 'afflicted' to 'depraved': the common view that 'prosperity' brings virtue is involved in the usual equivo-cation on εὖ πράττειν 'fare well' and 'do well': see on Crito 47 E and Euthyphr. 3 A. After κακὸς δ' εἰ κακῶς, is to be understood ἔπραξεν.

32. τίς οὖν εἰς γράμματα κτλ. In order to read into Simonides 345 A the doctrine that virtue is knowledge and vice ignorance, Socrates assigns to πράξας εὖ in the poem the meaning of *acting* well, rather than faring well.

36. κακὸς δὲ κακῶς, sc. πράξας: a free rendering of κακὸς δ' εἰ κακῶς of the poem, which Kral (following Ast) reads here against the MSS.

40. κακῶς πράξαντες, i.e. εἰ κακῶς πράξαιμεν, as the words of the poem shew. Socrates' reasoning is : to become a bad doctor by practising badly, you must first have been a good doctor: for if you cannot become a *doctor* by practising badly, obviously you

cannot become a *bad* doctor. The argument is as fallacious as it is ingenious: it assumes that κακὸς ἰατρός is a twofold notion, and more than ἰατρός, whereas it is a single notion and less. It would be more in conformity with experience to say that the ἰδιώτης does become by practising badly a κακὸς ἰατρός.

345 B   45. αὕτη γὰρ μόνη—στερηθῆναι. This sentence (necessary as the converse of the statement in 345 A that good action comes from knowledge) is introduced as an explanation of ὑπὸ χρόνου κτλ., because χρόνος, πόνος, νόσος, etc. produce ἐπιστήμης στέρησις.

47. μέλλει—γενέσθαι. See on 312 C above.

345 C   50. διατελοῦντα ἀγαθόν explains ἀγαθόν more precisely: cf. 344 B γενόμενον δὲ διαμένειν ἐν ταύτῃ τῇ ἕξει καὶ εἶναι ἄνδρα ἀγαθόν. διατελεῖν without a participle seems not to be elsewhere found in Plato, though it occurs in Thucydides and others.

52. ἐπὶ πλεῖστον: "*diutissime*, ut ἐπὶ πολὺ saepe significat *diu*". καί is 'also' not 'and', and balances οὓς ἂν οἱ θεοὶ φιλῶσιν: οἱ θεοφιλεῖς are also ἄριστοι.

CHAPTER XXXI.

The rest of the poem is now expounded and the theory that no man sins willingly discovered in it.

3. δηλοῖ (sc. εἰρημένα) is used as in Soph. Ant. 242 δηλοῖς δ' ὥς τι σημανῶν κακόν.

6. κενεάν goes proleptically with μοῖραν αἰῶνος.

8. πανάμωμον ἄνθρωπον in apposition to τὸ μὴ γενέσθαι δυνατόν. Kroschel compares Simonid. Amorg. πάμπαν δ' ἄμωμος οὔτις οὐδ' ἀκήριος (Frag. 4).

εὐρυεδοῦς ὅσοι—χθονός. Hom. Iliad VI 142 βροτῶν οἳ ἀρούρης καρπὸν ἔδουσιν, Hor. Od. II 14. 10 "quicumque terrae munere vescimur" (Heindorf).

345 D   10. ἐπὶ θ' ὑμῖν εὑρὼν ἀπαγγελέω: after Bergk's emendation for the ἔπειθ' ὑμῖν of the MSS, which cannot be made to scan: see Appendix I. p. 199. It might be possible (in view especially of φησίν in the next line) to regard ἔπειτα here as no part of the poem, were it not for 346 D where it must be part. ἐπί θ' ὑμῖν is the most probable of the many emendations proposed and accounts by far the most easily for the reading of the MSS. ἐπί is to be taken with εὑρών, and τε is like the quasi-gnomic τε in Homer, e.g. Il. I 218 ὅς κε θεοῖς ἐπιπείθηται, μάλα τ' ἔκλυον αὐτοῦ. Translate "'trust me,

I will tell you when I've found your man', says he ". ὑμῖν (a kind of ethic dative) does not belong so much to ἀπαγγελέω as to ἐφευρών. What Simonides himself wrote was no doubt ἐπί τ' ὄμμιν (availing himself of the Aeolic form as in the next line) ; this Plato put in Attic as ἐπί θ' ὑμῖν, from which to ἔπειθ' ὑμῖν the step was easy. Sauppe's ἐπὶ δή μιν εὑρών and Kroschel's ἐπεὶ οὕτιν' εὑρών are hardly happy.

11. φησίν applies only to the last line : the former φησὶ γάρ covers the first sentence.

13. πάντας ὅστις : so infra in line 18 ὥστε τούτους φάναι ἔπαι νεῖν ὃς ἄν and in line 25 ὃς ἄν—τούτων : see also note on 319 D.

15. ἀνάγκῃ δ' οὐδὲ θεοὶ μάχονται. Proverbial : cf. Laws VII 818 B ἔοικεν ὁ τὸν θεὸν πρῶτον παροιμιασάμενος—εἰπεῖν ὡς οὐδὲ θεὸς ἀνάγκῃ μή ποτε φανῇ μαχόμενος. Aars quotes the words of Agamemnon in Il. XIX 86 ἐγὼ δ' οὐκ αἴτιός εἰμι, ἀλλὰ Ζεὺς καὶ Μοῖρα καὶ ἠεροφοῖτις Ἐρινύς.

19. ὃς ἄν ἐκὼν—ποιῇ : but ἐκὼν ὅστις ἔρδῃ without ἄν above, as often in poetry : Goodwin MT. p. 208, § 540.

21. οὐδεὶς τῶν σοφῶν—ἑκόντα ἐξαμαρτάνειν. The doctrine that no one sins willingly—a corollary of the view that vice is only ignorance—is characteristic of the ethical teaching both of Socrates and Plato (compare note on 324 A and on Euthyphr. 2 c), but not of all Greek sages, and it is only by the most perverse sophistry that Socrates here reads it into Simonides, ignoring entirely the words ἀνάγκῃ δ' οὐδὲ θεοὶ μάχονται.

25. καὶ δὴ καί : see on 343 B above.   345 E

28. καλὸν κἀγαθόν : see on Apol. 21 D.

29. καὶ ἐπαινέτην. The words φιλεῖν καὶ ἐπαινεῖν which follow in the MSS were ejected by Heindorf.

30. μητέρα ἢ πατέρα ἀλλόκοτον. Sauppe remarks that from 346 A Homer onwards μήτηρ generally comes first in such enumerations— an interesting survival, perhaps, of the greater importance assigned to the mother in primitive Greece. ἀλλόκοτον ('eccentric' as in Rep. VI 487 D) from ἄλλος (in its sinister sense) and κότος (i.q. τρόπος, ἦθος, ὀργή) according to Phrynichus (quoted by Kroschel).

31. ἢ πατρίδα: see Crito 50 E—51 C.

36. ἔτι μᾶλλον : not =μᾶλλον ἢ κατ' ἀξίαν, but—as is presently explained—because they ' add voluntary feuds to those which they cannot avoid '.

38. ἀναγκαίαις : Heusde's correction for ἀνάγκαις of MSS.   346 B

ἐπικρύπτεσθαι—ἀναγκάζεσθαι. Plato is probably thinking of Socrates after his trial as he depicts him in the Crito. ἀναγκάζεσθαι 'are constrained' is of course passive.

41. παραμυθεῖσθαι, like *mulcere*, as often. Sauppe quotes Hor. Epod. XIII 18 "deformis aegrimoniae dulcibus *alloquiis*".

43. ἡγήσατο—ἀναγκαζόμενος: 'believed—that he had praised etc.' Plato deals a sly thrust at Simonides' notorious avarice, as Pindar (quoted by Sauppe) does in Isthm. II 6 ἁ Μοῖσα γὰρ οὐ φιλοκερδής πω τότ' ἦν οὐδ' ἐργάτις. The words ἀλλ' ἀναγκαζόμενος contain the sting: for the life of the χρηματιστής is βίαιος (Ar. Eth. Nic. I 3. 1096ᵃ 5).

346 C   48. ἐμοιγ' ἐξαρκεῖ κτλ. See Appendix I. pp. 196 foll. for the arrangement of this part of the poem.

50. γ' ὀνησίπολιν. The MSS read γ' ὀνήσει πόλιν, which G. Hermann emended to τ' ὀνησίπολιν, Bergk to ὀνασίπολιν.

51. οὐ μήν: so the MSS, and so, most probably, Plato; but Simonides can hardly have written this, which will not scan; see Appendix I. p. 199.

53. οὐ γάρ εἰμι φιλόμωμος probably belongs to an earlier part of the poem (before ἐμοιγ' ἐξαρκεῖ: cf. οὐ διὰ ταῦτά σε ψέγω, ὅτι εἰμὶ φιλόψογος in line 47): see Appendix I. p. 199.

55. γενέθλα is Stephanus' correction for γένεθλα of the MSS, a mistake due to supposing that ἀπείρων (not from ἄπειρος) went with ἠλιθίων: it belongs to γενέθλα.

58. πάντα τοι καλά—μέμικται sums up the whole moral teaching of the poem.

346 D   63. καὶ οὐ ζητῶ κτλ. Socrates recapitulates part of the poem by way of interpreting the final text: see note on τὸ δ' ἐστὶν γενέσθαι κτλ. in 344 E above and Appendix I. p. 196.

65. τούτου γ' ἔνεκα: "si hoc spectetur s. requiratur, τὸ πανάμωμον εἶναι" Heindorf: cf. Phaed. 85 B ἀλλὰ τούτου γ' ἔνεκα λέγειν τε χρὴ καὶ ἐρωτᾶν ὅ τι ἂν βούλησθε. The sense is: if I must wait for perfection before beginning to praise, I shall never praise anyone.

346 E   69. ὡς πρὸς Πιττακὸν λέγων: not serious, of course, nor true.

71. διαλαβεῖν: i.e. make a division, 'pause', virtually 'punctuate'. The editors compare the use of διαστίξαι in Ar. Rhet. III 5. 1407ᵇ 14 τὰ γὰρ Ἡρακλείτου διαστίξαι ἔργον διὰ τὸ ἄδηλον εἶναι ποτέρῳ πρόσκειται.

72. ἄκων δ' ἔστιν οὕς: see on 344 B.

74. νῦν δὲ—σφόδρα γάρ. Compare Apol. 38 B νῦν δὲ—οὐ γὰρ 347 A
ἐστιν and note in loc. Here διὰ ταῦτα sums up the clause σφόδρα
γὰρ—λέγειν.

CHAPTER XXXII.

The original question is now resumed, Socrates expressing
himself disparagingly on poetical criticism. With some reluctance
Protagoras consents to submit himself again to Socrates' interroga-
tory.

6. ἔστι μέντοι καὶ ἐμοὶ κτλ. Imitated in Hipp. Maior 286 A
where Hippias says ἔστι γάρ μοι περὶ αὐτῶν πάγκαλος λόγος
συγκείμενος καὶ ἄλλως εὖ διακείμενος τοῖς ὀνόμασι. Like Socrates
in his recent exposition, Hippias looks upon poetical criticism as
a legitimate field for the exercise of sophistry and wit.

7. ἐπιδείξω: see on ἐπιδειξάμενος in 328 D.   347 B

9. ὡμολογησάτην: in 338 D, where however the terms of the
agreement are somewhat more stringent.

15. περὶ μὲν ἀσμάτων—ἐάσωμεν. Heindorf quotes Alc. I 113 D 347 C
ἐάσαντες οὖν περὶ αὐτῶν σκοποῦσιν ὁπότερα συνοίσει πράξασιν.

18. καὶ γὰρ δοκεῖ μοι κτλ. This passage (from τὸ περὶ ποιήσεως
down to κἂν πάνυ πολὺν οἶνον πίωσιν) is quoted by Athenaeus III 51.
It is doubtful whether Plato is here animadverting on Xenophon's
Symposium, in which (2. 1 and 9. 3 foll.) both a flute-girl and a
dancing-girl appear : the words τοῖς συμποσίοις τοῖς τῶν φαύλων καὶ
ἀγοραίων ἀνθρώπων would contain a very pretty hit at Xenophon, if
the evidence for the allusion were more complete. There is a similar
passage in the Symposium of Plato (176 E) εἰσηγοῦμαι τὴν μὲν ἄρτι
εἰσελθοῦσαν αὐλητρίδα χαίρειν ἐᾶν, αὐλοῦσαν ἑαυτῇ ἢ ἂν βούληται ταῖς
γυναιξὶ ταῖς ἔνδον : this passage Athenaeus (XI 112) cites in support
of his theory of a literary rivalry between Plato and Xenophon.

20. ἀγοραίων : like the Latin *circumforanei*, "ἀγοραῖος, vel ut
critici veteres volunt, ἀγόραιος, est ὁ ἐν ἀγορᾷ τεθραμμένος, s. qui
totos dies forum conterit, quem ἀγορᾶς περίτριμμα Comicus appellat,
vilis et ex ima plebe homo, Aristoph. Eqq. 181 ὁτιὴ πονηρὸς
κἀξ ἀγορᾶς εἶ καὶ θρασύς : 214 τὰ δ᾽ ἄλλα σοι πρόσεστι δημαγωγικά,
φωνὴ μιαρά, γέγονας κακῶς, ἀγόραιος εἶ" Heindorf.

23. τιμίας ποιοῦσι τὰς αὐλητρίδας : "run up the price of 347 D
flute-players" : τὸ γὰρ σπάνιον—τίμιον Euthyd. 304 B. Heindorf
aptly quotes Xen. De Vect. IV 10 χρυσίον ὅταν πολὺ παραφανῇ αὐτὸ
μὲν ἀτιμότερον γίγνεται, τὸ δὲ ἀργύριον τιμιώτερον ποιεῖ.

27. **καὶ πεπαιδευμένοι.** So Athenaeus (III 51) and the second hand in T: B and T read πεπαιδευμένοι. Schanz brackets πεπαιδευμένοι, but ὑπὸ ἀπαιδευσίας in line 23 is in its favour.

οὐκ ἂν ἴδοις—ψαλτρίας. Compare Theaet. 173 D δεῖπνα καὶ σὺν αὐλητρίσι κῶμοι, οὐδὲ ὄναρ πράττειν προσίσταται αὐτοῖς (i.e. τοῖς ὡς ἀληθῶς φιλοσόφοις).

347 E   32. **κἂν πάνυ πολὺν οἶνον πίωσιν**: like Socrates in the Symposium: see 220 A, 223 C. In Laws I 637 B foll. Plato argues that wine properly used is the means of teaching self-control, since the man who will be σώφρων when drunk will a fortiori be σώφρων when sober: cf. ibid. II 673 E foll.

33. **ἐὰν μὲν κτλ.** μέν suggests that in different society the same would not be the case—an antithesis which is already expressed in 347 C—D. Compare Apol. 17 B εἰ μὲν γὰρ τοῦτο λέγουσιν, ὁμολογοίην ἂν ἔγωγε οὐ κατὰ τούτους εἶναι ῥήτωρ. For λάβωνται cf. (with Sauppe) Symp. 218 A νέου ψυχῆς μὴ ἀφυοῦς ὅταν λάβωνται (sc. οἱ ἐν φιλοσοφίᾳ λόγοι).

35. **οὔτε ἀνερέσθαι—ἐπαγόμενοί τε**: for the sentiment see on 329 A above : for οὔτε—τε on 309 B: for αὐτούς after ὧν on 313 A. ἐπάγεσθαι is the regular word for 'cite', e.g. Rep. II 364 C μάρτυρας ποιητὰς ἐπάγονται.

38. **ὃ ἀδυνατοῦσιν**: ὅ, not in B and T, was restored by Heindorf: it has since been found in a Vienna MS.

40. **ἐῶσιν**: the subject is supplied from ἀνδρῶν οἷοίπερ ἡμῶν οἱ πολλοί φασιν εἶναι.

348 A   43. **καταθεμένους**: for the asyndeton see on 330 A. Both here and in Tim. 59 C κατατίθεσθαι is not used in the sense of laying aside for good, but rather (as generally) putting away to be resumed again. 'Putting the poets on their shelves' would give the effect of the Greek.

47. **παρέχειν**: see on συγκαθεῖναι in 336 A above.

348 B   53. **καὶ νῦν**: as before 336 B.

56. **ἵνα τούτῳ μὲν ταῦτα συνειδῶμεν.** Symp. 193 E εἰ μὴ συνήδη Σωκράτει τε καὶ Ἀγάθωνι δεινοῖς οὖσι περὶ τὰ ἐρωτικά. In σύνοιδα ἐμαυτῷ ἀγαθῷ εἶναι συν- goes with ἐμαυτῷ—I am conscious with myself that I am good—by the convenient fiction which separates the observing *ego* from the observed. Cases where the dative is not a reflexive pronoun are later in development and presuppose only knowledge about, not knowledge along with, the object.

58. **ὥς γέ μοι.** B has ὥστε μοι: T ὡς γ' ἐμοί (sic). There is 348 C no occasion for the emphatic form of the pronoun.

60. **τῶν ἄλλων σχεδόν τι.** σχεδόν τι need not be accompanied by πάντες: compare Phaedo 59 C ἄλλος δέ τις παρῆν; σχεδόν τι οἶμαι τούτους παραγενέσθαι.

61. **προὐτράπετο.** No other example of the aorist middle of προτρέπω is quoted from any Attic author, but ἐτραπόμην is common, e.g. Apol. 21 B μόγις πάνυ ἐπὶ ζήτησιν αὐτοῦ τοιαύτην τινὰ ἐτραπόμην.

62. **ἐκέλευεν:** the imperfect of this verb is used in narrative style for the aorist.

CHAPTER XXXIII.

After a prefatory compliment to Protagoras, Socrates again asks whether the five virtues are only different names for one thing or differ in reality from one another.

5. **τὸν Ὅμηρον τό.** τό goes with the whole quotation to which τι is in predicative apposition (cf. τί τοῦτο λέγεις and the like), literally 'I think that what Homer says etc. is something', i.e. 'I think there is sense in what Homer says'. Schanz brackets τὸν Ὅμηρον, so as to make the articular clause the subject to λέγειν as in Ar. Knights 334, but there is no occasion for the change. The quotation had become almost proverbial (cf. Symp. 174 D, Alc. II 140 A) for "Two heads are better than one": it is from Iliad X 224 ff. where Diomedes says: σύν τε δύ' ἐρχομένω, καί τε πρὸ ὁ τοῦ ἐνόησεν, ὅππως κέρδος ἔῃ· μοῦνος δ' εἴ πέρ τε νοήσῃ, ἀλλά τέ οἱ βράσσων τε νόος λεπτὴ δέ τε μῆτις. Leaf (in loc.) explains ἐρχομένω as a pendent accusative and for the order of words in πρὸ ὁ τοῦ cites Il. V 219 ἐπὶ νὼ τῷδ' ἀνδρί.

8. **εὐπορώτεροι—ἐσμεν,** i.e. οὕτως ἔχοντες (viz. σὺν δύο ἐρχομένω); 348 D it is hardly necessary to read οὕτως πως or to change πως into οὕτως as Heindorf suggests.

10. **αὐτίκα περιιὼν—ἐντύχῃ.** The ἐπιδείξηται and βεβαιώσηται —deliberative subjunctives—of the MSS would imply too much eagerness: the change to ἐπιδείξεται and βεβαιώσεται is adopted by Sauppe and others. This mistake (or the reverse) is tolerably frequent in Plato's MSS, cf. Gorg. 489 A (βεβαιώσωμαι T, βεβαιώσομαι B), 505 E (ποιήσωμεν BT), 510 A (ἀδικήσωμεν BT).

12. **ἕνεκα τούτου** refers to the following clause introduced by

ἡγούμενος. Heindorf refers to his note on Phaedo 102 D λέγω δὲ τοῦδ'
ἕνεκα, βουλόμενος δόξαι σοί ὅπερ ἐμοί.

348 E 21. ὥστε καὶ κτλ. The reference is to 316 D foll. καὶ does not
go with ἄλλων but with the whole sentence (as Sauppe points out).

349 A 22. ὑποκηρυξάμενος 'having had yourself heralded as a
sophist': compare Aeschin. in Ctes. 41 ἄλλοι δέ τινες ὑποκηρυξά-
μενοι τοὺς αὐτῶν οἰκέτας ἀφίεσαν ἀπελευθέρους. The force of ὑπο- is
probably the same as in ὑπεῖπον : see note on 343 E. Notice the
effect of the double σεαυτόν (both of them after a natural pause) :
σεαυτὸν ὑποκηρυξάμενος—σεαυτὸν ἀπέφηνας : the -αυτόν is brought
out so strongly as to suggest that Protagoras is the only true Αὐτός
or Master.

25. μισθὸν—ἄρνυσθαι : 328 B, where however it is not said that
Protagoras was the first to take a fee. The Homeric word ἄρνυσθαι
is occasionally used by prose writers in the phrase μισθὸν ἄρνυσθαι :
whence μισθαρνεῖν.

28. ἐκεῖνα—τὰ μὲν—τὰ δέ : see above on 330 A.

349 B 30. ἦν δὲ—τόδε 329 C foll.

349 C 42. ἕκαστα attracted for ἕκαστον : so Rep. VIII 546 C δεομένων
ἑνὸς ἑκάστων, i.e. 'lacking—each of them—one'.

45. οὐδέν σοι ὑπόλογον τίθεμαι. ὑπόλογον τίθεμαι like ὑπόλογον
ποιοῦμαι (Lach. 189 B) and ὑπολογίζομαι (Apol. 28 B) is to 'set
down against', 'per contra', whence 'object' as here.

CHAPTER XXXIV.

Protagoras gives up what he had contended for before, and
contents himself with saying that courage alone is quite different
from its sister virtues. Socrates endeavours to identify courage and
knowledge in a cumbrous proof, against the validity of which
Protagoras rightly protests.

349 D 2. μόρια μέν. The antithesis to μέν was already expressed in
ἔφησθα οὖν σὺ οὐκ ὀνόματα ἐπὶ ἑνὶ εἶναι 349 B.

4. ἡ δὲ ἀνδρεία κτλ. Protagoras therefore yields to Socrates'
arguments so far as they have yet gone, and takes his stand on the
only virtue the relation of which to the others has not yet been
discussed: see on 333 C and D and Introd. p. xiv.

9. ἀκολαστοτάτους—ἀνδρειοτάτους δέ : like Otho (Tac. Hist.
II 49), apropos of whose death Merivale quotes the lines of Byron,
which well illustrate the sentiment of Plato :

"And strange to say, the sons of pleasure,
They who have revelled beyond measure
In beauty, wassail, wine and treasure,
Die calm, and calmer oft than he
Whose heritage was misery".

10. ἀνδρειοτάτους δὲ διαφερόντως. The extreme difference (cf. πάνυ πολὺ διαφέρον in line 5) between courage and the other virtues is brought out by representing those most lacking in the other virtues as sometimes 'supremely brave beyond all others': below in 359 B the διαφερόντως is omitted as unnecessary in a recapitulation. Sauppe quotes Tim. 23 C ἡ νῦν 'Αθηναίων οὖσα πόλις ἀρίστη πρός τε τὸν πόλεμον καὶ κατὰ πάντα εὐνομωτάτη διαφερόντως: compare also Gorg. 487 B αἰσχυντηροτέρω μᾶλλον τοῦ δέοντος. Various suggestions have been proposed, but the text is sound.

11. ἔχε δή. "Hac sistendi formula aut monetur, qui rectam 349 E viam ingressus est, ut caveat, ut hic et Gorg. 460 A, aut revocatur, qui a recta aberravit, ut Prot. 349 D". Wohlrab on Theaet. 186 B.

12. πότερον τοὺς ἀνδρείους θαρραλέους κτλ. Socrates proceeds by reasoning thus: (1) ἀνδρεῖοι are θαρραλέοι: (2) ἐπιστήμονες are θαρραλέοι (349 A line 19—350 B line 28): (3) none who are θαρραλέοι without ἐπιστήμη are ἀνδρεῖοι (350 B line 28—line 33). From this he infers that σοφοί (i.e. ἐπιστήμονες) are ἀνδρεῖοι, i.e. that σοφία is ἀνδρεία. The reasoning is far from cogent. In the first place, we have to *assume* (it is nowhere stated) that θαρραλέοι contains two classes and no more, viz. θαρραλέοι with knowledge, and θαρραλέοι without knowledge: the assumption would be (to Socrates) a natural one, since (according to the reasoning in Chapter XIX foll.) every one who is not ἐπι-στήμων is ἀνεπιστήμων. Now as ἀνδρεῖοι are θαρραλέοι and no ἀνεπιστήμονες (in the class θαρρα-λέοι) are ἀνδρεῖοι, it follows that ἀνδρεῖοι are ἐπιστήμονες, but even then the conclusion of Socrates is not warranted—that ἐπιστήμονες are ἀνδρεῖοι, since ἀνδρεῖοι may be only a part of ἐπιστήμονες. Socrates—consciously or uncon-sciously—covers his erroneous reasoning by another fallacy when

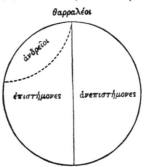

about to draw his conclusion in 350 B lines 34 and 38 : where see note.

13. **καὶ ἴτας γ΄, ἔφη**: i.e. they not only have θάρρος (which may be quiescent) but they put it into action. In *ἰέναι* Protagoras contrives to give the derivation of ἴτης : Sauppe refers to the Scholiast on Ar. Clouds 444 ἴτης. ἰταμός, ἀναιδής, καὶ δι᾽ αὐτῶν χωρῶν τῶν πραγμάτων. ἀνδρεῖος is coupled with ἴτης in Symp. 203 D and with θρασύς in Ar. Clouds l.c.

14. **φέρε δή κτλ.** This section (from φέρε δή to ὡς οἷόν τε μάλιστα in line 19) is intended to prepare the way for the proof of the third proposition (see on line 12) in 350 B : see note on line 32, and compare Laches 192 C, where the proof that ἄφρων καρτέρησις is not ἀνδρεία is introduced in much the same way : σχεδὸν γάρ τι οἶδα—ὅτι τῶν πάνυ καλῶν πραγμάτων ἡγεῖ σὺ ἀνδρείαν εἶναι.

16. **εἰ μὴ μαίνομαί γε**: 'as I'm a sane man.' This and similar phrases are frequent in Plato, e.g. Euthyd. 283 E, Rep. X 608 D (εἰ μὴ ἀδικῶ γε), Gorg. 511 B οἶδα—εἰ μὴ κωφός γ᾽ εἰμι.

17. **τὸ μέν τι—τὸ δέ τι**. See on Euthyphr. 12 A. Kroschel quotes Phileb. 13 C τὰς μὲν εἶναί τινας ἀγαθὰς ἡδονάς, τὰς δέ τινας—κακάς.

350 A   20. **κολυμβῶσιν**. This and the next example are given also in Lach. 193 B foll. Sauppe thinks that the object of such diving (an art in which the Greeks were very expert : see Thuc. IV 26. 8) may have been to clean the wells and the like.

24. **τίνες δὲ πέλτας ἔχοντες**. See Introduction, p. xxxvi.

27. **αὐτοὶ ἑαυτῶν—ἤ**. The notion 'than' is expressed twice : see note on Crito 44 C καὶ τοι τίς ἂν αἰσχίων εἴη ταύτης δόξα ἢ δοκεῖν κτλ., and cf. infra 350 E and (with Sauppe) Hdt. VIII 86 ἐγένοντο—μακρῷ ἀμείνονες αὐτοὶ ἑωυτῶν ἢ πρὸς Εὐβοίῃ.

350 B   32. **αἰσχρὸν μεντἄν—ἀνδρεία**: and if αἰσχρόν, not ἀρετή (which it is), since all ἀρετή is καλόν (349 E). Compare Lach. 182 C ἥ δέ γε ἀνδρεία ὡμολογεῖτο καλὸν εἶναι and with the general sentiment Meno 88 B οἷον ἀνδρεία, εἰ μὴ ἔστι φρόνησις ἡ ἀνδρεία ἀλλ᾽ οἷον θάρρος τι· οὐχ ὅταν μὲν ἄνευ νοῦ θαρρῇ ἄνθρωπος, βλάπτεται, ὅταν δὲ σὺν νῷ, ὠφελεῖται.

34. **λέγεις**: the present is idiomatically used in referring to an earlier part of a discussion not yet ended : see on ὅπερ λέγω in Apol. 21 A. With λέγεις followed by an accusative in this sense compare Symp. 199 E πειρῶ δὴ καὶ τὸν Ἔρωτα εἰπεῖν· ὁ Ἔρως ἔρως ἐστὶν οὐδενὸς ἢ τινός;

οὐχὶ τοὺς θαρραλέους εἶναι. This Protagoras did not say, but only that οἱ ἀνδρεῖοι are θαρραλέοι: see 349 E. For this reason Sauppe and others reject τούς before θαρραλέους, and in favour of this urge the reply of Protagoras (καὶ νῦν γε): but inasmuch as (1) οὐκοῦν οὗτοι—μαινόμενοι φαίνονται seems to be intended to be incompatible with τοὺς ἀνδρείους οὐχὶ—εἶναι, (2) θαρραλεώτατοι δὲ ὄντες ἀνδρειότατοι in line 38 clearly implies that θαρραλέοι are conceived of as ἀνδρεῖοι (no less than ἀνδρεῖοι as θαρραλέοι), we must, if we regard the argument as a whole, retain the MSS reading. Protagoras' καὶ νῦν γε is an unwary admission: he does not at first catch the difference between οἱ ἀνδρεῖοί εἰσιν οἱ θαρραλέοι and οἱ ἀνδρεῖοί εἰσι θαρραλέοι, and Socrates avails himself of his opponent's slip to hasten to his conclusion—which but for this misrepresentation could only be expressed as ἀνδρεῖοι are σοφοί (=ἐπιστήμονες), not σοφοί are ἀνδρεῖοι: see on 349 E and 350 D.

37. ἐκεῖ, i.e. in the case of θάρρος based on σοφία, illustrated in 350 C 350 A. Sauppe (after Schöne) reads οἱ σοφώτατοι, οὗτοι κτλ.: but οἱ σοφώτατοι need not go closely with οὗτοι (which is resumptive) any more than οἱ οὕτω θαρραλέοι ὄντες with the preceding οὗτοι. There is a kind of chiasmus in the order οὗτοι—οἱ—θαρραλέοι)(οἱ σοφώτατοι οὗτοι.

40. οὐ καλῶς—μνημονεύεις κτλ. Protagoras sees now that 'All brave are bold' is not equivalent to 'All bold are brave', and rectifies his καὶ νῦν γε by pointing out that he originally said only 'All brave are bold': but he confines his attention to this point, without touching on the fundamental flaws in Socrates' argument from 349 E to 350 B.

43. ὡμολόγησα in 349 E.

44. τότε ἤρου. So B and T. In τότε there is perhaps a latent contrast to καὶ νῦν γε of line 35. Protagoras is correcting his recent slip—had you asked me then (viz. at 349 E), I should have answered rightly. τοῦτο has inferior MSS authority.

45. τοὺς δὲ ἀνδρείους ὡς οὐ θαρραλέοι εἰσίν. The οὐ after ὡς is 350 D due to a confusion between (1) τοὺς δὲ ἀνδρείους ὡς οὐ θαρραλέοι εἰσίν, οὐδαμοῦ ἐπέδειξας and (2) οἱ δὲ ἀνδρεῖοι ὡς θαρραλέοι εἰσίν, τὸ ἐμὸν ὁμολόγημα, οὐδαμοῦ κτλ. The insertion of οὐ is the more natural because after verbs of refuting and the like the object clause gives what is maintained and not what is refuted, whence ἐλέγχειν ὡς οὐ, ἀντιλέγειν ὡς οὐ etc.

49. καὶ ἐν τούτῳ οἴει κτλ. Protagoras ignores Socrates' *third*

proposition in 350 B (28—33), where it is shewn that θάρρος without
ἐπιστήμη is not ἀνδρεία: see next note.

52. πρῶτον μὲν γάρ κτλ., i.e. you might as well argue (1) οἱ
ἰσχυροί are δυνατοί, (2) οἱ ἐπιστήμονες are δυνατοί, therefore οἱ ἐπιστή-
μονες are ἰσχυροί. This would only be correct if for (1) we substituted
οἱ δυνατοί are ἰσχυροί. To make Protagoras' picture of Socrates'
argument complete, we should have to add (3) none who are δυνατοί
without ἐπιστήμη are ἰσχυροί—but this is not true, whereas Socrates'
third proposition is. The completed picture therefore fails to repre-
sent correctly Socrates' reasoning in each of its steps, but none the
less are Protagoras' objections strictly relevant, and indeed fatal to
Socrates' conclusion as expressed in 350 c (37—40), and that is why
Socrates makes no reply.

351 A   62. ἀπὸ ἐπιστήμης—τὴν δύναμιν κτλ. Protagoras says in
effect : δύναμις and ἰσχύς are of the body, θάρσος and ἀνδρεία of the
soul. δύναμις may come from knowledge (as when one has learnt how
to wrestle: supra 350 E), or from madness or rage (as in the feats of
madmen, or men inspired with the thirst for vengeance : such men
have no real physical strength or ἰσχύς as it is presently defined, but
excel themselves by virtue of δύναμις). ἰσχύς comes from natural
constitution (φύσις) and proper nurture of the body (by gymnastics
in the widest sense). Similarly θάρσος may result from art (τέχνη is
substituted for ἐπιστήμη in view of the illustrations in 350 A), from
rage or madness (as when Empedocles leapt into Etna): ἀνδρεία
comes from the native character and proper nurture of the soul (cf.
Rep. III 410 D τὸ θυμοειδὲς—τῆς φύσεως—ὀρθῶς μὲν τραφὲν ἀνδρεῖον
ἂν εἴη, μᾶλλον δ' ἐπιταθὲν τοῦ δέοντος σκληρόν τε καὶ χαλεπὸν γίγνοιτ'
ἄν, ὡς τὸ εἰκός).

CHAPTER XXXV.

Here Socrates, taking a fresh start, endeavours to make Prota-
goras assent to the doctrine that pleasure is good. Protagoras
desires to have the question examined. He allows that wherever
knowledge is present, it must rule, but this is inconsistent with the
view that one can know the better and do the worse. It is agreed
to examine this popular view, in case the inquiry should throw light
on the relation between courage and the rest of virtue. On the
ethical doctrine of this and the following chapters see Introd.
p. xxix.

4. **εὖ ζῆν εἰ ἀνιώμενος—ζῴη.** There is the usual ambiguity in 351 B εὖ ζῆν: see on 344 E above.

6. **οὐκ εὖ ἄν σοι δοκεῖ.** The MSS have δοκοῖ, which all the editors (except Heindorf) retain. The meaning required is: 'would he not, think you, have lived well?' (to which Protagoras replies ἔμοιγε sc. δοκεῖ), *not* 'would you not think he has lived well?' and δοκεῖ is as necessary here as in ἆρ' οὖν δοκεῖ σοι ἄνθρωπος ἂν εὖ ζῆν εἰ—ζῴη above. The idiom is attested by abundant examples, e.g. Ar. Plut. 380 καὶ μὴν φίλως γ' ἄν μοι δοκεῖς, νὴ τοὺς θεούς, τρεῖς μνᾶς ἀναλώσας λογίσασθαι δώδεκα: Wasps 1404—1405 εἰ νὴ Δι' ἀντὶ τῆς κακῆς γλώττης ποθὲν Πυροὺς πρίαιο σωφρονεῖν ἄν μοι δοκεῖς: in Plato it is extremely frequent, e.g. Rep. I 335 B πάνυ μὲν οὖν οὕτως ἄν μοι δοκεῖ καλῶς λέγεσθαι, Alc. I 105 C εἰ αὖ σοι εἴποι—οὐκ ἄν αὖ μοι δοκεῖς ἐθέλειν, Gorg. 514 E, cf. Euthyd. 294 B, 306 B, Gorg. 522 A, and infra 357 A. The corruption is natural: it occurs also in the MSS of Ar. Wasps l.c.

11. **ἐγὼ γὰρ λέγω**: i.e. 'I mean' not 'I say': cf. infra line 25 351 C in E. Socrates puts his question in a different form inviting an affirmative answer. After ἡδέα in the next line Heindorf would insert τὰ ἡδέα, but the subject is easily supplied.

12. **μὴ εἴ τι—ἄλλο.** So B and the first hand in T. The clause εἴ τι—ἄλλο defines negatively the meaning of κατὰ τοῦτο, as καθ' ὃ ἡδέα ἐστίν defined it positively. μή deprecates or forbids the possible misunderstanding: its use in the idiomatic μὴ ὅτι is the same in kind: see above on 319 D. To read εἰ μή τι (with the second hand in T) would be to beg the whole question—*that* step is not reached till 353 D.

20. **ἔστι μὲν ἃ κτλ.** See on ἀνθρώποις μὲν—ὠφέλιμα in 334 A. 351 D

28. **ἐὰν μὲν πρὸς λόγον κτλ.** πρὸς λόγον does not (except 351 E *per accidens*) mean 'relevant' but is equivalent to εὔλογον: compare the phrases μετὰ λόγου, κατὰ λόγον; and, for the use of πρός, πρὸς ὀργήν, πρὸς βίαν and the like. So in 343 D, 344 A. Here the meaning is further explained by the clause καὶ τὸ αὐτὸ—ἀγαθόν. τὸ σκέμμα is quite different from σκέψις: it is not the inquiry itself, but the *proposition* to be inquired into, viz. that Pleasure is good: if this proposition is reasonable, says Protagoras, we shall accept it, if not, we shall dispute it. The sentiment does not deserve the scorn which Heindorf pours upon it, if only we catch the force of πρὸς λόγον, σκέμμα and ἀμφισβητήσομεν.

33. **δίκαιος—σύ.** Plato very frequently omits the copula

ἐστίν: εἰ and ἐσμέν more rarely: εἶναι often: ἦν rarely: parts of the conjunctive and optative very rarely. Schanz, Novae Commentationes Platonicae 31—35.

κατάρχεις: a lofty word (here used with a touch of irony) with religious associations: the middle is used of beginning a sacrifice. Cf. Symp. 177 E ἀλλὰ τύχῃ ἀγαθῇ καταρχέτω Φαῖδρος καὶ ἐγκωμιαζέτω τὸν Ἔρωτα and ibid. 176 A.

352 A   36. ἢ πρὸς ἄλλο τι. It is not of course implied that ὑγίεια is an ἔργον σώματος, i.e. something ὃ σῶμα ἐργάζεται. Examples of σώματος ἔργα would be different kinds of bodily labour. ἢ πρὸς ὑγίειαν κτλ. is equivalent to πῶς ἔχει ἢ πρὸς ὑγίειαν κτλ.: cf. infra 352 B πῶς ἔχεις πρὸς ἐπιστήμην;

37. τὸ πρόσωπον καὶ τὰς χεῖρας ἄκρας: the rest being covered by clothes. χείρ is not hand here (otherwise χεῖρας ἄκρας would be the tips of the fingers), but the arm, as in Homer's φίλας περὶ χεῖρε βαλόντε (Od. XI 211).

39. ἐπισκέψωμαι. The word is apt here, as it is often used of a medical inspection: compare Phaedo 117 E ἐπεσκόπει τοὺς πόδας καὶ τὰ σκέλη. With the whole passage compare Theaet. 162 A ἆρα κἂν εἰς Λακεδαίμονα ἐλθὼν—πρὸς τὰς παλαίστρας ἀξιοῖς ἂν ἄλλους θεώμενος γυμνούς, ἐνίους φαύλους, αὐτὸς μὴ ἀντεπιδεικνύναι τὸ εἶδος παραποδυόμενος;

41. θεασάμενος: with the usual asyndeton: see on 330 A.

352 B   44. καὶ τοῦτο: καὶ refers to 351 C—D.

47. ἡγεμονικόν: this word was afterwards selected by the Stoics to denote τὸ κυριώτατον τῆς ψυχῆς, ἐν ᾧ αἱ φαντασίαι καὶ αἱ ὁρμαὶ γίνονται (Diog. Laert. VII 159).

48. ὡς περὶ τοιούτου αὐτοῦ ὄντος: see on 337 E.

352 C   53. περὶ τῆς ἐπιστήμης ὥσπερ περί: see the reference in the last note. Aristotle alludes to this passage in Eth. Nic. VII 3 1145ᵇ 23 δεινὸν γὰρ ἐπιστήμης ἐνούσης, ὡς ᾤετο Σωκράτης, ἄλλο τι κρατεῖν καὶ περιέλκειν αὐτὸν ὥσπερ ἀνδράποδον.

56. ἐάνπερ γιγνώσκῃ—μὴ ἂν κρατηθῆναι: a frequent theme in Plato, e.g. Meno 77 B ff., Gorg. 466 D ff., two passages which contain much in common with the discussion in this and the next chapter.

58. ἢ ἃ ἂν ᾖ: the reading of Stephanus: B has ἢ ἅ ᾖ: T ἢ ἂν ᾖ.

61. αἰσχρὸν—μὴ οὐχί. Goodwin MT. p. 327 § 817. As a σοφιστής himself Protagoras must exalt σοφία.

64. καλῶς γε σὺ λέγων: sc. φῇς τοῦτο, to be supplied from 352 D φάναι.

66. γιγνώσκοντας τὰ βέλτιστα οὐκ ἐθέλειν πράττειν: "video meliora proboque: deteriora sequor".

75. ὑπὸ τῶν ἡδονῶν ἡττᾶσθαι is virtually within inverted 353 A commas. With καὶ οὐ the sentence which started as a relative clause becomes independent: see note on 313 A.

82. τί δέ—ὅ τι ἂν τύχωσι τοῦτο λέγουσιν; Compare Crito 44 C ἀλλὰ τί ἡμῖν, ὦ μακάριε Κρίτων, οὕτω τῆς τῶν πολλῶν δόξης μέλει; and 44 D ποιοῦσι δὲ τοῦτο ὅ τι ἂν τύχωσι (sc. ποιοῦντες).

CHAPTER XXXVI.

Although pleasures are sometimes called evil and pains good, it is in such cases their consequences which are intended to be so called: at the time itself all pain is evil, and all pleasure good.

The argument proceeds by these stages: First, the meaning of ἥττω εἶναι τῶν ἡδονῶν is explained (353 C): next, it is shewn that pleasures are called evil when they bring pain in their train or loss of pleasure, not because they are pleasant themselves (353 C—354 A), and that pains are called good because they bring pleasure in their train or escape from pain, not because they are painful themselves (354 A—354 C); therefore pleasure in itself is good, and pain evil (354 C—E). The rest of the chapter forms an introduction to the chapter which follows.

3. ἐλέγομεν is more humble than λέγομεν—the idea is 'used to 353 C call' till you said it was wrong.

4. ἀκούετε δή: Socrates bespeaks 'Attention!' like a herald. ἀκούετε λεῴ (e.g. Ar. Peace 551) was the usual way of beginning a proclamation at Athens. Compare Apol. 20 D, 32 A, Theaet. 201 D.

6. ἄλλο τι. This, the shorter form of this particle of interrogation, is probably not a deliberate abbreviation for ἄλλο τι ἤ. Thus ἄλλο τι τοῦτο ἀληθές ἐστιν = 'this is true—anything else?' i.e. isn't it?, the words being thrown in parenthetically like *nicht wahr* and *n'est ce pas*.

7. ἐν τοῖσδε—οἷον: τοῖσδε would lead us to expect an enumeration of the cases: as it is, only examples are given. The effect of the Greek may be brought out by 'in the following cases—that often for example etc.' With this punctuation it is needless to write (as Kroschel does) τοιοῖσδε for τοῖσδε.

9. γιγνώσκοντες ὅτι πονηρά ἐστιν: compare Meno 77 C ἦ γὰρ δοκεῖ σοι, ὦ Μένων, γιγνώσκων τὰ κακὰ ὅτι κακά ἐστιν ὅμως ἐπιθυμεῖν αὐτῶν; μάλιστα.

353 D   16. κἂν εἴ: see note on 328 A above.

17. ὅμως δ' ἂν κακὰ ἦν. So the MSS: most recent editors (except Kral) read εἴη. The imperfect is used because the answer ʻNoʼ is expected and desired: would they be evil just because they give us pleasure? Certainly not. See Goodwin MT. p. 190 § 503. Schleiermacher wrongly rejected δέ after ὅμως: the ʻapodotic δέʼ is frequent after ὅμως, ὡσαύτως, οὕτω and the like.

18. ὅ τι μαθόντα ποιεῖ κτλ. So the MSS. A variety of emendations have been proposed for μαθόντα, such as ἁμαρτόντα (Schleiermacher, followed by Heindorf), ἀμαθαίνοντα (Orelli), παρόντα (Hermann), παθόντα (Sauppe and others), while Kroschel doubts the entire passage ἦν—ὁπηοῦν, saying "Totus autem locus ita comparatus est ut de eius emendatione desperandum esse videatur". It would be natural to regard this particular passage as corrupt if this were an isolated example of the idiom in question: but—not to mention other authors—it occurs also in the following passages of Plato: Apol. 36 B τί ἀξιός εἰμι παθεῖν ἢ ἀποτῖσαι, ὅ τι μαθὼν ἐν τῷ βίῳ οὐχ ἡσυχίαν ἦγον: Euthyd. 283 E εἰ μὴ ἀγροικότερον—ἦν εἰπεῖν, εἶπον ἄν, σοὶ εἰς κεφαλήν, ὅ τι μαθὼν ἐμοῦ—καταψεύδει κτλ.: ibid. 299 A πολὺ μέντοι—δικαιότερον ἂν τὸν ὑμέτερον πατέρα τύπτοιμι, ὅ τι μαθὼν σοφοὺς υἱεῖς οὕτως ἔφυσεν. In each of these cases the MSS reading μαθών (not παθών) should be retained. In the direct speech τί μαθών is used in an impatient question: τί μαθὼν τοῦτο ἐποίησας is ʻwhatever made you think of doing this?ʼ (e.g. Ar. Clouds 1506, Wasps 251, Ach. 826): cf. the idiom τί ληρεῖς ἔχων; in which τί depends on ἔχων (see Kühner Gr. Gr. II p. 624). τί μαθών becomes in the indirect ὅ τι μαθών, but in every case in which this phrase occurs in Plato ὅ τι μαθών means not ʻwhyʼ but ʻbecauseʼ. The transition in meaning is sometimes explained as parallel to the use of οἷος, ὅσος, ὡς etc. for ὅτι τοιοῦτος, ὅτι τοσοῦτος, ὅτι οὕτως, so that ὅ τι μαθών = ὅτι τοῦτο μαθών: but a simpler explanation is perhaps possible (see my edition of the Apol. Appendix II. p. 123). ὅ τι μαθών is an impatient ὅ τι just as τί μαθών is an impatient τί: but as ὅτι and ὅ τι are in reality the same word (see on 333 B), and ὅτι means ʻbecauseʼ, ὅ τι μαθών comes also to mean ʻbecauseʼ (impatiently), the original interrogative force being lost. Similarly, in sentences like ληρεῖς ἔχων, the interrogation is dropped, and

the participle alone survives, conveying the same sense of blame or impatience as in τί ληρεῖς ἔχων; which is probably the form of sentence in which this idiom originated. Here μαθόντα is of course the nom. plur.: if (as we suppose) the original force of the participle is no longer felt in this idiom, there is nothing harsh in finding it in agreement with a neuter subject.

31. οὐκοῦν πάλιν ἄν—ἐροίμεθα. There is no sufficient reason 354 A for changing ἄν to αὖ or for omitting ἄν: ἄν points forward to the apodosis in line 37 φαῖεν ἄν and is just as idiomatic as ἄν in ὥσπερ ἄν εἰ, e.g. in 311 B above.

33. οἷον τά τε γυμνάσια κτλ. Rep. II 357 C τρίτον δὲ ὁρᾷς τι —εἶδος ἀγαθοῦ, ἐν ᾧ τὸ γυμνάζεσθαι καὶ τὸ κάμνοντα ἰατρεύεσθαι καὶ ἰάτρευσίς τε καὶ ὁ ἄλλος χρηματισμός; ταῦτα γὰρ ἐπίπονα φαῖμεν ἄν, ὠφελεῖν δὲ ἡμᾶς, καὶ αὐτὰ μὲν ἑαυτῶν ἕνεκα οὐκ ἂν δεξαίμεθα ἔχειν, τῶν δὲ μισθῶν τε χάριν καὶ τῶν ἄλλων ὅσα γίγνεται ἀπ' αὐτῶν.

34. τὰς στρατείας. Arist. Eth. Nic. X 7. 1177ᵇ 9 οὐδεὶς γὰρ αἱρεῖται τὸ πολεμεῖν τοῦ πολεμεῖν ἕνεκα, οὐδὲ παρασκευάζει πόλεμον· δόξαι γὰρ ἂν παντελῶς μιαιφόνος τις εἶναι, εἰ τοὺς φίλους πολεμίους ποιοῖτο, ἵνα μάχαι καὶ φόνοι γίγνοιντο.

35. καύσεών τε—λιμοκτονιῶν. Gorg. 521 E πολλὰ ὑμᾶς καὶ κακὰ ὅδε εἴργασται ἀνήρ (sc. ὁ ἰατρός)—τέμνων τε καὶ κάων, καὶ ἰσχναίνων καὶ πνίγων—πικρότατα πώματα διδοὺς καὶ πεινῆν καὶ διψῆν ἀναγκάζων. λιμοκτονία ("Hungerkur", says Stallbaum) is part of the μικρὰ δίαιτα of Rep. III 406 D.

42. ἄλλων ἀρχαί: 'dominions over others'—not ἄλλων πόλεων: 354 B cf. Gorg. 452 D αἴτιον ἅμα μὲν ἐλευθερίας αὐτοῖς τοῖς ἀνθρώποις, ἅμα δὲ τοῦ ἄλλων ἄρχειν ἐν τῇ αὑτοῦ πόλει ἑκάστῳ. Heindorf's conjecture ἄλλαι (i.e. 'besides') is not necessary, in view of Gorg. 514 A (quoted by Sauppe) ἢ χρήματα πολλὰ λαμβάνειν ἢ ἀρχήν τινων ἢ ἄλλην δύναμιν ἡντινοῦν.

45. τέλος. The philosophical sense of this word—as an end of action—is beginning to appear in Plato: compare Gorg. 499 E ἆρα καὶ σοὶ συνδοκεῖ οὕτω, τέλος εἶναι ἁπασῶν τῶν πράξεων τὸ ἀγαθόν κτλ.

46. ἀλλ' ἢ ἡδονάς is Stephanus' emendation for ἀλλ' ἡδονάς. 354 C

49. ὡς ἀγαθὸν ὄν: the copula is attracted to the predicate, as regularly: cf. infra 359 D τὸ ἥττω εἶναι ἑαυτοῦ ηὑρέθη ἀμαθία οὖσα.

66. εἴ με ἀνέροισθε: without the φαίην ἄν which we should 354 E expect. Socrates apostrophises the ἄνθρωποι as if they stood before

him; the φαίην ἂν ἔγωγε of line 68 is part of what Socrates says to the ἄνθρωποι.

70. **ἐν τούτῳ**: see on 310 D above. πᾶσαι αἱ ἀποδείξεις means all the proofs that pleasure is good and pain evil.

71. **ἀναθέσθαι** suggests (as often) draughts-playing: a comparison which is worked up into a simile by Plato in Rep. VI 487 B—C.

355 A   73. **ἢ τὸ κακὸν ἄλλο τι.** B and T have ἢ before ἄλλο τι by a natural mistake: it is corrected in T by a later hand.

79. **ἄνθρωπος**: so the MSS, but ὁ ἄνθρωπος in line 82. Kroschel refers to the variation in 321 D ἄνθρωπον—τῷ ἀνθρώπῳ—ἀνθρώπῳ—ἄνθρωπος. Compare infra 355 E.

355 B   81. **καὶ αὖθις αὖ λέγετε.** We should of course expect λέγητε, but the second part of a logically subordinate clause in Greek tends to become an independent clause: see on 313 A.

CHAPTER XXXVII.

The meaning of the phrase 'to be overcome by pleasure' is now explained in conformity with the results of the last chapter.

If we substitute 'good' for 'pleasure', the common saying that we do evil, knowing it to be evil, because overcome by 'pleasure', becomes 'we do evil knowing it to be evil, because overcome by good' (355 B—C). 'To be overcome by good' is shewn to be the choosing of greater evil in place of lesser good (D—E). Similarly, substituting pleasure for good, and pain for evil, we have the sentiment 'we do the painful, knowing it to be painful, because overcome by pleasure', and here also 'to be overcome by pleasure' is to choose in place of lesser pleasures greater pains (355 D—356 A). No doubt in this case the pleasures are present and the pains remote, but we make allowance for this in our process of weighing pleasures and pains against themselves and one another (356 A—C). 'Near' and 'Far' have the same bewildering effect on the eyes when we look at size and number: but there the arts of measurement and of arithmetic resolve our perplexity (356 C—357 A). In like manner there must be some art or knowledge whose function it is to settle the value of 'more' and 'less', 'near' and 'far' etc. in their application to pleasure and pain. In other words τὸ ἡδονῆς ἡττᾶσθαι is due to ignorance (357 A—357 E).

2. **χρώμεθα ἅμα.** ἅμα is due to a correction in one inferior MS,

approved by Cobet and Kroschel: BT have χρώμεθα ἄρα. If we read χρώμεθα ἄρα, there are difficulties serious enough to suggest an error in the reading: (1) the position of ἄρα is to say the least most unusual: no example is quoted of ἄρα coming at the end of a conditional clause in this way: (2) is ἄρα to be taken with ἐάν in the usual sense (*si forte*) or as inferential? The inferential meaning strikes us as somewhat farfetched, and the other is both inappropriate here and impossible from the position of the particle. On the other hand ἅμα is almost necessary to the sense: without ἅμα, the words ἐὰν μὴ—χρώμεθα would not correctly describe Socrates' procedure in the following discussion, in which he *does* use all four names. But as he does not use them *together*, his procedure is accurately described by the addition of ἅμα to χρώμεθα.

7. θέμενοι—οὕτω: οὕτω is explained by ὅτι γιγνώσκων—αὐτὰ ποιεῖ: 'let us lay it down and say etc.' The thesis of the many is stated in order to be demolished. With the style of reasoning which follows compare Gorg. 499 A—B where (as a *reductio ad absurdum* of the view that pleasure is good and pain evil) it is argued that in that case the bad man would be just as bad and just as good as the good man since he feels just as much pain and pleasure as the other: see also Alc. I 116 A ἆρ' οὖν καὶ ᾗ ἀγαθὸν καλόν, ᾗ δὲ κακὸν αἰσχρόν; ναί. τὴν ἄρα ἐν τῷ πολέμῳ τοῖς φίλοις βοήθειαν λέγων καλὴν μὲν εἶναι, κακὴν δέ, οὐδὲν διαφερόντως λέγεις ἢ εἰ προσεῖπες αὐτὴν ἀγαθὴν μέν, κακὴν δέ.

11. ὑπὸ μὲν ἡδονῆς. The antithesis is not expressed by a μέν 355 C clause but in ἐκείνῳ δὴ—τοῦ ἀγαθοῦ below.

12. μετείληφεν: the subject is ἡδονή and τὸ ἀγαθόν is in apposition to ἄλλο ὄνομα. ἀντὶ τῆς ἡδονῆς means in place of pleasure, i.e. the name pleasure.

19. ἐν ὑμῖν: not 'before your tribunal', but 'in you', i.e. 355 D inside you, in your souls. The idea is of a conflict between the good and evil in the soul before you do the evil. ἐν ὑμῖν might have been ἐν αὐτῷ, but the ὑβριστής now selects his interlocutors as his examples. The subtle reasoning which follows may be put thus: We do evil, knowing it to be evil, because *we* are overcome by good. But—since that which we do is evil—the good which overcomes is less worthy than *the evil in us* which it overcomes. 'Less worthy' (to overcome) means that 'there is less of it': to be overcome by good is therefore to choose less good than evil. The

argument is extraordinarily ingenious but hardly sound—the flaw lies in substituting 'the evil in us' for 'us': it was not 'the evil in us', but 'we' who were overcome by good. See also Introd. p. xxix. The usual way of taking ἐν ὑμῖν as 'before your tribunal' or the like (cf. Gorg. 464 D) makes the false step much more serious—since it substitutes not 'the evil in us' but simply 'the evil' for 'us'.

23. ἀνάξιά ἐστιν τἀγαθά τῶν κακῶν should be translated literally—'the good is unworthy of the bad'. The expression—in Greek as in English—is somewhat strained in order to correspond to οὐκ ἀξίων above (line 19): but after all 'I am unworthy of you' is much the same as 'I am less worthy than you'. The Greeks can even use ἀνάξιος in the sense of 'more worthy than', 'too good for': e.g. Soph. Philoct. 1009.

24. τὰ μὲν μείζω—ῇ: i.e. when τὰ κακά are μείζω and τὰ ἀγαθά σμικρότερα, then τἀγαθά are ἀνάξια τῶν κακῶν: τὰ κακά are ἀνάξια τῶν ἀγαθῶν, when τὰ ἀγαθά are μείζω, and τὰ κακά σμικρότερα. Similarly with πλείω and ἐλάττω. It must be borne in mind that ἄξιος does not here denote moral, but rather physical strength or value: good is ἀνάξιον κακοῦ, because it is smaller or less numerous.

355 E   25. πλείω, τὰ δὲ ἐλάττω ῇ. See on 330 A.

28. μεταλάβωμεν, i.e. 'let us change and take the names pleasant and painful and apply them to etc.' Compare infra 356 D. ἐπί follows ὀνόματα as in τίθεσθαι ὄνομα ἐπί τινι and the like.

356 A   33. καὶ τίς ἄλλη ἀναξία. This—the MSS reading—is undoubtedly right. Plato coins the word ἀναξία for 'unworthiness' to complete the parallel with D above: cf. lines 19—23 οὐκ ἀξίων ὄντων νικᾶν—κατὰ τί δὲ—ἀνάξιά ἐστι τἀγαθά τῶν κακῶν κτλ. Similarly in Phaedo 105 E Plato coins ἀνάρτιος, in 106 A ἄθερμος (rightly accepted, in spite of MS authority, by editors) and ἄψυκτος (see MSS, but Wyttenbach's ἄψυχρος is—we think rightly—accepted by some editors) as pointed and convenient negatives of ἄρτιος, θερμός, ψυχρός. Cicero's translation "quae igitur potest esse *indignitas* voluptatis ad molestiam, nisi in magnitudine aut in longitudine alterius utrius posita?" (Nobbe's Cicero, p. 1313) shews that ἀναξία was read in his time: so in Ficinus "quae vero alia inest ad dolorem *indignitas* voluptati quam excessus inter se atque defectus?" The word ἀναξία hardly took root in Greek, though occasionally found in the writings of the Stoics, whose regular word for this notion is ἀπαξία. ἡδονῇ (now found to be the reading of some MSS) for ἡδονή is due to Heindorf.

35. ταῦτα δ' ἐστί: as Sauppe remarks, we should expect ταῦτα δ' ἐστὶ τὸ μεῖζω—γίγνεσθαι, but the words are said as if for καὶ τίς ἄλλη ἀναξία κτλ. had been written καὶ πῶς ἄλλως ἀνάξια τὰ ἡδέα πρὸς τὰ λυπηρά, ἀλλ' ἢ ὑπερβάλλοντα ἀλλήλων καὶ ἐλλείποντα;

37. μᾶλλον καὶ ἧττον: this case is not given above (D—E) because the notion of *intensity* is more applicable to pleasure (and pain) than to good (and evil) : cf. Phileb. 24 A foll. with 27 E ἡδονὴ καὶ λύπη πέρας ἔχετον, ἢ τῶν τὸ μᾶλλόν τε καὶ ἧττον δεχομένων ἐστόν; ναί, τῶν τὸ μᾶλλον, ὦ Σώκρατες.

εἰ γάρ τις λέγοι. So far we have reached this point. To be overcome by pleasure is to choose in place of lesser pleasures greater pains and the like. But here the element of time comes in : a man might fairly say—yes, but the pleasures are *now*, the pains remote. Socrates tries to shew that this makes no real difference.

38. τὸ παραχρῆμα ἡδύ. When we are overcome by pleasure, we do the pleasant, not the painful : therefore the contrast is between the present *pleasure* and the remote consequences, whether pleasure or pain. For this reason it would be wrong to supply καὶ λυπηρόν after ἡδύ.

41. ἀλλ' ὥσπερ ἀγαθὸς ἱστάναι κτλ. Compare Rep. x 602 D 356 B ἆρ' οὖν οὐ τὸ μετρεῖν καὶ ἀριθμεῖν καὶ ἱστάναι βοήθειαι χαριέσταται πρὸς αὐτὰ ἐφάνησαν, ὥστε μὴ ἄρχειν ἐν ἡμῖν τὸ φαινόμενον μεῖζον ἢ ἔλαττον ἢ πλέον ἢ βαρύτερον κτλ.

42. καὶ τὸ ἐγγὺς κτλ.: in order that a near pleasure might count for more than a remote.

44. ἐὰν μὲν γὰρ ἡδέα κτλ. Compare Laws v 733 B ἡδονὴν βουλόμεθα ἡμῖν εἶναι, λύπην δὲ οὔθ' αἱρούμεθα οὔτε βουλόμεθα, τὸ δὲ μηδέτερον ἀντὶ μὲν ἡδονῆς οὐ βουλόμεθα, λύπης δὲ ἀλλάττεσθαι βουλόμεθα· λύπην δὲ ἐλάττω μετὰ μείζονος ἡδονῆς βουλόμεθα, ἡδονὴν δὲ ἐλάττω μετὰ μείζονος λύπης οὐ βουλόμεθα κτλ.

47. ἐὰν τε τὰ ἐγγύς κτλ. When once you have equated 'near' and 'far' (see last note), then (but not till then) your final choice is not affected by the question of proximity in time. Theoretically, no doubt, this is right : but no man is so ἀγαθὸς ἱστάναι as to weigh ἐγγύς and πόρρω correctly ; whence the saying "Let us eat and drink for to-morrow we die". 'Near' and 'far' can only be weighed aright on the supposition that man is immortal and will live hereafter under the same moral laws as rule us here : but of immortality there is no hint in this dialogue.

49. ταῦτα : i.e. τὰ ἡδέα.

356 C

8   A P

53. ὅτι: the notion of time readily passes into that of cause as in quoniam and cum.

54. φαίνεται ὑμῖν κτλ. Two examples are given: (1) size—of which παχέα and φωναὶ μεγάλαι (according to the Greek and Roman way of viewing sound) are special varieties, (2) number, i.e. τὰ πολλά. The specific varieties παχέα and φωναὶ μεγάλαι are not dealt with in the sequel. With what follows compare (besides Rep. X 602 D cited above) Euthyphr. 7 B foll. and Alc. I 126 C foll., and with the present passage Phileb. 42 A and Rep. VII 523 C—524 C. The resolution by the intellect of such contradictory sense-perceptions is made the basis of Plato's scheme of higher education in the Republic.

57. αἱ ἴσαι is Heindorf's correction for ἴσαι.

356 D   59. μήκη—πράττειν: as we ἡδέα πράττομεν. πράττειν (with μήκη) is explained by λαμβάνειν: see above on 314 A.

61. ἡ μετρητικὴ τέχνη. See Introd. p. xxxii.

62. ἡ ἡ τοῦ φαινομένου δύναμις. ἡ is omitted in B and T. 'The power of that which appears' is its power to affect us.

63. ἐπλάνα καὶ ἐποίει κτλ. ἄν is not to be supplied. Plato is reverting to the illustration in C. The imperfect is idiomatic for 'causes us, as we saw, to wander' etc. (viz. because τὰ αὐτὰ μεγέθη seem to us both μείζω and ἐλάττω): it is what Goodwin calls the 'philosophic imperfect': compare Crito 47 D διαφθεροῦμεν ἐκεῖνο καὶ λωβησόμεθα, ὃ τῷ μὲν δικαίῳ βέλτιον ἐγίγνετο (becomes as we saw), τῷ δὲ ἀδίκῳ ἀπώλλυτο. By adding καὶ ἐν ταῖς πράξεσιν—σμικρῶν Plato treats his hypothesis that εὖ πράττειν is to select μεγάλα μήκη as a fact: he does so also in ἂν ἐποίησε κτλ. i.e. 'would have made', viz. if we had made use of it, but we did not. If the hypothesis were still treated as a hypothesis, we should have had ἂν ἐποίει (and not ἂν ἐποίησε) to correspond to what would then have been ἂν (expressed or understood) ἐπλάνα καὶ ἐποίει.

ἄνω τε καὶ κάτω. ἄνω κάτω (Theaet. 195 C) and ἄνω καὶ κάτω (Gorg. 495 A) are other forms of this proverbial phrase.

357 A   79. ἀριθμητική. In Gorg. 451 B foll. ἀριθμητική is said to be a science concerned with τὸ ἀρτιόν τε καὶ περιττόν, ὅσα ἑκάτερα τυγχάνει ὄντα: whereas the function which is here assigned to ἀριθμητική is there given to λογιστική: τὰ μὲν ἄλλα καθάπερ ἡ ἀριθμητικὴ ἡ λογιστικὴ ἔχει· περὶ τὸ αὐτὸ γάρ ἐστιν τό τε ἄρτιον καὶ τὸ περιττόν· διαφέρει δὲ τοσοῦτον, ὅτι καὶ πρὸς αὐτὰ καὶ πρὸς ἄλληλα πῶς ἔχει πλήθους (cf. lines 73 ff. τὸ πλέον—τὸ ἔλαττον ἢ

αὐτὸ πρὸς ἐαυτὸ ἢ τὸ ἔτερον πρὸς τὸ ἔτερον) ἐπισκοπεῖ τὸ
περιττὸν καὶ τὸ ἄρτιον ἡ λογιστική.

81. εἶεν—ἐπεὶ δὲ δή. The MSS read ἐπειδὴ δέ, but after εἶεν
Plato regularly uses δὲ δή in coming to the *application* of a train of
reasoning or illustrations: compare 312 E εἶεν· ὁ δὲ δὴ σοφιστὴς περὶ
τίνος δεινὸν ποιεῖ λέγειν; and 311 D εἶεν—παρὰ δὲ δὴ Πρωταγόραν
κτλ.

90. εἰσαῦθις σκεψόμεθα. Siebeck, who asserts (Zur Chrono- 357 B
logie der Platonischen Dialogen p. 121 foll.) that this and similar
formulas were intended by Plato to be a distinct promise of future
dialogues (if not a reference to a later part of the same dialogue)
finds here a reference to Politicus 283 D foll., where the 'measuring
art' is discussed and described as the βασιλικὴ τέχνη.

93. ἡνίκα ἡμεῖς—ὡμολογοῦμεν: 352 B foll.   357 C

96. ἔφατε: in 352 D. The original ἥρεσθε has to be repeated
in consequence of the introduction of this independent clause.

98. ἥρεσθε: in 353 A.

101. εἴπατε: but εἴπατον in 353 A: otherwise there is no 357 D
change in the quotation. B and T have εἴπετε, but Stobaeus (who
cites from τοσοῦτον in 357 B to μεγίστη 357 E in his Florilegium)
reads εἴπατε. According to Rutherford (New Phrynichus p. 219)
εἴπετε is not Attic, but this is doubtful, if any faith can be placed in
MS authority.

107. ἧς τὸ πρόσθεν. This—the reading of the best MSS—has
been unjustly rejected in favour of εἰς τὸ πρόσθεν; but εἰς τὸ πρόσθεν
can hardly be justified here. Sauppe refers to 339 D ὀλίγον δὲ τοῦ
ποιήματος εἰς τὸ πρόσθεν προελθών, where however εἰς τὸ πρόσθεν
goes with προελθών, and in all the cases which he quotes there is a
verb containing the idea of progress to go with the phrase, and so in
Ar. Knights 751 ἀλλ' ἐς τὸ πρόσθε χρὴ παρεῖν' ἐς τὴν πύκνα (where
probably we should read παριέν' for παρεῖν' as in Ach. 43 πάριτ' ἐς
τὸ πρόσθεν). Where there is no such verb (which is very rarely the
case) the phrase means 'with a view to what lies in front', e.g.
Alcib. I 132 B οὐκοῦν τοσοῦτον μὲν ἡμῖν εἰς τὸ πρόσθεν πεπέρανται.
It need hardly be said that the phrase cannot mean simply ἔμ-
προσθεν. On the other hand ἧς seems to be just what is needed:
the construction in full would be καὶ οὐ μόνον ἐπιστήμης (ἐνδείᾳ),
ἀλλὰ καὶ (ταύτης τῆς ἐπιστήμης ἐνδείᾳ) ἣν τὸ πρόσθεν ἔτι ὡμολογήκατε
ὅτι μετρητική (sc. ἐστι: for the omission of ἐστί after ὅτι cf. infra
359 D ἀπεδείχθη ἄρτι ὅτι ἀδύνατον): 'and from lack, not merely of

knowledge, but of the knowledge which you have further admitted above to be measuring knowledge'. The attraction of the relative extends to μετρητική also in spite of ὅτι: compare Apol. 37 B ὧν εὖ οἶδ᾽ ὅτι κακῶν ὄντων for τούτων ἃ εὖ οἶδ᾽ ὅτι κακὰ ὄντα (ὅτι being used with the participle as in Gorg. 481 ε: see note on Apol. l.c.).

357 E   111. ἀμαθία ἡ μεγίστη: compare Laws III 689 A τίς οὖν ἡ μεγίστη δικαίως ἂν λέγοιτο ἀμαθία;—ταύτην τὴν διαφωνίαν λύπης τε καὶ ἡδονῆς πρὸς τὴν κατὰ λόγον δόξαν ἀμαθίαν φημὶ εἶναι τὴν ἐσχάτην, μεγίστην δέ, ὅτι τοῦ πλήθους ἐστὶ τῆς ψυχῆς.

113. οὔτε αὐτοί: the verb hangs fire: we should expect Plato to continue οὔτε οἱ ὑμέτεροι παῖδες ἔρχονται κτλ. Stephanus thought προσέρχεσθε had fallen out after αὐτοί, Madvig ἴτε, while Kroschel suggests οὔτ᾽ ἐφοιτᾶτε αὐτοί. It seems probable that the text is corrupt: at all events no parallel has yet been adduced. The two cases quoted by Sauppe (Dem. πρὸς Ἄφοβον § 54 and pseudo-Dem. πρὸς Τιμόθεον § 52) are more than doubtful in respect of their text, which (as Sauppe quotes it) is not according to the MSS. Madvig's ἴτε is simplest, but the future seems out of place: perhaps ᾖτε should be read.

115. ὡς οὐ διδακτοῦ ὄντος: i.e. τοῦ μὴ ἡδονῆς ἡττᾶσθαι.

CHAPTER XXXVIII.

Socrates begins to apply the results of the previous discussion to the subject of his dispute with Protagoras.

Pleasure is good and pain evil, and no one willingly encounters what he believes to be evil. But fear is the expectation of evil'; therefore no one will willingly encounter what he fears.

358 A   3. ὦ Ἱππία τε καὶ Πρόδικε. Here and in 358 E and 359 A ὦ has dropped out in the MSS after preceding -ω. The effect of its omission would be to render the address unduly abrupt.

4. ὑμῖν. So the MSS. Sauppe's ἡμῖν is not necessary. ὑμῖν means all three sophists: and ὁ λόγος is not the discussion as a whole, but the speaking, viz. in answer (cf. δοῦναι καὶ δέξασθαι λόγον). Throughout this chapter all the Sophists reply: in the next Socrates makes use of their united admissions to destroy Protagoras alone.

9. διαίρεσιν τῶν ὀνομάτων: see note on 314 C.

358 B   10. εἴτε ὁπόθεν καὶ ὅπως—ὀνομάζων. This mode of address insinuates that Prodicus was a θεῖος ἀνήρ, since a God was addressed in a similar way. See Crat. 400 E ὥσπερ ἐν ταῖς εὐχαῖς νόμος ἐστὶν

ἡμῖν εὔχεσθαι, οἵτινές τε καὶ ὁπόθεν χαίρουσιν ὀνομαζόμενοι and compare Euthyd. 288 A θαυμάσιά γε λέγετ', ὦ ἄνδρες Θούριοι, εἴτε Χῖοι εἴθ' ὁπόθεν καὶ ὅπῃ χαίρετον ὀνομαζόμενοι and Symp. 212 C ὅ τι καὶ ὅπῃ χαίρεις ὀνομάζων, τοῦτο ὀνόμαζε. A similar effect is produced in Symp. 176 C by the words Σωκράτη δ' ἐξαιρῶ λόγου, since there was a proverb τὸ θεῖον ἐξαιρῶ λόγου: cf. Rep. VI 492 E θεῖον μέντοι κατὰ τὴν παροιμίαν ἐξαιρῶμεν λόγου. The multitude of epithets given to gods is best illustrated by such a hymn as the Homeric Hymn to Ares line 1 foll. Ἄρες ὑπερμενέτα, βρισάρματε, χρυσεοπήληξ, ὀβριμόθυμε, φέρασπι, πολισσόε, χαλκοκορυστὰ κτλ. In the multitude of names the suppliant hopes to include the acceptable one.

12. **πρὸς ὃ βούλομαι**: emphatic 'with a view to my meaning')(πρὸς ὃ ὀνομάζω.

14. **ἐπὶ τούτου.** This usage can only be on the analogy of ἡ ἐπὶ Σάρδεων ὁδός and the like: actions are looked on as ways leading to a goal or destination or τέλος: cf. supra 354 C and D. To take the words (with Sauppe) as ' in the case of this' ' in this domain' would give a wrong meaning: the moral character of an art being determined by its end, it is καλόν only if it aims at the end. The expression is however very curious, and perhaps unique. I once thought that ἅπασαι might conceal some present participle such as ἄγουσαι—agreeing with πράξεις : but the occurrence of ἁπάσας below in 359 E shews ἅπασαι to be probably genuine here. The reasoning is this. Pleasure, the end, is good, pain evil : consequently all actions aiming at the end are καλαί, and therefore good (as usual ὠφέλιμος is but a synonym for 'good') : therefore—as no one willingly selects evil rather than good—no one willingly does the worse (i.e. selects evil actions) when he might act better. As it is with πράξεις that bravery and cowardice are concerned it is necessary for Plato to establish that 'no one willingly seeks the worse' is true of individual acts as well as of ultimate ends.

15. **ἆρ' οὐ καλαί.** The words καὶ ὠφέλιμοι which follow οὐ καλαί in the MSS are rightly rejected because they anticipate the identification in the next line.

18. **ἢ ἃ ποιεῖ, καὶ δυνατά** is Heindorf's emendation of the corrupt ἢ ἃ ἐποίει καὶ δύναται of the MSS.

20. **ἥττω εἶναι αὑτοῦ κτλ.** The phrases ἥττων αὑτοῦ and 358 C κρείττων ἑαυτοῦ are here substituted for ἥττων τῆς ἡδονῆς and κρείττων τῆς ἡδονῆς. Compare the discussions in Rep. IV 430 E foll. and Laws I 626 E foll., where κρείττω and ἥττω εἶναι ἑαυτοῦ are inter-

preted as the **victory** of the better part in us over the worse and
conversely.   As the worse part is the part which seeks ἡδονή, i.e. τὸ
ἐπιθυμητικόν, the identification is just.

358 D   31.   καλεῖτέ τι δέος.   Heindorf's emendation for καλεῖτε δέος of
the MSS.   See note on 330 C above.

33.   προσδοκίαν τινά—κακοῦ: a common definition: cf. Lach.
198 B δέος γὰρ εἶναι προσδοκίαν μέλλοντος κακοῦ. φόβος in Laws I
644 C is defined as 'expectation before pain' (πρὸ λύπης ἐλπίς).

358 E   36.   δέος, φόβος δ' οὔ.   Prodicus' distinction is just, though often
dropped in practice : in φόβος 'the physical agitation due to *present*
danger (ἡ παραυτίκα πτόησις, says Ammonius) is the leading idea', in
δέος the apprehension of evil to come (κακοῦ ὑπόνοια).   See note on
Euthyphr. 12 B, where Plato implicitly recognises the difference.

37.   ἀλλὰ τόδε : sc. διαφέρει.   οὐδὲν διαφέρει does **not** of course
mean 'there is no difference', but 'it doesn't matter'.

CHAPTER XXXIX.

It is here proved that courage is wisdom.

Socrates first reverts to the point at which the discussion on
ἡδονῆς ἡττᾶσθαι began (359 A—C): next, Protagoras asserts that
ἀνδρεῖοι and δειλοί are willing to encounter opposite things, but
Socrates shews that both encounter what they take to be θαρραλέα,
i.e., so far, the same things (359 C—E).   Protagoras thereupon
objects that ἀνδρεῖοι will encounter e.g. war, while δειλοί will not.
Socrates replies by shewing that if cowards do not willingly enter
upon war, the reason is their ignorance (359 E—360 A).   In general,
while brave men fear and feel courage honourably, i.e. well, the
reverse is true of cowards, owing to their ignorance (360 A—360 B).
And since it is through δειλία that men are δειλοί, and we have
shewn that men are δειλοί through ἀμαθία τῶν δεινῶν καὶ μὴ
δεινῶν, cowardice is ignorance, and consequently bravery is wisdom,
viz. δεινῶν τε καὶ μὴ δεινῶν (360 B—360 E).

359 A   5.   τότε: 330 A foll.

9.   τὸ ὕστερον : 349 D foll.

359 B   18.   ἠρόμην: 349 E.

19.   καὶ ἴτας γ', ἔφη.   The recapitulation stops here.   ἔφην
ἐγώ in the next line is the usual 'said I' of narrated dialogue.

359 C   22.   ἐπὶ τί: so MSS: the second hand in B reads ἐπὶ τίνα, but
cf. infra line 27 where the question is repeated with ἐπὶ τί.   For the

common passage from singular to plural the editors compare Phaedo
58 C τί ἦν τὰ λεχθέντα καὶ πραχθέντα;

25. **δεινά**: the MSS read δειλά by mistake, and so in 360 C
below δειλῶν three times for δεινῶν.

30. **ἐν οἷς σὺ ἔλεγες τοῖς λόγοις** : see on 342 B.   359 D

33. **ἐπειδὴ τὸ ἥττω—ἀμαθία οὖσα.** The only proof given that
we 'encounter evils believing them to be evils' was the phrase ἥττω
εἶναι ἡδονῆς (for which ἥττω εἶναι ἑαυτοῦ is here substituted: see on
358 C). We have demolished this proof by shewing that the phrase
means ἀμαθία, and we therefore infer that ἐπὶ ἃ δεινὰ ἡγεῖται εἶναι
οὐδεὶς ἔρχεται (δεινά being a subdivision of κακά).

34. **ηὑρέθη.** The MSS have εὑρέθη : but see on 315 B.

39. **αὐτίκα:** "veluti, ne longe hinc abeam" (Kroschel) and so 359 E
'for example' : a very frequent use in Plato.

40. **πότερον—καλὸν ὂν κτλ.** Compare 349 E.

42. **ἔμπροσθεν:** 358 B.

53. **κάλλιόν τε.** The MSS read καλόν τε. Stephanus made the 360 A
necessary change.

58. **καὶ οἱ δειλοὶ καὶ οἱ θρασεῖς καὶ οἱ μαινόμενοι.** In 350 B 360 B
foll. those who are θαρραλέοι without ἐπιστήμη are called μαινόμενοι
by an expressive metaphor. Here the μαινόμενοι—which is *suggested*,
but no more—by the μαινόμενοι in 350 B—are treated as a distinct
class : the word is to be understood of literal madmen like Ajax in
the play of Sophocles. The word θρασεῖς has an evil connotation
as in Laws I 630 B θρασεῖς καὶ ἄδικοι καὶ ὑβρισταὶ καὶ ἀφρονέστατοι
σχεδὸν ἁπάντων : Plato could not have said θαρραλέοι here since
θαρραλέοι throughout the dialogue is applied also to ἀνδρεῖοι. It
would be better to reject (with Kral) both καὶ οἱ θρασεῖς and καὶ οἱ
μαινόμενοι than only καὶ οἱ θρασεῖς with Sauppe and Schanz: we
should then—as throughout this chapter—have only one negative to
ἀνδρεῖοι, viz. δειλοί, but we may allow some latitude of expression
to Socrates, and καὶ after οὐκοῦν is slightly in favour of supposing
that other classes follow οἱ δειλοί, though it *may* go with the whole
sentence.

69. **ἐπένευσεν:** Protagoras dies hard: see on Euthyphr. 8 A.   360 C

75. **οὔτε—τε:** see on 309 B.   360 D

77. **αὐτός—πέρανον.** Gorg. 506 C λέγε, ὠγαθέ, αὐτὸς καὶ
πέρανον.

81. **φιλονικεῖν—τὸ ἐμὲ εἶναι.** For the orthography of φιλονικεῖν 360 E
see note on 336 E above. Apparently φιλονικεῖν is not elsewhere

used in Plato with the accusative, but the construction is a natural
one and occurs in Thucydides: in Rep. I 338 A we have προσεποιεῖτο
δὲ φιλονικεῖν πρὸς ἐμὲ εἶναι τὸν ἀποκρινόμενον.

CHAPTER XL.

Socrates points out that while Protagoras' theory would point to
the conclusion that virtue is not teachable, he himself in trying to
prove that virtue is knowledge goes near to maintaining that it is.
Thus the interlocutors have as it were changed places. The dialogue
ends with mutual compliments.

4. αὐτὸ ἡ ἀρετή: 'virtue itself', literally 'virtue, the thing
itself'. Compare Crat. 411 D εἰ δὲ βούλει, αὐτὸ ἡ νόησις τοῦ νέου
ἐστὶν ἔσις: Theaet. 146 E γνῶναι ἐπιστήμην αὐτὸ ὅ τί ποτ' ἐστίν:
"αὐτό (*per se*) substantivis et adiectivis adiunctum rei alicuius naturam
ac vim per se et universe spectatam significat", says Ast. This use
of αὐτός furnished Plato (as in αὐτοάνθρωπος and the like) with
a convenient way of denoting his Ideas, but here of course αὐτό
does not denote the Idea but is *ipsum* as opposed to τὰ περὶ τῆς
ἀρετῆς.

361 B   14. πάντα χρήματα: exaggeration—as if Socrates held ἐπι-
στήμη to be the ἀρχή of the universe and said ἐπιστήμη πάντα as
Heraclitus might say πῦρ πάντα.

19. ὅλον: i.e. ἡ ἀρετή—the gender is like αὐτό in line 4.
Sauppe cites Meno 79 B ἐμοῦ δεηθέντος ὅλον εἰπεῖν τὴν ἀρετήν.

361 C   22. ἔοικεν σπεύδοντι: a frequent usage in Plato: see on Apol.
27 A ἔοικεν γὰρ—διαπειρωμένῳ.

24. ἄνω κάτω: see on 356 D above.

27. ἐξελθεῖν—ἐπί. There is a slight hint of military metaphor:
'fare forth against virtue also to see what she is', 'also attack the
question what is virtue': cf. Rep. II 374 A δ (στρατόπεδον) ἐξελθὸν
—διαμαχεῖται τοῖς ἐπιοῦσιν: cf. the similar use of ἰέναι ἐπί in Rep.
V 473 C ἐπ' αὐτὸ δή, ἦν δ' ἐγώ, εἶμι ὃ τῷ μεγίστῳ προσεικάζομεν
κύματι. Here ἐξ- is appropriate, because the first campaign is as it
were ended (ταῦτα διεξελθόντας): it is moreover natural to retain it,
on account of the tendency noted on 311 A. A later hand in T has
ἐλθεῖν, but the MSS reading is unobjectionable, nor is there any need
to read διελθεῖν or διεξελθεῖν τὴν ἀρετήν as Kroschel suggests.
For the sentiment cf. Meno 100 B τὸ δὲ σαφὲς περὶ αὐτοῦ εἰσόμεθα

τότε, ὅταν πρὶν ᾧτινι τρόπῳ τοῖς ἀνθρώποις παραγίγνεται ἀρετή, πρότε-
ρον ἐπιχειρήσωμεν αὐτὸ καθ᾽ αὑτὸ ζητεῖν τί ποτ᾽ ἐστιν ἀρετή.

28. **ἐπισκέψασθαι περὶ αὑτοῦ**: Siebeck (in the treatise cited on
p. 187) here and in 361 E εἰσαῦθις—διέξιμεν finds a promise of
the Meno and the Gorgias.

29. **μὴ πολλάκις**: *ne forte*, as often in Plato. What often
happens may happen in a future case: so Lucretius uses 'saepe' for
'ut saepe fit'.

32. **Προμηθεὺς—προμηθούμενος**. Puns on proper names are 361 D
frequent in Plato: see Riddell's Digest of Idioms § 323.

35. **κατ᾽ ἀρχάς**, viz. 348 C ff., 320 B.

38. **οὔτε—τε**: see on 309 B.   361 E

41. **ὧν ἐντυγχάνω**: a somewhat rare attraction, since in the
unattracted form the relative would be in the dative and not in the
accusative case: compare Theaet. 144 A ὧν δὴ πώποτε ἐνέτυχον—
καὶ πάνυ πολλοῖς πεπλησίακα—οὐδένα πω ᾐσθόμην κτλ., where
Wohlrab cites also Gorg. 509 A.

42. **τηλικούτων**: Socrates was about 36 at the date of action of
the Protagoras.

47. **ἔφην**: 335 C.   362 A

Καλλίᾳ τῷ καλῷ: see on 336 B above. For καλῷ cf. Symp.
174 A ταῦτα δὴ ἐκαλλωπισάμην ἵνα καλὸς παρὰ καλὸν (viz. Agathon)
ἴω. Sauppe reminds us of the use of καλός on vases, and also cites
Ar. Ach. 143 ἐν τοῖσι τοίχοις ἔγραφ᾽ Ἀθηναῖοι καλοί (of Sitalces)
and the famous Κριτίᾳ τοῦτ᾽ ἔστω τῷ καλῷ of the dying Theramenes
(Xen. Hell. II 3. 56).

APPENDIX I.

ON THE POEM OF SIMONIDES.

THE difficulties of this poem are well known, and have called
forth many pages of comment[1]. The restoration proposed by
Schneidewin has met with most favour, and is printed in most
texts of the Protagoras, not because it is thought to be certain,
but as the nearest approach to certainty of which the case admits.
It may be at once allowed that no restoration can claim to represent
with certainty just what Simonides wrote in the order in which it
was written. Plato is seldom careful to make his quotations accurate,
and the perverse exposition of the meaning of this particular poem is
hardly calculated to increase our confidence in his verbal accuracy
here. Nevertheless, Plato is our sole authority for the poem in
question, and consequently that restoration will be the most probable
which, while it satisfies every metrical requirement, involves the
fewest changes in the text and sequence of the poem as it stands in
Plato.

The words apparently quoted from the poem, as they occur in
the Bodleian manuscript, are according to Schanz as follows (we note
obvious corrections at the foot of the page).

339 B.   ἄνδρα[2] ἀγαθὸν μὲν ἀλαθέως γενέσθαι χαλεπὸν χερσί[3] τε καὶ
ποσὶ καὶ νόῳ τετράγωνον ἄνευ ψόγου τετυγμένον

---

[1] On p. 20 of his fourth edition of the Protagoras, Sauppe enumerates the
discussions on the subject down to 1884. The most important contribution since
that year is Das Gedicht des Simonides in Platons Protagoras, von J. Aars,
Christiania, 1888. Aars's restoration has received the approval of Peppmüller
(in the Berliner Philologische Wochenschrift for 1890, p. 174 foll) and others:
and there now seems to be some prospect of finality in the criticism of the poem.
In his program (Das Simonideische Gedicht in Platons Protagoras und die Ver-
suche dasselbe zu reconstruiren, Graz 1889) Schwenk follows Aars in every
essential point.

[2] ἀνδρ'.   [3] χερσίν.

339 C. οὐδέ μοι ἐμμελέως τὸ Πιττάκιον[1] νέμεται καίτοι σοφοῦ παρὰ
φωτὸς εἰρημένον χαλεπὸν φάτο[2] ἐσθλὸν ἔμμεναι

341 **ε.** θεὸς ἂν μόνος τοῦτο[3] ἔχοι γέρας

344 C. ἄνδρα δὲ[4] οὐκ ἔστιν[5] μὴ οὐ κακὸν ἔμμεναι ὃν ἂν ἀμήχανος
συμφορὰ καθέλῃ

344 E. πράξας μὲν γὰρ εὖ πᾶς ἀνὴρ ἀγαθὸς κακὸς δ' εἰ κακῶς

345 C. ἐπὶ πλεῖστον δὲ καὶ ἄριστοί εἰσιν οὓς ἂν οἱ θεοὶ φιλῶσιν

345 C. τούνεκεν οὔ ποτ' ἐγὼ τὸ μὴ γενέσθαι δυνατὸν διζήμενος κεν
ἐὰν[6] ἐς ἄπρακτον ἐλπίδα μοῖραν αἰῶνος βαλέω πανάμωμον ἄνθρωπον
εὐρυεδοῦς ὅσοι καρπὸν αἰνύμεθα χθονὸς ἔπειθ' ὑμῖν εὑρὼν ἀπαγγελέω

345 D. πάντας δ' ἐπαίνημιν[7] καὶ φιλέω ἑκὼν ὅστις ἔρδῃ μηδὲν
αἰσχρὸν ἀνάγκῃ δ' οὐδὲ θεοὶ μάχονται

346 C. ἔμοιγε ἐξαρκεῖ ὃς ἂν μὴ κακὸς ᾖ μηδ' ἄγαν ἀπάλαμνος εἰδώς
γε ὀνήσει πόλιν[8] δίκαν ὑγιὴς ἀνήρ οὐ μὴν ἐγὼ μωμήσομαι οὐ γάρ εἰμι
φιλόμωμος τῶν γὰρ ἠλιθίων ἀπείρων γένεθλα[9] πάντα τοι καλὰ τοῖσί τ'
αἰσχρὰ μὴ μέμικται.

In 346 D—E part of the poem is paraphrased and repeated in the
words οὐ ζητῶ πανάμωμον ἄνθρωπον εὐρυεδοῦς ὅσοι καρπὸν αἰνύμεθα
χθονός, ἔπειθ' ὑμῖν εὑρὼν ἀπαγγελέω· ὥστε τούτου γ' ἕνεκα οὐδένα
ἐπαινέσομαι, ἀλλά μοι ἐξαρκεῖ ἂν ᾖ μέσος καὶ μηδὲν κακὸν ποιῇ, ὡς ἐγὼ
πάντας φιλέω καὶ ἐπαίνημι ἑκὼν ὅστις ἔρδῃ μηδὲν αἰσχρόν.

The only words whose place in the poem is somewhat doubtful
are ἔμοιγ' ἐξαρκεῖ and οὐ γάρ εἰμι φιλόμωμος. They are excluded
both by Bergk and Blass, but it is not likely that they come from
Plato, since μοι ἐξαρκεῖ occurs also in the final recapitulation, and οὐ
διὰ ταῦτά σε ψέγω, ὅτι εἰμὶ φιλόψογος is said (346 C) as well as οὐ
γάρ εἰμι φιλόμωμος. Bonghi (quoted by Aars[10]) assigns the words
οἷόν τε μέντοι ἐπί γε χρόνον τινά in 344 B to a place in the poem after
ἄνευ ψόγου τετυγμένον : it is however tolerably clear that they come
from Socrates, who is merely developing the latent antithesis in
χαλεπόν.

Schneidewin's[11] restoration is as follows:

Στροφή.

'Ἄνδρ' ἀγαθὸν μὲν ἀλαθέως γενέσθαι χαλεπὸν
χερσίν τε καὶ ποσὶ καὶ νόῳ τετράγωνον ἄνευ ψόγου τετυγμένον.
(Desunt quinque versus.)

---

[1] Πιττάκειον ι (i.e. Vind. suppl. Phil. gr. 7) rightly.   [2] φάτ'.
[3] τοῦτ'.   [4] δ'.   [5] ἐστι.   [6] κενεαν ι, rightly.   [7] ἐπαίνημι.
[8] γ' ὀνησίπολιν after Bergk: Hermann ὀνησίπολιν.   [9] γενέθλα.
[10] p. 8, note ι.   [11] In his Delectus poesis Graecorum, p. 379.

'Αντιστροφή.

οὐδέ μοι ἐμμελέως τὸ Πιττάκειον νέμεται,
καίτοι σοφοῦ παρὰ φωτὸς εἰρημένον· χαλεπὸν φάτ' ἐσλὸν ἔμμεναι.
Θεὸς ἂν μόνος τοῦτ' ἔχοι γέρας· ἄνδρα δ' οὐκ ἔστι μὴ οὐ κακὸν ἔμμεναι,
ὃν ἂν ἀμάχανος συμφορὰ καθέλῃ.
Πράξαις γὰρ εὖ πᾶς ἀνὴρ ἀγαθός,
κακὸς δ' εἰ κακῶς, καὶ
τοὐπίπλειστον ἄριστοι, τούς κε θεοὶ φιλῶσιν.

'Επῳδός.

Ἐμοιγ' ἐξαρκεῖ
ὃς ἂν μὴ κακὸς ᾖ
μηδ' ἄγαν ἀπάλαμνος εἰδώς τ' ὀνησίπολιν δίκαν, ὑγιὴς ἀνήρ.
οὔ μιν ἐγὼ μωμάσομαι·
οὐ γὰρ ἐγὼ φιλόμωμος.
τῶν γὰρ ἀλιθίων ἀπείρων γενέθλα.
πάντα τοι καλά, τοῖσί τ' αἰσχρὰ μὴ μέμικται.

Στροφὴ β'.

τοὔνεκεν οὔποτ' ἐγὼ τὸ μὴ γενέσθαι δυνατὸν
διζήμενος, κενεὰν ἐς ἄπρακτον ἐλπίδα μοῖραν αἰῶνος βαλέω,
πανάμωμον ἄνθρωπον, εὐρυεδοῦς ὅσοι καρπὸν αἰνύμεθα χθονός.
ἔπειτ' ὔμμιν εὐρὼν ἀπαγγελέω.
πάντας δ' ἐπαίνημι καὶ φιλέω,
ἐκὼν ὅστις ἔρδῃ
μηδὲν αἰσχρόν, ἀνάγκᾳ δ' οὐδὲ θεοὶ μάχονται.

There is little probability in this arrangement. Schneidewin altogether neglects the evident metrical resemblance between the words from ἐμοιγ' ἐξαρκεῖ to τοῖσί τ' αἰσχρὰ μὴ μέμικται[1] and the other sections of the poem. But the obvious and indeed fatal objection to Schneidewin's restoration is that he makes a wide departure from the order of the words as they come in Plato, placing the ἐμοιγ' ἐξαρκεῖ κτλ. of 346 C before the τοὔνεκεν οὔποτ' ἐγὼ of 345 C. That Socrates *reverts* in 346 D to τοὔνεκεν οὔποτ' ἐγὼ κτλ. is no reason for placing these words in the last part of the poem, any more than we should place the words Ἄνδρ' ἀγαθὸν μὲν ἀλαθέως κτλ. after ἄνδρα δ' οὐκ ἔστι κτλ. because Socrates reverts to them in 344 E. A man who professes to be giving a continuous exposition of a poem may revert to the middle of it when he has come to the end, in order

[1] See the restoration below on p. 198.

to illustrate the sentiment with which the poem concludes, but it
would be the superfluity of naughtiness to put the end of the poem
into the middle, which is what Schneidewin makes Socrates do. If
οὐ ζητῶ κτλ. in 346 D were in reality the conclusion of the poem, we
ought to frame our Στροφὴ β' out of these very words, and not from
τοὔνεκεν οὔποτ' ἐγώ κτλ. We should then have to omit the words
ἀνάγκᾳ δ' οὐδὲ θεοὶ μάχονται, because they are not found in 346 D—E,
but it is beyond question that these words are part of Simonides'
poem. It is tolerably certain that in 346 D we have but a recapitu-
lation of part of the argument, presented as a commentary on the
concluding text πάντα τοι καλὰ κτλ., which sums up the whole
ethical teaching of the poem. This is practically admitted by
Schneidewin himself when he writes his final strophe not as it
appears in 346 D, but as it stands in 345 C—D.

Bergk[1] arranges the poem in three complete strophes. His resto-
ration has the merit of recognising the similarity in rhythm between
Schneidewin's Epode and the other parts of the poem : several of his
emendations are also in all probability right[2]. It may however be
doubted whether he does well in altogether excluding from the poem
the words ἐμοιγ' ἐξαρκεῖ and οὐ γάρ εἰμι φιλόμωμος, and he deserts
the Platonic order even more ruthlessly than Schneidewin when he
places ὃς ἂν ᾖ[3] κακὸς—μὴ μέμικται directly after ἄνευ ψόγου τετυγ-
μένον, besides that Plato clearly indicates by the words προιόντος τοῦ
ᾄσματος (339 C), ὀλίγον—εἰς τὸ πρόσθεν προελθών (339 D), and ὀλίγα
διελθών (344 B), that there is a lacuna after τετυγμένον.

Blass[4] agrees with Bergk in regarding the poem as a sequence of
strophes, but discovers four of these in place of three. In the first
strophe Blass's arrangement agrees with that of Schneidewin: in the
second, he supposes the two first verses to be lost, and the rest to
contain ὃς ἂν ᾖ κακός κτλ. down to τοῖσί τ' αἰσχρὰ μὴ μέμικται: the
third consists of οὐδέ μοι ἐμμελέως—τούς κε θεοὶ φιλῶσιν: the fourth
and last extends from τοὔνεκεν οὔ ποτ' ἐγώ to ἀνάγκῃ δ' οὐδὲ θεοὶ
μάχονται. This arrangement (which further agrees with that of
Bergk in rejecting ἐμοιγ' ἐξαρκεῖ and οὐ γάρ εἰμι φιλόμωμος) upsets
even more completely than either of the others the sequence of the
poem as it is given by Plato, and for that reason is most unlikely to
be right.

---

[1] Poetae Lyr. Graeci[4], III p. 384 ff.   [2] See the footnotes on p. 195.
[3] Bergk's emendation for μή.
[4] In the Rheinisches Museum for 1872, p. 326 ff.

The only arrangement which faithfully adheres to the Platonic order of citation is that of Aars, in the treatise referred to already[1].

STROPHE 1.

1. Ἄνδρ᾽ ἀγαθὸν μὲν ἀλαθέως γενέσθαι χαλεπόν,

2. χερσίν τε καὶ ποσὶ καὶ νόῳ τετράγωνον, ἄνευ ψόγου τετυγμένον.

Verses 3—7 are wanting.

STROPHE 2.

1. Οὐδέ μοι ἐμμελέως τὸ Πιττάκειον νέμεται,

2. καίτοι σοφοῦ παρὰ φωτὸς εἰρημένον· χαλεπὸν φάτ᾽ ἐσθλὸν ἔμμεναι.

3. Θεὸς ἂν μόνος τοῦτ᾽ ἔχοι γέρας· ἄνδρα δ᾽ οὐκ ἔστι μὴ οὐ κακὸν ἔμμεναι,

4. ὃν ἀμήχανος συμφορὰ καθέλῃ.

5. Πράξας μὲν εὖ πᾶς ἀνὴρ ἀγαθός,

6. κακὸς δ᾽ εἰ κακῶς <τις>,

7. καὶ τὸ πλεῖστον ἄριστοι, τούς κε θεοὶ φιλῶσιν.

STROPHE 3.

1. Τοὔνεκεν οὔ ποτ᾽ ἐγὼ τὸ μὴ γενέσθαι δυνατὸν

2. διζήμενος κενεὰν ἐς ἄπρακτον ἐλπίδα μοῖραν αἰῶνος βαλέω,

3. πανάμωμον ἄνθρωπον, εὐρυεδοῦς ὅσοι καρπὸν αἰνύμεθα χθονός·

4. ἐπὶ δ᾽ ὕμμιν εὑρὼν ἀπαγγελέω.

5. Πάντας δ᾽ ἐπαίνημι καὶ φιλέω,

6. ἑκὼν ὅστις ἔρδῃ

7. μηδὲν αἰσχρόν· ἀνάγκῃ δ᾽ οὐδὲ θεοὶ μάχονται.

STROPHE 4.

1. Wanting.

2. – ‿ – ‿ ‿ ‿ – ‿ [οὐκ εἰμ᾽ ἐγὼ φιλόμωμος·] ἐξαρκεῖ γ᾽ ἐμοί,

3. ὃς ἂν ᾖ κακὸς μηδ᾽ ἄγαν ἀπάλαμνος, εἰδώς γ᾽ ὀνησίπολιν δίκαν,

4. ὑγιὴς ἀνήρ, οὐδὲ μή μιν ἐγὼ

5. μωμήσομαι· τῶν γὰρ ἠλιθίων

6. ἀπείρων γενέθλα·

7. πάντα τοι καλά, τοῖσί τ᾽ αἰσχρὰ μὴ μέμικται.

This restoration seems to us on the whole the most probable. In line 4 of Strophe 2 Plato no doubt wrote ὃν ἂν (the MSS reading) for ὅν, using the more common construction in defiance of metre, just as in line 5 γάρ after μέν is due to the desire to shew the sequence of thought. In lines 6 and 7 of the same Strophe Plato omits some monosyllable after κακῶς, perhaps τις or τι or αὖ: Hermann's view that καί of the next line should be written in line 6, and line 7 be made into τοὐπίπλειστον ἄριστοι κτλ., is perhaps less probable. For line 7 we should prefer as nearer to the words of Plato κἀπὶ πλεῖστον ἄριστοι κτλ. In the third Strophe we prefer ἐπί τ' ὔμμιν for the reasons given in the note upon the passage on p. 166. In the last Strophe ὃς ἂν ᾖ κακός is Bergk's emendation for ὃς ἂν μὴ κακὸς ᾖ: here again Plato substitutes the commoner idiom for the rarer and more poetic, with which we may compare Aristophanes Birds 694 γῆ δ' οὐδ' ἀὴρ οὐδ' οὐρανὸς ἦν. It is however more likely that Simonides wrote ὃς ἂν ᾖ κακὸς μήτ' ἄγαν ἀπάλαμνος, i.e. μήτε κακὸς μήτε κτλ., for this idiom is seldom found with μηδέ or οὐδέ: see Jebb on Sophocles Philoctetes 771. To take μηδέ for ἀλλὰ μή would give a wrong meaning, as can be seen from the paraphrase in 346 D ἀλλά μοι ἐξαρκεῖ ἂν ᾖ μέσος καὶ μηδὲν κακὸν ποιῇ. It seems better too, in this line, to take εἰδώς γ' ὀνησίπολιν δίκαν ὑγιὴς ἀνὴρ (sc. ἐστιν) together, and print colons before εἰδώς and after ἀνήρ. In line 4 οὐδὲ μή μιν is Bergk's restoration for μήν of the MSS. The position assigned by Aars to οὔκ εἰμ' ἐγὼ φιλόμωμος (in line 2) is only tentative, but it is slightly supported by οὐ διὰ ταῦτά σε ψέγω ὅτι εἰμὶ φιλόψογος coming before ἐμοιγ' ἐξαρκεῖ in 346 C. There is nothing in Plato to indicate that the first line (with part of the second) is wanting in Strophe 4, but neither is there anything to prove the reverse, and (since the poem is not in any case preserved entire, five verses being omitted in the first Strophe) it is much more reasonable to assume an omission here than violently to distort the sequence of the poem as quoted by Plato.

Whether the poem is to be ranked as an ᾠδὴ ἐπίνικος, an ἐγκώμιον, or a σκόλιον is a question which should not be raised until the poem has first been restored from the quotations in the Protagoras. If the restoration given above is even approximately correct, the poem cannot be classed as an epinikion: an encomium it is not likely to be, since no one is praised. There is no reason whatever for identifying it with the famous encomium referred to by Quintilian (XI 2. 11). Blass holds that the poem was a scolion, and this is by far the most probable view, but no certainty is attainable on the point. With the exception of the lacunae which we have noted, the poem is most probably complete, for Socrates is trying to prove that Simonides attacks Pittacus throughout the *whole* poem: see 345 D οὕτω σφόδρα καὶ δι' ὅλου τοῦ ᾄσματος ἐπεξέρχεται τῷ τοῦ Πιττακοῦ ῥήματι and 343 C, 344 B.

We add a translation of the poem, incorporating the few changes which we have made in Aars's restoration.

STROPHE I.

It is hard to quit you like a truly good man, in hands and feet and mind foursquare, fashioned without blame.

(The five lost *vv.* may have further elaborated the meaning of ' truly good ').

STROPHE 2.

Nor do I deem the word of Pittacus well said, wise though he was that spake it : 'it is hard,' he said 'to be noble.' To a god alone belongs that meed : a man cannot but prove evil, if hopeless calamity overthrow him. Every man if he has fared well is good, evil, if ill: and for the most part best are they whom the gods love.

STROPHE 3.

Therefore never will I cast away my portion of life vainly upon a bootless hope, seeking what cannot come to be, an all-blameless man, of us who take the fruit of the broad earth : when I find him, look you, you shall hear. I praise and love all them that willingly do nothing base : against necessity even gods do not contend.

STROPHE 4.

— — — [I love not fault-finding] : enough for me if one be not evil nor exceeding violent : yea sound is the man who knoweth justice, benefactress of cities : nor will I find fault with him : for the tribe of fools is infinite. Surely all is fair wherein is no alloy of foul.

─────────

The easy-going morality of the poem is in harmony with what we know both of the life and poetry of Simonides : he was ever 'a genial and courtly man,' anxious to make the most of life, "dwelling with flowers like the bee, seeking yellow honey" (Sim. *Frag.* 47).

APPENDIX II.

PROTAGORAS' LIFE AND WORKS.

WE give the life of Protagoras as recorded by Diogenes Laertius
(IX 50—56) and add the fragments of his works, according (in the
main) to Frei's arrangement[1].

ΒΙΟΣ ΠΡΩΤΑΓΟΡΟΥ.

Πρωταγόρας 'Αρτέμωνος ἤ, ὡς 'Απολλόδωρος καὶ Δείνων ἐν Περ-
σικοῖς, Μαιανδρίου, 'Αβδηρίτης, καθά φησιν 'Ηρακλείδης ὁ Ποντικὸς ἐν
τοῖς περὶ νόμων, ὃς καὶ Θουρίοις νόμους γράψαι φησὶν αὐτόν · ὡς δ'
Εὔπολις ἐν Κόλαξι, Τήιος · φησὶ γάρ,

> "Ενδον μέν ἐστι Πρωταγόρας ὁ Τήιος.

οὗτος καὶ Πρόδικος ὁ Κεῖος λόγους ἀναγινώσκοντες ἠρανίζοντο · καὶ
Πλάτων ἐν τῷ Πρωταγόρᾳ φησὶ βαρύφωνον εἶναι τὸν Πρόδικον. διή-
κουσε δ' ὁ Πρωταγόρας Δημοκρίτου. ἐκαλεῖτό τε Σοφία, ὥς φησι
Φαβωρῖνος ἐν παντοδαπῇ ἱστορίᾳ. καὶ πρῶτος ἔφη δύο λόγους εἶναι
περὶ παντὸς πράγματος ἀντικειμένους ἀλλήλοις · οἷς καὶ συνηρώτα,
πρῶτος τοῦτο πράξας. ἀλλὰ καὶ ἤρξατό που τοῦτον τὸν τρόπον ·
'Πάντων χρημάτων μέτρον ἄνθρωπος · τῶν μὲν ὄντων ὡς ἔστι · τῶν
δὲ οὐκ ὄντων ὡς οὐκ ἔστιν.' ἔλεγέ τε μηδὲν εἶναι ψυχὴν παρὰ τὰς
αἰσθήσεις (καθὰ καὶ Πλάτων φησὶν ἐν Θεαιτήτῳ) καὶ πάντ' εἶναι
ἀληθῆ. καὶ ἀλλαχοῦ δὲ τοῦτον ἤρξατο τὸν τρόπον · 'Περὶ μὲν θεῶν
οὐκ ἔχω εἰδέναι οὔθ' ὡς εἰσὶν οὔθ' ὡς οὐκ εἰσίν · πολλὰ γὰρ τὰ
κωλύοντα εἰδέναι, ἥ τ' ἀδηλότης καὶ βραχὺς ὢν ὁ βίος τοῦ ἀνθρώπου.'
διὰ ταύτην δὲ τὴν ἀρχὴν τοῦ συγγράμματος ἐξεβλήθη πρὸς 'Αθηναίων ·
καὶ τὰ βιβλί' αὐτοῦ κατέκαυσαν ἐν τῇ ἀγορᾷ, ὑπὸ κήρυκι ἀναλεξάμενοι
παρ' ἑκάστου τῶν κεκτημένων. οὗτος πρῶτος μισθὸν εἰσεπράξατο
μνᾶς ἑκατόν · καὶ πρῶτος μέρη χρόνου διώρισε καὶ καιροῦ δύναμιν ἐξέθετο

---

[1] Quaestiones Protagoreae, p. 176 foll., where the references are fully given.

καὶ λόγων ἀγῶνας ἔθετο, καὶ σοφίσματα τοῖς πραγματολογοῦσι προσή-
γαγε· καὶ τὴν διάνοιαν ἀφεὶς πρὸς τοὔνομα διελέχθη καὶ τὸ νῦν ἐπιπο-
λάζον γένος τῶν ἐριστικῶν ἐγέννησεν· ἵνα καὶ Τίμων φησὶ περὶ αὐτοῦ,
    Πρωταγόρης τ' ἐπίμικτος ἐριζέμεναι εὖ εἰδώς.
οὗτος καὶ τὸ Σωκρατικὸν εἶδος τῶν λόγων πρῶτος ἐκίνησε. καὶ τὸν
Ἀντισθένους λόγον τὸν πειρώμενον ἀποδεικνύειν ὡς οὐκ ἔστιν ἀντι-
λέγειν, οὗτος πρῶτος διείλεκται, καθά φησι Πλάτων ἐν Εὐθυδήμῳ.
καὶ πρῶτος κατέδειξε τὰς πρὸς τὰς θέσεις ἐπιχειρήσεις, ὥς φησιν
Ἀρτεμίδωρος ὁ διαλεκτικὸς ἐν τῷ πρὸς Χρύσιππον. καὶ πρῶτος τὴν
καλουμένην τύλην, ἐφ' ἧς τὰ φορτία βαστάζουσιν, εὗρεν, ὥς φησιν
Ἀριστοτέλης ἐν τῷ περὶ παιδείας· φορμοφόρος γὰρ ἦν, ὡς καὶ
Ἐπίκουρός που φησί. καὶ τοῦτον τὸν τρόπον ἤρθη[1] πρὸς Δημόκριτον,
ξύλα δεδεκὼς ὀφθείς. διεῖλέ τε τὸν λόγον πρῶτος εἰς τέτταρα·
εὐχωλήν, ἐρώτησιν, ἀπόκρισιν, ἐντολήν· οἱ δέ, εἰς ἑπτά· διήγησιν,
ἐρώτησιν, ἀπόκρισιν, ἐντολήν, ἀπαγγελίαν, εὐχωλήν, κλῆσιν, οὓς καὶ
πυθμένας εἶπε λόγων. Ἀλκιδάμας δὲ τέτταρας λόγους φησί· φάσιν,
ἀπόφασιν, ἐρώτησιν, προσαγόρευσιν. πρῶτον δὲ τῶν λόγων ἑαυτοῦ
ἀνέγνω τὸν περὶ θεῶν, οὗ τὴν ἀρχὴν ἄνω παρεθέμεθα· ἀνέγνω δ'
Ἀθήνησιν ἐν τῇ Εὐριπίδου οἰκίᾳ ἤ, ὥς τινες, ἐν τῇ Μεγακλείδου· ἄλλοι
δ' ἐν Λυκείῳ, μαθητοῦ τὴν φωνὴν αὐτῷ χρήσαντος Ἀρχαγόρου τοῦ
Θεοδότου. κατηγόρησε δ' αὐτοῦ Πυθόδωρος Πολυζήλου[2], εἷς τῶν τετρα-
κοσίων. Ἀριστοτέλης δ' Εὐάθλόν φησιν.

ἔστι δὲ τὰ σωζόμενα αὐτοῦ βιβλία τάδε. Τέχνη ἐριστικῶν. Περὶ
πάλης. Περὶ τῶν μαθημάτων. Περὶ πολιτείας. Περὶ φιλοτιμίας.
Περὶ ἀρετῶν. Περὶ τῆς ἐν ἀρχῇ καταστάσεως. Περὶ τῶν ἐν ᾅδου.
Περὶ τῶν οὐκ ὀρθῶς τοῖς ἀνθρώποις πρασσομένων. Προστακτικός.
Δίκη ὑπὲρ μισθοῦ. Ἀντιλογιῶν δύο. καὶ ταῦτα μὲν αὐτῷ τὰ βιβλία.
γέγραφε δὲ καὶ Πλάτων εἰς αὐτὸν διάλογον.

φησὶ δὲ Φιλόχορος, πλέοντος αὐτοῦ ἐς Σικελίαν, τὴν ναῦν κατα-
ποντωθῆναι· καὶ τοῦτο αἰνίττεσθαι Εὐριπίδην ἐν τῷ Ἰξίονι. ἔνιοι δὲ
κατὰ τὴν ὁδὸν τελευτῆσαι αὐτόν, βιώσαντα ἔτη πρὸς τὰ ἐνενήκοντα·
Ἀπολλόδωρος δέ φησιν ἑβδομήκοντα, σοφιστεῦσαι δὲ τεσσαράκοντα
καὶ ἀκμάζειν κατὰ τὴν τετάρτην καὶ ὀγδοηκοστὴν Ὀλυμπιάδα. ἔστι
καὶ εἰς τοῦτον ἡμῶν οὕτως ἔχον,
    Καὶ σεῦ, Πρωταγόρη, φάτιν ἔκλυον, ὡς ἄρ' Ἀθηνέων
    Ἔκ ποτ' ἰὼν καθ' ὁδὸν πρέσβυς ἐὼν ἔθανες.
    Εἵλετο γάρ σε φυγεῖν Κέκροπος πόλις· ἀλλὰ σὺ μέν που
    Παλλάδος ἄστυ φύγες, Πλουτέα δ' οὐκ ἔφυγες.

[1] (?) ἤχθη.

[2] Fortasse scribendum Ἐπιζήλου: v. Arist. Pol. Ath. 29. 1.

λέγεται δέ ποτ' αὐτὸν ἀπαιτοῦντα τὸν μισθὸν Εὔαθλον τὸν μαθητήν, ἐκείνου εἰπόντος, 'ἀλλ' οὐδέπω νίκην νενίκηκα,' εἰπεῖν, 'ἀλλ' ἐγὼ μὲν ἂν νικήσω ὅτι ἐγὼ ἐνίκησα λαβεῖν με ἔδει· ἐὰν δὲ σύ, ὅτι σύ.'

γέγονε δὲ καὶ ἄλλος Πρωταγόρας, ἀστρολόγος, εἰς ὃν καὶ Εὐφορίων ἐπικήδειον ἔγραψε· καὶ τρίτος στωϊκὸς φιλόσοφος.

FRAGMENTS.

A. Physical.

1. πάντων χρημάτων μέτρον ἄνθρωπος· τῶν μὲν ὄντων ὡς ἔστι, τῶν δὲ οὐκ ὄντων ὡς οὐκ ἔστι (from Ἀλήθεια ἢ περὶ τοῦ ὄντος s. Καταβάλλοντες: see Pl. Theaet. 152 A).

2. περὶ μὲν θεῶν οὐκ ἔχω εἰδέναι οὔθ' ὡς εἰσὶν οὔθ' ὡς οὐκ εἰσίν· πολλὰ γάρ τὰ κωλύοντα εἰδέναι· ἥ τε ἀδηλότης καὶ βραχὺς ὢν ὁ βίος τοῦ ἀνθρώπου (from περὶ θεῶν ap. D. L. IX 51).

From Protagoras' περὶ τῶν ἐν Ἅιδου no fragments seem to survive.

B. Ethical.

Of the περὶ ἀρετῶν there seem to be no fragments.

3. τῶν γὰρ υἱέων νεηνιῶν ὄντων καὶ καλῶν, ἐν ὀκτὼ δὲ ταῖς πάσῃσι ἡμέρῃσι ἀποθανόντων νηπενθέως ἀνέτλη. εὐδίης γὰρ εἴχετο, ἐξ ἧς πολλὸν ὤνητο κατὰ πᾶσαν ἡμέρην εἰς εὐποτμίην καὶ ἀνωδυνίην καὶ τὴν ἐν τοῖσι πολλοῖσι δόξαν. πᾶς γάρ τίς μιν ὁρῶν τὰ ἑωυτοῦ πένθεα ἐρρωμένως φέροντα μεγαλόφρονά τε καὶ ἀνδρεῖον ἐδόκει εἶναι καὶ ἑωυτοῦ κρείσσω, κάρτα εἰδὼς τὴν ἑωυτοῦ ἐν τοιοῖσδε πράγμασι ἀμηχανίην[1] (from (?) περὶ τῶν οὐκ ὀρθῶς τοῖς ἀνθρώποις πρασσομένων ap. Plut. Consol. ad Apoll. 33. 118 E—F. The subject is the fortitude of Pericles on hearing of the death of his two sons, Paralus and Xanthippus).

The περὶ φιλοτιμίας is known only from Diogenes' catalogue (IX 55).

C. Political.

Of the περὶ πολιτείας nothing (so far as is known) survives.

4. ἦν γάρ ποτε χρόνος—κτείνειν ὡς νόσον πόλεως (from (?) περὶ τῆς ἐν ἀρχῇ καταστάσεως ap. Pl. Prot. 320 C—322 D).

D. Grammatical.

Of the περὶ ὀρθοεπείας (mentioned in Pl. Phaedr. 267 C) nothing remains.

---

[1] The Ionic is as it appears in Plutarch. Following the example of Frei, we have not written the other fragments in Ionic.

E. Rhetorical.

5. (?) δύο λόγοι εἰσὶ περὶ παντὸς πράγματος ἀντικείμενοι ἀλλή-λοις (from the ἀντιλογιῶν δύο ap. D. L. IX 51).

6. τὸν ἥττω λόγον κρείττω ποιεῖν (from the τέχνη ἐριστικῶν ap. Arist. Rhet. II 24, p. 1402 a 23).

The δίκη ὑπὲρ μισθοῦ (D. L. IX 55) and the "rerum illustrium disputationes, quae nunc communes appellantur loci" (Cic. Brut. 46) have apparently left no trace.

F. Various.

7. φύσεως καὶ ἀσκήσεως διδασκαλία δεῖται, καὶ ἀπὸ νεότητος δὲ ἀρξαμένους δεῖ μανθάνειν (from the μέγας λόγος—probably identical with the Προστακτικός—: see Cramer Anecdot. Paris. 1 p. 171).

8. [Πρωταγόρας ἔλεγε] μηδὲν εἶναι μήτε τέχνην ἄνευ μελέτης μήτε μελέτην ἄνευ τέχνης[1] (perhaps from the same, ap. Stob. Flor. 29. 80).

Another fragment, probably from the same work, is quoted by J. Gildermeister and F. Bücheler from a Syriac translation of Plutarch's περὶ ἀσκήσεως [Rhein. Mus. vol. XXVII (1872) p. 526]. The original perhaps ran:

9. οὐ βλαστάνει παιδεία ἐν τῇ ψυχῇ, ἐὰν μή τις εἰς βυθὸν ἔλθῃ.

Of the περὶ μαθημάτων, and the περὶ τεχνῶν (of which perhaps the περὶ πάλης was a part) nothing (so far as is certainly known) survives. Gomperz's ingenious and learned attempt[2] to prove that the 'Defence of Medicine' which under the title of περὶ τέχνης appears in the collection of Hippocratean works[3] was written by Protagoras and belongs to the treatise περὶ τεχνῶν has not, as yet, commended itself to critics[4].

---

[1] Compare Gomperz (cited in the next note), p. 11.
[2] Reprinted from the Sitzungsberichte der Kais. Akademie der Wissenschaft in Wien: Philosophisch-Historische Classe, Band CXX.
[3] Littré, VI 1—27.
[4] See Wellmann in the Archiv für Geschichte der Philosophie, V p. 97 foll.

INDICES TO THE NOTES.

The references are to pages.

I. ENGLISH INDEX.

II. GREEK INDEX.

For EU product safety concerns, contact us at Calle de José Abascal, 56–1°,
28003 Madrid, Spain or eugpsr@cambridge.org.